儒家文明论坛

（第五期）

儒家文明省部共建协同创新中心 编

主　编　徐庆文

副主编　于晓雨　王超群　乐晓旭

山东人民出版社·济南

国家一级出版社 全国百佳图书出版单位

图书在版编目（CIP）数据

儒家文明论坛．第五期/徐庆文主编．－－济南：
山东人民出版社，2025.3
ISBN 978－7－209－12111－8

Ⅰ．①儒… Ⅱ．①徐… Ⅲ．①儒家—文集
Ⅳ．①B222.05－53

中国版本图书馆 CIP 数据核字（2019）第 151933 号

儒家文明论坛（第五期）

RUJIA WENMING LUNTAN

徐庆文　主编

主管单位　山东出版传媒股份有限公司
出版发行　山东人民出版社
出 版 人　胡长青
社　　址　济南市市中区舜耕路 517 号
邮　　编　250003
电　　话　总编室（0531）82098914
　　　　　市场部（0531）82098027
网　　址　http：//www. sd－book. com. cn
印　　装　山东新华印务有限公司
经　　销　新华书店

规　　格　16 开（184mm×250mm）
印　　张　23.75
字　　数　525 千字
版　　次　2025 年 3 月第 1 版
印　　次　2025 年 3 月第 1 次
ISBN 978－7－209－12111－8
定　　价　66.00 元
　　　　　如有印装质量问题，请与出版社总编室联系调换。

《儒家文明论坛》 第五期

编辑说明

2018 年 6 月 29—30 日,由山东大学儒学高等研究院、儒家文明省部共建协同创新中心主办,重庆市梁漱溟研究会、山东梁漱溟乡村建设研究院协办的"梁漱溟乡村建设理论与当代乡村振兴国际学术研讨会"在济南举行。

梁漱溟(1893—1988),中国现代著名的思想家、哲学家、教育家和社会活动家。他一生勤于笔耕,著述颇丰,有《东西文化及其哲学》《中国文化要义》《人心与人生》《中国民族自救运动之最后觉悟》等。梁先生兼综儒佛,学贯中西,一生坚持知其所行,行其所知,表里如一、知行合一,有"20 世纪中国现代新儒家开山人物"或"20 世纪中国最后儒家"之称。从 20 世纪 20 年代后半期开始,梁先生关心乡村建设,自 1931 年到 1937 年,在山东从事乡村建设理论研究与实践活动长达七年,对中国乡村建设运动产生了巨大影响。2018 年 6 月 23 日是梁漱溟逝世 30 周年,也是其《乡村建设理论》在山东出版 81 周年,为缅怀梁先生对乡村建设运动做出的重要贡献,分析其乡村建设理论与实践的得失利弊,探讨其乡村建设理论对当代乡村振兴战略的重要意义,山东大学儒学高等研究院举办"梁漱溟乡村建设理论与当代乡村振兴国际学术研讨会",探讨梁漱溟乡村建设理论与当代乡村振兴战略。本文集即是这次会议的论文集,供学术界参考。

儒家文明省部共建协同创新中心

目　录
CONTENTS

一、梁漱溟乡村建设理论与实践

二、梁漱溟乡村建设理论与中国乡建运动

三、梁漱溟乡村建设理论与东西文化及其哲学

四、梁漱溟乡村建设理论与当代乡村振兴战略

五、梁漱溟与当代新儒学的兴起

一、梁漱溟乡村建设理论与实践

梁漱溟乡村建设运动的起源

艾恺 Guy Alitto（美国芝加哥大学）

摘　要　梁漱溟曾亲口对我说过，农村建设是他一生从事过的最重要的工作。但究竟在什么时候、因为什么具体因素让他动心起念去进行这项事业，则尚未被研究清楚。梁漱溟自少年时代就倾向于行动，而非只是抽象地思考。（这一点受他父亲梁济的影响）虽然梁漱溟直到 1927 年才首次在广东省实际参与农村建设，但他在 1921 年的《东西文化及其哲学》当中，已表达出他对复兴中国文化的基本设计。该年王鸿一促成山东政府邀梁漱溟到济南演讲，在王鸿一的影响下，梁漱溟自 1922 年起将思考焦点转向了农村社会。

关键词　梁漱溟　王鸿一　章士钊　农村建设　社会运动

梁漱溟的墓在邹平，就是他推行乡村建设运动的地点。梁先生本人曾对我说过，他认为乡村建设是他这一生最重要的工作。在这篇论文中，我想要揭示梁先生的乡村建设思想是怎样兴起的。我同时也会探讨梁先生从何时开始将他的主要焦点转移到乡村社会上面。我很期待在这场研讨会上能听到各位学者专家对这个问题的意见。

梁漱溟的乡村建设的精神、心理基础

让梁先生产生乡村建设的想法的第一个"源头"，就是他偏好实际行动的倾向。他一生大多数时间都在社会上从事运动，而不是做学术研究或撰写哲学书籍。

梁漱溟的基本性格与他对生命的愿景展望，很显然受到他父亲梁济的熏陶。梁济给他取的小名叫"肖吾"，的确很适合他；他的性格与他的一生在各方面都与他的父亲非常契合。梁漱溟著名的座右铭"表里如一，独立思考"也可以说是梁济的座右铭。梁济激进的改革活动，确确实实是上述两者表现的极致。梁漱溟是一位不人云亦云的思想家，也是热心奉献的活动家。他从事的活动致力于发扬爱国精神与公共道德。他办过北京最早的白话报纸，曾将传统戏曲改编成新式话剧，还创办过训练无业者的学校，凡此种种不胜枚举。梁漱溟的行动主义从他 11 岁时参与"反美抵制运动"就开始了。他和同学们冲进附近店铺查寻违禁美货。由此发端，他作为行动主义者的生涯贯穿了他一生的绝大部分。

梁漱溟继承自梁济的第二项性格特征则是讲求实用的倾向和"实事求是"的态度。这即是说，梁济与梁漱溟两人不仅仅致力于行动，更讲求有效率的行动。最重要的是，两人都看重实际成效。总的来说，他们俩常常独排众议，因为他们讲求成效，注重解决问题，务求在现实世界有所作为。象牙之塔的学者与文人被他们斥之为无用之虚饰，没效率的官员亦受他们的鄙视。

与同时代士人背道而驰的梁济对古典文献没有兴趣，正是因为他认为古典文献无助于解决实际的社会或政治问题。同样的倾向在梁漱溟青年时就表现得很明显了。梁漱溟学生时代就是有名的拗相公，很早就养成了批驳俗见的本领，他心有定见的事情就算遭人批评也处之自若。这招来他的一位老师对他的评语："好恶拂人之性。"跟他父亲一样，梁漱溟对中国文学的瑰宝都相当不欣赏，"全不以为然"①。

终其一生，梁漱溟专注于具体问题的实际解决方案。与大多数的中国文化保守主义者不同的是，梁漱溟不认为中国的文化精神或"国粹"寓于古典文献之中。②

"觉悟"到乡村建设

历史学者们（包括我在内）③通常将 1927 年视为梁漱溟"觉悟"到要去进行乡村建设与地方自治的时间点。1927 年梁漱溟应广东省省长李济深之邀，首次投入这个运动，从此义无反顾。虽然他到了次年才开始表述他的乡村建设理论，但我现在对梁漱溟是否直到 1927 年才开始对乡村社会产生兴趣这点产生了怀疑。

确实，在 1927 年之前，梁漱溟虽然数次亲身观察过乡村地区的情况，但似乎没有留下特别关注乡村改革的纪录。第一次是在 1911 年的秋天，当时他 18 岁，作为同盟会的成员，他从昌平县走私武器进入北京城。④当时他从事这桩非法活动，要是被发现是会被处死的，无怪乎他当时并未怎么留心周遭乡村的状况。

然而到了 1917 年夏天，他陪伴他新寡的妹妹，护送她丈夫的灵柩远行到江苏。他在这趟旅程中行经遭战火蹂躏的湖南，这时他确实注意到了乡村的惨况，但仅将之归因

① 艾恺(Guy Alitto)：《最后的儒家：梁漱溟与中国现代化的两难》，外研社，2013 年，第 27—28 页。
② 在著名的"中学为体西学为用"的提案中，张之洞似乎认为"体"确实寓于中国过去的文献当中。1905 年他创立存古学堂，其目的是致力于研究传统文献。在"新文化运动"的高潮时期，中国文化保守主义者们仍致力于保存与研究古代典籍。到了 1931 年，学衡派还是献身于类似的活动。晚近的"国学运动"也将焦点放在相似的地方。
③ 艾恺：《最后的儒家：梁漱溟与中国现代化的两难》，外研社，2013 年，第 153—156 页。
④ 这是梁漱溟与我在 1984 年对谈时告诉我的。

于军阀之间的战争，而非结构性的问题。这趟旅行促使他写了本议论政治的小册《吾曹不出如苍生何》，提出了一些政治行动的构想，不过在书中并没有特别提到乡村问题。

直到1921年梁漱溟在济南的系列演讲中，才预示了后来他的乡村建设计划的一些基本要点。为何我说他此时已确立了最终出现在他乡村建设计划中的关键元素呢？因为他基于这个系列演讲所写成的书《东西文化及其哲学》的最后几页中，已经隐约回答了"我们如何能复兴中国儒家文化"的这个问题。以下是该书最后两个段落的摘要：

> 明白的说，<u>照我意思是要如宋明人那样再创讲学之风</u>……中国不复活则已，中国要复活，只能于此得之；这是唯一无二的路……蒋百里先生对我说，他觉得新思潮新风气并不难开，中国数十年来已经是一开再开，一个新的去，一个新的又来，来了很快的便已到处传播，却总是在笔头口头转来转去，一线名词变换变换，总没有什么实际干涉，真的影响出来；如果始终这样子，将永无办法；他的意思似乎<u>需要一种似宗教非宗教倭铿（Rudolf Christoph Eucken）所倡的那种东西</u>……其实用不着他求，<u>只就再创讲学之风而已</u>……至于我心目中所谓讲学，自也有好多与从前不同处；<u>最好不要成为少数人的高深学业，应该多致力于普及而不力求提高。我们可以把孔子的路放得极宽泛，极通常</u>，简直去容纳不合孔子之点不要紧。孔子有一句"极高明而道中庸"的话，我想拿来替我自己解释……<u>由我看来，泰州王氏一路独可注意</u>；黄梨洲所谓"其人多能赤手以搏龙蛇"，<u>而东崖之门有许多樵夫、陶匠、田夫，似亦能化及平民者。但孔子的东西不是一种思想，而是一种生活；我于这种生活还隔膜，容我尝试得多少分，再来说话。</u>①

"讲学"是发动复兴道德与文化的通俗群众运动的主要工具，对过去的泰州学派来说亦是如此。从某个意义上来说，梁漱溟的乡村建设不过是20世纪版的泰州学派的运动，只是增加了向群众传授现代科技罢了。② 他对有效能的行动的坚持，跟他父亲过去的做法是一致的。他在书后的这段话透露出他需要更多时间去熟悉儒家的"生活"，然后才将会以更具体的言词讲述他更宏大的计划。但梁漱溟究竟从什么时候开始投入乡村社会复兴中国文化与道德的宏大事业的呢？他从什么时候开始将地方自治政府视为是实

---

① 艾恺：《最后的儒家：梁漱溟与中国现代化的两难》，外研社，2013年，第26页。

② 我注意到在1927年，当梁漱溟"觉悟"到乡村建设时，他同时也觉悟到"西洋把戏"并不适用于中国。1921年他曾呼吁要引进陈独秀谓的两大灵药"民主与科学"，但到了1927年他则宣布："否认了什么？否认了一切西洋把戏，更不沾恋！相信什么？相信我们自有立国之道；更不虚怯！"（梁漱溟：《中国民族自救运动之最后觉悟》，中华书局，1932年，第1页。）在这段论述中，他指的似乎仅是西方概念中的民主与立宪主义；他从未将科学算作是西洋把戏的一部分。

现他这项运动的入手方法的呢？

关于这个问题，我就要请在场的学者专家表达各位宝贵的意见了。当时有两位人物有可能促使梁漱溟将注意力转向农村社会：一位是王鸿一，一位是章士钊。但我尚不敢确定究竟是哪一个人，甚至也可能两者都没发挥真正的影响。

王鸿一

是不是王鸿一，这位山东籍的政治家和教育家，促使梁漱溟将注意力转移到乡村的呢？正是王鸿一让山东政府邀请梁漱溟到济南演讲，最终催生了《东西文化及其哲学》。1921 年，梁漱溟在济南第一次见到这位他未来的朋友和同事，他们两人一见面就意气相投。王鸿一发现梁漱溟道出了他多年的感想。刚刚听完梁漱溟的讲演，王鸿一就评论道："对我很有启发。"在梁漱溟的影响下，王鸿一将他的主要精力转向了文化问题。1924 年，王氏邀请梁氏到山东担任曹州中学校长，并成立了一所"儒家风格"的大学——曲阜大学。他们两个在以后的 7 年中几次就改革和教育事业一起合作。1929 年，他们两个人又密切合作创立了村治学院和《村治月刊》。此外，梁漱溟本人也说过"这个想法主要是在 1926 年才发展起来"。① 1926 年梁漱溟虽已呈半退休状态，但王氏在 1926 年确实与梁氏住在同一个地点。② 不过，梁漱溟在他的文章中从未说明王氏促使他关注乡村问题的时间点。梁漱溟与我在 1980、1984 与 1985 年的对谈中，也从未提到王鸿一与这件事的关联。③

章士钊

是不是知名的学者章士钊（字行严）影响了梁漱溟（章士钊首次跟梁漱溟见面是在 1916 年），使他将注意力转移到乡村的呢？我为何会把章士钊当成可能的影响呢？

让我们来看看梁漱溟本人对自己农村建设计划的理论之起源是怎么说的。1937 年，他在《农村建设理论》的《序》中写道：

> 这里面的见地和主张，萌芽于民国十一年（1922），大半决定于十五年（1926）冬，而成熟于十七年（1928）。④

然而他在书中也提到他在山东曹州中学的演讲中提出了"农村立国"的主张：

---

① 梁漱溟：《乡村建设理论》，乡村书店，1937 年，第 2 页。
② 梁漱溟：《乡村建设理论》，乡村书店，1937 年，第 2 页。
③ 艾恺、梁漱溟：《这个世界会好吗？》，三联书店，2015 年；艾恺、梁漱溟：《吾曹不出如苍生何？》，外研社，2010 年。
④ 梁漱溟：《乡村建设理论》，乡村书店，1937 年，第 2 页。

民国十二年（1923）春间我在山东曹州中学的演讲，就已提出"农村立国"的话。这个意思在我心里萌芽得颇早。①

因此，梁漱溟本人明确说出他将注意力放到农村社会是在1923年年初的时候。但同时他又写道：

然而这话则要算章行严先生说的……（仅记得他在上海报上发表过文章，说中国是农业国，没有工商业，所以不能行代议制度而已）②

所以，我们能总结说章士钊就是促使梁漱溟转而关注农村社会的人吗？我想恐怕还是不能。为什么呢？因为梁漱溟所提到的章士钊的文章，必定是《业治与农》③ 一文（1923年8月）或《农国辩》④ 一文（1923年11月）。然而，梁漱溟却说他是在1923年的"春间"在曹州提出"农村立国"这个词的。

如此我们或许可以得出以下结论。梁漱溟第一次萌生农村建设的想法是在1922年，当时他在《东西文化及其哲学》的最后几页，模糊地提到了乡村建设计划的一些基本要点。到了1923年年初，梁漱溟第一次公开谈到农村社会的重要。但直到1926年他才确认了这个农村建设的想法，最后到1927年才开始在他的演讲与文章中详细阐述这点。

梁漱溟转向农村建设未必一定就是受到王鸿一的影响。我在此抛砖引玉，希望能向各位研究梁漱溟的学者专家请教意见。

---

① 梁漱溟：《中国民族自救运动之最后觉悟》，中华书局，1932年，第13页。
② 梁漱溟：《中国民族自救运动之最后觉悟》，中华书局，1932年，第13页。
③ 章士钊：《业治与农》，《新闻报》1923年8月12日。
④ 章士钊：《农国辩》，《新闻报》1923年11月3日第6期。

梁漱溟乡村建设之理论根据与具体实践

梁承武（韩国中央大学）

摘　要　梁漱溟先生于 20 世纪 20 至 30 年代所积极投身的乡村建设运动，有其深厚的理论基础。在《乡村建设大意》《中国文化要义》等著作中，梁漱溟先生提出，乡村建设运动针对当时的中国乡村遭遇了严重破坏而发起，这种破坏不仅是天灾人祸，更严重更深刻的是对社会风气和风俗习惯的破坏，和整个社会秩序的崩溃。他认为在理论上，乡村建设要以中国的老传统为根本精神，即以伦理情谊和理性精神为乡村建设运动的理论根据。所谓伦理情谊，就是在以五伦为核心的传统伦理关系的基础上做一些适应新时代情况的调整；而所谓理性精神，则是继承并发扬自周公孔子以来崇尚人文与理性的精神。梁漱溟先生还从乡村组织和村学乡学两个方面提出了乡村建设运动的具体实践。他主张要重建乡村组织，以使许多人合起来，向着他们的一个共同目标，有秩序地进行；还要以"大家齐心学好，向上求进步"为目标，将广大乡村民众纳入村学乡学的体系之中，提升其知识与技能。梁漱溟先生注重从教育与文化入手，由下而上地改造乡村。他认识到文化在人类历史进程中的重要作用，其乡村建设主张根植于中国传统文化的合理内核和根本精神，以中国文化特有的伦理情谊和始终追求人生向上的理性精神，来实现自觉自救。他还将儒家伦理应用于基层社会的政治实践当中，与宋代乡约运动以降中国基层社会的种种改良运动一脉相承。梁漱溟先生强调要在乡村建设中通过教育重建秩序，切中农村问题的要害，对今日中国的农村建设仍有极大的借鉴意义。

关键词　梁漱溟　乡村建设　伦理情谊　理性精神　乡村组织　村学乡学

一、前言

今年适逢梁漱溟先生逝世 30 周年，也是其《乡村建设理论》在山东出版 81 周年，为缅怀梁先生对乡村建设运动所做的重要贡献，山东大学儒学高等研究院举办了这次"梁漱溟乡村建设理论与当代乡村振兴国际学术研讨会"。能参会发言，我感到非常荣幸，仅向主办单位暨颜炳罡教授，特别致谢。借此次受邀与会之机，我再次拜读了梁先生的大作，并撰写了这篇文章作报告。本文首先以伦理情谊和理性精神来探讨梁漱溟乡村建设之理论根据，然后以乡村组织和村学乡学来讨论梁漱溟乡村建设之具体实践，最后从两个方面探讨梁漱溟乡村建设留给我们的精神遗产。本文只是对梁先生乡村建设运动的初步考察，不妥之处，敬请各位学者专家批评指教！

二、梁漱溟乡村建设之理论根据

梁漱溟一生的学术研究是围绕着两个核心而展开的：人生问题和中国问题。他提出中国乡村建设理论并付诸实践，就是为了解决中国问题。

他提出乡村建设运动，是因当时的中国乡村遭遇了严重的破坏。这种破坏不仅是天灾人祸，更严重更深刻的是对社会风气和风俗习惯的破坏，和整个社会秩序的崩溃。而这种破坏的根源，在梁漱溟看来，完全是由于受到了外国的影响。他认为在理论上，乡村建设要以中国的老传统为根本精神。老传统虽多，但核心不外两点：一是以对方为重的伦理情谊，一是改过迁善的人生方向。

1. 伦理情谊

一盘散沙是中国社会当时最为人诟病的状态。梁漱溟认为当时中国最为欠缺和急需补充的，一是团体组织，一是科学上的知识技能，其中前者问题尤其严重。无团体生活又导致两大缺陷：一是缺乏纪律习惯，人多的时候没有秩序；二是缺乏组织能力，不会商量着办事，从而使中国人缺乏民主协商能力。当时中国因无团体组织能力，故处处遭遇失败：经济失败、政治失败，甚至文化失败。所以我们可以看到，梁漱溟的乡村建设理论核心就在于团体生活或集团生活的确立——农民自觉和乡村组织，其本质即现代民主制度的确立。梁漱溟认为所谓的民主制度，不外是一种进步的团体生活，它包括公共观念、纪律习惯、组织能力、法治精神四个方面。其特征在于，团体中各个分子从不自觉到有自觉意识，并从被动转为主动，团体于是不能不尊重个人自由，且以团体公事付诸公决。这四点也可以总括为"公德"，中国人不乏私德，但缺乏这种公共领域里的公德意识。梁漱溟认为中国人缺乏团体生活（公共领域），其根源在于中国传统的家族社会结构的伦理本位。由于西方文化的影响，中国乡村受到破坏，因此在思考中国乡村建设论时，梁漱溟总是从中西文化的比较入手，分析两者的差异并在中国传统文化里开辟出新路的可能性。

梁漱溟认为宗教问题是中西文化的分水岭。西方人长于团体生活，源于其宗教生活。西方之路开于基督，中国之路则开于非宗教的周孔教化。他认为"周孔教化'极高明而道中庸'，于宗法社会的生活无所骤变（所改不骤），而润泽以礼文，提高其精神。中国逐渐以转进于伦理本位，而家族家庭生活乃延续于后。西洋则以基督教转向大团体生活，而家庭以轻，家族以裂，此其大较也"①。

中国三代的封建宗法社会结构，经过从周公到孔子的伦理教化逐渐过渡到以家庭为核心向外推延的伦理社会结构，此社会结构在之后数千年并无太大变化，整个社会以家族为单位，不以个人为单位，正所谓"家齐而后国治"。家族或者宗族貌似一个团体，然而其成员之间的关系却是以强调各自伦理义务为前提，而不是以强调各自权利为基础的西方团体概念，因此从家族生活发展开去，并不能发展出现代国家，甚至一个真正的大型地方自治体也难以构成。所以梁启超也说，中国有族民而无市民，有族自治、乡自治而无都市自治②。同时，由于传统中国的职业分为士农工商，其中士阶层原为一种行业，谈不上团体。同时作为"无恒产而有恒心"的士人，缺乏共同的利害关系，故也难以形成团体。他们和大多以家庭为生产单位的农民，构成中国社会的主体，也成为"散漫"习气的社会基础。另外，在重农抑商的传统社会里，手工业者和商人即便在后期形成了行会，却也基本都是以家族或宗族为核心，并没有形成以各方权利为基础的真正之行会团体。

人类文化都是以宗教为开端，中国也不例外，但是很快中国文化中心便转移到非宗教的周孔儒家文化上，而祭天祭祖等类宗教活动也只是构成儒家伦理教化的一个条件，成为儒家教化内涵的一部分，而外来的佛教也被中国化而有别于原始的印度佛教，道教则吸纳了传统民间信仰以多神论、泛神论的形态呈现与西方基督教迥然不同的形态和旨趣。西方基督教所承担的社会文化功能，在中国则由儒家的伦理道德所替代。用道德代替宗教，比起基督教借助一个万能的上帝来实现自我解放，儒家更相信人本身的理性。同时中国的道德与法律也是相连的，礼俗与法律混融，所谓出于礼即入于刑，这也有别于西方的法律与道德相分。

尽管中国传统伦理本位的社会结构导致了团体生活的缺乏，民主和法治难以生成，然而伦理所形成的情谊却可以消弭西方人生活里由于过分强调权利而导致的个人与团体的紧张关系。梁漱溟认为伦理即人与人的关系，在关系中就有了情，有情就会发生义，如父母有爱子女之情，即有教养子女之义；子女有爱父母之情，即有孝顺父母之义。总之，因情生义，大家都在情义中，从情分各尽其义，有情有义便是伦理。这种伦理，就是互以对方为重，彼此互相负责，彼此互相有义务的一种关系。针对中世纪西方过于强调团体而压抑了个人自由，到近代西方过于强调个人权利导致"个人主义"盛行，引发社会离心分裂的倾向，以及当时出现的作为"个人主义"之反动的"社会主义"（集权主义）。梁漱溟指出，中国要走向民治，必须避开西方这种反反复复的个人与团体的

---

① 梁漱溟：《中国文化要义》，上海人民出版社，2011年，第51页。
② 梁漱溟：《中国文化要义》，上海人民出版社，2011年，第64页。

紧张对立关系，要"救之以合，救之以向心"①；要发挥中国伦理本位的义务观念，但这种义务观念必须有别于之前传统伦理的义务观念（君君臣臣父父子子），而是要求个人对团体，团体对个人的义务观念。个人对公家（小之一乡，大之一国）要有义务，公家对个人也要有义务；彼此休戚相关，患难与共。他说中国原本就有五伦之说，现在替换上一伦，即拿团体与个人，代替君臣一伦。则仍可以发挥五伦关系，发挥义务观念，这样才能让中国有真正的团体生活，实现民有和民治②。总之，梁漱溟认为要寻求团体组织之道，在中国必须发挥新的伦理关系，发挥义务观念，以伦理情谊这个老传统为根本精神，来救治遭遇严重破坏的乡村。这里恰恰体现了梁漱溟要改造传统伦理的一个尝试，亦即要从旧文化里开发出新文化的乡村建设理论。

2. 理性精神

宗教和道德对个人和社会，都是要人向上向善的，而宗教比之道德往往生效快、力量大，原因是宗教往往借助超自然之力，而道德往往寄托人的理性。然而人虽为理性的动物，但理性在人却需要渐次开发，社会理性也需要一定的经济文化发展作为基础。因此不借助外在准则而全凭人的理性自觉自律，以实现人心向善的和谐社会，似乎是不大可能的事情。梁漱溟认为古代宗教往往凌驾政治之上，涵容礼俗法制在内，整个社会靠其组成，整个文化以之作为中心，岂可轻易以人们各自的道德所可替代？而中国能够做到以道德代替宗教，一方面源于儒家坚信人心向善，对人的理性报以完全的信任（这正是儒家的真精神）；另一方面，道德之养成有个依傍，这就是"礼"。

梁漱溟认为宗教在中国能够被道德替代有两个主要原因：一是安排伦理名分以组织社会（正名），二是设为礼乐揖让以涵养理性。这两者，在古时原可以摄之于一"礼"字之内。孔子深爱理性，也深信理性。他要启发众人的理性，他要实现一个"生活完全理性化的社会"，而其方法就在于礼乐制度。梁漱溟认为，这些礼文，一面既能安慰情感，极其曲尽周到；一面可见其开明通达，不悖理性。礼乐使人处于诗与艺术之中，孔子只是不教人迷信，似乎并未破除迷信，他的礼乐有宗教之用，而无宗教之弊。也正唯其极接近宗教，乃排斥了宗教。这种理性的早熟，正是中国文化的一大特点③。

梁漱溟在他的《中国文化要义》里明确区分了理智与理性的不同，这恰也是中西文化之大不同。他认为，人类是从动物本能生活中解放出来的，理智是本能中反乎本能的一种倾向，减弱身体感官作用（本能）而扩大了人的心思作用，这正是人有别于动物之处。理性、理智作为心思作用的两面：知的一面是理智，情的一面是理性，二者本

① 梁漱溟：《乡村建设大意》，《梁漱溟全集》Ⅰ，山东人民出版社，2005年，第664页。
② 梁漱溟：《乡村建设大意》，《梁漱溟全集》Ⅰ，山东人民出版社，2005年，第665页。
③ 梁漱溟：《中国文化要义》，上海人民出版社，2011年，第109—110页。

来密切相连。他举例说："譬如计算数目，计算之心是理智，而求正确之心便是理性。数目算错了，不容自昧，就是一极有力的感情，这一感情是无私的，不是为了什么生活问题。分析、计算、假设、推理……理智之用无穷，而独不作主张；作主张的是理性。理性之取舍不一，而要一无私的感情为中心。此即人类所以异于一般生物只在觅生活者，乃更有向上一念，要求生活之合理也。"① 他又道："惟人类生活处处有待于心思作用，即随处皆可致误。错误一经自觉，恒不甘心。没有错误不足贵；错误非所贵；错误而不甘心于错误，可贵莫大焉！斯则理性之事也。故理性贵于一切。以理智为人类的特征，未若以理性当之之深切著名；我故曰：人类的特征在理性。"②

在儒家理性精神影响下，中国人培养一种社会风尚，或曰民族精神：一为向上之心强，一为相与之情厚。向上之心，可以理解为孟子所言"四心"（恻隐之心、是非之心、羞恶之心、辞让之心）③。总之，于人生利害得失之外，更有向上一念者。这种人生向上，"从之则坦然泰然，怡然自得而殊不见其所得；违之则歉恨不安，仿佛若有所失而不见其所失"④。中国古人即谓之"义"，谓之"理"。儒家认为人生的意义和价值，就在不断地向上实践他所看到的理。相与之情厚，体现在人类生命与物同体，其情无所不到。此一体之情，发乎理性，"亲亲而仁民，仁民而爱物"，把伦理情谊扩大到自然和宇宙，民胞物与，天人合一，始终是中国文化的核心理念。在人生态度上，梁漱溟认为其他文明总是呈两边对立，比如在印度，各种出世的宗教为一边，顺世外道为一边；又比如在欧洲，中古宗教为一边，近代以至现代人生为一边。前者否定现世人生，要出世而禁欲；后者肯定现世人生，以为人生不外乎种种欲望之满足。唯有中国人开辟了真正的第三条道路，中国人肯定人生而一心于现世，这就与宗教出世而禁欲者绝不同；然而中国人又并不特别看重现世幸福，尤其贬斥欲望，强调义利之辨，坚持以追求道德人生为目标，不断自觉地向上实践着他所看到的道或义理，即孔子所云："食无求饱，居无求安，敏于事而慎于言，就有道而正焉"⑤，所谓饱与安就是现世幸福，而所谓有道与正，就是人生之理。人生之理不假外求，就存在于人类自有的理性中。理性虽然自有，但常常需要借助一个更有理性的人，即所谓"有道"的指点而得到省悟，所以人生向上必然要尚贤尊师，这与西方"公事多数表决，私事不得干涉"的风气有所不同⑥。

---

① 梁漱溟:《中国文化要义》,上海人民出版社,2011 年,第 121 页。
② 梁漱溟:《中国文化要义》,上海人民出版社,2011 年,第 121 页。
③ 朱熹:《孟子·告子章句上》,《四书集注》,中华书局,1973 年,第 6 章。
④ 梁漱溟:《中国文化要义》,上海人民出版社,2011 年,第 128 页。
⑤ 朱熹:《论语·学而》第一,《四书集注》,中华书局,1973 年,第 14 章。
⑥ 梁漱溟:《中国文化要义》,上海人民出版社,2011 年,第 129 页。

梁漱溟认为西洋偏长于理智而短于理性，中国偏长于理性而短于理智。一个偏重于物理，一个偏重于情理。西洋人从身体出发，而进达于其顶点之理智；中国人则由理性早启，其理智转被抑而不伸，故有发达的伦理道德，而缺乏科学和民主。但是这种所谓不同，只是各有所偏，并非绝对不同，既然不是绝对不同，便有沟通调和的可能。梁漱溟反思中国文化，凡是一种风尚，往往有其扩衍太过之处，尤其是日久不免机械化，导致原意尽失，只余下形式。以此观察中国社会，就会发现，"向上之心强""相与之情厚"留于习俗中的形式最多①。所以梁漱溟会说，"老道理的粗处、浅处、要改变"，只有把这些清理掉，传统文化才有转机，才能从真精神里发出新芽，转出所依归的新局面。

中国文化自周孔两三千年来，纳国家于伦理，合法律于道德，以教化代政治，形成伦理本位、理性早熟的特征。一方面，其流弊在近代成为阻碍中国进入现代文明的羁绊；另一方面，其精华却仍是中国摆脱贫穷落后、一盘散沙局面所需要的重要资源。

三、梁漱溟乡村建设之具体实践

在乡村建设实践中，梁漱溟强调自觉自救的重要性，认为乡村建设最要紧的还是乡村自救，依靠自身生发的生机。

1. 乡村组织

欲实现农民自觉自救，还要依靠农民自己的团体—乡村组织。梁漱溟说："救济乡村靠乡村组织，靠大家齐心协力，比如防御土匪、谷贱问题、组织合作仓库、造林问题、整顿村风，改良陋习等等，都是需要乡村组织。"② 他认为，一个团体组织必须具备四个条件：一是许多人合起来；二是有一个共同目标；三是有秩序；四是向前进行。这四个条件缺一不可，概括起来就是，许多人合起来，向着他们的一个共同目标，有秩序地进行。

如上所述，历史上中国传统文化结构本身决定了中国人少有现代意义的公共领域和团体生活，首先，造成中国人在现代社会表现出缺乏纪律习惯的问题，即人多时不能有秩序。纪律习惯是多数人在一起行动时所必不可少的，只有大家都能够守纪律，事情才能有效率地顺利地进行，而由于缺乏团体生活的训练，导致中国人缺乏纪律性，同时也由于伦理本位的家族结构很难形成一个为同一个目标所结成的公共利益团体。这两个怪圈相因，导致中国社会日益散漫。其次，由于没有团体组织，中国人普遍缺乏组织能力，即不会商量着处理事情。所谓"商量着办事"，梁漱溟认为就是真正有组织能力的

---

① 梁漱溟：《中国文化要义》，上海人民出版社，2011 年，第 132 页。
② 梁漱溟：《乡村建设大意》，《梁漱溟全集》Ⅰ，山东人民出版社，2005 年，第 618—620 页。

一种表现，即组织里的每个成员遇到事情都会抱着一个商量的态度，对团体内的事情，能够视为己任，积极主动出谋划策并付诸实践，同时能够尊重他人的意见，参考别人的意思，能够彼此迁就，彼此让步，彼此磋商直到商量出大家首肯的办法。一方面每个人都有权利和义务；另一方面每个人又能够顾全大局，避免团体分裂。这也就是西方民主的办法。梁漱溟对中国人不会商量着办事，而导致的后果有清楚的描述：一种就是容易落到一两个少数人来垄断操纵，形成独裁局面；一种是因为大家没有商量着办事的习惯，所以遇到事情都不肯迁就让步，不肯牺牲自己的主张，于是各行其是，互相冲突，结果常常让团体四分五裂；还有一种就是因为大家不会商量，彼此说不到一处，即便不分裂，团体的事情也往往会因此而停摆。这些就是梁漱溟总结当时中国社会因为缺乏团体组织所面临的窘境。所以当下中国迫切需要的就是团体，而具体落到实处就是乡村组织。

梁漱溟强调，乡村组织必须有两点特别注意。首先是要让团体的每个人对团体生活都能有力地参加，逐渐养成团体生活。这要求团体成员不是被动，而是主动地参加进来，并学着商量着来处理公共事务，培养组织能力，实现团体生活。团体成员要学会放弃以往以家庭家族为利益核心的伦理本位观念，学着用民主的方式，民治的精神来有效率地处理公共事务。由此形成个人与团体的新型伦理关系，即个人对团体有权利和义务，同时团体对其成员也有其权利和义务，它取代了传统五伦中的第一种君臣伦理关系，同时也保留了仍具有传统凝聚力的其他四伦，使得乡村社会组织仍可以保持一定的有序，并保留人们喜闻乐见的文化传统。这即是梁漱溟所谓"老道理开出真精神"。

乡村组织需要注意的第二点，是让内地乡村社会与外面的世界相沟通，借以引进外面的新知识方法。中国乡村的落后很大一部分是因为其长期的闭塞，缺乏科学上的知识方法。比起物质上的补充，梁漱溟认为科学上的知识方法的补充更为重要。如何引进科学上的知识方法呢？这就需要乡村组织发挥"使内地乡村社会与外面世界相沟通"的作用了。梁漱溟认为不可以把西洋的教育理论、教育制度等整套搬到中国来，这种盲目的全盘西化的模式只能是妨害了中国社会，这种弊端愈来愈明显。因此梁漱溟始终坚持在自己原有文化基础上改良进步。"把人家的拿来当养料，去咀嚼、融化、摄取、吸收他的长处，好让自己慢慢地往上生长。"① 他认为，想让社会进步其要点在为社会开出生机，而生机必须要从自己文化的根上开出来。而这个根就是乡村，就是农业。他说："中国社会无论从过去历史来说，从现在处境来说，乃至为未来打算，都必须有乡村为根，农业为根——由乡村而都市，由农业而工业，此一定顺序。"② 让社会开出生机的

---

① 梁漱溟：《乡村建设大意》，《梁漱溟全集》Ⅰ，山东人民出版社，2005 年，第 648 页。
② 梁漱溟：《乡村建设大意》，《梁漱溟全集》Ⅰ，山东人民出版社，2005 年，第 648 页。

要点则必须将学术研究与社会事实相沟通。内地乡村文化低，外面世界文化高，所以需要成立一个文化上流通输送的机构，而乡村组织就要负担起这样一种机构功能，而且这机构不仅是文化的（学术的、教育的），同时也是经济的、政治的。梁漱溟理想的乡村组织就是一个好的农业推广机构。同时下级地方自治以及合作指导、金融流通等行政的或经济的机关，也要让其相融或相连。他认为农业不单单是技术问题，还要有其他的社会条件。在这种基础上，派出留学生引进先进的科学知识和方法。所以必须先有乡村组织，再接上农业实验场；有了农业实验场，再接上留学生。这样，新知识方法才能引进来，由此依靠乡村组织实现内地乡村社会与外面世界相沟通。

2. 村学乡学

梁漱溟在山东邹平所实施的乡村建设是以乡村组织为核心，而乡村组织的具体办法则是实行了村学乡学。村学乡学并不单单是一个学校，同时也是一个乡村组织。它包括了整个乡、整个村，设有成人部、妇女部、儿童部等。其中一切设备（包括图书馆、体育馆等）皆为地方公有，并开放给所有民众使用，其管理者也由地方民众选举担任，其经费也由地方自筹为原则，体现了乡村组织的特点。

村学乡学的目标就是"大家齐心学好，向上求进步"，这个目标与梁漱溟所认为最合乎中国的老道理的乡约，最为接近，也最为合乎中国本来的风气。梁漱溟所提倡的村学乡学在师法古人相勉为善的同时，更多了一点求进步的意思。这是古代乡约里所没有的新内容。村学乡学最合乎中国的老道理的同时，又合乎三点原则：普遍性、恒久性、自觉性。其普遍性体现在"齐心学好，向上求进步"的目标，表明任何人都可以加入，而且应该加入。其恒久性体现为不像一般的自卫组织，只是为临时防盗匪而有，等到没有了土匪，组织也就解散，村学乡学却是要一直存在下去的。自觉性则体现在，教育全村全乡的民众自觉地加入组织，自我管理，慢慢实现自觉地向上求进步。

村学乡学的工作分为甲乙两项。"（甲）酌设成人部、妇女部、儿童部等，施以其生活必须之教育，期于本村社会中指各份子皆有参加现社会，并从而改进现社会之生活能力。"所谓"施以其生活必须之教育"，如成年农民要种田，就教他些改良农业的法子；妇女们要做衣、做饭、育儿、理家，就教她些家事，让她有参加现社会的生活能力，并从而改进现社会。"（乙）相机倡导本村所需要之各项社会改良运动（如反缠足、早婚等），兴办本村所需要之各项社会建设事业（如合作社等），期于一村之生活逐渐改善，文化逐渐增高，并以协进大社会之进步。"① 这甲乙两项工作，都强调无论是社会改良运动，还是社会建设事业，都要大家协力共谋，商量着一起办。

梁漱溟认为社会改进即教育，因此他的村学乡学，代替了从前的区公所、乡镇公所

---

① 梁漱溟：《乡村建设大意》，《梁漱溟全集》Ⅰ，山东人民出版社，2005 年，第 672 页。

等机关，即把行政机关教育机关化，以教育力量代替行政力量。不过他也指出，这种教育机关化的县行政系统，愈到下级（如村学）愈成为教育机关，而愈到上级（如县政府）愈不能不带行政机关性质。因为愈到下级即愈接近社会而直接民众，愈应该用教育工夫而不用行政手段。^① 其目的是通过村学乡学来组织乡村，用教育工夫引发乡村自力，靠乡村农民自己的力量来改进社会，让社会进步。而不是靠行政手段，硬性法令来办事。这显然更符合梁漱溟认同的老道理"乡约"中的真精神，更为人性化。

村学乡学组织构成为：学众——村中或乡中男女老少一切人等，学长——村中或乡中品德最尊的人，学董——村中或乡中有办事能力的人，教员（乡学又有辅道员）——乡村运动者。学众不仅是受教育者，同时也是改进乡村社会，解决乡村问题的主力。他们是乡村的主体，乡村建设强调乡村自力，依赖农民自觉，引发自力，因此他们的觉醒和组织成为团体是最核心的部分。他们需要建立个体与团体的新伦理，明了其权利与义务，并逐渐学会商量着处理事务。因此他们既是受教育者同时也是立法者。学长则为监督者，由民众推举德高望重者担任，鼓励大家向上求进步，同时由于有威望，故承担调节之责任。所以学长要具有提升众人的作用和调和众人的作用。学董则起到行政作用，村学乡学的公共事务与对外关系，需要交付给村学乡学的董事会来处理，学董会由二至五人组成。他们不仅是学众之一，且是乡村领袖，于村学乡学组织负有重要责任。他们不仅要让村学乡学不失其教育性质，同时还要起到沟通上下减少隔阂的作用。教员则是这些乡村建设运动的发起者和实践者，起到推动设计作用。他们不仅仅是教书，以全村人为教育对象，更多要以推进社会工作为主。包括提出问题引起学众讨论，发动乡民进取上进之心，以及与学众一起商讨办法等。他们同时还是上级机关（乡村运动团体）或者说是后方大本营的联络者。有上级机关或后方大本营作最高方针之指导，材料方法之供给，则可应对乡村问题的多面性，也可解决教员本身知识能力不足的问题。然而要指出的一点是，教员不能直接替乡下人办事，因为乡村问题的解决主要靠农民自觉，引发自力。教员只是引导者，是一种辅助力量，主力仍然是学众。

梁漱溟所提倡的村学乡学有别于一般的地方自治只具有立法作用和行政作用，更还有学长的监督教训作用和教员的推动设计作用。村学乡学用更符合传统乡约的伦理精神，不用强硬的无情意的行政强制法规来处理事情，把法律问题放在道德教育范围里，尊重传统文化，体现的仍是梁漱溟老道理、真精神的宗旨。同时，村学乡学不仅起到沟通内地乡村与外面世界的作用，引进先进的科学知识和方法，实现问题上达、方法下达的功能，而且让乡村里的每个人对乡村的事情逐渐积极地参加，形成个体与团体的新伦理关系，使得乡村有生机和活力，逐渐形成真正的团体，继而扩展为一个新的社会制

---

① 梁漱溟：《乡村建设大意》，《梁漱溟全集》I，山东人民出版社，2005 年，第 675 页。

度。所以梁漱溟认为："乡村建设，与其说是乡村建设，不如说是乡村生长；我们就是要乡村好像一棵活的树木，本身有生机和活气，能够吸收外面的养料，慢慢地从一株幼苗长成参天大树。换句话说，乡村建设，就是要先从村组织做起，从乡村开端倪，渐渐地扩大开展成为一个大的新的社会制度，这便叫作'乡村建设'。"①

梁漱溟认为乡村建设要把握两个基本重点，即农民自觉和乡村组织。救济乡村要靠农民自觉、自救，正所谓天助自助者。同理，照搬西方、全盘西化的方式只会让中国文化加速破坏和灭亡。因此在旧文化里转变出新文化，改造旧文化以使得旧文化的合理内核重获新生，并发挥出新的力量，即发挥中国文化老传统的真精神。在乡村建设实践中，梁漱溟同样强调自觉自救的重要性，他介绍了当时乡村建设的背景：一些外国人、政府、银行界、社会团体、教育机构等都有帮助乡村的意愿和举措，然而最要紧的还是乡村自救，靠自身的生机来实现乡村建设。欲实现农民自觉自救，还要依靠农民自己的团体——乡村组织。梁漱溟说，救济乡村靠乡村组织，靠大家齐心协力，比如防御土匪、谷贱问题、组织合作仓库、造林问题、整顿村风、改良陋习，等等，都是需要乡村组织。② 梁漱溟认为，一个团体组织必须具备四个条件：许多人合起来、有一个共同目标、有秩序和向前进行。这四个条件缺一不可，概括起来就是，许多人合起来，向着他们的一个共同目标，有秩序地进行。

四、结语：梁漱溟乡村建设之精神遗产

梁漱溟先生 1928 年 7 月提出《请办乡治讲习所建议案及试办计划大纲》，同年 9 月发表《请办乡治讲习所建议书》；1930 年 11 月发表《山东乡村建设研究院设立趣旨及办法概要》；1931 年 1 月赴山东邹平筹办山东乡村建设研究院，同年 6 月该院成立，他任研究部主任、院长，倡道乡村建设运动；1933 年 10 月接任山东乡村建设研究院院长；1937 年 3 月《乡村建设理论》一书出版。他是中国体悟乡村建设理论并开拓乡村建设运动的先驱家。梁先生在村治实验中推广其乡村建设与文化教育理念，产生了巨大影响。乡村建设运动后因抗战中断，甚为可惜，但给我们留下了宝贵的精神遗产。

梁先生注重从教育与文化入手，由下而上地改造乡村，认识到了文化在人类历史进程中的重要作用。每个文明体系都由文化、科技、经济、政治等方面构成，其中的科技、经济、政治等方面都可以向其他文明体系学习并取为己用，唯有文化不可能完全照搬其他文明体系。这点试看非西方世界中现代化较为成功的地区便可了解，特别是中国

---

① 梁漱溟:《乡村建设大意》,《梁漱溟全集》I,山东人民出版社,2005 年,第 720 页。
② 梁漱溟:《中国文化要义》,上海人民出版社,2011 年,第 618—620 页。

这样传统文化源远流长的地方，更不可能在文化上全盘西化。梁先生的乡村建设主张根植于中国传统文化的合理内核和根本精神，以中国文化特有的伦理情谊和始终追求人生向上的理性精神，来实现自觉自救。破除其老旧腐朽的一面，而开发出新的生机，从旧文化里转变出新文化，这种思路对今天中国的文化建设仍有启发性。

梁先生将儒家伦理应用于基层社会的政治实践当中，与宋代乡约运动以降中国基层社会的种种改良运动一脉相承。一两百年以来，中国的基层社会特别是农村经历了翻天覆地的巨大变革，传统与现代的断裂极其严重。今天的中国农村面临人口流失、价值崩溃、经济萧条等棘手问题，如何实现建设安和乐利的农村也是中国现代化进程中的重大课题。梁先生强调要在乡村建设中通过教育重建秩序，切中农村问题的要害，对当今中国的农村建设仍有极大的借鉴意义。

最后再次向主办方及颜炳罡教授的盛情邀请，表示诚挚谢意，并衷心希望能与各位同仁一道，继承梁先生的精神遗产，继续梁先生的未竟事业，为中国文化之昌盛与中国乡村之繁荣贡献力量。

"文化失调"与"礼俗"重构

——梁漱溟论"教化""礼俗""自力"与乡村建设

田文军（武汉大学哲学学院）

摘　要　梁漱溟先生的乡村建设理论，涉及中国乡村的经济建设、政治建设与文化建设。但从梁先生肯定"教化""礼俗""自力"传统，强调乡村"新礼俗"建设来看，梁先生思考中国乡村建设，实是他对中国文化建设的具体思考。梁先生曾说："乡村运动是一个社会运动"，"亦可名为文化运动"。梁先生将"乡村运动"理解为"社会运动"与"文化运动"，是因为梁先生将中国自近代以来的贫穷落后，理解为文化落后，并将中国近代文化落后的原因归于中西文化的矛盾。在梁先生看来，中国乡村社会的崩溃，只不过是中国文化落后的一个缩影。因此，中国乡村建设的终极目标实为振兴中国文化。同时，梁先生认为，中国这个国家，"集家而成乡，集乡而成国"。要振兴中国文化，只有"从乡村作工夫"，通过在乡村建设中恢复"教化""礼俗""自力"的文化传统，"伸张、发挥、开启""理性"，重视"自力"，发挥中国人的"主体力量"，重构乡村的"社会构造"，恢复乡村的社会秩序，才能够在整体上达成"重建中国新社会构造的目标"。

关键词　礼俗　教化　自力　文化失调　乡村建设

梁漱溟先生的乡村建设理论，记录了梁先生在 20 世纪三四十年代，为了"中国民族之前途"，解决中国乡村建设问题而亲身投入的实践，也包含梁先生在这一时期对中国乡村建设问题多层面的理论探索，构成了一个思想系统。在这个思想系统中，梁先生理解的"教化""礼俗""自力"对于乡村建设的重要作用，当是一个重要的组成部分。本文对梁先生关于"教化""礼俗""自力"与乡村建设的理论做一些专门考察，以再现梁先生思考乡村建设问题的一个切入点，以及梁先生为推进中国乡村建设做出的历史贡献。

一、"教化""礼俗""自力"传统的衰败与中国乡村社会的崩溃

在20世纪三四十年代的中国兴起"乡村建设运动",有其复杂的社会历史原因。梁漱溟先生曾经认为,当时"乡村运动的大发展,形成高潮,实以全国农村经济的大破坏大崩溃为其前导"。① 这是梁先生晚年对乡村建设运动缘起的一种总括性的理解。实际上,在梁先生的乡村建设理论中,对于20世纪三四十年代中国乡村建设运动的缘起,曾有过多视角的探究与论释。在梁先生看来,要致力于乡村建设,首先即应在理论的层面厘清三四十年代中国何以需要推进乡村建设。这种厘清,视角可指向中国乡村的现实,也可回溯中国乡村社会发展的历史。梁漱溟先生曾将中国乡村建设的缘由,概述为"救济乡村运动""乡村自救运动"以及乡村"积极建设之要求"等。但是,梁先生认为,这些原因都是表层的。探究中国乡村建设运动缘起的深层原因,需要重视中国"重建一新社会构造的要求"。他说:"今日中国问题在其千年相沿袭之社会组织构造既已崩溃,而新者未立;乡村建设运动,实为吾民族社会重建一新组织构造之运动——这最末一层,乃乡村建设真意义所在。"② 梁先生将"重建一新社会构造的要求"视作乡村建设缘起的深层原因,理解为"乡村建设真意义所在",是因为在梁先生看来,近百年来,中国落后与失败的一个重要表现,当是中国乡村"社会构造"的解体与"社会秩序"的崩溃。

何谓中国乡村的"社会构造"与"社会秩序"?梁先生理解的中国乡村"社会构造",涵括中国乡村的"政治构造""经济构造",也涵括中国乡村的"礼俗""习惯"及其与之关联的"教化""自力"等文化传统。"社会秩序"则包含政治、法律、制度与"礼俗""习惯"等。在梁先生看来,在中国乡村"社会构造"与"社会秩序"中,基于儒家伦理历史地形成的"教化""礼俗""自力"等文化传统是其最为重要的组成部分。梁先生曾认为:"'伦理本位、职业分立'八个字,说尽了中国旧时的社会结构——这是一很特殊的结构。"③ 按照梁先生这种观念,他所谓中国乡村的"社会构造"与"社会秩序",前者多指中国乡村基于儒家伦理而存有的社会关系与社会制度,后者则是维系这种社会关系与社会制度运行的原则方法:"人非社会则不能生活,而社会生活则非有一定秩序不能进行;任何一时一地之社会必有其所为组织构造者,形著于外而成其一种法制、礼俗,是即其社会秩序也。'"④ 这样的"社会秩序"与"社会构造"很难绝对分隔。这是梁先生认定"'孝、悌、勤、俭'可说是维持中国社会秩序的四字

---

① 《梁漱溟全集》第七卷,山东人民出版社,1989年,第425页。
② 《梁漱溟全集》第二卷,山东人民出版社,1989年,第161页。
③ 《梁漱溟全集》第二卷,山东人民出版社,1989年,第174页。
④ 《梁漱溟全集》第二卷,山东人民出版社,1989年,第162页。

真言"① 的思想根据。因此,在梁先生看来,中国乡村"社会构造"的解体与"社会秩序"的崩溃,最根本的缘由实在于中国乡村"教化""礼俗""自力"传统的衰败;或者说,正是因为礼俗、制度、学术、思想的改变,引发了中国乡村"社会构造"与"社会秩序"的改变。

梁先生将中国乡村"社会构造"的解体与"社会秩序"的崩溃同"教化""礼俗""自力"传统的衰败联系起来,是以他对中国社会文化特殊性的探究与思考为基础的。在梁先生看来,中国本来即是一个散漫的乡村社会,乡村乃中国社会的"基础"与"主体",而中国文化的形成正源于乡村的需要:"原来中国社会是以乡村为基础,并以乡村为主体的;所有文化,多半是从乡村而来,又为乡村而设——法制、礼俗、工商业等莫不如是。"② 但是,近百年来,由于西方帝国主义的侵略,以及中国人因受西方文化影响而推行的社会改革,致使中国乡村长期沿袭的"教化""礼俗""自力"传统衰落失守,也使得中国乡村沿袭了上千年的"社会组织构造"趋于崩溃;一部乡村史,实为"一部乡村破坏史"。因此,梁先生认为,中国的乡村建设,百废待兴,面临的问题涉及经济、政治、农业、工业、国防、教育等多个方面,但这些问题的重中之重应当是"文化"问题。所以他说"中国问题并不是什么旁的问题,就是文化失调"。③ 因此,唯有解决"文化失调"问题,重建中国乡村的"社会构造"与"社会秩序",才有可能停止中国乡村社会的"大破坏大崩溃",阻止中国乡村社会的衰落与颓势。

梁先生在其乡村建设理论中,对20世纪三四十年代中国乡村建设缘起的这种思考,是很有特色的。在这种思考中,梁先生将问题置于意识深处,"游心于远";兼顾历史与现实、理论与实际两个层面,并在广义的文化层面上力图使两个方面的问题得到统一,从而为他具体地探寻20世纪三四十年代中国乡村建设的道路提供深邃的认识前提与厚实的思想基础。

二、"教化""礼俗""自力"传统的重建与中国乡村社会的复兴

梁漱溟先生将20世纪三四十年代中国乡村建设的缘由归于"社会构造"与"社会秩序"的"大破坏大崩溃",进而将中国乡村"社会构造"与"社会秩序"的"大破坏大崩溃"的缘由归于中国"文化失调",或说归于中国乡村"教化""礼俗""自力"传统的失守与衰落,这使得他在思考中国乡村建设的目标道路时,主张要重建中国乡村的"社会构造"与"社会秩序",则必须重建中国乡村的"礼俗"。他在论及中国乡村

---

① 《梁漱溟全集》第二卷,山东人民出版社,1989年,第186页。
② 《梁漱溟全集》第二卷,山东人民出版社,1989年,第150页。
③ 《梁漱溟全集》第二卷,山东人民出版社,1989年,第164页。

建设的具体目标时曾说："所谓建设，不是建设旁的，是建设一个新的社会组织构造——即建设新的礼俗。为什么？因为我们过去的社会组织构造，是形著于社会礼俗，不形著于国家法律，中国的一切一切，都是用一种由社会演成的习俗，靠此习俗作为大家所走之路（就是秩序）。"①

乡村建设就是建设"新的社会组织构造——建设新的礼俗"。那么，对于何谓"礼俗"，以及"礼俗"与"教化""自力"之间的关系，也是必须具体厘清的理论问题。梁先生有关"礼俗""教化""自力"方面的论释很多。在梁先生看来，"法制"与"礼俗"都可视为中国文化的重要组成部分。但在他的理解中，"礼俗"当是一种更重要的文化成果或说文化形态。因为，在梁先生的理解中，"礼俗"是有别于"法制"的伦理关系或说伦理原则。这种伦理关系与伦理原则，梁先生有时也理解为人们生活中的"习惯"或"路子"。在梁先生看来，"习惯"或"路子"，实为决定一种社会制度之所以成为这种社会制度的重要条件。他说："我深悟到制度与习惯间关系之重大，我深悟到制度是依靠于习惯。西洋政治制度虽好，而在中国则因为有许多条件不够，无法建立起来。许多不够的条件中最有力量者即习惯问题。或关系其他条件而可以包括许多其他条件者即为缺乏习惯这一极重要条件。因为中国社会，中国人（一切的人）缺乏此种习惯，则此种制度便建立不起来。"②

梁先生所说的"习惯"或者"路子"，都是文化特征或在文化传统范围，实即他所强调的"礼俗"。梁先生认定中国社会之所以成为中国社会，是因为中国人有中国人的"习惯"与"路子"，实质是要强调中国社会之所以成为中国社会，根源在其固有的文化传统——"礼俗"。换言之，在梁先生的理解中，中国"社会构造"得以成型，中国"社会秩序"得以维系，皆决定于中国社会特有的"礼俗"。

梁先生所谓"教化"与"自力"，同他所肯定的"礼俗"密切关联。"自力"是人自身的主体性力量，也是一种"向里用力"的人生态度。梁先生曾说，中国人赖以生活的"社会秩序"，"殆由社会自尔维持；无假于外力，而寄于各方面或各人之自力"③。这样的"自力"不仅是人自身的主体性力量，且贯穿一种伦理精神，体现社会的"礼俗之效"。"教化"，指伦理教化。在梁先生看来，"教化之为用"，正在于"培植礼俗，引生自力"。人们只有通过"教化"，"培植礼俗，引生自力"，涵养德性，完善自我，发挥自身的主体性力量，才能够解决自己所面临的各种人生问题。这种理解，使梁先生认定"礼俗""教化""自力"三者皆体现"人类理性"。

---

① 《梁漱溟全集》第二卷,山东人民出版社,1989 年,第 276 页。
② 《梁漱溟全集》第二卷,山东人民出版社,1989 年,第 20 页。
③ 《梁漱溟全集》第二卷,山东人民出版社,1989 年,第 180 页。

"试求所谓教化、所谓礼俗、所谓自力,一一果何谓?则知三者内容,总皆在'人类理性'之一物。所谓自力,即理性之力。礼必本乎人情;人情即是理性。故曰:'礼者理也。'非与众人心理很契合,人人承认他,不能演成礼俗。至于教化,则所以启发人的理性;是三者总不外理性一物贯乎其中。"①

梁先生所谓"理性",是一种贯穿于"礼俗""教化""自力"三者之中的伦理情怀或说伦理精神。"理性"既可表现为作为"自力"的"理性之力",也可表现为"本乎人情"的"礼俗"与"启发理性"的"教化"。在梁先生看来,"教化"能"启发理性",使人维护"父慈子孝的伦理情谊";也能"引生自力",使人持守"好善改过"不断向上的人生态度。因此,梁漱溟先生论及"教化""礼俗""自力"对于人们生活的重要作用时,既肯定"礼俗",又强调"教化"与"自力"。在他看来,人们的生活中,如果没有"教化",很难维持社会的"伦理秩序";而如果没有"自力",则既不可能"布德泽",也不可能"兴教化","礼俗"与"教化"皆无法落到实处。梁先生对"礼俗""教化""自力"关系的这种理解,又使他特别强调"自力"。

因为,在梁先生看来,中国的"社会构造"首先是以"伦理本位"为特征的。这样的"社会构造",使人们在生活中面临的是"四面八方由近及远的伦理关系"。而人们要处理父子、婆媳、兄弟、夫妇关系,处理祖孙、伯叔、侄子以及族众关系,处理母党、妻党、亲戚、尊卑关系,处理邻里、乡党、长幼关系,处理君臣、师弟、东家伙伴以及一切朋友关系,只能依靠"自力",或者说"向里用力"。

同时,梁先生也认为,维系中国以"职业分立"为特征的"社会构造",也需要"自力"。因为,这样的"社会构造",使得人们在生活中大体上"机会均等,各有前途可求"。为前途计,人们"则惟有自立志、自努力、自鼓舞、自责怨、自得、自叹"②。这样才可能使个人的前途命运有所保障。在梁先生的理解中,中国人生活的原动力实为一种以"自反的精神"所体现的"自力";中国人的人生,本质上就是"向里用力的人生"。因此,梁先生论及"维持"中国社会秩序,不但强调其不在武力而在"教化",不在法律而在"礼俗",且特别强调其不在"他力"而在"自力"。

要而言之,在梁先生看来,"教化""礼俗""自力"三者统一,既代表中国文化的优秀传统,又构成中国乡村"社会组织构造"形成的基础。要振兴中国乡村,达成乡村建设目标,必须恢复以"教化""礼俗""自力"为基本内容的文化传统。

但是,梁先生又一再申述,他所主张的乡村建设,并不是简单地恢复中国乡村传统"礼俗"。因为,他主张的乡村建设,需要"建设新的礼俗","新礼俗"应有新的内容。

---

① 《梁漱溟全集》第二卷,山东人民出版社,1989年,第181页。

② 《梁漱溟全集》第二卷,山东人民出版社,1989年,第180页。

"建设新礼俗",需要新的实践途径。"我们讲新的建设,就是建设新礼俗。那末,所谓新礼俗是什么? 就是中国固有精神与西洋文化的长处,二者为具体事实的沟通调和(完全沟通调和成一事实,事实出现我们叫他新礼俗),不只是理论上的沟通,而要紧的是从根本上调和沟通成一个事实。此沟通调和之点有了,中国问题乃可解决。"①

从梁先生的这种论述来看,他主张的"新礼俗"建设,大体上涉及两个方面的内容:一是肯定中西文化各有其长,在理论上使二者"沟通调和";二是将思想理论上的"沟通调和"付诸实践,通过实践,使这种"沟通调和"成为"事实",从而实现在中国乡村建设"新礼俗"的理想与目标。换言之,梁先生所理解的"新礼俗"建设,其要点是既坚守"中国固有精神",又吸纳"西方文化的长处"。

什么是"中国的固有精神"? 按梁先生的理解,一是"伦理情谊",一是"人生向上"。在梁先生看来,中国的这种"固有精神"也曾导致中国文化的局限,其表现即是中国人既缺乏"团体组织"与"团体生活"的传统,也缺乏"科学上的知识技能"。而"西方文化的长处"正好与"中国固有精神"相反:西方既重视"团体组织"与"团体生活",也看重"科学上的知识技能"。这样的长处使西方在重视民主、法制的前提下,主张平等、自由,尊重个人权利。因此,梁先生认为,在中国乡村"新礼俗"建设中,会通中西,当是历史的必然要求。他在论及中国乡村团体组织建设时,曾论及这种中西会通的历史必然。他说:"就在中国旧社会组织构造崩溃之后,所要有的未来的中国新社会,将不期然而然的是一个中西具体的融合。"② 基于这种"中西具体的融合"观念,梁先生曾在多个领域论析中国乡村建设:他曾论及中国乡村的组织建设及其对于经济建设的贡献,也曾论及乡村的"乡约"与"乡农学校"建设等。但是,梁先生主张的以"中西融合"方式建设的中国乡村"新礼俗",本质上仍然是以固守中国传统"礼俗"为基础的。梁先生曾说:"西洋社会秩序的维持靠法律,中国过去社会秩序的维持多靠礼俗。不但过去如此,将来仍要如此。中国将来的新社会组织构造仍要靠礼俗形著而成,完全不是靠上面颁行法律。所以新礼俗的开发培养成功,即社会组织构造的开发培养成功,新组织构造、新礼俗,二者是一件东西。"③

从这种论述来看,梁先生主张"新礼俗"建设需吸纳西方文化的长处,但这种吸纳并不能改变中国社会秩序的维系靠"礼俗"而不靠法律的传统。他所理解的对西方文化的吸纳,实限于对中国"礼俗"的"补充改造"。譬如,梁先生曾明确地表示,中国乡村需要建设"新的组织","这个新组织即中国古人所谓'乡约'的补充改造"④。

① 《梁漱溟全集》第二卷,山东人民出版社,1989 年,第 278 页。
② 《梁漱溟全集》第二卷,山东人民出版社,1989 年,第 279—280 页。
③ 《梁漱溟全集》第二卷,山东人民出版社,1989 年,第 276 页。
④ 《梁漱溟全集》第二卷,山东人民出版社,1989 年,第 320 页。

梁先生这种以"补充改造"中国古时"乡约"的方式建设中国乡村"新的组织"的主张，即是要以中国传统"礼俗"为中国乡村"新组织"建设之"根"，强调中国传统"礼俗"才是中国乡村"新组织"建设的基础。按照梁先生的理解，以这样的方式建设的新"组织构造"与"新礼俗"，虽也吸收西方文化的长处，但"新礼俗"的主体仍为中国的传统"礼俗"。因为，依照梁先生的理解，要调和"新礼俗"建设中存在的中西文化矛盾，其途径与方法只能是弘扬中国的"固有精神"，秉承发扬"教化""礼俗""自力"三者统一的文化传统。梁先生曾以政治上"法治"与"人治"的调和来论释他所理解的基于中西融合而形成的维系乡村社会秩序的方式。梁先生认为，政治上西方重视法治，中国看重人治，两者矛盾，但矛盾可以调和，调和的结果是形成"人治的多数政治"，或"多数政治的人治"①。梁先生这种观念，典型地体现了他所理解的"新礼俗"建设。

梁先生主张"人治"与"法治"的调和，或说主张中西文化的融合，但他理解的"调和"与"融合"途径，皆为运用中国固有的"礼俗"。换言之，在梁先生看来，中国乡村社会的破坏，根本原因是"教化""礼俗""自力"传统的衰落与失守，而中国乡村社会的建设与复兴，根本途径也只能是"教化""礼俗""自力"传统的恢复与重建。因此，梁先生断言："我们把许多中国冲突点疑难点解决了以后，就可以发现一个新的社会组织。这个社会组织乃是以伦理情谊为本源，以人生向上为目的，可名之为情谊化的组织或教育化的组织。"②虽然梁先生也肯定这个"组织""充分容纳了西洋人的长处"，但按他的理解，这个组织最基本的特点仍在其以伦理情谊为"本源"，以人生向上为"目的"。因为，这才是梁先生理解的中国文化精神，也才是梁先生追求的乡村建设目标。

总之，梁先生主张以中西融合的方式建设"新礼俗"，以重构中国乡村的社会组织，恢复中国乡村的社会秩序。但是，他追求的乡村"社会组织构造"，始终"是一个伦理情谊化的组织，而又是以人生向上为目标的一个组织"③。在梁先生看来，中国的乡村建设，虽需吸纳西方文化之长，但主要途径仍在恢复中国乡村"教化""礼俗""自力"统一的文化传统，确立中国乡村社会"组织构造"的"根"。恢复中国乡村固有传统，则应特别"看重人生向上"，重视"自力"，提升生活的"志气"。梁先生在论及中国传统的"乡约"时曾说："我们要知道乡约的主要之点，就是立志。必须从立志开头，才能有乡约；必须把人生向上之意提起来，才能有乡约；所以我们的乡运也要从

---

① 《梁漱溟全集》第二卷,山东人民出版社,1989 年,第 292 页。
② 《梁漱溟全集》第二卷,山东人民出版社,1989 年,第 308—309 页。
③ 《梁漱溟全集》第二卷,山东人民出版社,1989 年,第 322 页。

发愿来。"① 梁先生主张"我们的乡运也要从发愿来",即是强调在乡村建设中,必须"立志发愿",注重"自力"。因为,在乡村建设中,只有依靠"自力",才会有新的"组织构造",才会有新的"社会秩序",也才会有"新礼俗"与"新生活"。换言之,在梁先生看来,只有自觉地发挥人的主体性力量,使中国乡村的固有传统重新焕发生命活力,才能达成中国乡村建设的实践目标。梁先生当年关于中国乡村建设的这些思考,不仅有自己前后一贯的思想路数,也具备自己始终持守的思想观念,形成了自己的理论特色。这些具体的思想观念与理论特色,至今仍然是值得我们回溯、考释与借鉴的。

三、梁漱溟"教化""礼俗""自力"重建说的理论价值

梁漱溟先生晚年曾说:"乡村运动是我一生中一桩大事,在事隔多年之后,今天有必要回忆,略加叙述,同时也就反省批判之。因有旧著……可资考核,今为此文只须联缀前后之事却无需详述了。"② 梁先生晚年忆及"乡村运动",虽然表示自己的回忆"只须联缀前后之事",无需详述自己的乡村建设理论内容,但梁先生对自己的乡村建设理论实际上仍有所论说,尽管这种论说是以"反省批判"的形式进行的。梁先生的论说大意有二:其一是认为自己当年将"传统文化民族精神"理解为"人生向上,伦理情谊",且"径直提倡其实行,而不知道非其时"③,致使自己投身的乡村建设在实践上难以获得成功;其二是认定自己对于中国传统文化精神的认识概括无误,自己对于人类前途理想的理解与追求仍是正确的。梁先生曾说:"若问将在世界最近未来所复兴的中国文化,具体言之是什么?扼要言之,那便是从社会主义向共产社会迈进时,宗教衰微而代之以自觉自律的道德,国家法律消亡而代之以社会礼让习俗。"④ 从梁先生晚年对自己当年参与乡村运动的这种评价来看,他对自己以"教化""礼俗""自力"传统的衰败为中国乡村社会崩溃的原因,以"教化""礼俗""自力"传统的重建为中国乡村建设途径与保障的理论仍持肯定的态度。梁先生晚年肯定的"人生向上"与"伦理情谊"这种民族文化精神,实为梁先生所理解的"教化""礼俗""自力"传统的重要内容。因此,我们在具体考察梁先生的"教化""礼俗""自力"理论的基础上,集中对梁先生的乡村建设理论,特别是对其"建设新礼俗"的主张,再作一些具体评析是有益的。

梁漱溟先生的乡村建设理论,涉及中国乡村的经济建设、政治建设与文化建设。但从梁先生肯定"教化""礼俗""自力"传统,强调乡村"新礼俗"建设来看,梁先生思考中国乡村建设,实是他对中国文化建设的具体思考。梁先生曾说,"乡村运动是一

---

① 《梁漱溟全集》第二卷,山东人民出版社,1989 年,第 335 页。
② 《梁漱溟全集》第七卷,山东人民出版社,1989 年,第 424 页。
③ 《梁漱溟全集》第七卷,山东人民出版社,1989 年,第 428 页。
④ 《梁漱溟全集》第七卷,山东人民出版社,1989 年,第 428 页。

个社会运动","亦可名为文化运动"①。梁先生将"乡村运动"理解为"社会运动"与"文化运动",是因为梁先生将中国自近代以来的贫穷落后理解为文化落后,并将中国近代文化落后的原因归于中西文化的矛盾。在梁先生看来,中国乡村社会的崩溃,只不过是中国文化落后的一个缩影。因此,中国乡村建设的终极目标实为振兴中国文化。同时,梁先生认为,中国这个国家,"集家而成乡,集乡而成国"②。要振兴中国文化,只有"从乡村作工夫",通过在乡村建设中恢复"教化""礼俗""自力"的文化传统,"伸张、发挥、开启""理性",重视"自力",发挥中国人的"主体力量",重构乡村的"社会构造",恢复乡村的社会秩序,才能在整体上达成"重建中国新社会构造的目标"。梁先生有关"乡村建设运动如果不在重建中国新社会构造上有其意义,即等于毫无意义"③的论断,正是以他对乡村建设缘起与目标的这种理解为根据的。

在新的时代条件下,回溯梁先生的这些思想理论,我们会发现梁先生乡村建设理论的一个基本观念。梁先生强调振兴中国文化,必须始于乡村,乡村建设则主要是文化问题;不解决文化建设问题,或者说不恢复乡村"教化""礼俗""自力"的传统,建设新的"礼俗",则无法真正改变近代中国文化的落后状况。这种观念实际上是将继承弘扬民族文化的优秀传统和基本精神,视为乡村建设乃至整个中国文化复兴的根本保证。应当肯定,梁先生对于中国文化的优秀传统,对于中国人固有的文化精神,以及中国文化传统与现代中国乡村建设的关系确有其独立的思考与见解。但是,梁先生的思考与见解,在20世纪三四十年代中国的乡村建设理论中仍只是一家之言。今天,我们回顾现代中国的乡村建设乃至整个中国文化现代化建设的历史进程与具体途径,可以说,不论在理论的层面,还是在实践的层面,梁先生都未能真正找到中国乡村现代化建设乃至整个中国文化现代化建设的正确道路;而对于自己乡村建设理论的思想局限,梁先生自己在晚年也曾有过具体地解析与反省。

当然,梁先生有关乡村建设的理论,也包含不少合理的思想因素。这些思想因素,在今天仍然能够启发我们对新农村建设的理论思考。自新中国建立,特别是我国实行改革开放的国策以来,我国的新农村建设乃至于整个国家的社会主义现代化建设,都取得了前所未有的成就。但是,我们的国家仍然是一个发展中的国家,广阔的农村还居住着数千万贫困农民。因此,在某种意义上可以说,当今中国的现代化建设问题,"三农"问题依然是主要问题。而要使数千万农民真正摆脱贫穷,仍需要在思想文化的层面,确立高远的人生志向,摆脱安于现状的思想束缚。而要摆脱安于现状的思想束缚,则仍需

① 《梁漱溟全集》第二卷,山东人民出版社,1989 年,第 338 页。
② 《梁漱溟全集》第二卷,山东人民出版社,1989 年,第 313 页。
③ 《梁漱溟全集》第二卷,山东人民出版社,1989 年,第 166 页。

高扬梁先生一再强调的"人生向上"的文化传统与文化精神。梁先生当年针对乡村建设面临的现实状况曾经指出：中国人的精神，现在已经失去很多，大家都非常看重事情，看重生活，很少看重人生向上，所以一开口就说经济重要；古时的中国人不是这样。所谓"食无求饱，居无求安，敏于事而慎于言，就有道而正焉"，他是把人生向上之意放在头里，把事情放在后边。现在的中国人如果不能恢复此人生向上的精神，则永远没办法。①

　　在今天的新农村建设中，梁先生的这种思想观念，仍有其现实的借鉴价值。因为，在新农村建设中，我们也可以借用梁先生的语言："如果不能恢复此人生向上的精神"，我们的新农村建设也难以达成其现代化目标。因为，安于现状，即会安于贫困。因此，依靠"自力"，强化"人生向上"的生活态度与价值目标，仍可作为我们今天解决"三农"问题，完成农村社会主义现代化建设目标的一重保障。或者说，弘扬中国优秀的文化传统，仍然是我们今天实现新农村现代化建设目标必须具备的思想文化基础。而形成与具备这样的思想观念，则当是我们考察梁漱溟先生乡村建设理论中有关"教化""礼俗""自力"的思想学说所应当得到的启示与结论。

---

　　① 《梁漱溟全集》第二卷，山东人民出版社,1989 年,第284 页。

梁漱溟乡村建设思想的伦理议题

朱建民（东吴大学哲学系）

摘　要　本文探讨梁漱溟的乡村伦理，亦旁涉乡村伦理与城市伦理的问题、家族伦理与公民伦理的问题、传统伦理与当代伦理的问题。梁漱溟推动乡村建设，除了改善经济之外，更要在旧伦理的根基上建立新伦理。他强调，中国需要学习西方的团体生活，但不能去学西方的个人主义、自由主义、权利观念。他的补救之道是加进个人与团体的义务，即在原有五伦加上第六伦。本文以此说与李国鼎主张的群己伦理对比，正可显示其间适用范围与本质差异。

关键词　梁漱溟　乡村建设　群己伦理　第六伦

本文探讨梁漱溟乡村建设思想中的伦理议题，涉及乡村伦理的适用范围，由此亦旁涉乡村伦理与城市伦理的问题、家族伦理与公民伦理的问题、传统伦理与当代伦理的问题。

梁漱溟推动乡村建设，除了改善经济之外，最在意的还是风气问题，也就是本文所说的伦理问题。他在 20 世纪 30 年代初期说："现在中国的旧社会制度也就是旧风俗习惯，已渐渐地改变崩溃，渐渐地被人否认了。这种社会制度、风俗习惯的崩溃破坏，实在是最重要最深刻的破坏。别的破坏还好办，这种破坏最没有办法。你想一个社会上大家都没有了准路可走，那还了得吗？怎会不乱呢？……中国近几十年的乡村破坏，完全是受外国影响的。"由此可见，梁漱溟关心的伦理议题就是社会制度、风俗习惯的崩坏与重建，也就是旧伦理的崩坏与新伦理的建立。

梁漱溟把旧伦理的崩坏完全归咎于外国的影响，问题是，外国如何影响呢？此处未见详细分析。传统农村经济的衰败，可以说是不敌外国工商业的入侵，竞争不过现代生产模式和资本主义。然而，旧伦理的崩坏，原因又是如何呢？我们能说这是因为中国的传统伦理不敌西方的伦理吗？在此，梁漱溟显然不持西化派的立场。他不主张抛弃崩坏的旧伦理而全面学习西方伦理，反而主张"把老根救活"，坚守"中国人讲的老道理"。

依梁漱溟看来，外国势力造成中国农村经济衰败，从而造成旧伦理崩坏。对他来说，这点或许就是旧伦理崩坏的主要原因，而不是由于旧伦理有什么致命弱点以致不敌西方伦理。如果经济崩坏造成伦理失序，则只要振兴经济，旧伦理自然也可逐步复原。梁漱溟固然承认旧伦理有些不足之处，可师法西方之长，但其保守主义的立场还是很明显的。

一般而言，影响伦理改变的因素很多，决不仅限于经济。以台湾眷村改建为大楼公寓为例，仅仅因为居住建筑设计的改变，即大幅影响居民之间的互动关系，所谓的眷村文化也跟着逐渐消失了。当然，住进新大楼的眷村居民都怀念旧日的生活情景，也努力举办各种活动，试图重建原先的互动模式，但总是逆势而为，很难恢复。另外，台湾试图以社区营造活化乡村，至今也仅有少数几个范例。可以想见，同样的情形也出现在大陆的乡村，迁村之后的人际互动不免会跟着改变。

梁漱溟并未主张完全恢复旧日的社会制度、风俗习惯，这也是行不通的。在旧规已散，新规未立之际，想的不应该是如何恢复旧规，而是如何建立新规。从某种意义上来说，在进入新的时代之际，中国文化必须有一新转变。这新转变的要求表现在各个方面，在乡村亦不例外；换言之，乡村建设的要求即是在响应新转变的要求。因此，梁漱溟说："更深一层言之，乡村建设之由来，实由于中国文化不得不有一大转变，因为要转变出一个新文化来，所以才有乡村建设运动……总言之，救济乡村是乡村建设的第一层意义；至于创造新文化，那便是乡村建设的真意义所在。"

然而，新文化的内涵是什么呢？又如何转变出一个新文化呢？梁漱溟说，今天文化要转变，先要把根救活，"再从根上生出新芽来，慢慢地再加以培养扶植，才能再长成一棵大树……什么是中国文化的根呢？1. 就有形的来说，就是乡村……2. 就无形的来说，就是中国人讲的老道理……从创造新文化来救活旧农村，这便叫做乡村建设。"对梁漱溟来说，中国文化的转变欲成功，必须先由乡村开始，因为"乡村是中国文化的根"。除了这个有形的根之外，中国文化还有无形的根，就是"中国人讲的老道理"。

就梁漱溟说这段话的时代背景而言，中国确实以农村为主，则先救农村当然是救中国的恰当策略与必要途径。不过，若放在今天的环境来看，上述这段话有两个问题值得探讨。第一个问题是，经过近几十年的城镇化过程，乡村还是今日中国的根吗？当然，如果是，则今日的乡村建设（尤其是其中的伦理建设）还是具有最为重要的关键地位。如果不是，今日的乡村伦理建设依然值得关注，但是我们得要进一步重视城市伦理的建设，并且得关心乡村伦理与城市伦理之间是否有差异，二者如何整合的问题。第二个问题，传统伦理还是今日中国的根吗？恢复传统伦理足以满足当代社会需求吗？此处涉及传统伦理能否应用于当代社会情境的问题。

回到梁漱溟，他的主张是以传统的老道理作为根本，进而补之以西方之长。先说中国文化不足之处，他指出，中国有两大缺失，却正是西洋之长：团体组织和科学知识技能。前者更为要紧。在这点上，他与民初的主流看法并无二致，科学与民主是中国之短、西方之长。不过，梁漱溟并不说民主，而只说团体生活，或许是因为他并不主张全盘学习西方的民主。他不认为全盘的民主能与中国的老道理融合，也不认为全盘的民主有益于中国的乡村建设，甚至不认为全盘的民主有益于中国人的学习团体生活。

梁漱溟只承认中国人缺少团体生活的训练，因而有了两大毛病：缺乏纪律习惯，不守规矩秩序（公众场所大声喧哗，争先恐后，不肯排队）；缺乏组织能力（不会商量着办事，乡下人和学生皆然，学生热心起来要依己意，冷淡起来放手不管，皆是不懂商量着办事）。他说："关于商量着办事这一点，西洋人实胜过我们。在西洋的团体里面，每一个份子对于团体的事情，都很肯用心思，出主意，同时又能尊重别人的意思。他既不是漠不关心，也不太固执己见，自己的主张得不到别人的赞同，他便牵就让步，或者牺牲自己的主张去服从公共的决定……普通说中国人最和平；但从另一面看，中国人的脾气亦最大。当大家商量事情的时候，如果自己的意见不得通过，就老不舒服，老不肯忍这口气；对别人的意见也不去参酌了，公共的决定也不遵从了，这实在是一个顶大的毛病。"

值得省思的是，到了今天，中国人有没有养成经由会议商量事情的习惯呢？我自己在到美国读书前，没有开过真正的会。一般我们参加的会议，都是听讲，若有需众议之事，亦很少按照会议规范之提案、附议、讨论、表决之程序。

但是，一旦进入西方式的会议，背后的理念即是人人平等、各有一票、票票等值、尊重程序、争取认同、据理力争、服从多数。这样的运作模式是否真的合乎乡村的文化呢？这真是梁漱溟认同的吗？如果真用西方式的商量，在正式会议中依规范讨论决议，这与中国传统的族长协商显然有别。梁漱溟心中想的是族长协商吗？或是希望族长协商能用西方的会议形式？

在此，梁漱溟显然非常清楚民主精神与中国传统之间的扞格。他明确指出，村学乡学与现行地方自治组织不同：村学乡学不提多数表决的话。"一、多数表决与中国尚贤尊师的风气不合；而尚贤尊师为人类社会所必要，故多数表决不能用。二、多数表决是由权利观念来，发挥权利观念则易让人走分争的路；而此刻中国所最需要者为结团体，故多数表决不能用。我们必须发挥情义观念，本着情义关系，大家和和气气商量着办事，团体生活也许可以练习出来；否则一讲权利，各人要求各人的一份权，彼此分争对立，团体生活就永远培养不成了……我们只是说：'尊重多数，舍己从人……'但仍怕固执尊重多数之义，遂又说：'更须顾全少数，彼此牵就……'我们是要发挥伦理上互以对方为重的精神。"

除了权利观念之外，梁漱溟的乡村建设也不提倡自由与个人主义。他明确指出，村学乡学与现行地方自治组织不同：村学乡学不提自由权的话。"公家干涉个人，不是从法律的意思来，而是从教育的意思来；所以干涉你，不是因你犯法，而是为的让你好，为的帮你的忙。"再者，村学乡学与现行地方自治组织不同：村学乡学不用无情义的办法。"本来一乡一村即等于一家……一用法律则有伤情义了……把原来用法律的我们改用德教，不用法律解决而用教育的意思。"最后，村学乡学与现行地方自治组织不同：村学乡学中"推动""设计"作用之必要。领导方向，推动向上。自治与接受贤能之士领导并不冲突。

此外，梁漱溟指出，西方近代讲的自由就是拒绝团体干涉个人私事，公私之间界限清楚。西方近代讲的民主就是团体公众事情由大家开会商讨决定，背后的精神就是"权利为本，法律解决"八个字。他强调，这种风气与中国精神不合：一、公事多数表决与中国尊师敬长的意味不合；二、私事不得干涉与中国重道德的风气不合。乡村组织要以中国的老道理为根本精神，亦即"一是互以对方为重的伦理情谊；一是改过迁善的人生向上"。"例如父母有爱子女之情，即有教养子女之义；子女有爱父母之情，即有孝顺父母之义。总之，因情生义，大家都在情义中；大家从情分各尽其义，这便是伦理。……必须彼此有情，彼此有义，有情有义，方合伦理，方算尽了伦理的关系。伦理关系怎么讲？就是互以对方为重，彼此互相负责任，彼此互相有义务之意。所以我们也可以说：伦理关系就是一个义务关系。说到义务关系就与西洋个人本位的权利观念相反了。""何谓人生向上？人生向上就是不以享福为念，而惧自己所作所为有失于理。如古人所说的'食无求饱，居无求安，敏于事而慎于言，就有道而正焉'。所谓饱、所谓安就是人生幸福；所谓有道、所谓正就是人生之理。人生之理不假外求，就存乎人类自有的理性。理性虽自有，每借一个更有理性的人，即所谓'有道'之指点而得省悟开发。故人性向上必尚贤尊师。这与西洋'公事多数表决，私事不得干涉'的风气又不同。"

总之，梁漱溟主张学西方的科学知识，但不主张学西方的民主。不仅不学西方民主的精神，也不学其形式。在团体方面，梁漱溟想的只是由中国的老道理出发，加强团体生活，补原本之不足。这些老道理包括：尚贤尊师、贤能者领导众人（异于西方民主之票票等值、服从多数），讲情义而舍己从人、彼此迁就（异于西方民主之讲权利），讲德教而相勖以善（异于西方民主之讲法治与个人自由）。

梁漱溟强调，中国人不能为了强化团体生活，而去学西方的个人主义、自由主义、权利观念。他指出，中国原为散沙，若再讲这些观念，更是易生纷争，离散开来。反之，应救之以合，救之以向心。他提出的补救方法是强调新的义务观念。依之，以前的义务局限于个人与个人之间，现在则要加讲个人对团体的义务或团体对个人的义务。我对村乡尽力，村乡也对我有照顾的义务。他表示，中国原有五伦，今则可加上一伦，或以此伦替换君臣一伦。当然，此处涉及传统伦理的转化，是否能够成功，或开出什么样的形态，梁漱溟亦未能确定。他承认：一、中国人过团体生活尚须学习；二、中国式的团体生活尚待开创。

梁漱溟认为亟待发展的个人与团体之间的伦理，貌似李国鼎在台湾提出的群己伦理，皆属补传统五伦之不足者。传统五伦在现代社会未能遍及各种关系，故而有人提出第六伦的说法，甚至有人提出第七伦或第八伦。例如，传统儒家讲五伦：父子、兄弟、朋友、夫妻、君臣。侧重有直接关系者（熟人）的伦理互动，对于社会大众、陌生人的伦理互动较少着墨。虽然儒家也强调"推恩""亲亲而仁民，仁民而爱物"，但这依然是从理想伦理的君子之德出发，而少由底线伦理谈尊重陌生人利益的基本要求。

忽略陌生人之间的伦理，在都市化的生活中，容易产生人与人之间的冲突，也增加不必要的社会成本。陌生人之间的信任程度被视为一种社会资本，而社会信任甚至会影响经济发展的模式，福山（Francis Fukuyama）在《信任：社会德性与繁荣的创造》（*Trust：The social virtues and the creation of prosperity*）一书中清楚展论述这点。在步入廿世纪之初，梁启超已意识到传统伦理的关怀范围必须扩大，并批评当时中国社会只"知有私德，不知有公德"。台湾在工业化和城市化发展一段时间后，对台湾经济繁荣有重大贡献的李国鼎也在1981年于五伦之外提出第六伦：群我伦。在此，"群"是指陌生大众所构成的整体社会，个人不能只是善待与自己有血亲、姻亲、地缘等特定关系的"熟人"，也应该平等对待与自己无特定关系的"陌生人"或一般社会大众。

由此可见，李国鼎说的群己伦理实异于梁漱溟。李国鼎说的是个人与陌生人之间的关系，这在工商业社会或城市生活中尤其重要，传统五伦未能涵盖之。梁漱溟说的个人与团体之间的伦理与此不同，乃指个人如何对团体尽力、团体如何照顾个人，这毋宁是传统君臣一伦的转化，而非另辟领域的第六伦。

此外，梁漱溟说的个人与团体之间的伦理仍然是由熟人间的伦理推广而来，这点亦不同于李国鼎说的群己伦理。梁漱溟在《乡村建设理论》一书中指出："伦理关系本始于家庭；乃更推广之于社会生活、国家生活。君与臣、官与民，比于父母与儿女之关系；东家伙计、师傅徒弟、社会上一切朋友同侪，比于兄弟或父子之关系。伦理上任何一方皆有其应尽之义；伦理关系表示一种义务关系。一个人似不为其自己而存在，乃仿佛互为他人而存在者。"如此，个人之于社会或国家，其间关系乃父母兄弟关系之延伸扩充。这点或许最待商榷。梁漱溟讲的中国的老道理主要基于家族伦理而来，这样的道理对于小规模的家族或社群组织或许适用，但适用于亲朋好友之间的伦理未必适用于陌生人之间或非亲人之间，适用于家族之间的伦理未必适用于人口逾千的村庄，遑论跨越到大城市或国人之间。梁漱溟讲的团体生活，仍限于熟人之间，而近代西方或现代社会讲的团体生活却是与亲人之外的人的生活。此点或许可以说明，为何讲个人主义的西方人懂得团体生活，而强调家族团体高于个人的中国人却不熟悉西方式的团体生活。

中西文明固有异，但仍有同。各种伦理系统皆有共同的核心，中国儒家传统以仁义为核心，但西方文明亦有其仁与义的表述。西方文明对仁爱与正义的诉求，或许与儒家说的仁义在细节表述不同，但究其人性本源则有相通之处。各文明之间最大的差异不在这些根本之处，而在如何表现才叫作仁义，此处则涉及礼的层面。在农业社会，大声交谈不失礼，在都市却不然。在某些地区，自家庭院荒芜杂乱不属公共事务，有些地区则列为公共利益。凡此皆为因地制宜，入乡随俗，且须学习者。农村人入城市得学其礼，城市人入农村也得学其礼。否则，乡村伦理与城市伦理即有扞格。城市人多事杂，人情味自然淡些；农村多为熟人亲友，要把亲友之间的伦理应用到城市，当然也有问题。梁漱溟以传统五伦为基础的乡村伦理，或许可以适用于小规模的乡村建设，但若要推广到更广大的范围，则有待城市伦理或公民伦理之纳入，以补足之。

梁漱溟的乡村建设理论及实践探索

——儒学现代转型的一种可能性

李善峰（山东社会科学院）

摘　要　一百年前，梁漱溟以不同于启蒙理性的新思路，分析了现代化中的传统、文化的多元倾向和从民族传统中挖掘现代性资源的重要性。他以传统儒学为基础，用佛学和西方哲学对儒学经典进行了现代诠释，讨论了儒家传统资源在现代国家和社会建设中可能有的意义。他的乡村建设实验试图重建农村的礼俗机制并导入科学技术，以造成儒学复兴的社会基础，把寻求传统文化价值的空间，从书斋引向社会，把传统儒学的道德实践转化为包括经济活动在内的社会整体实践，从而扩大了儒学的实践性。

关键词　儒学　文化比较　乡村建设

一、对中国文化的再解释

从比较现代化的角度看，中国的现代化是发生于两种文明和文化冲突之中的"后发性"现代化类型，一开始就具有文化选择的性质。在现代思想史上，梁漱溟比较早地意识到这个问题。与五四时期自由主义的全盘西化派认同"传统——现代"的经典现代化的思维模式不同，梁漱溟认为，在现实的社会变革与历史传统之间应该存在着某种必然联系，这种变革的成功与否不仅取决于能否吸收外来文化，而且取决于能否从自身传统中挖掘出仍然具有活力的思想因素。"我觉得我有一个最大的责任，即为替儒家作一个说明，开出一个与现代学术接头的机会。"[①] 他用了很大的精力，探索传统儒学固有的核心精神和价值体系，并以整个人类和世界未来的眼光加以界定。1921 年出版的《东西文化及其哲学》是中国新文化运动期间系统进行东西文化和哲学比较的经典之作，被认为是在反儒学的高潮中诞生的"儒学现代化的一部开路之作"（罗荣渠语），

[①] 《梁漱溟全集》第二卷，山东人民出版社，1989 年，第 136 页。

其观点为日后的儒学现代化定下了基调。

梁对儒学现代化的探讨从文化的定义入手，他认为"文化并非别的，乃是人类生活的样法"，"不过是那一民族生活的样法罢了。生活又是什么呢？生活就是没尽的意欲（will）和那不断的满足与不满足罢了"①。梁对意欲的分析和对生命的解释，除了受到儒家传统的约定俗成、强调人的内在的道德力量的约束外，还明显地受到他早年认同的佛教阿赖耶识、西方哲学特别是叔本华的"唯意志论"和柏格森"生命冲动"学说的影响和启发。②梁的"没尽的意欲"同柏格森的"绵延"十分相像，柏氏也强调变化的连续性，"就在这一瞬间，我们发觉自己的状态已经改变。其实我们时刻在变，状态本身就是变化不已的"③。梁把柏格森所说的"生命"作为其哲学的根本观念，认为生命是整个宇宙的根源，世界的本质不过是生命的"绵延"，是一种生命之流，一种永不间歇的连续的冲动。"你要去求一家文化的根本或源泉，你只要去看文化的根源的意欲，这家的方向与他家的不同。你要去寻这方向怎样不同。你只要他已知的特异采色推他那原出发点，不难一目了然。"④在梁看来，不同的文化之所以不同，主要在于导致不同文化的精神的不同，不同的精神则来自不同的意欲。

梁认为，人类社会存在着由"意欲"决定的三大文化系统，"以意欲向前要求为根本精神"的西方文化，"以意欲自为调和、持中为根本精神"的中国文化，"以意欲反身向后要求为根本精神"的印度文化。⑤这三种文化代表了人类要解决的三类问题：人对物的问题、人对人的问题和人对自身生命的问题。西方是"遇到问题对于前面的下手，这种下手的结果就是改造局面，使其可以满足我们的要求"；中国则是"遇到问题不去要求解决，改造局面，就在这种境地上求我自己的满足"；印度则是"遇到问题他就要根本取消这种问题或要求"。⑥梁认为，这三种不同的意欲反映方式，构成了西方、中国、印度三大文化体系的本质和心理基础。

梁漱溟依据人类要解决的三种问题，提出了世界文化的三重现说，认为西方、中国、印度三种文化实际上代表着人类文化发展的三个不同阶段。第一阶段以西方文化为代表，第二阶段以中国文化为代表，第三阶段以印度文化为代表。人类文化的发展，按正常顺序，都要次第地经过这样三个阶段。西方文化是人类正常的发展道路，中国文化和印度文化在第一阶段的道路没有充分走完，就"中途拐弯到第二或第三路上来"，因

---

① 《梁漱溟全集》第二卷，山东人民出版社，1989 年，第 380、352 页。
② 景海峰、黎业明：《梁漱溟评传》，广东人民出版社，1999 年，第 56 页。
③ 柏格森：《创造进化论》，湖南人民出版社，1989 年，第 7 页。
④ 《梁漱溟全集》第一卷，山东人民出版社，1989 年，第 352 页。
⑤ 《梁漱溟全集》第一卷，山东人民出版社，1989 年，第 380—393 页。
⑥ 《梁漱溟全集》第一卷，山东人民出版社，1989 年，第 381 页。

而具有"早熟"的特点。在梁的文化模式里,西方文化和中国文化都是世界意义上的文化,它们只是处于不同的发展阶段,并不存在中、西两种文化绝对的不可沟通,不存在"要学西方就必须抛弃中国"的二分模式。梁的"意欲说"和"阶梯观"的分析方法与马克斯·韦伯的"理想类型"有相似之处,是对不同文化类型的抽象概括,并没有人类学、考古学的旁证,它的意义在于彻底打破了 20 世纪初期流行的文化一元论观点,肯定了中国文化和西方文化各有自己的价值,从而把中西文化论战提到了一个新的高度。①

依据文化"早熟"说,梁认为,孔子在第一路向走完以前,就把中国文化引向了第二路向,中国的天才超越了他们所处的物质环境,跳过了人类社会必经的追求物质文明的阶段,而达到了比中国文化演进层次更高一层的人性方面的理解,即对人际关系的把握。由于中国文化的早熟,导致中国文化的根本精神在历史的实际进程中变成了一种不明爽的存在。孔子的学说,到了先秦荀子时代开始遭到曲解,荀子把儒学的发挥放到外在的约束和建立硬性的行为规范上,"荀卿虽为儒家,但得于外面者多,得于内心者少"②,影响了对内在生命及超越性的理解。以后的历代学者,"数千年间,盖鲜能采用孔子意思者。然即由其所遗的糟糠形式与呆板训条以成之文化,维系数千年以迄于今加赐于吾人者,固已大矣"③。传统儒学成为从功利、政治、伦理与政治等方面进行硬性规定的"死硬教条"。在《中国文化要义》中,梁进一步把中国传统文化的弊端归纳为幼稚、老衰、不落实、落于消极再无前途、暧昧而不明爽五大病症。他与新文化运动的领军人物如陈独秀、胡适一样,激烈地批判了历史上的"假儒学"。他对传统儒学的批评态度,不下于同时代任何人。

梁漱溟判断,就世界范围来看,现在人类正处在由第一期文化向第二期文化转折的时期,对此时的人类来说,必须抛弃西方人"理智"的生活方式,代之以中国人"理性"的生活方式。他从科学和民主政治为西方社会带来的各种问题,从柏格森、罗素等人对西方文化的批判,以及各种社会主义主张,来论证中国文化正在成为世界文化的新趋向。他认为人类社会的发展,以物支配人的西方文明必将为以人支配物的中国文明所取代。当然,这并不是中国传统文化制度的复兴,而是以"理性"为特征的中国人生态度的复兴。

虽然世界文化的发展正处在由西方代表的第一期文化向以中国代表的第二期文化的转变中,但在中国本土,仍要补上"文化早熟"的课。中国虽为第二期文化的源地,

---

① 参见拙著:《梁漱溟社会改造构想研究》,山东大学出版社,1996 年,第 146—148 页。
② 《梁漱溟全集》第一卷,山东人民出版社,1989 年,第 352 页。
③ 《梁漱溟全集》第一卷,山东人民出版社,1989 年,第 472 页。

但当下的历史主题仍是完成第一期文化而实现中国的现代化，中国文化的复兴要以中国社会的改造为历史前提，因而必须无条件地接受西方的"科学"与"民主"，但必须以孔子的人生态度修改西方"向外逐物"的人生态度。他认为此时中国人应持的态度是，"对于西方文化是全盘承受，而根本改过，就是对其态度要改一改"，同时，"批评地把中国原来的态度重新拿出来"①。为此，他以佛学的某些概念和柏格森的生命哲学为思想材料，并与王阳明的心学和泰州学派相糅合，对儒家学说进行了重新诠释和改造，试图找出中国文化的源头活水。使原始儒学的生命与智慧重新活转于现代社会。

在他看来，原始儒家的根本学问是讲"宇宙之生"的，宇宙不是某种僵死的、给定的东西，而是充满生机，生化流行的。人与宇宙也不是机械主义者所认为的对立、隔截状态，而是直接置身于宇宙的流变过程中并以自己的行为影响这一过程。宇宙、生命、生活是不可分的。宇宙就是生活，《周易》反复强调的是"天地之大德曰生"。孔子的《论语》通篇都是对"生"的赞美欣赏。梁认为，孔于从《周易》中领悟了纯粹变化的本质，从而形成了自己的思想体系，其具体内容有：（1）以生活为对、为好，顺着自然道理，顶活泼顶流畅地去生发；（2）一切不认定，无可无不可，无成心，无成见，不执着外部固定标准；（3）不计较利害，任直觉。一切言行由仁爱之心自然流出，无一点虚假，爱人敬人种种美德油然而发，内心安宁快乐。由对生命精神的体认，使儒家思想形成了自己的特点，这就是以超乎变化、对待、对立之上的"无对"为生命本体，以崇尚直觉、意欲调和持中为人生道理和以反求诸身、乐天知命为特征的人生追求。所有这一切也就是孔子所谓的"仁"和"刚"。梁认为，孔子的"仁"，就是柏格森的直觉，"儒家完全要听凭直觉，所以唯一重要的就在直觉敏锐明利；而唯一怕的就在直觉迟钝麻痹……孔子教人就是'求仁'，人类所有的一切诸德，本无不出此直觉，即无不出自孔子所谓'仁'"②。所谓"刚"，被梁解释为"里面力气极充实的一种活动"，"孔子说的'刚毅木讷近仁'，全露出一个人意志高强，情感充实的样子，这样人的动作大约便都是直接发于情感的"③。"刚者无私欲之谓，私欲本即阴滞，而私欲不遂活力馁竭，颓丧疲倦有必然者，无私欲本即阳发，又不以所遇而生阻，内源充畅，挺拔有力，亦必然者。"④ 刚的生活态度就是孔子的生活态度，这个字可以概括孔子的全部哲学。⑤ 作为儒家文化的"仁"和"刚"，是一种超功利的，以人的情感、直觉、意欲持中等感情存在为特点的人生态度，它强调了生活的活泼、流畅、愉悦，强调了人与

---

① 《梁漱溟全集》第一卷,山东人民出版社,1989 年,第 528 页。
② 《梁漱溟全集》第一卷,山东人民出版社,1989 年,第 454 页。
③ 《梁漱溟全集》第一卷,山东人民出版社,1989 年,第 537 页。
④ 《梁漱溟全集》第一卷,山东人民出版社,1989 年,第 466 页。
⑤ 《梁漱溟全集》第一卷,山东人民出版社,1989 年,第 537 页。

自然、人与宇宙的高度一致和内在超越。"我今所要求的，不过是要大家向前动作，而此动作最好要发于直接的感情，而非出自欲望的计虑。孔子说'枨也欲，焉得刚'，大约欲和刚都像是很勇的往前活动；却是一则内里充实有力，而一则全是假的——不充实，假有力；一则其动为自内里发出，一则其动为向外逐去。"① 在梁漱溟看来，孔子用两个工具设置和维持了这种生活，一是"孝悌"的提倡，一是"礼乐"的实施。孝悌的本意并不是现代人所理解的狭隘的尊卑观念，而是出于生命的本能，人们之间自然地相互关照，过富有情感的生活。礼乐原不过是人类生活中每到情感振发流畅时那种种的表现活动，孔子作礼乐的目的在于为人类生活创造一种情绪和精神的稳定性，调整和修饰人类生活的原始本能。梁认为，孔子通过"孝悌"和"礼乐"建立起了一种似宗教而非宗教、似艺术而非艺术的生活。他相信儒家思想的核心价值不仅在于它能够给我们提供安身立命之地，而且将从根本上决定和开出中国文化健康发展的方向。只有昭苏了孔子刚的人生态度，才能把生机剥尽死气沉沉的中国人复活过来，"才可以真吸收融取了科学和德谟克拉西两精神下的种种学术种种思潮而有个结果"②。

显然，梁对以儒家为主体的中国文化进行了全新的价值重估，重新解释了孔子的学说，为孔子树立起一个"仁"和"刚"的全新形象，把孔子描绘成中国古代的人文主义者和具有健全主体意识的学者，从而找到了所谓中国文化的真精神亦即"理性"，而这种人生态度是可以超越不同的历史发展阶段的。梁使用的"理性""人生态度"等概念，与社会学的"现代性"一词的含义是相通的。马克斯·韦伯讨论资本主义的兴起，认为得力于基督新教伦理，而儒家或道家的伦理态度则无法达致此种效果，韦伯的这一观点一度被理解为儒家文化是现代化的障碍。梁对儒家文化的重新解释，从哲学上动摇了韦伯的观点，"在儒学史上起到了革故鼎新的作用，使此后的儒学迥异乎宋明以来的面貌，冷静地审视了西方文化的发展及其面临的问题，使新一代儒者看到了中国传统文化新的生机，为儒学扩张自己的内涵开了先河"③。

二、"真儒学"与日常社会生活的有效对接

找到了中国文化的"真精神"和发展的方向，这只是梁漱溟工作的第一步，按照他的文化理论，从发展阶段上说，西洋文化是比中国文化低一级的文化。中国要在政治和经济上寻求出路，就决不能离开自己固有的文化弃高就低，必须寻找中国文化和西方制度之间的"相通之点"，并在实际社会生活中达到二者的融合，形成一个所谓的社会

---

① 《梁漱溟全集》第一卷,山东人民出版社,1989 年,第 537 页。
② 《梁漱溟全集》第一卷,山东人民出版社,1989 年,第 539 页。
③ 王宗昱:《梁漱溟》,台湾东大图书公司,1992 年,第 296—297 页。

"事实"。梁认为，在书斋中坐而论道、空谈心性不能实现这一目标，因为外王事业毕竟不能从内圣修养直接分析得来。以经世致用的态度，他继承原始儒家积极投身政治实践和社会改造的优秀传统，辞去大学教职，走向民间，着手恢复儒家的人生态度并进行中西文化融通的实际工作。

20 年代后期，梁漱溟开始从人类学和社会学的角度对中西社会结构进行具体分析，其研究成果体现在《乡村建设理论》《中国文化要义》等著作中。通过对中西社会结构的比较，梁漱溟认为，近代西方社会的长处表现在团体组织和科学技术两个方面。在《东西文化及其哲学》时期，他强调的是西方的民主和科学，现在他认为，民主只是团体生活的进步，而团体生活则是更为根本的东西，因此他把团体生活与科学技术并提，作为西方社会的独特之处和"特长"。这是中国社会所缺乏的，"中国人最显著的短处，一是短于集团生活而散漫无力，一是短于对自然界的分析认识，不能控制自然，转而有时受制于自然"①。因此，要在文化上重建中国，就要学习西方的团体生活和科学技术。他倡导的乡村建设运动的实质，就是在农业经济的基础上，建立以乡村为单位，以传统文化精神为指导，把西方的团体组织和科学技术融于其中的社会结构。在共同的利益追求和共同的价值准则的基础上，把分散和缺乏有机联系的农民组织起来，把他们团结到一个共同的事业中。

他的乡村建设的具体设想是：第一，新社会要以新习惯和新能力的养成为条件，而新习惯和新能力的养成，必须合乎中国固有的精神，不能简单地"移植西洋权利法律之治具于此邦"，"理性"是中国乡民社会过去赖以组织的根本，也是将来的新习惯、新能力得以养成的起点和精神。中国团体组织统一意见的形成，不能模仿西方的"多数人表决"，因为它与中国"尚老尊贤"的传统不合，应该实行"人治的多数政治"或"多数政治的人治"②，按照"互以对方为重"的伦理原则，将权利观念转化为义务观念，以执行义务而确保别人权利的落实。梁在邹平的实验中，取消原有的乡公所和村公所组织，代之以"乡农学校"，随后，又将"乡农学校"区分为"乡学"和"村学"，设立乡农学校意在组织乡村，训练乡下人对团体生活及公共事务的注意力和活动力，培养乡村人民的新政治习惯，锻炼其乡村自治能力，他希望通过乡农学校的形式将散漫的农民组织在一起。乡农学校不仅是道德教化的场所，还是一个基层社会组织。由德高望重的人出任校长，他不负行政责任，但却是一个代表着大众意见的精神领袖。在一个社会团体中，首要的问题是意见的统一，在一个法治的社会里面，是通过一套少数服从多数的合理化程序集中起团体的意见，但梁漱溟认为这种民主的法治不符合中国的伦理精神，

---

① 《梁漱溟全集》第三卷，山东人民出版社，1990 年，第 197 页。
② 《梁漱溟全集》第二卷，山东人民出版社，1989 年，第 292 页。

他相信在一个伦理社会之中，有可能通过协商集中起个人的意见。他认为，以一个在道德和才能方面都令人尊重的人为领袖，便可以将中国传统的贤人政治与西方政治中的大众参与精神结合起来，形成中国式的团体组织。可以看出，乡农学校这种新的社会组织强调互相尊重和共同的使命感，社会成员的结合不是用一种机械方法来维系，而是以成员间的道德的、非功利的相互交往为特征。要求把从西方引进的自由和人权建立在超乎物欲的"理性"基础之上，将普选制、多数表决等民主程序置于可有可无的地位。但失去外在法律保证的人权、自由和"仁政"都仅仅是一种可能而不是必然，这也是乡村建设失败的原因之一。

第二，政治与经济天然合一。在现代社会，人们的经济活动必然发生连带关系，由连带关系而产生连带意识，由此确定地方自治的基础。而这种连带关系的形成，梁认为不应当走"竞争"的路，而应沿着"合作""团结"的途径，通过"不竞争""非赢利"来解决迫切的生存问题。在西方挤压下的生存问题，必将逼迫着"没有三分钟的热度，没有三个人的团体"的中国人合作、自救、养成团体生活习惯与合作组织能力。生存问题的核心是经济，从解决经济问题而引导中国人在生活各方面发生天然的连带关系，从而有"自治"，并在此基础上形成现代国家制度。经济发展是新社会能否成功的关键。在对新社会的设计中，梁对工业化的发展有足够的重视。他认为，乡农学校可以创造出理想的经济组织——合作社，并可因生产和消费的需要而设有金融、运销、机织、林业等不同的类型和形式。合作社能引进新的技术、新的品种并负责推广，由此可以实现生产技术的进步。在农业发展的基础上，又可以引发工业的发展，中国的工业化"必走振兴农业以引发工业的道路"，"西洋近代是从商业到工业，我们是从农业到工业；西洋是自由竞争，我们是合作图存"。在他看来，农业经济的发展将带来真正为大众服务的工业，如从土壤肥料等农业化学问题上引出化学工业，从农具等农业机械工程，又引发出机械工业等。他设想，将来中国经济发展的道路是以农民经济的联合达于整个社会的组织化，由农业引发的工业充分发展后，再由国家统一管理，实现社会化的生产与分配。这样的工业化道路可以避免西方工业化自由竞争、城市膨胀、商业化、生产与消费脱节的问题，使中国乡村社会在工业化过程中趋利避害。

第三，政治和教育要合一。从地方自治和乡村建设入手的国家与社会的重建，"非标明道德与法律合一不可"，其根源在中国历来把众人生存的要求，与人心向上的要求合而为一。与西方社会"向外用力"的欲望政治相比，中国人自古就提出了一个比谋生存、满欲望更高的"义理"的要求，所以，要引发中国人以真精神实现中国社会的重建，非以"人生向上"的精神打动不可。梁漱溟以对于乡村不良分子的处置、革除缠足、禁毒品等弊风陋俗为例，说明西方式法律效能的有限性，强调以道德代替法律，通过教育的功夫建立现代政治的基础。这种政教合一的道德化政治结构与儒家"内圣外王"的模式是一致的。在梁看来，中国文化到清代已经失去了自己真正的信仰，礼教成了虚伪的外表，所以必须用道德的自觉精神来拯救濒于死亡状态的社会组织结构，以教化清明政治，以道德代替法律，通过伦理的方式将一盘散沙的中国重新组织起来，进而实现中华民族的复兴。他试图将知识分子融入农村，带动农村，使农民获得一种圣人的道德和人心，培养出中国农村的团体政治形式，进而实现农村人际关系的协调。通过科学技术使农村经济得以发展，然后再带动工业的发展，引至中国经济的繁荣与富强。

梁漱溟认为，中国社会重建的力量，新的人类文明的形成，在于知识分子和乡村居民的结合，"中国问题之解决，其发动以至于完成，全在其社会中知识分子与乡村居民打并一起，所构成之一力量"①。他确信具有高度传统修养又掌握西方现代文化知识的中国知识分子应当而且能够指导混乱的社会和文化走上正确的现代化道路。他相信知识分子和农民的结合将会使农民摆脱官僚的压迫，训练和养成他们民主政治的习惯。他将办乡农学校作为知识分子下乡以后的首要工作。在这里，我们可以看到泰州学派"大众化学风"对梁漱溟的影响。他希望通过办理乡农学校，将乡村的人际关系纳入师生关系里面，形成儒家式的道德小团体，将每一个乡村居民改造成具有伦理自觉的君子。他相信这是一个用力开拓的过程，只要实践，就可以达到这一目标。这是新的社会组织必不可少的前提工作。

梁认为，只要知识分子下乡，作乡村的耳目、喉舌和头脑，乡村建设的经济、政治和文化方面的主张得到贯彻落实，应当可以建立起一个理想的新社会。这个新社会将是对中国老社会转消极为积极、对西方近代社会转偏敧为正常的正常形态的人类文明，中国如果有一个团体组织出现，"就是中国固有精神与西洋文化的长处，二者为具体事实的沟通调和，不只是理论上的沟通而要紧的是从根本上调和沟通成一个事实。当中国精神与西洋长处二者调和的事实有了时，就是一个新社会的实现，也是人类的一个新生活"②。它有六个特征：（1）先农而后工，农业工业结合为均宜的发展；（2）乡村为本，都市为末，乡村与都市不相矛盾，而相沟通、相调和；（3）以人为主体，是人支配物而非物支配人；（4）是伦理本位、合作组织，而不落于个人本位或社会本位两个极端；（5）政治、经济、教育三者合一而不分离；（6）社会秩序的维持，是伦理代替法律。梁认为，这一社会组织"是中西具体事实的融合，可以说是以中国固有精神为主而吸收了西洋人的长处。其组织原理就是根据中国伦理意思而来的，仿佛在父子、君臣、夫妇、朋友、兄弟这五伦之外，又添了团体对分子，分子对团体一伦而已。这一团体组织

① 《梁漱溟全集》第五卷，山东人民出版社，1992年，第210页。
② 《梁漱溟全集》第二卷，山东人民出版社，1989年，第278页。

是一个伦理情谊的组织，而以人生向上为前进的目标，整个组织即是一个中国精神的团体组织"[1]。他认为，这样的组织不仅是中国未来的出路，也是世界正常的文明，因为它肯定了现代化所确立的成就，如社会组织、个人参与、人格尊严和财产社会化。又避免了资本主义社会唯利是图、人情淡薄、唯我主义和人生平庸无意义的毛病，这显然是一种人类历史上不曾出现的全新的文明形态。

总起来看，梁漱溟新的社会建设的方案，是以乡村为基本单位，中心环节是通过乡农学校，实现经济上的生产与分配的社会化，为消费、不赢利地生产，以农业引发工业，组织合作社，整顿不良风俗，引导大家关心社区问题，参与社区生活。在这个基础上，成就一个权力来自人民的自治式的民主政治。梁试图把以家庭为本位的儒家伦理主义改造成为一种"互以他人为本位"的社会自组织方式，并有选择地吸收西方民主政治的一些合理因素，创立一种新的组织形式：社会主权归诸人人，每个社会成员有参与公共事务的义务和权利。在团体中保持道德领袖、专家或智者的"教育者"地位。决策的进行，不能简单地依照少数服从多数的原则，而应当先通过教育功夫，提高民众对团体事务的认识后才进行表决，以使决策更为合理。团体强调成员的相互尊重和共同的使命感，它的存在是基于成员"人心向善"而相互交往的过程，正是这个过程本身创造了团体的统一。通过团体的组织建设，不仅能给原先分散、孤立、贫弱的农民带来切实的利益，而且，更为重要的是把千百万原先习惯于单家独户自主生活的农民，通过组织的方式学习到集体行动所必需的原则、制度和方法，并从中锻炼自我管理的能力。

在20世纪30年代全国数百家乡村建设的实验区，梁漱溟的邹平实验是理论和实践结合最紧密的案例。邹平的乡村建设实验，对乡村的社会秩序、经济发展、文化教育、风俗习惯等，都在遵从传统的基础上，作了适合现代社会发展的改革。随后几年，实验区的范围不断扩大，到1937年，山东实行乡村建设实验的县达到七十多个。也就在这一年，由于日本的进犯，实验工作被迫终止。学者们已经指出，即便没有日本入侵的外因，在当时特殊的社会环境下，加上《乡村建设理论》自身的困境，实验工作也不见得能成功。梁漱溟原以为中国问题的解决必有待于中国农村问题的根治，却被中国共产党以一种他坚持否定的革命方式得到了解决。作为改良派的梁漱溟和他的乡村建设理论，在各种社会矛盾极端尖锐的20世纪30年代里没有获得成功，甚至没有得到应有的重视。对此，梁漱溟自己承认，"尽管并非全无是处，我诚然错了"。

三、重新认识中国的社会结构和知识传统

中国历史上传承下来的文化价值是否能适合于现代化，这是梁漱溟穷其一生精力试

---

① 《梁漱溟全集》第二卷，山东人民出版社，1989年，第308页。

图解决的核心问题。从五四开始的文化讨论都可以归结到一个问题，即在西方文化的冲击下，中国文化怎样调整它自己以适应并创造现代的生活。究竟如何超越传统所规范的思维模式，进而谋求与当代的知识成果与智慧结晶相契合，以创造一新的文化内涵，用以实现传统文化的更新，并以此挽救中国民族的危机，是这一问题的关键。儒学重建问题的发生，是由于它遭遇到了"现代"，而"现代"并不是一个与儒学可以顺向相接的东西，对它的批评性改造是其进入"现代"的前提，梁漱溟无疑准确地把握了这个问题。要恰当地迎接"未来"，在很大程度上取决于如何正确地面对"过去"。梁是最早提出中国文化经过批评改造还能继续存在和复兴的知识分子，他以一种特殊的方式赋予了中国文化以可能的世界性意义。对于文化的发展和创造，强大的传统是可以归依的立足点和出发点，梁在西风劲吹中以中国传统文化为依归，力图以价值理性来批判以工业化为主导的西方现代化进程中出现的工具理性的过分膨胀，以及由此带来的人性的疏离、意义的迷失等问题。其主张以儒家文化为现代化的主要思想资源，反对全盘西化，反对激进变革，坚持群体本位的价值观，企图在传统文化框架内实现中国社会的现代化，代表的是一种寻求不同于西方式的以工业化为主导的现代化道路的价值取向。

与全盘西化派不同，梁虽然也看到了旧的文化已经不适应于中国，"中国问题并不是什么旁的问题，就是文化失调——极严重的文化失调，其表现出来的就是社会构造的崩溃，政治上无办法"①。但新的文化不能全盘移置于西方，只能立足于中国的现实，从老根上发新芽。"中国民族的复兴，一定得创造新文化，那一套旧家伙已绝不可用，非换不行。然其所换过的生命里头，尚复有不是新的地方在；这个不是新的地方，是从老根复活的东西。"② 这老根上发的新芽，也"只能是一个新的东西，没法子是一个传统的因袭的东西"③。当他谈中国固有精神时，实际上是谈中国抑或世界"应该"有的精神。梁漱溟解决老根发新芽的办法，是在否定传统文化的现实存在之后，重新诠释传统。

他明确申明自己虽然"提倡东方文化"，但不是"拒绝西方文化"，更不是"反对西方文化"。梁已经跳出文化问题上欧化与东化之争的圈子，以一种文化多元论的眼光来处理中、西、印文化间的关系。他在赞成世界化的同时，肯定东方文化含有具有普遍性、可普遍化的文化内涵。从今天的观点来看，他的"东方亦有其足为世界化而欧土将弗能外者"正是一种文化多元主义的主张。现代性在西方有不同的内涵和特质，其在东

① 《梁漱溟全集》第二卷，山东人民出版社，1989 年，第 64 页。
② 《梁漱溟全集》第五卷，山东人民出版社，1992 年，第 506—507 页。
③ 《梁漱溟全集》第五卷，山东人民出版社，1992 年，第 507 页。

亚及世界其他地区也应当有不同的形式、内容与精神。就 20 世纪中国的语境来说，运用西方的理论和方法是思想史和哲学史研究的主要趋势，而对于所谓的"现代性"的追求于中国知识分子跨文化跨人文类型的比较中，而以中国民族的安身立命为指归。不同文明之间的对话与沟通要成为可能，首先是民族文化精神的自觉自识。当我们在思考这些问题时，梁漱溟已经提供了不同于启蒙理性的新的思路，提出了现代性中的传统、现代性的多元倾向和从民族自身资源中开发出自己的现代性的问题。率先体认到现代化不等于西化，不同地域的文明都蕴藏着现代的、普遍的价值，可以进行创造性转化，这种转化要以对传统文化的创造性认识为基础。

梁的乡村建设理论，是一种特殊的、试图容纳传统因素的中国式的现代化方案，这种理论至少在方法论上有相当大的合理性。梁意识到中国当下的历史使命是形成一个"近代国家"，今后的中国，必定是"团体生活"的样态，不论是团体生活及其习惯，还是组织团体生活的能力，无非是人与人之间的关系问题，中国人并不缺乏"组织"的能力，问题在于，如何在固有的中国人生与人心的基础上组织和达成这一生活，"所谓行之必有其道，我们究应走哪条道路而已！"这才是问题的核心。他的高明处是希望中国在起步阶段，就避免西方现代化所带来的负面影响，他相信可以通过对西方现代性的批评来克服这些影响，并通过对中国文化中有利于现代性因素的分析来修正西方的现代化道路。

在梁看来，中国文化所追求的合理的人世生活与人间秩序的最高价值，即是"合理"，不仅是人际关系的合理，更重要的是人类自身的内在和谐。这种"合理生活"的"合理"，不仅指合理性，即合乎道理与情理，同时意味着"合价值性"，即合乎人之为人的向上提升、而非仅仅出入于"欲望"之间的人生趋求。梁认为，对这种价值的肯定可以修正西方"向外逐物"的人生态度，引导人类社会走向正确的方向。而和谐之所以可能，则在于人性本身存在善端，或者说设定其为善，而具备特禀的"理性"能力。而这一价值取向，来自中国人世生活中"伦理本位，职业分立"这一"社会构造"的基本格局。在这个格局中，其社会秩序的维持主要在于"教化、礼俗、自力"，是理性而不是法律，他认为这是世界文化和社会发展的方向。在肯定中国传统文化的某些价值之后，梁漱溟的价值取向还是认同现代化的——工业化、民主化和个人自由，梁认为对中国社会的改造，就要在批判性地继承传统文化的基础上，求助于西方的"团体组织"和"科学技术"。梁漱溟的乡村建设理论认为，现代化的大生产要依赖科学技术和社会化的组织手段，所以把"团体组织"和"科学技术"引进中国，复兴农业，从农业引发工业，才能实现中国的工业化，进而为实现民族的复兴和中国文化的重建提供物质基础。他认为乡村建设不是"当今的建设事业之一"，而是中国民族自救运动的一个新方向，是一种实在的文化运动，"我的乡治主张正是切就政治问题经济问题，而为人生大道的指点"①。它部分地反映了 20 世纪二三十年代中国社会的现实，试图解决中国革命的要求与社会基础脱节的问题，并创造性地提出了具有可操作性的中国现代化的具体方案。

邹平的乡村建设实验，对乡村的社会秩序、经济发展、文化教育、风俗习惯等，都在遵从传统的基础上，做了适合现代社会发展的改革。尽管梁漱溟企图依靠传统文化来创造适合现代社会需要的新文化的尝试失败了，然而他对于现代化多元道路的探索却有着十分深远的意义。近年来，深受传统文化影响的东亚地区成功地实现了现代化，引发越来越多的人思考传统文化与现代化的关系。不少学者在研讨这一问题时，都不约而同地提及梁漱溟的开创性的工作。

和历来的儒者一样，梁肯定人性的善端，并认为这是相较于西方基督教文明的中国文化的一大特别处；另一方面，却又对人性本身深怀怵惕，并不抱天真的乐观。他认为自孔孟而王阳明，径直以人生行为准则，交托给人们的感情要求，而完全信赖人类自己，实是儒家对于人性光辉之不胜其赞叹，但却"不免危险"。他说："不论是向某个人或向一般的人要求其道德，都始终是有希望而又没有把握的事。"② 梁深知人本身是靠不住的，却又绝对的信赖人，高扬人类的理性，将人托付于人自身，在希求避恶扬善的愿望下，却忽略了外在制度性措施对人性的硬约束。他对传统文化中的某些核心价值过于自信，企图在不经过彻底改变的情况下，就能直接为现代所用，这是一个根本性的错误。对此，梁漱溟晚年也有深刻的反省。

作为一个学者，梁漱溟在扩大儒学的实践性时，没有正确处理精英与大众的关系，忽视了农民的直接需要。他的乡村建设以学校为中心，却不依靠农民，只把农民当成道德教化的对象。他意识到理想的乡村组织形态是"极力以启发乡村自力为主，极力形成地方团体的组织，极力让众人对团体生活为有力的参加"，但是，他的兴奋点在文化的重建，对民众的主体感觉、精神欲求没有认真地面对。他不把农民当成各种社会关系中的利益主体，忽视他们的现实需要，不能解决困扰他们的社会矛盾和问题，最终导致"号称乡村运动而乡村不动"，他本人也感叹自己"终是一个思想的人而非行动的人"。

艾恺认为，梁漱溟的真正意义是作为世界范围内对一种共同普遍的"非保守、非传统现象——现代化"回应的一个例子。③ 与其他国家和地区的文化传统主义者相比，梁漱溟的高明之处是希望中国在起步阶段，就避免西方现代化所带来的负面影响，他相信可以通过对中国文化中有利于现代性因素的分析来修正西方的现代化道路。东亚现代化

---

① 《梁漱溟全集》第五卷，山东人民出版社，1992 年，第 24 页。
② 《梁漱溟全集》第三卷，山东人民出版社，1990 年，第 185 页。
③ 艾恺：《最后的儒家：梁漱溟与中国现代化的两难》，外研社，2013 年，第 9 页。

的成功实践，说明东方的现代化并不是对西方冲击的被动反应。如何在借鉴国外先进文化的同时，挖掘和利用中国文化特别是儒家文化的本土资源，使之积极参与中国国民的道德精神和社会经济生活的重建，为中国的"现代性"提供合理的资源，仍然是需要我们认真思考的问题。

梁漱溟并没有把中国文化简单地理解为民族文化或地方性的文化，而是看作普遍的、全球性的文化。从传统儒家的视野看，"中国"这个概念不仅具有政治意义，更具有文化意义。梁漱溟也在文化和政治的双重意义上确认"中国"概念，他既用心思考和维护普世性的中国文化，也殚精竭虑地探索民族国家的富强与独立之路。"乡村"作为中国传统文化的载体，既具有普遍的意义，又具有特殊的意义。他一生思考的最大贡献，可能在于凸现了中国人在考虑"现代化"这一目标时，力求克服西方社会也已出现的弊端和重视中国固有文化这一不可摆脱的背景因素，他对于现代中国现代化制度的"本土"设计前瞻性的方案也应该引起特别关注。梁漱溟认为中国文化是一种"早熟"的文化，在某种意义上可以说，他对于中国现代化和现代制度建设的探索也是一种"早熟"的方案。东亚现代化的成功实践，说明东方的现代化并不是对西方冲击的被动反应，传统与现代也不是单线递进的关系。如何在借鉴国外先进文化的同时，挖掘和利用中国文化特别是儒家文化的本土资源，使之积极参与中国国民的道德精神和社会经济生活的重建，为中国的"现代性"提供合理的资源，仍然是需要我们思考的问题。

作认识中国问题的工夫

——梁漱溟《乡村建设理论》读后感

蒋国保（苏州大学）

摘　要　梁漱溟的"乡村建设理论"，当年被批判为坚持中国落后，反对中国现代工业建设，服务于封建主义、服务于帝国主义，代表农民利益。本文为了说明当年对梁氏的批判系拼凑其只言片语而不顾其理论的主旨与论证逻辑，便仔细地梳理了《乡村建设理论》主旨及论证环节，借以强调梁氏构建该理论的本意在于为中国现代工业化指明出路——从农业引发工业。但梁氏关于中国何以必然要走这一现代工业化道路之理据的分析——中国社会结构的分析，却将社会问题最终归结为道德问题，陷入了泛道德主义的误区。基于对该理论正反两方面的认识，本文指出该理论对我国当前农村大变革——城镇化——所具有的主要的正反启迪。正面的启迪是：不能孤立地看待城镇化，要从整个中国的社会结构的变动来把握农村变革对于中国现代化的基础意义；农村的变革不只是变革农村，而是变革中国社会。反面的启迪是：中国社会问题的解决，决不能只从道德上找出路；中国社会问题的解决，决不能只从知识分子榜样影响上找出路。

关键词　梁漱溟　乡村建设　社会结构　农业　工业

在现代新儒家中，梁漱溟先生很特别。其特别在为人治学上都有鲜明的反映。其人格的独特，为学人所乐道，无须赘言；就其治学而言，他亦有别于现代新儒家第一代其他两大家——马一浮、熊十力：与马一浮治学一生都恪守纯粹的儒家立场与情感相比，他先由佛学转向儒学，转向儒学后又宣称自己不能放弃佛家情怀，在治学态度与情感上很难说彻底地皈依儒学；虽然他有很深的佛学学问造诣，亦一直不放弃佛家的人生情怀，但他转向儒学后并不像熊十力那样，将佛学与儒学会通，以佛家的名相阐释儒家的道理，而是通过中西印文化之比较，以凸显儒家文化（中国文化）的特点与价值；马一浮、熊十力，都可谓纯学问家、哲学家，而正如梁漱溟自己所申明的，他不是纯粹的学问家、哲学家，他更是一个改造社会的实践家。作为实践家，梁漱溟的贡献就反面讲是对现实社会的尖锐批评，就正面讲是积极推行乡村建设运动。梁漱溟用以指导乡村建设运动的文献，是《乡村建设理论》《乡村建设大义》。后者只是就邹平事情阐发"乡村建设大义"，虽明显依据前者，但并非《乡村建设理论》的简本①，因为它无论是在内容的丰富性、全面性上还是在论证的系统性、深刻性上，都达不到作为前者之简本的水平。所以说，要正确了解梁漱溟，就不能不了解他曾亲自推动的乡村建设运动；而要了解他为什么要推动乡村建设运动，就不能不读他的《乡村建设理论》。可读了《乡村建设理论》后，会有什么样的感受呢？这必定会因时代、因人而异。为留下我们这个时代——中国已"强起来"——的时代记忆，我愿意在这里公开说出我读《乡村建设理论》的感想。

一

我们今天来重新评价梁漱溟的"乡村建设理论"，自然不能回避该理论在六十三年前曾遭到严厉的批判。当年批评梁漱溟的"乡村建设理论"的严厉程度，不是我辈学者所能说清楚、道明白的，我们只能借一些批评文章来感受些许。就我个人而言，我的感受仅来自阅读《梁漱溟思想批判》②（下简称"批判"）。该书共收十四篇批判文章，其中六篇分别批判梁氏的文化观（2篇）、世界观（2篇）、自觉主义（1篇）、教育思想（1篇），另外八篇都是直接或间接地批判梁氏的"乡村建设理论"：《批判梁漱溟先生的文化观和"乡治"理论》（冯友兰）、《批判梁漱溟的乡村建设理论》（吴景超）、《梁漱溟对帝国主义采取什么态度》（徐宗勉）、《批判梁漱溟坚持中国落后反对工业化的谬论》（千家驹）、《批判梁漱溟的乡村建设运动究竟为谁服务》（千家驹）、《批判梁漱溟的"乡村建设运动"》（袁方）、《驳斥梁漱溟的"职业分途"的反动理论》（孙定国）。

尽管各家在批判用语的激烈、尖锐程度上有所区别，但他们批判梁氏的乡村建设理论及乡村建设运动的理由却相当一致。归纳一下，他们批判梁氏该理论及运动的理由，不外乎这么几点：（1）立场反动，是为了对抗中国共产党领导的反封建、反抗地主阶级的革命的农民运动，"在理论上和行动上直接保护封建主义"③，"首先就是为封建地主阶级服务""完全是代表地主阶级利益的"④，"从头到尾，都是念念不忘封建地主的利益的"⑤。这在袁方看来，"可以从以下几点来说明：第一，这种'理论'，是在维护

① 详见《乡村建设大义》之《编者序言》，《梁漱溟全集》第一卷，山东人民出版社，1989年，第601页。
② 《梁漱溟思想批判》，生活·读书·新知三联书店，1955年。以下凡引此书，径注书名及页码。
③ 冯友兰语，见《梁漱溟思想批判》，第5页。
④ 吴景超语，见《梁漱溟思想批判》，第16、17页。
⑤ 袁方语，见《梁漱溟思想批判》，第58页。

和巩固宗法封建社会的统治……第二，这种'理论'，反对取消封建土地私有制……第三，这种'理论'认为地主阶级剥削农民是完全合情合理的……第四，这种'理论'，既反对资本主义，更反对共产主义……"[1]（2）居心叵测，为了"依靠和服务于帝国主义"[2] 而"坚持中国落后"，"反对社会主义工业化"[3]。就此，徐宗勉强调说，梁氏"所谓乡村经济建设就是直接替帝国主义向中国农村扩大市场，加强其对中国农民的剥削"[4]，因为在旧中国，"一切经济命脉都操在帝国主义手里"[5]，不改变这种状况，就不能发展民族工业、实现工业化，自然也就根本不可能提高农村的生产力，而梁氏所谓农村"经济工作"，主张在不改变这种情况的前提下，仅仅希望通过这些办法——"把外面都市的资金输入内地农村""将科学技术引进内地农村""增进农产原料之输出"——来"恢复农业生产力"，当然就不只是糊涂、不只是幻想，其实"也就是替帝国主义扩大商品和原料的市场，帮助帝国主义进一步剥削和压榨中国农民"[6]；而千家驹则分析说：梁氏所谓中国经济建设"必走振兴农业以引发工业的路"[7]，其实是反对中国工业化，主张继续走"农业中国"的老路，因为"他的目的是只要农业不要工业"[8]，他所谓从农业引发的工业"既不是重工业，甚至也不是轻工业，而只是一种农村副业性质的手工业"[9]。（3）理据荒谬，在哲学上《乡村建设理论》一书是"'东西文化及其哲学'一书中的空泛抽象的理论实际化具体化"[10]，坚持唯心主义的文化观、世界观。梁氏所以维护封建主义，主张以农业引发工业，反对中国工业化，在冯友兰看来，与其文化"三条路向"说有内在的因果关系。依据梁氏的"三条路向"说，中国文化走的是人类文化发展的第二种路向，"是以意欲自为调和、持中为其基本精神的"，在人类三种——向前、持中、向后——生活态度中，它属于"人生第二态度之应用"。这个"应用"的特点是"屈己让人，故'让'字遂为中国人之一大精神。与西洋人由第一态度而来之'争'的精神，正相映对"[11]。"互争"是西洋文化的伦理精神，"互让"是中国文化的伦理精神。以"互让"的精神立命，中国不可能走向以"互争"为根本伦理的工业化（资本主义），只能走农业引发工业的道路，因为中国本是"伦理本

---

① 袁方语,见《梁漱溟思想批判》,第57—58 页。
② 徐宗勉语,见《梁漱溟思想批判》,第32 页。
③ 千家驹语,见《梁漱溟思想批判》,第44、48 页。
④ 徐宗勉语,见《梁漱溟思想批判》,第38 页。
⑤ 徐宗勉语,见《梁漱溟思想批判》,第38—39 页。
⑥ 徐宗勉语,见《梁漱溟思想批判》,第39 页。
⑦ 千家驹语,见《梁漱溟思想批判》,第44 页。
⑧ 千家驹语,见《梁漱溟思想批判》,第44 页。
⑨ 千家驹语,见《梁漱溟思想批判》,第44 页。
⑩ 冯友兰语,见《梁漱溟思想批判》,第5 页。
⑪ 冯友兰语,见《梁漱溟思想批判》,第5 页。

位、职业分途"的农业社会，走工业化的道路注定行不通。梁氏"费了很大的气力证明他的'乡村建设理论'是符合于中国封建文化的传统的。其实这倒是无须证明的，因为他本来就是用中国封建地主阶级麻醉农民的所谓'调和哲学'，继续麻醉农民，企图使他们不要反抗，不要革命"[①]；而在晓亮看来，梁漱溟的唯心主义，不只是反映在他的文化观上，他整个的"世界观是彻头彻尾的唯心主义的"[②]。他就此论述道：梁说"一切革命，都是出于'先觉之士'的'主观上的要求'……出于知识分子奔赴理想，爱好真理的心。这些主观要求和理想是从哪里来的呢？他说是'天所给'的，或者是'人所本有'的。这不正是主观决定客观的主观唯心主义观点吗？又如他说中国文化不外是'理性早启'和'文化早熟'，而'文物制度思想道德'等是'天才的创作'并不是随经济制度而变迁，这不是承认意识是第一性的，物质是第二性的吗？再如他一面说中国'缺乏阶级'，在解放以后一面又说中国尽管没有阶级，但仍然要用'阶级观点来把握它'。没有阶级，又如何用阶级观点来解决问题？凡此种种，都说明梁漱溟是一个主观唯心主义者"[③]。

在 20 世纪 50 年代中期的历史背景下，学者们读梁漱溟的《乡村建设理论》的感受，是否完全如他们公开表达的那般消极与愤怒，现在已无法也没有必要去深究。我们现今回顾当年对梁漱溟《乡村建设理论》的批判，固然是为了汲取历史教训，更是为了衬托我们今日读《乡村建设理论》之有别于前辈学者的感受。

二

我们今天读《乡村建设理论》，深切地感受到：仅就学术层面而论，当年学者对梁氏《乡村建设理论》的批判，明显的缺陷是断章取义，不是通过整体上把握该书的主旨与论证来评价它的理论价值，而是孤立地拼凑梁氏的某些论断或话语以得出否定它的学术价值的结论。这让我们清醒，觉得在当今欲重新认识该书的价值，必须首先从整体上把握该书的主旨，然后基于其主旨全面地把握该书的内在逻辑，即理论架构。梁漱溟自己曾这样谈论该书思想之形成过程："这里面的见地与主张，萌芽于民国十一年，大半决定于十五年冬，而成熟于十七年。"[④] 民国十一年，即公元 1922 年，那一年上海商务印书馆正式出版梁氏的《东西文化及其哲学》。这足以说明《乡村建设理论》中的主张，萌芽于《东西文化及其哲学》出版之际，前者与后者在思想上有密切的关联。此关联虽未必如冯友兰先生所见，前者是将后者"空泛抽象的理论实际化具体化"，但一

① 冯友兰语，见《梁漱溟思想批判》，第 6 页。
② 晓亮语，见《梁漱溟思想批判》，第 78 页。
③ 晓亮语，见《梁漱溟思想批判》，第 79 页。
④ 梁漱溟：《乡村建设理论》，商务印书馆，2015 年，第 2—3 页；以下凡引自此书，径注书名及页码。

定是关乎两书主旨的实质性的关联，不会仅是个别论断与观点上的相通。问题是，这个关联是什么？在《东西文化及其哲学》第八版《自序》中，梁氏自己对这个问题早已给出了明确的回答："却不谓十五年以来，心思之用又别有在，两种新作到今十八年了，俱未得完成。而由近年心思所结成的《中国民族之前途》（《乡村建设理论》一名《中国民族之前途》——编者注）一书，却将次写定出版。是书观察中国民族之前途以中国人与西洋人之不同为主眼，而所谓中西之不同，全本乎这本书人生态度不同之说，所以两书可算衔接的。"① 由这段话，我们不难明白这一点：《东西文化及其哲学》与《乡村建设理论》之相关联、相衔接，就在于两者都是以中西文化之比较的视角来阐述中华民族的前途问题，或者说中国的现代出路问题。只是《东西文化及其哲学》偏重于理论性的阐述，而《乡村建设理论》则偏重于现实具体问题的解决与方案设计，但这论述上的偏重不同，并不足以否定两者在主旨上的一致。

某种意义上讲，以中西文化比较的视角来阐述中国、或者说中国文化的现代出路问题，可以说是现代中国学界阐述中国前途、中国出路问题所采用的普遍范式。梁漱溟与他同时代的学者相比，贡献不在于他自觉地采用了这个范式，而在于他通过《东西文化及其哲学》与《乡村建设理论》将这个范式之运用具体化。在《东西文化及其哲学》中，他具体以人类文化发展"三路向"理论来回答"世界未来文化"就是指"中国文化复兴"，而"中国文化复兴"就是"走孔子的路"②。问题是，如此回答中国文化的现代出路，究竟出于怎样的思考？他的思考，就逻辑上把握，不外乎以下环节：（1）先既以生活定义文化，又以意欲定义生活——文化"是那一民族生活的样法"③ 而"生活就是没尽的意欲"④。（2）然后根据这个文化定义，竭力去证明中西印三大文化分别体现了人类生存"意欲"之发用的不同路向。人类生存"意欲"的发用，只能走"三个不同的路向"："（一）向前面要求；（二）对于自己的意思变换、调和、持中；（三）转身向后去要求。"⑤ 所以中西印三大文化的差异归根结底就只能是这三种生活态度的差异：西方文化体现了"第一条路向"，"以意欲向前要求为根本精神"；中国文化体现了"第二条路向"，"以意欲自为、调和、持中为其根本精神"；印度文化体现了"第三条路向"，"以意欲反身向后要求为其根本精神"⑥。（3）再依据"三路向"顺序递进规律，论证中国文化复兴之正合"时宜"：中西印三大文化的差异，固然不能证明这三大文化

① 梁漱溟：《梁漱溟全集》第一卷，山东人民出版社，1989 年，第 325 页。以下凡引自此书，径注书名及页码。

② 《梁漱溟全集》，第 498 页。

③ 《梁漱溟全集》，第 352 页。

④ 《梁漱溟全集》，第 352 页。

⑤ 《梁漱溟全集》，第 382 页。

⑥ 《梁漱溟全集》，第 383 页。

之间存在着所谓优劣高低，但作为不同生活态度的体现，它们在不同的时代对于人类生活的确又存在着"合宜不合宜"① 问题，不可能出现中西印三大文化在同一时代里同时都合时宜的情况。因为人类文化发展的常规决定了人类文化只能循由"第一路向"经"第二路向"走向"第三路向"这一历程发展，所以，像中国人那样，不待第一条路走完，"便中途拐弯到第二路上来"②，就属于文化上的早熟，是不合时宜的；像印度人那样，"不待第一路第二路走完而径直拐到第三路上去"③，更属于文化上的早熟，更不合时宜。但是，对于解决近代人的生活问题不合时宜的中印文化，随着时代的变化，总会有"机运到来"④。依据文化发展的常规，印度文化之合时宜，亦即印度文化之复兴，当出现在中国文化复兴（意味着中国文化之合时宜）之后，所以，当人类想抛弃西方人所走的"第一路向"（因为此路向已走到了极端，已弄得人类社会"病痛百出"）而转向"第二路向"时，以前"不合时宜的中国态度遂达其真必要之会"⑤。（4）再论证中国人生活态度之合时宜，决定了世界未来文化发展必然要走中国所走的"第二路向"，而走"第二路向"，也就是走"孔子的路"，因为中国人的生活态度即孔子所认定的态度。（5）最后强调：所谓"走孔子的路"，绝不是指"孔家"思想的简单"复古"，而是指"孔家"思想在现代历史背景下的"复兴"。问题是，通过什么途径才能复兴？他这样回答："第一，要排斥印度的态度，丝毫不能容留；第二，对于西方文化是全盘承受，而根本改过，就是对其态度要改一改；第三，批评的把中国原来态度重新拿出来。"⑥ 这三条，就是梁漱溟在《东西文化及其哲学》中就如何实现中国文化现代复兴问题所提出来的具体原则。

与《东西文化及其哲学》相比，《乡村建设理论》虽然也是旨在阐述中国的现代出路，但在立论上却有别于《东西文化及其哲学》：不是继续依据文化"三路向"说论证中国的现代化为何既要"走孔子的路"又必须同时坚持那三条具体原则；而是进一步论证中国的现代建设为何不能走资本主义工业化的道路，而必须走以农业引发工业的道路："（顺着中国社会自然的要求以救中国的）这条路线是什么？就是散漫的农民，经知识分子领导，逐渐联合起来为经济上的自为与自立；同时从农业引发了工业，完成大社会的自给自足，建立社会化的新经济构造。"⑦ 梁氏为中国现代发展（现代化）所设定的这一道路，在当年被批判为坚持中国落后，反对中国工业化，但这一批判只是不恰

---

① 《梁漱溟全集》，第526页。
② 《梁漱溟全集》，第526页。
③ 《梁漱溟全集》，第526页。
④ 《梁漱溟全集》，第526页。
⑤ 《梁漱溟全集》，第526页。
⑥ 《梁漱溟全集》，第528页。
⑦ 《乡村建设理论》，第368页。

当地深究了梁氏的某些在当时看来已"过时"的说法，未必真的体悟了梁氏主张从农业引发工业的深意。照梁氏自己的申明，他之所以那样主张，既不立于"工业资本的立场"也非站在"乡村的立场"，"而是为中国社会建立根本大计"①。问题是，为什么解决中国社会问题、谋求中国现代出路之"根本大计"只能是从农业引发工业？按照梁氏自己的解释，这是因为：中国的现代建设是被动的，不可避免地为资本主义国家、帝国主义国家所牵制、抵制，"没一点不受世界的牵制与影响，没一点不受国际的威胁与压迫"②，因此，对于因军阀混战而在政治上"缺乏统一的国权"③ 的中国来说，要想"在强暴摧毁下力图自保、在严重压迫下力图翻身"④，只能从我们自身找出路，看哪个地方外力压迫"比较松缓"、哪个地方要求翻身"最急切"；又从客观形势看："哪个地方比较有自保的可能，有翻身可能"⑤，"有没有从此翻起身来的路子"⑥。而如此两方面结合起来思考的话，则很容易明白中国现代建设的根本大计只能是从农业引发工业，因为：农业所受的外力压迫比较和缓，"还可以活动"⑦，有可翻身的可能；农业于中国"关系太大，痛痒太切"⑧，不堪压迫，要求喘气翻身活动最急迫；中国"在农业上根基厚"⑨，要翻身，"农业是比较可以活动的"⑩；一言以蔽之，"从农业引发工业是我们的翻身之路"⑪。具体分析之，这个结论包含两层意思，首先是说只有立足于农业，"尽力于农业"，中国才能翻身；其次强调尽力于农业的结果不在农业上，而是"很快很自然地引发工业"⑫。这是因为"尽于农业"不只是为了翻身，"我们的要求是翻起身来达于进步的经济生活"⑬，而现代的经济生活取决于"进步的生产技术（巧），社会化的生产组织（大）"⑭，则要实现现代经济生活，"其关键则看能不能工业化"⑮。"假使结果不在工业上，便非翻身之路。然而我们可以肯定地回答，尽力于农业，其结果正是引发工业；并且我敢断定，中国工业的兴起只有这一条道。"⑯

---

① 《乡村建设理论》，第387页。
② 《乡村建设理论》，第368页。
③ 《乡村建设理论》，第368页。
④ 《乡村建设理论》，第368页。
⑤ 《乡村建设理论》，第369页。
⑥ 《乡村建设理论》，第369页。
⑦ 《乡村建设理论》，第372页。
⑧ 《乡村建设理论》，第372页。
⑨ 《乡村建设理论》，第377页。
⑩ 《乡村建设理论》，第377页。
⑪ 《乡村建设理论》，第381页。
⑫ 《乡村建设理论》，第381页。
⑬ 《乡村建设理论》，第381页。
⑭ 《乡村建设理论》，第381页。
⑮ 《乡村建设理论》，第381页。
⑯ 《乡村建设理论》，第381页。

　　中国的工业化既然无法依靠外国的帮助来实现，只能由我们自身"尽力于农业"而自然引发，那么就不能不重视实施农业的社会组织——乡村（农村），可我们所面对的乡村（农村），实际上已非原样的乡村（农村），而是被破坏的乡村（农村），所以中国的工业化又只能从拯救乡村（农村）起步，而乡村建设运动正在于拯救乡村（农村）。拯救乡村（农村），在梁漱溟看来，不外乎先止确认识乡村被破坏的原因，然后有针对性地提出解决之道——依顺乡村（农村）社会组织秩序以推进农业的进步。"如何积极使农业进步"？梁氏指出这"必须把握三个要点：一、流通金融；二、引进科学技术；三、促进合作组织"①。《乡村建设理论》之"乙部"，洋洋二十二万余字，概言之，无非是就这三要点正反两边说，即就推进农业进步既说"消极工夫"又说"积极工夫"。在这两个"工夫"之间，还有一事，是"均调地权"②。由此看来，梁漱溟实际上是以为农业的进步严格地讲当取决于四点（上列三点加上"均调地权"），所以他强调说"把握得这几个要点去作，农业的兴起进步那是无问题的"③。

　　《乡村建设理论》之"乙部"，是谈如何推进乡村（农村）进步以拯救破坏了的乡村（农村）。很显然，它谈的是如何拯救乡村（农村）的办法，未涉及乡村（农村）为何要拯救。乡村（农村）所以要拯救，是因为它已被破坏。那么，乡村（农村）何以被破坏？这就是梁氏在《乡村建设理论》之"甲部"要谈的问题。梁氏谈这个问题就思路把握的话，不外乎这么几个环节：先阐述乡村建设运动何以起，以说明乡村建设运动"起于救济乡村运动"，"起于乡村自救运动"，"起于积极建设之要求"，"起于重建一新社会构造的要求"④。梁氏以甲乙丙丁表示这四层起因的递进关系：乡村被破坏由来已久，从现象看，由天灾人祸，由国内国际双重影响力量，由政治、经济、文化三种属性的破坏力所导致，但从本质而论，"中国近百年史里面，乡村是一直破坏下去不回头的，其关键全在要走都市文明的路而未成之一点"⑤。中国乡村无限制地被破坏，本来可以靠两种力量——工业、都市性的经济支持与政府政治上保障——来救治，可"这两点，中国哪里有呢？"⑥ 这就是说救治乡村，已无经济上的其他办法，而归根结底"中国经济上所以无办法，亦实为政治上的无办法"⑦，是旧中国当时的政治已失去了救治乡村的力量。既然旧中国政治上无办法救济乡村，"将只有乡村自救运动"⑧；乡村自

---

① 《乡村建设理论》，第393页。
② 《乡村建设理论》，第393页。
③ 《乡村建设理论》，第393页。
④ 《乡村建设理论》，第9、13、16、21页。
⑤ 《乡村建设理论》，第13页。
⑥ 《乡村建设理论》，第13页。
⑦ 《乡村建设理论》，第13页。
⑧ 《乡村建设理论》，第14页。

救运动直接的目标在于防止乡村被直接地破坏，但乡村不被直接破坏并非乡村的根本出路，乡村的根本出路一定要从"中国社会积极建设"① 上考虑。这一考虑，也就要思考：中国社会建设为何一定是乡村建设，换言之，谈乡村建设实质就是谈中国社会建设。这是因为在当时国内、国际形势下，中国的政治使中国不可能像日本那样，以工业化、都市化的办法建设乡村，而只能通过乡村建设自然导致中国的工业化、都市化；这样性质的乡村建设，实是在中国沿袭千年的社会组织结构已崩溃之时，"为吾民族社会重建一新组织构造之运动"②。在以上四层中，第四层"乃乡村建设真意义所在"③。"真意义"云云，足以说明：梁氏的"乡村建设"谈实质谈的是中国社会如何"重建一新组织构造"。当年批判梁氏的"乡村建设"说代表地主利益、只为农民说话，这未免太看轻了梁氏的"乡村建设"说的意义。

乡村运动是为救治乡村的破坏。而乡村的破坏，意味着"中国旧有的社会组织构造"④ 的崩溃。为了认识有此崩溃的缘由、"在申论新结构如何辟建以前"⑤，梁在"甲部"里接着"将旧社会构造"⑥ 加以审视：旧中国是"伦理本位""职业分立"的社会，则"伦理本位、职业分立之交相为用"⑦ 乃旧中国基本的社会结构。在"这样一个社会结构里，只有周期的一治一乱而无革命"⑧，它之社会秩序的维持，依赖的不是武力、法律，而是教化、礼俗、自力。既然如此，则从来中国社会秩序所赖以维持者，不在武力统治而宁在教化；不在国家法律而宁在社会礼俗。质言之，不在他力而宁在自力。贯乎其中者，盖有一种自反的精神，或曰向里用力的人生：一方面，"从伦理本位的社会构造，让人人向里用力"，不是以对付自然为生活的第一问题，而是将物的问题放在后边、"将对于人的问题提到前面"，以处理人伦关系为生活中心，"然所求无非彼此感情之融合，他心与我心之相顺"；另一方面，"从职业分立的社会构造，让人人向里用力"，不是为阶级对立的形势"逼着人向外冲去以求解决"，而"前途命运全在自求，则唯有自立志、自努力、自鼓舞……一切心思力气，转回去、转回去，只能在自家身上用"⑨。

中国人不靠武力、法律维持社会秩序，而依赖教化、礼俗、自力维持社会秩序，表

---

① 《乡村建设理论》,第 16 页。
② 《乡村建设理论》,第 21 页。
③ 《乡村建设理论》,第 21 页。
④ 《乡村建设理论》,第 28 页。
⑤ 《乡村建设理论》,第 28 页。
⑥ 《乡村建设理论》,第 28 页。
⑦ 《乡村建设理论》,第 34 页。
⑧ 《乡村建设理论》,第 36 页。
⑨ 以上引语皆见《乡村建设理论》,第 42 页。

明中国人之日常生活"不外理性一物贯乎其中"①，因为"教化、礼俗、自力三者内容皆为理性"②。"所谓理性，是指吾人所有平静通达的心理"③，"而'士人'者，以代表理性"④，则"士人即代表理性以维持社会者"："士人不事生产，却于社会有其绝大功用；便是他代表理性，主持教化，维持秩序；夫然后，若农、若商、若工始得安其业，乐其业。"⑤ 士人在旧中国的社会结构中，是沟通君主与众民的中介，"士人就是向这两方面（君主与众庶）作工夫的"⑥。且不论从这工夫究竟于理性开发条理到怎样程度，然正由于士人作这两方面的工夫，"中国人的消极、忍耐、相安性由此养成，武举剧总少演了许多。集团社会不但缺乏，并且成了禁忌；个性聪明却得了不少发展机会。文化的创造走艺术天才的路子，而无科学积累之功"⑦。但是，士人作工夫，固然能造成天下太平，但决不能杜绝天下大乱。所以中国社会总免不了一治一乱的周期循环。乱何以起？起于"人心放肆"⑧：君主深宫居住，对民情一切隔膜，昏淫暴虐，不听规谏，不知反省，随心所欲，一味向外用力；众庶为生计所迫，"此时决不能再向里用力了，再向里用力，为生理所不许"⑨，所以转向外用力；士人羡禄慕官，以教化虚应故事，贪慕于外，不自检束，已不能尽"指点旁人向里用力的职分"⑩。"人心"一旦"放肆"，意味着教化维持社会的效用已丧失，"便是力向外用，悖乎治道，安得不乱"⑪。

中国以前也曾乱过，但那只是"社会构造一时失其效用，不久仍可规复"，不像近百年来"社会构造根本崩溃，有如堕甑之不可复完"。究其原因，"此变全由外来"⑫，是西方文化"引起我们的变化，诱发我们的崩溃"。"这无疑地是中国文化的失败"。究竟失败在什么地方？总的说，"中国之失败，就在其社会散漫、消解、和平、无力"；特指之，不外两点："一是缺乏科学技术，二是缺乏团体组织。"⑬ 对于科学落后于西方，国人已有认识上的自觉，无须再赘说，"要谈的是团体组织问题"⑭。具体分下列几点说：（1）西洋之有团体从有宗教来，中国之缺乏团体，从缺乏宗教来；（2）团体与

---

① 《乡村建设理论》，第43页。
② 《乡村建设理论》，第43页。
③ 《乡村建设理论》，第43页。
④ 《乡村建设理论》，第48页。
⑤ 《乡村建设理论》，第48页。
⑥ 《乡村建设理论》，第50页。
⑦ 《乡村建设理论》，第50页。
⑧ 《乡村建设理论》，第50页。
⑨ 《乡村建设理论》，第51页。
⑩ 《乡村建设理论》，第51页。
⑪ 《乡村建设理论》，第50页。
⑫ 以上引语皆见《乡村建设理论》，第54页。
⑬ 以上引语皆见《乡村建设理论》，第55页。
⑭ 《乡村建设理论》，第56页。

斗争相连，散漫与和平相连，西洋人就是过的团体斗争生活，中国人就是过的散漫和平生活；（3）团体心理机械性很大，"盲目、冲动，不易反省"，而"散开来的心理，则易于平静清明，回转自如"；（4）阶级意识、国家意识，"在西洋人很强的，在中国很缺乏"；（5）"中国人好讲是非，而西洋人尚谈利害"；（6）"公私一体，为公即为私"，此西洋人"所以被训练成功团体生活良好习惯的由来"，而"中国所以缺乏公德，其理亦明"——盖在于公私截然对立、以为利公即损私；（7）中国亦不乏急公好义者，但急公好义与公德各为一事，公德是"一般人在团体中的良好习惯"①，急公好义"则是个人超凡的豪情侠举"②；（8）在"团体一面为有所合，则一面必有所分；一面有所爱，则一面必有所不爱。中国人无所合，因亦无所分，其好说天下自是当然的了。故知西洋人之公，只是大范围的自私，不是真公，真公还是中国人"③。中国人"这种与西洋人相异的生活习惯"④，较之西洋人固然是短处，"但中国人的短处，正从他的长处而来"⑤，因为"中国人若不是有他根于人类理性而发育成的优越文化，便不得过着几千年散漫、放任、和平、幸福的日子，而免去许多教派之争、阶级之争、国族之争的残祸；便不得同化融合许多外邦异族，而扩大其民族生命并延续民族生命到现在"⑥。

中国社会近百年的一天一天崩溃，"一面是由自觉的破坏，一面是被动地为外力所破坏"⑦，但无论"自毁"还是"他毁"，究其因，都有必要追究中国文化的"真缺欠"。所谓"缺欠"，不是从中西文化比较上显示出来的缺欠，而是中国文化自身固有、本有的缺欠。梁氏认为，中国文化的真缺欠，要紧的是两点：一是"中国文化的衰老性"⑧，二是"中国文化的幼稚性"⑨。中国文化的其他缺欠，都"可概括于此两点中"⑩。

他毁与自毁相乘，中国社会的崩溃之不可收拾已达于最后阶段。此时的中国社会，已是处于"崩溃中的中国社会"⑪，呈现出"极严重的文化失调"⑫，伦理本位的社会、职业分立的社会结构均被破坏，使中国"陷于东不成、西不就的状态中"⑬。照理说，中国的崩溃——中国社会组织结构被破坏，原本还可以靠政治上的办法救治，但在旧中

---

① 以上引语皆见《乡村建设理论》，第57页。
② 《乡村建设理论》，第58页。
③ 《乡村建设理论》，第58页。
④ 《乡村建设理论》，第58—59页。
⑤ 《乡村建设理论》，第60页。
⑥ 《乡村建设理论》，第60页。
⑦ 《乡村建设理论》，第61页。
⑧ 《乡村建设理论》，第65页。
⑨ 《乡村建设理论》，第66页。
⑩ 《乡村建设理论》，第67页。
⑪ 《乡村建设理论》，第68页。
⑫ 《乡村建设理论》，第68页。
⑬ 《乡村建设理论》，第77页。

国"国家权力建立不起"来，使得"中国政治无办法"①救治中国的崩溃。旧中国国家权力所以不能建立的原因，大约有五层：（1）中国"几千年来的政治，都是消极无为的"，向来是"有统治者，而无统治阶级……国家与人民无干涉，人民与国家无干涉"②。（2）处于转变时代的中国人思想分歧，不能形成一个有力的方向，这个往东，那个往西，或不知往东往西好，无所适从。（3）没有阶级。一切国家都是阶级统治，"单从无阶级上看，很直接的让中国国家权力建立不起来"，更不用说以上所列"消极无力的政治和思想的分歧，都从没有阶级而来"③。问题是，中国何以没有阶级？阶级的产生，是与团体组织相斗争密切相关，而中国职业分立，散漫而缺乏团体组织，自然也就无产生阶级之可能。(4)"我们主观意识上的要求，与客观的社会事实不调和"④，或曰不符合：中国现在的变革（社会秩序大改造），不是社会内部自发的，即不是由排除旧社会秩序的障碍而起，而忽然"只是从意识上要求秩序改变"⑤。（5）根本的缘故，就在于精神的不合，即由中国社会结构训练而成的中国人的"一种神情态度"与西洋人的神情态度得不到调和，彼此很有些距离，"找不出一个可以彼此沟通之点"⑥。

概言之，《乡村建设理论》之"乙部"近十万言，不外乎从理论上申说了这么几个问题：中国旧社会结构是怎样的；它如何被自毁与他毁——原结构的崩溃；社会结构崩溃的缘由是什么；为什么"中国政治无办法"救治该崩溃。而所以要论述这些问题，就是要从理论上回答一个问题：除了以乡村建设运动救中国，中国再无其他现代出路；或者说以乡村建设运动救中国是中国现代的唯一出路。这就是梁漱溟为什么将中国现代出路问题由"乡村自救"谈起的认识上的缘由。

三

今天的中国，已进入了一个改革开放的新时代。这个新时代的宏大的目标，就是通过扶贫让仍贫困的农民脱贫、通过农村城镇化改造使农村与城市一体化。要实现这一宏大目标，使中国历史上从未出现过的伟大事业得以完成，农村翻天覆地的变革也必将是史无前例的。为了应对这场注定要到来的农村社会变革，设计应变之道，我们需要吸纳各种思想资源以启发我们的设计灵感。从这个需要出发，我们也有必要认真思考梁漱溟的《乡村建设理论》能对我们今天推行的农村城镇化变革提供哪些启迪。我认为其启

---

① 皆见于《乡村建设理论》，第78页。
② 皆见于《乡村建设理论》，第78页。
③ 皆见于《乡村建设理论》，第81页。
④ 《乡村建设理论》，第79页。
⑤ 《乡村建设理论》，第98页。
⑥ 《乡村建设理论》，第106页。

迪可以正反两方面看。正面的启迪，主要有两点：（1）当今要推动农村变革，在思想上决不能孤立地看待新农村建设、农村城镇化变革，而要像当年梁漱溟看待乡村自救运动那样，不是孤立地就乡村谈解决乡村问题的出路，而是从中国社会的基本结构——伦理本位与职业分立之交相为用、从中国文化的基本特性——调和、持中——来谈乡村自救，乡村变革实质意味着中国社会结构的根本变革、中国文化之现代突破。这样说，并不是主张当今农村的变革决不能超越梁氏当年为乡村自救所设定的模式，而是强调梁氏设计那模式的思想原则，对于指导当今的农村变革，仍有一定的现实意义，尽管现今的农村变革与当年的乡村建设运动已不能同日而语。如此说的话，就要回答以下问题：既然梁漱溟是就中国旧社会结构来谈乡村的破坏、来谈乡村自救、来谈乡村建设，那么我们承认梁氏理论的现实意义是否意味着我们也要就中国社会结构来谈当今农村变革之实然、当然与必然呢？对这个问题，我这么认识：今日的农村变革，仍然根源于中国社会结构，所以问题的关键不在于要不要从社会结构看当今的农村变革，而是在于究竟就什么样的社会结构来把握当今的农村变革。现今中国的社会结构，固然非梁氏所谓"伦理本位与职业分立之交相为用"所能概括的，但从社会主要矛盾由阶级对立转为贫富差距来看，将中国现今的社会结构以"职业分立"来概括，还的确没有什么不妥，因为今日中国的贫富差距，不是由阶级剥削造成的，而是由职业不同造成的。现今的中国，是否仍"伦理本位"，根本上仍然靠道德情感维系社会秩序，可以讨论，但从中国人一向重情面、讲交情，信多一个朋友多一条路、有熟人好办事等来看，现今的中国人在人际交往上仍然重视情感作用乃是不争的事实。仅从这一点，也不难理解梁氏的"伦理本位"说对认识与指导当今农村变革之启迪作用。（2）农村的变革不只是变革农村，而是变革中国社会。中国社会的变革，不止于避免农村被破坏、亦不只在于建立一个新农村，其目的在于建设中国现代工业，实现中国文化的现代化。中国现代工业建设，不能完全模仿西方、走资本主义工业化的路子（因为资本主义工业化是社会阶级分化的产物，而中国社会一向是无阶级，只有职业分立），必须从中国社会自身的、自然的要求出发，走中国自己的路：从农业引发工业。当年梁漱溟是将它作为中国建设的根本大计来强调"从农业引发工业"对于变革中国的意义，现今如将它原原本本地作为指导当今中国现代化的方针，显然不妥当，因为今日中国的现代化显然是采取这样的路径：以科技引发工业、以工业推进农业，已不可能回过头来重走以农业推动工业建设的道路。但是，如果不从国情论之，而只限于如何建设一个新农村，或者说如何实现农村城镇化来说，那么"从农业引发工业"仍无疑是指导当今农村变革的正确的方针。其正确性就在于它揭示了建设新农村的合宜的途径：建设新农村，基础在于搞好农业，而不能放弃农业专搞工业；但搞好农业决不能局限于农业搞农业，而要以搞工业的途径来搞农业，通过工业手段来推动、促进搞好农业。以工业手段搞农业，就是其所搞的工业必服务于农业，为搞农业所必需、所急需，绝不是指在农村地域专搞与农业无关的工业。梁漱溟当年强调：要从农业自身、自然的要求以引发工业。从某种意义上讲，这也可谓给当今如何以工业手段搞农业这一新农村建设指明了实践原则。当今许多乡镇企业成功的经验，也足以证明：从农业引发工业，对于当今的新农村——现代农村——建设来说，是可取的正确路径。

反面的启迪，亦主要有两点：（1）中国社会问题的解决，决不能只从道德上找出路。梁漱溟的乡村建设理论，从乡村自救（乡村运动）寻出社会结构的崩溃、从社会结构的崩溃追寻出中国社会结构——伦理本位与职业分立之交相为用、从中国的社会结构找到解决中国社会问题的办法不在于中国政治而在于中国人的理性运用方式——以情面、交情处理人际关系、解决社会问题，无论阐述得如何繁复，然究其本质，无非是一种将文化归结为道德（伦理）、将道德（伦理）视为社会"本位"的泛道德主义。泛道德主义，以为一切社会问题都可以通过道德的途径求得根本的解决，殊不知社会问题因其复杂性而非靠政治、法律、道德、宗教等手段之兼用而不能解决。由此可见，中国当今的社会变革，如果继续信守梁漱溟的泛道德主义理论，就会重蹈晚清文化（道德）救国（强国）的覆辙，导致可怕的后果。（2）中国社会问题的解决，决不能只从知识分子榜样影响上找出路。梁漱溟从中国社会乃"伦理本位"的认识出发，推断出中国人靠情谊亦即靠教化、礼俗、自力维持社会秩序（意味着不靠武力、法律维持社会秩序）乃证明"理性在中国社会开放的早"[1]，"中国文化是人类文化的早熟"[2]；进而由此推断得出"士人即代表理性以维持社会者"[3] 这一结论：士人于"社会有其绝大功用；便是他代表理性，主持教化，维持秩序；夫然后，若农、若工、若商始得安其居，乐其业"[4]。且不论梁氏如此推断是否合逻辑，这里要问的是：以知识分子（士人）维持社会秩序在现今的社会是否可行、是否有效？回答只能是否定的。理由是：首先，理性是认识问题、处理问题的操作能力[5]，它非知识分子所独有，则以士人有知识、从事教化工作来断定士人代表理性，乃局限于现象，缺乏理据。其次，进一步说，即便较之农工商人士人足以代表理性，那么所谓以士人维持社会秩序，其实也就是指士人通过自己的道德榜样的影响作用实现普通民众对社会伦理的认同与遵守。这如果就旧中国的农业社会之阶层结构——士农工商——来说，还是可行的，因为在农业的社会阶层结构中，士处于各阶层之首，全社各阶层自愿地以"士"为当然的道德榜样，自觉、不自

---

① 《乡村建设理论》，第44页。

② 《乡村建设理论》，第44页。

③ 《乡村建设理论》，第48页。

④ 《乡村建设理论》，第49页。

⑤ 我这里关于理性的定义，偏重于工具理性层面，与文中提及的梁氏之"理性"定义，在视角上有别。

觉地接受士的影响，以士的价值认同为认同、以士的道德信奉为信奉，社会秩序就在这样的认同、信奉中自然地得以维持；但如果就今日的中国社会来说，其行不通是不言而喻的，因为，随着社会结构的改变，在当代社会里，知识分子（士）作为社会当然的道德榜样的身份已失去，因而即便假设知识分子有能力、有操守作为社会榜样，他们也无法对现代民众发生实质性的道德影响。一方面民众已不将知识分子作为榜样看，另一方面知识分子已不是社会的榜样，那么靠知识分子维持社会秩序，就现代（当代）社会而言，又从何谈起。再次，在梁漱溟那里，由于将社会问题最终归结为道德问题，又将道德问题等同于理性问题，所以才主张靠士人（知识分子）维持社会秩序，但是道德就理性讲也就是自我约束（自律）的能力，其要发挥维持社会秩序的作用，前提是社会每个成员（庶众）都有能力自律。这显然是不可能的。人类之所以从来都不放弃以武力、法律维持社会秩序，其原因就在这里。由此不难明白，如果像梁氏那样，只着眼于道德而强调要靠知识分子维持社会秩序，那么将忽视武力、法律之维持社会秩序的巨大作用，不利于我国之现代的治国、强国事业。

从《晚年口述》看梁漱溟先生对乡村建设运动及其自身思想的评价

周春健（中山大学哲学系）

摘　要　1980 年 8 月，美国芝加哥大学艾恺对梁漱溟做过一次专访，整理而成《梁漱溟晚年口述》一书。由这次访谈，可以见出梁先生晚年对乡村建设运动的评价，同时揭示出其参与领导乡村建设运动的思想渊源，以及对其一生的自我评价。在佛家与儒家之间，梁先生更倾向于自己是佛教徒的身份。他更愿意承认自己是一个"思想家"，而不愿承认是一个"学问家"。梁先生认为他与毛泽东新中国建设方略的共同之处在于，都是从乡村入手，当年"乡村建设运动"的诸多设想后来在新中国建设过程中得以实现。梁先生认为乡村建设运动之根本点与毛泽东之革命斗争不同：一是改良，一是革命。

关键词　梁漱溟　乡村建设运动　儒家　佛学　改良

1980 年 8 月 12 日至 24 日，美国芝加哥大学艾恺教授对梁漱溟先生做过一次细致的专访。其时，梁先生正值米寿，居住于北京木樨地 22 号楼。访谈结果在 1993 年由一耽学堂整理而成《这个世界会好吗：梁漱溟晚年口述》（以下简称《口述》）一书。在这次访谈中，艾恺教授多次提及梁先生当年参与和领导的河南村治运动及山东乡村建设运动，梁先生对此亦多所回应。由此，可以见出梁先生晚年对乡村建设运动的评价，同时揭示出其参与领导乡村建设运动的思想渊源，以及对其一生的自我评价。《口述》一书，对于我们正确理解乡村建设运动以及梁先生本人思想，均具有重要的文献价值。

兹以《口述》（东方出版中心，2006 年）为文献依据，以"乡村建设运动"为中心，绅绎五点，以见梁先生眼中的乡村建设运动及其自身定位。

一、佛家·儒家

在整个访谈中，梁漱溟先生在身份上到底是儒家还是佛家，到底是儒教徒还是佛教徒，可算是一条红线，贯穿始终。对于自己的思想倾向，梁先生有时是儒、佛并举，但更多的时候是倾向于佛家。比如最初接受艾恺访谈时便有所引导：

> 我们彼此谈话，我还是希望你了解我的思想的根本，我的思想的根本就是儒家跟佛家。……因为佛家的跟儒家的是我的根本，所以如果了解这个根本，是最好，最要紧。（页7）

接下来，梁先生便与艾恺详辨了佛教中小乘与大乘的分别，并于第二天（8月13日）访谈时特意强调大乘佛教"不舍众生，不住涅槃"与儒家"入世"思想的贯通，称其"搞乡村建设、乡村运动"乃是行菩萨道，非小乘佛法：

> 我自己承认我是个佛教徒，如果说我是一个儒教徒我也不否认。为什么呢？为什么也不否认呢？就是因为这个大乘菩萨，我是要行菩萨道，行菩萨道嘛，就"不舍众生，不住涅槃"，所以我就是要到世间来。因此我的一生，譬如大家都知道我搞乡村建设、乡村运动，我在政治上也奔走，奔走于两大党之间，就是为国家的事情，特别是在日本人侵略中国的时候，所以这个算是出世不算是出世呢？这个与出世一点不违背，因为这是什么呢？这是菩萨道，这不是小乘佛法，小乘佛法就要到山里头去啦，到庙里头去了，不出来了，大乘佛法就是"不舍众生，不住涅槃"。说我是儒家，是孔子之徒也可以，说我是释迦之徒也可以，因为这个没有冲突，没有相反。（页29）

"说我是儒家，是孔子之徒也可以"的表述，明显可见其佛家重于儒家的思想倾向。在8月16日的访谈中，当艾恺问他"您有今日的成就，在您背后支持您的原动力是什么"时，梁先生回答："我觉得还是得力于佛，佛学。"（页121）接下来，当艾恺强调梁先生的"由佛转儒"时，梁先生又曾明确说：

> 我是在生活上做一个人的生活，我思想上还是倾向佛家。思想上倾向佛家，人还是做一个人的生活。（页125）

在采访的最后一天（8月24日），艾恺请其回顾一生有何感想时，梁先生也是首先明言自己是一个佛教徒：

> 我要说的一句话，你了解我，我是一个佛教徒，佛教徒他把什么事情都看得很

轻，没有什么重大的问题，什么都没有什么。再说到我自己，我总是把我的心情放得平平淡淡，越平淡越好。我的生活也就是如此。（页336）

在梁先生的观念中，似乎不太情愿承认自己存在一个从佛家向儒家的转向，他自认为从来都是佛学对他的影响更大。并且认为并非如艾恺所言"到了晚年才到了非常高的超脱一切的那种状态、那种领域"，而是一生"一直一样"（页337）。正因为如此，在梁先生看来，自己更是一个"佛教徒"的身份，"儒家之徒"的名号略有一点"被动接受"的味道：

> 我自认为是佛教徒，不过就社会上多数人、一般人来说，不如像你说的是一个儒家之徒好。我愿意接受你这个。（页337）

包括对艾恺《最后的儒家》的书名，梁先生之所以能够接受，也是出于方便大众了解的考虑：

> 我觉得这个书名还好。什么叫好呢？就是比较还合适。说我是儒家比说我是佛教徒还合适，因为让大家了解起见比较合适。（页337）

当然，在梁先生头脑中，也曾有过"入世"与"出世"的矛盾。比如在第二天（8月13日）的访谈中，梁先生提到自己"很早想出家"，艾恺便有"不过您也参加了辛亥革命啊，您参加辛亥革命的时候您还想出家"的疑惑（页32），梁先生回答：

> 我常说自己，有两个问题占据了我的头脑。两个问题，一个呢，现实问题，现实中国的问题，因为中国赶上一种国家的危难，社会的问题很严重。这个现实的问题刺激我，这个问题占据我的脑筋。可还有另外一个问题，刚才说的是个现实问题，还有一个问题是一个超过现实的，也是人生问题，对人生的怀疑烦闷——对人生不明白，怀疑它，有烦闷，该当怎么样啊，这不是刚才说想出家吗？这是两个问题，两个问题不一样，一个就让我为社会、为国事奔走，一个又让离开。（页32）

梁先生参与、领导的乡村建设运动，当属"为社会、为国事奔走"的范围，属于"入世"，属于大乘佛教或儒家；"让离开""想出家"，则属"出世"，无疑又是受了小乘佛教的影响。

不过在8月22日的访谈中，梁先生又试图弥合二者，以为自己在不同时期的看似矛盾的选择，其实并不相冲突：

> 梁：出世思想很早，的确是想出家为僧，当和尚。
>
> 艾：假如是这样，为什么辛亥革命以后才有精神危机？就是说想自杀，就是说，假如已经有了出世的思想，为什么积极地参加辛亥革命？
>
> 梁：这个不相冲突。为什么不相冲突？我常常说，我一生啊占据我自己头脑的有两大问题，一个是中国问题，是现实的中国国家的问题、社会问题。国家问题就是中国的衰弱危亡、社会的苦痛，这是常常地占据我的头脑的一个问题。可是另外一个问题远远超过、大过这个问题，就是对人生问题的怀疑烦闷，以至于对人生的否定。一直是这么两个问题，有时候这个问题占优势，有时候那个问题占优势。（页305—306）

简言之，佛学尤其是大乘佛学，是支撑梁先生一生从事乡村建设等社会运动的最重要思想根源。

二、思想家·学问家

在访谈中，梁先生多次提及自己"老学问"不行，称从小没有打好基础。他更愿意承认自己是一个"思想家"，而不愿承认是一个"学问家"。

在8月15日的访谈中，艾恺与梁先生有这样一段对话：

> 艾：假定您现在是十几岁，您会改行，还是跟原来一样，做学者？
>
> 梁：我常常对人表示我不是一个学者。
>
> 艾：是啊，您书里也常常有这个否认。
>
> 梁：对。我承认自己是一个有思想的人，并且是本着自己思想而去实行、实践的人，我就是这么一个人。我对学术啊、学者啊，对中国的老学问不行。我对你说过，小时候没有念过"四书五经"，"四书五经"的书里面有些个生字我现在还不会认。那么，再一面，现在的学问，科学我也不行，我西文不行，科学一定要学外国文，我的西文不行。所以讲到学问，我只能够歇一歇，我说我不行。
>
> 艾：您真的觉得是如此吗？
>
> 梁：我自己承认我是个有思想的人，独立思考，表里如一。（页89—90）

在8月22日的访谈中，梁先生再次谈道：

我不够一个学问家，为什么？因为讲中国的老学问啊，得从中国的文字学入手，才能够有中国老学问的根底。可是中国的文字学我完全没有用功，所以对于作为古书根底的文字学，我没有用过心。那么，对于中国古书也没有读过，小时候没有读中国的经书，所以讲到学问的话，我的中国学问很差、很缺少。……所以外国学问也不行。这两面说下来，就是说我完全不够一个学问家。

那么我所见长的一面，就是好用思想，所以如果说我是一个思想家，我倒不推辞，不谦让。思想家跟学问家不同，学问家他知道的东西多，他吸收的东西多，那么在吸收、多知道、多看，里边当然也有创造，没有创造不能去吸收。可是在一个思想家来说，他不同于学问家的，就是虽然他也要多知道些东西，不知道古今中外的一些个知识，他也没法成为思想家，但是呢，他的创造多于吸收，跟学问家不同。那么，所以我承认我自己是思想家，不是学问家。（页323）

梁先生说自己"老学问"不行，没有读过中国的经书，当然有谦虚的成分，比如在访谈中梁先生便经常随口引用《周易》《论语》《孟子》等传统经典，对于朱子、阳明等人的语录也极为熟稔。不过梁先生在这里特意强调"思想家"与"学问家"的分别，表明在他观念中，确乎更注重其"思想家"的身份，更注重思想家所具备的"创造多于吸收"的宝贵品质。这一点，在其最为看重的著作《人心与人生》中也可以得到印证。

在他"教员""记者""居士""社会活动家、政治活动家"的众多身份中，梁先生更看重的是他对于社会活动、政治活动的参与，乡村建设便是其一生中"最重要的大事"之一。在8月16日的访谈中，艾恺问到哪种工作对梁先生一生影响最大，生活中最重要的事情为何，梁先生均明确答复是"为社会奔走，做社会运动"（页109）：

艾：……您觉得哪一种工作对您后来的生涯影响最大？

梁：我的生活，固然做过记者了，教过书了，做过教员了，可是实际上比较重要的是做社会运动，参与政治。……我实在搞了不少政治活动、社会活动，搞乡村建设是社会活动，社会活动、政治活动恐怕是我一生很大部分。（页107）

艾：您想到过去的时候，您以为您生活中最重要的大事是什么？

梁：大事一个就是为社会奔走，做社会运动。乡村建设是一种社会运动，这种社会运动起了相当的影响。我们曾经连续三年，每一年都开一次全国性的乡村工作讨论会。乡村工作是我过去主要的奔走的一样。再一个就是为国内的党派的团结抗日。……第一段是搞社会运动，第二段是奔走国事。（页109）

应当说梁先生的这一想法，早年即有。比如当年受蔡元培之邀在北大任教时，有一段时间（1921—1924）他特别想离开北大，以至于经常失眠、头疼。究其原因，乃在于梁先生"想不同知识分子见面，愿意到乡间去，跟那个头脑简单的农民生活在一起，也不带书，也不看书"（页189）。如此说来，梁先生一生致力于乡村建设当是他最快乐的追求，以至于8月20日当艾恺问他"由山东乡村建设研究院到在四川、北平讲学，您是否从乡村建设转向文化建设"时，梁先生也表态说"谈不到"（页267）。不难看出，"奔走国事""社会运动"，确乎是他最为看重的大事。

三、农村·城市

抗战爆发不久（1938年1月），梁先生曾得到蒋介石的允准，远赴延安拜会过毛泽东，并将其刚刚出版的《乡村建设理论》一书赠送给毛，毛也曾认真阅读。在艾恺看来，毛泽东很可能受到了梁先生乡村建设理论的影响：

> 您自己注重中国的特点，特别的地方，独特的地方，毛主席注重的是一般性，不过结果您走以后，就是到1939年，毛主席自己也开始注重中国的特点了，就是说跟以前不同了。他是抗战的时候一直是比较注重中国社会的特点，而不是它的一般性，所以书里推测您还是对他有一点思想上的影响了。我不知道您觉得这个说法怎么样，会不会太过分呢？（页83）

梁先生谦虚地回应："我不敢这样说。"艾恺则继续推测，认为毛泽东后来所推行的政策颇类梁先生的"村治公社"主张，重点也放在"乡村建设"上：

> 那就是说，您不是当局者，您看到他以后写的东西，您去以后写的东西，看他这个政策怎么样了，越来越像村治公社的这种措施，书里面也是引起了别人的意见，就是说有人觉得是合理的，有人觉得还是您和他有很多很多区别，大大的分别，比如阶级斗争这个问题啊。不过抗战的时候中共也不是阶级斗争，抗战的时候共产党还是乡村建设，跟您当年乡村建设很接近了，我书里也不敢很确定是如此，不过好像是这个样子。也很可能毛主席创造的他的那套思想是按照中国的客观事实而创造的，那么您自己也是按照中国的客观事实而创造乡村建设的理论，也许是因为客观事实相同，所以您和他理论还是很接近的。（页86—87）

在这点上，梁先生也不讳言他与毛泽东政策上的相通之处，即入手都是农村：

可以说入手相同，他的革命的入手是农村包围城市，他入手是农村，我要建设新中国，我也是入手是农村，从入手是相同。（页87）

之所以有如此判断，是因为在梁先生看来，"中国还是一个以农村为根本的，这一点不能改，也不会改"，并认为"以农为本是最好的"（页292）。

在访谈过程中，梁先生也多次称赞共产党领导有方，对于改变中国农村农民面貌有着伟大功勋。比如在8月13日，艾恺发问："您觉得四个现代这个计划对中国文化有无什么害处？"梁先生回答：

中国生活在现在的世界上，它不能够违反潮流，它只能往前走，把物质文明发达起来，那是需要的。不过要紧的就是，过去的西洋物质文明发达是靠资本主义发达起来的，中国是自从西洋强大的势力过来，中国已经没有走资本主义的路的余地了，不可能走资本主义，所以它不能不走社会主义的道路。只能在谋社会福利的里边，有了个人的福利，不能让个人的福利压倒社会福利，不可能。所以共产党在中国的出现，并且成功，那是很合理的，不特别、不奇怪的。（页23）

可见据梁先生的观察，共产党领导中国，是为整个社会谋福利的。在梁先生看来，跟最初参与、领导乡村建设的40多年前相比，此时的中国农村发生了巨大变化，也跟共产党、毛主席的领导直接相关。在8月20日的访谈中，艾恺又将梁先生当年的乡村建设理论放置于现代社会考量，问询其在1980年代农村乡村的意义，梁先生对此有所回应：

艾：您有没有觉得您当年的乡村建设的计划或者理论对中国现在所面临的问题还可以用，或者用以参考的地方，有没有被用过，或者参考的地方啊？

梁：当然已经大有变化了，中国的农村大有变化了。

艾：那是什么样的变化呢？跟40年前的乡村的情况有什么不同？

梁：从前农民散漫得很哪，各自自顾身家，没有组织。现在是共产党来了，毛主席来了，先要组织互助组互助，初级社，初级合作社，高级合作社，最后人民公社。从前没有的呀。……现在的确是组织起来了，过的生活是集体的生活。……现在完全不是那样，完全组织起来了，经济政治都合起来了。这人民公社并不单纯是一个经济组织。（页265—266）

当艾恺指出"但您以前的计划有很多类似的地方啊"时，梁先生颇有感慨："就是，就是，我想做而做不到的。"（页266）如此回应，既可算是梁先生对于当时中国社会、中国乡村的欣慰，又可表明其乡村建设理论对于中国社会、中国乡村具有持久的意义。

四、理想·现实

理想与现实，也是这次访谈贯穿始终的一个话题。在 8 月 14 日的访谈中，艾恺问梁先生："跟 50 年前的情形来比，现在已经改善的地方，最多是什么？就是说，哪一方面跟 50 年前比是好的？"梁先生的回答是："还是政府跟党、社会的变化。过去是党的领导太强，几乎广大社会太被动，现在慢慢变了，现在底下慢慢地起来了。"（页 63）艾恺又问：

> 依您看，现在政府所实行的计划，现代化、民主化、法制化，现在要实现的计划，跟一百年来哪一个前人提倡过的计划最接近？有很多人哪、政府哪，您自己也是……（页 63）

梁先生以为过去，包括其自身的乡村建设运动在内，多数属于"理想""口号"：

> 当初的理想啦，口号啦，可是仅仅是理想，仅仅是口号。可是现在呢，比较从前不一样了，比较不是停留在理想、口号上，事实上慢慢接近。特别是现在看，开出来一个机会前进，过去没有，过去动乱，就是动乱不厉害的时候也缺乏民主，缺乏法制，何况是有很大的动乱，几乎是打内战，铁路都不通，现在比较上轨道。（页 63）

梁先生又说，"过去讲的都是空话"，这让艾恺不得其解，他质疑道：

> 都是空话？那您觉得，比如乡村建设运动，您自己也是发起了这个运动，有没有跟现在的情况类似的地方？（页 63—64）

在梁先生看来，他过去想做的一些事情，现在好多都能做到了，都基本在朝这个方向走，他说：

> 就我自己说，我想要做到的——我曾经说过一下了——就是让散漫的农民——各自顾身家，顾我一身一家的农民——能够组织起来，能够组成团体，现在组织起来了。团体组织是一面，是中国所缺乏的，要赶紧往这方面走。还有一方面就是，

中国的科学技术上是太缺乏了、太落后了，那么怎么样子是科学技术能够引进到中国来，引进到农业上，引进到农业工业化，这个事情现在也能做了。一个团体组织，一个科学技术，这个两面，从前我搞乡村运动的、我想要做的事情，现在都往这个方向走了。（页64）

如上节所引，在8月20日的那次访谈中，梁先生曾经感慨，现在的中国有好多事情是过去他"想做而做不到的"，这得益于共产党的领导。艾恺也认同这一点，他曾说：

中国共产党为什么成功呢？因为有个政权。您依靠的是逐渐的一套理性而又实行您的计划了。中国的共产党成立了这个政府，以后就可以用别的办法啦。（页266）

梁先生回应道：

我是觉着，帮助农民，我是希望……我讲过了，一方面呢组织起来，有团体组织，一方面呢，能够利用科学技术。现在已经实现，现在没有散漫的农民啦。又有了组织，农业改良也有了新的技术，都可施行了，都施行了。……（页266）

当艾恺感慨说"那是不是说您以前的目的达到了"时，梁先生确乎也颇为欣慰："我想做的，现在已经……"（页266）倏忽四五十年，当年的理想，诸多已化为现实。

五、改良·革命

革命还是改良？斗争还是改良？这一问题关乎对梁先生乡村建设运动的评价与定位。8月18日，艾恺曾经拿梁先生的乡村建设运动与毛泽东领导的革命斗争相比较，认为乡村建设理论试图避免直接的斗争，梁先生基本表示认同。对话如下：

艾：我这本书（按：指《最后的儒家》）的重要的一点，是您和毛主席的比较，有类似的地方，你们之间最大的区别就是斗争，毛主席喜欢斗争，他觉得是好事，矛盾是好事，政治是好事；而您呢，起码依我所看，就是想避免政治斗争、矛盾的。比如阶级斗争这个问题，毛主席一直都觉得越剧烈越好，越斗越好，那么您的乡村建设理论、计划，总想避免直接的矛盾、斗争。我这个话您觉得怎么样？

梁：差不多，差不多。毛主席是强调阶级斗争，就因为强调阶级的存在，阶级存在，就强调阶级斗争，过去曾经是成为国内的一种主要的思潮，可是现在慢慢地过去了，就国内说慢慢地过去了。……（页165）

在 1985、1986 年汪东林对梁漱溟先生的访谈中，梁先生也曾正面谈到这个问题。在谈及乡村建设运动的影响及效果时，梁先生认为乡村建设运动之根本点与毛泽东之革命斗争不同：一是改良，一是革命。

> 上述历时七年之久的较大规模的社会实验，在当时乡间也是不无效果的。诸如实验区乡村之社会秩序、经济发展、文化教育、民情风习等方面，均有好的变化和气象。但是，正如我在解放初期发表的文章《我何以终归于改良主义》中所说，由于其根本点，与阶级斗争和暴力革命相径庭，我落到同许多社会改良主义者一样，终归未能真正解决中国问题。更何况日本入侵，山东省大部陷于敌手，所谓乡村建设实验也就到此为止。（汪东林《梁漱溟问答录》，湖南出版社，1988 年，第 53 页）

对乡村建设运动"改良"的评判，其实早已有之。在 1938 年 1 月梁先生于延安初见毛泽东时，毛在认真读过他的《乡村建设理论》一书后就曾对他说：

> 你的著作对中国社会历史的分析有独到的见解，不少认识是对的，但你的主张总的说是走改良主义的路，不是革命的路。改良主义解决不了中国的问题，中国的社会需要彻底的革命。（汪东林《梁漱溟问答录》，第 62—63 页）

当时的梁漱溟并不认同毛的说法，二人为此还发生了争论。不过据上两节所述，1980 年代的梁漱溟，也认同四十年后的中国，在共产党、毛主席的领导下已经基本实现了他当年的理想，表明梁先生对乡村建设运动的"改良"性质并不否认。

从思想渊源上讲，梁先生特别认同宋明理学家中的程颐和王阳明，称自己"算是陆王派"（页 106），并言"更喜欢王阳明底下的王心斋——王艮"，因为"王艮在社会里头他是一个下层的人，他是一个工人，他是搞盐的盐场的工人，并且他的门下，王心斋这一派，有许多都是家工，很普通的人，不一定是上级讲学问的人"（页 107）。梁先生认为自己一生所做的事情，就是"把宋明儒者讲学的风气跟近代的社会运动合二为一"（页 333）。故而，在乡村建设运动中，他所使用的办法主要是"养成"，而不是"说服"（页 322），这与毛泽东在抗战时所用的"改造"的方式，"完全是两回事"（页334）。这或许正体现了一位思想家、哲学家，与一位革命家、政治家的根本区别。

二、梁漱溟乡村建设理论与中国乡建运动

中国古代教化传统与乡村文明重建

——梁漱溟乡村建设理论与实践的现代意义

韩 星（中国人民大学国学院）

问题的提出

我曾经提出"社会儒学"的观念，认为儒学只有在"社会"层面才能够获得真正鲜活而持久的生命，而不是在"政治"层面乞讨生存空间。在古代社会，儒学获得旺盛生命力的时期，都是儒学回归"社会"的时期，我想今天也应该不例外。传统社会中儒学的"落脚点"，也就是它的社会功能的实现，落实在"家"与"国"两个密切联系，共同一体的结构上。而今天，在"家"的范围儒学已不能发挥传统社会的道德、礼仪教化功能；在"国"的领域已经被纳入意识形态体系，成为统治思想。但是，在"社会"这一领域倒是具有非常广阔的发展空间，所以可以把"家国一体"转化为"社会本位"。换句话说，使儒学从"政治儒学"向"社会儒学"转化。[1]

社会儒学的基本层面是民间社会，与百姓人伦日用有密切的关联。杜维明说："从儒家来看就是这样，它的社会基础是广大的人民，甚至可以说是农民。这也是它的意识形态的一个特色。它的传统养分必须来自广大的人民，如果百姓人伦日用之间和它没有关联的话，这个传统就没有什么生命力和现实意义了。它不是靠上帝的指示，不是靠哲学的睿智，也不是靠内在引发的精神体验。"[2] 从这个意义上说，社会儒学就是民间儒学，具体讲就是怎么进行民间教化的儒学。

一、中国古代社会的特点

一直到民国以前的中国政治除了时间轴上的分久必合，合久必分这种多元统一现象

---

[1] 韩星：《社会儒学——儒学的现代转型与复兴之路》，王中江、李存山主编：《中国儒学》第 8 辑，中国社会科学出版社，2013 年，第 395 页。

[2] 杜维明：《现代精神与儒家传统》，《杜维明文集》第二卷，武汉出版社，2002 年，第 606 页。

的存在以外，还有就是小政府，大社会的状况。整个的民间社会是一个空间很大的多重结构的、有调节能力的、有弹性的社会，这个社会里有很多管道作为自组织系统，民间儒学或草根儒学是在社会底层起良性作用的力量。先秦以前的政治体制是民族轮流坐庄式的，如夏、商、周就是如此，但到了周代就有了新的因素，这就是宗法制与分封制的结合：分封制是各自为政的松散的政治联盟，犹如今天的联邦制，但"联"在一起的不是法律，而是在宗法血缘基础上的礼制。

秦汉以后实行政治大一统，郡县制被分封制更强化了中央集权，但由于中国实在太大了，各地政治、经济、文化、风俗习惯的差异始终存在和变化，所以中央集权始终是有限度的。尽管名义上是"普天之下，莫非王土"，实际上在许多地方是"天高皇帝远"，百姓处于自然生存状态，只要赋税一纳，实际上的政治关系是相当淡薄的。相应地，各地往往形成一种以家族为核心的地方自治，而这种地方自治是以儒家思想为主导的。因为政府管不到下面，维系整个社会人心的主要还是儒家文化。进入官场的有士大夫，在民间底层社会的有绅士来承担这样的文化活动。儒家的社会空间很大，例如民间自治，有乡约，有乡练团练武装，有各种祭祀礼仪活动与宗族、家族、祠堂、商会和行会组织，有各种民间宗教、地方自治、绅士集团与士农工商等各种社会团体，有民间文化、教育、技艺活动等。

二、中国古代教化传统

《辞源》解释"教化"一则曰政令风化，二曰教育感化。这解释的只是"教化"表面义项。其实"教化"与"教育"的比较，"教育"主要是指学校的教育，而"教化"则把政教风化、教育感化、环境影响等有形和无形的手段综合起来，上有皇帝的宣谕，有各级官员耳提面命和行为引导，下有礼乐教化、经典普及读物、戏剧、立功德碑、树牌坊等多种形式；"教化"既向人们正面灌输儒家伦理道德，又注意结合日常活动使人们在潜移默化中不知不觉中明达事理，其效果要比单纯的教育深刻而又牢固得多。正因为如此，儒家十分重视教化的作用，"教化"一直都是儒学话语的一个中心话题，并由此将儒家学说同其他诸家学说区别开来。我们一般说儒学可以一言以蔽之"内圣外王"之学，内圣外王并非两橛，而是相互渗透、相互贯穿的，而渗透、贯穿的中介环节就是教化。教化是儒家政治文化的轴心，儒家的社会理想借教化落实，道德人格借教化而完成，儒家的政治生命以教化为轴心而运转，而保持其活力。

中国古代教化传统历史悠久，源远流长。早在尧舜禹时代就有了五伦之教，这就是《孟子·滕文公上》所说的："教以人伦：父子有亲，君臣有义，夫妇有别，长幼有序，朋友有信。"

《周礼》中属地官，有大小司徒、师保之属，其中大司徒的职责中有所谓的"十二教"："因此五物者民之常，而施十有二教焉。一曰以祀礼教敬，则民不苟；二曰以阳礼教让，则民不争；三曰以阴礼教亲，则民不怨；四曰以乐礼教和，则民不乖。五曰以仪辨等，则民不越；六曰以俗教安，则民不偷；七曰以刑教中，则民不虣；八曰以誓教恤，则民不怠；九曰以度教节，则民知足；十曰以世事教能，则民不失职；十有一曰以贤制爵，则民慎德；十有二曰以庸制禄，则民兴功。"其教民的内容可谓具体而广泛，涉及民生的各个层面。古代乡官初置，其意义主要是为民表率，垂范乡里，其次才是行政职能。

孔子创立私学，不仅仅重视学校教育，也注视社会教化，即对老百姓的道德教化。孔子认为士人在承担了道的前提下还应该以天下苍生为念，推己及人，教化天下，使天下归仁。《论语·宪问》："子路问君子。子曰：'修己以敬'。曰：'如斯而已乎？'曰：'修己以安人。'曰：'如斯而已乎？'曰：'修己以安百姓。'"这段话体现的正是孔子通过教育培养士人使其担当起教化民众的责任并进而改造社会的思路。那么如何安人、安百姓呢？孔子认为应在"富之"的基础上"教之"使安，《论语·子路》："子适卫，冉有仆。子曰：'庶矣哉！'冉有曰：'既庶矣，又何加焉？'曰：'富之。'曰：'既富矣，又何加焉？'曰：'教之'。"这里的"教"就是社会性的，其内容就是价值理性的"仁义道德"，而其教的手段则是灌注入"仁义道德"的精神的诗书礼乐。

先秦儒家的教化思想由于诸多原因没有办法得到落实，到了秦汉以后，随着儒家走向政治舞台，汉初儒者在反思秦严刑峻法，不行仁义，二世而亡的前提下，强调"治以道德为上，行以仁义为本"（《新语·本行》），统治者在政治实践中确认了"教化为本"的治理原则，努力使道德教化与政治结合起来，以政府的力量落实到社会现实中，逐渐形成并完善了社会教化体系，即官方与非官方教化组织二元同构性体系，治教合一，寓治于教的政教传统。中国古代乡村教化的途径主要是通过乡官里吏的道德表率与道德教化来实现的。由于民众与最高执政者并不直接相处，所以，大量的教化工作要靠各级官吏去做。自秦以来就有三老乡官的设置，多半由本地的大户、族长充任，他们的主要职责之一就是教化民众。两汉时期，乡官里吏的表率作用仍居重要地位。当时，每乡都置三老。《汉书·高帝纪》云："举民年五十以上，有修行，能率众为善，置以为三老，乡一人。"秦彭为山阳太守时，"择民能率众者以为乡三老"。（《东观汉记》）同时，在乡里还推举孝悌、力田、廉吏。《汉书·文帝纪》十二年三月诏："孝悌，天下之大顺也；力田，为生之本也；三老，众民之师也；廉吏，民之表也。"在乡以下，又置里正、伍长、父老等，其职能也主要是"劝导乡里，助成风化"（《后汉书·明帝纪》）。上述三老、孝悌、力田、里正、伍长、里父老的共同职责就是推行教化，为民表率。如果乡官里吏教化不善，就要承担失职责任。汉武帝时曾遣司马相如以檄书晓谕巴蜀曰："让三老、孝悌以不教诲之过。"（《汉书·司马相如传》）汉代循吏作为君主政治治下的模范官僚，不但是君主的忠良之臣，也是儒家德治传统的象征和百姓心目中的清官，其中的主体部分是入仕的儒士。他们把儒家"达则兼善天下"的社会责任感转化为德治仁政的实际作为，努力做到"为官一任，教化一方"。在他们的莅官实践中，发挥了"吏"与"师"的双重功能，往往通过官府的政绩，如修桥补路、修堤筑坝、指导农桑等，或是直接面对地方父老众庶进行训诫劝勉，以感化良善，很受下层民众的拥戴。正是在这样的政治实践过程中，他们起到了独特的而具有实效的道德教化作用。正班固所描述的，循吏行政，"所居民富，所去见思，生有荣号，死见奉祀，此廪廪庶几德让君子之遗风矣"（《汉书·循吏传序》）。循吏教化百姓的方式多样，效果则一，主要把儒家的道德规范行政化，着力于化民成俗，使得儒家倡导的忠孝礼义等道德观念逐渐被黎庶百姓们所接受，耳濡目染，潜移默化，逐渐形成普遍的政治道德观念。

乡里之间，也把礼作为教化的工具，左右相教，老少相传，即便是饮食、衣服、住行、婚丧、祭祀等也都具有一定的礼数，它既是人际关系的准则，也是人们遵循的道德规范，具有很大的社会性。每年的十月，乡里学校还举行乡饮酒礼，以礼属民。这些以推广教化为目的的仪礼活动，是乡村社会治理的重要构成部分。

儒家教化到宋明以后由带有强烈官方色彩的政治性教化转向带有浓重民间色彩的社会性教化。龚鹏程说："儒学在中国社会中之所以可以推广普及，成为人民生活的具体伦理与价值观，仰赖的，还另有一套社会性组织和一套宗教性组织。"[1] 在中国传统社会，掌握实际控制权的官吏很少。一个县官有时要控制 25 万到 80 万人，而所有衙门之内的人有时就是十几个或者几十个。没有军队，没有警察，靠的就是像乡约、社学、圣谕之类的教化力量。这是传统社会中的互助组织，也是一种社会制约。[2] 其中有代表性的就是乡约。

典型的就是始于北宋的乡约组织。乡约始于北宋，盛行于明代，流传至今。乡约是国家政权组织以外的一种社会组织，作为一种特殊的社会控制形式，是村民进行自我教育、自我管理的传统风俗，是一种地域性的道德规范，甚至带有法律的性质，它融政治管理与社会教育为一体。北宋吕大临兄弟在家乡蓝田制订乡约，规定同约人要"德业相劝"，"过失相规"，"礼俗相交"，"患难相恤"，以儒家移风易俗为终极理想，使"关中风俗为之一变"。后来，朱熹加以修订，并在乡村广为推行。明儒王守仁在南赣做地方官时，曾仿《吕氏乡约》，并结合当地社会实际制订了著名的《南赣乡约》，将道德教育寓于乡约村规之中，成为中国古代乡里教化的重要形式。中国现代史上有梁漱溟先生也模仿《吕氏乡约》和《南赣乡约》的组织形式，推行乡村建设，并倡办"乡农学

① 龚鹏程:《儒学与儒教》,《儒学新思》,北京大学出版社,2009 年,第 417 页。
② 杜维明:《现代精神与儒家传统》,《杜维明文集》第二卷,武汉出版社,2002 年,第 607 页。

校"，对农民进行道德教化。

明清儒学就开始了从政治取向转为社会取向，从官方取向转为民间取向，从精英取向转为大众取向。儒学的通俗化、社会化成为阳明学的重要特征，并深刻影响了整个文化领域。晚明儒学的转向就是由"上行"的"得君行道"改为"下行"的"化民成俗"。当时儒者们所关注的"在下而不在上，在社会而不在朝廷。明儒无论在朝在野多以'移风易俗'为己任，故特别重视族制、乡约之类的民间组织，不但讨论精详，而且见诸行事"。在儒学发展史上真正走向民间，远离政治专制，把精英儒学化为愚夫愚妇皆知所以为学的是民间儒学。由王艮、朱恕、韩贞、颜钧、罗汝芳、何心隐等推行的民间儒学运动是社会儒学的真正开拓者和主体构建者。这场儒学革新运动开儒学的普及化、民间化、社会化之先河，代表着儒学现代转型的早期动向。泰州学派成员平民化，讲学风格平民化，讲学内容通俗化，可以说是一个代表着平民、市民的学派。他们的思想突破了传统精英儒学和政治儒学的藩篱，有着强烈的追求个性解放和发展自由经济的要求，代表着广大民众的利益，赢得了广大民众的参与，思想传播很快很广。泰州学派诸子大多热衷于讲学，以讲学为乐，以讲学为人生一大要事，故而他们无论是大江南北，还是穷乡僻壤，行迹所至，周遍乡县，四处讲学。这种讲学实质上是一种知识精英面向社会大众的宣教活动，是儒学的新形态，体现了儒者们试图重新全面整合社会的努力。杜维明说："儒家是把大、小传统结合在一起，乡村文明和都市文明结合在一起，而且渗透到各个不同阶层的生命形态。"[1]

三、儒家的教化传统与民间社会

儒家所实践的社会使命主要有两个：一是政治取向即对统治者施加政治影响；另一则是社会取向即对民众进行社会教化。社会儒学关注社会，但不是国家的异己力量和反对力量；关心政治，但不依附于权势、寄生于体制，甚至要有抗议精神，批评时政。社会儒学，有着强烈的政治关怀和"人溺己溺，人饥己饥"的历史担当，关切国家民族、关心现实政治也是社会儒学的应有之义，"以道易天下""天下归仁"是其理想目标。孔子一生收徒授业周游列国十四年，汲汲而求，一方面试图得君行道，推行自己的政治主张和治国理念；另一方面则是导人以正，使社会人心向善，使"天下归仁"。社会儒学以儒家的"道"为终极的形而上追求，但认为"道"不在抽象的概念体系中，而在具体的社会现实中，故孔子《春秋》曰："我欲载之空言，不如见之行事之深切著明也。"（《史记·太史公自序》）

---

① 杜维明：《儒学第三期发展的前景》,郭沂编:《开新——当代儒学理论创构》,北京大学出版社,2013 年,第 19 页。

孔子是"天下有道",而实现天下有道的途径就是教化。钱穆说:"孔子一生主在教"①,可谓深契孔子心意。《论语·为政》载:"或谓孔子曰:'子奚不为政?'子曰:'《书》云:"孝乎,惟孝!友于兄弟,施于有政。"是亦为政,奚其为为政。'"孔子认为,从事人间的伦理实践就是为政,何必一定侧身政治才算是为政呢?这是社会儒学的致思方向与发展道路。《论语·学而》云:"夫子至于是邦也,必闻其政。"如何闻其政?《礼记·经解》记载孔子之言:"入其国,其教可知也:其为人也,温柔敦厚,《诗》教也;疏通知远,《书》教也;广博易良,《乐》教也;洁静精微,《易》教也;恭俭庄敬,《礼》教也;属辞比事,《春秋》教也。"各国之政不过是各国之教而已。孔子以《诗》《书》《礼》《乐》《春秋》等六经为教材教导弟子,而六经是教民之方、化民之术。儒家以六艺为教,其重点不在理论知识而在社会实践,是以六艺中所蕴含的精神来进行社会教化,以达到人变化气质、好德慕义、群体和谐、风俗美善的社会效果,这也就是儒家孜孜以求的王道理想。

《孟子·尽心上》:"善政不如善教之得民也。善政,民畏之;善教,民爱之。善政得民财,善教得民心。""善教得民心"一语道出教化的功效和儒学宗师们选择教化作为基本国策的缘由。

荀子从"人之性恶,其善者伪也"(《荀子·性恶》)的性恶论观点出发,认为善得益于后天之教化,"不教,无以理民性"(《荀子·大略》)。荀子《儒效》对于儒者的形象和社会作用是这样来描写的:"儒者,法先王,隆礼义,谨乎臣子而致贵其上者也。人主用之,则势在本朝而宜;不用,则退编百姓而悫;必为顺下矣。虽穷困冻喂,必不以邪道为贪;无置锥之地,而明于持社稷之大义;呜呼而莫之能应,然而通乎财万物、养百姓之经纪。势在人上,则王公之材也;在人下,则社稷之臣、国君之宝也。虽隐于穷阎漏屋,人莫不贵之,道诚存也。仲尼将为司寇,沈犹氏不敢朝饮其羊,公慎氏出其妻,慎溃氏逾境而徙,鲁之粥牛马者不豫贾,必蚤正以待之也。居于阙党,阙党之子弟罔不分,有亲者取多,孝弟以化之也。儒者在本朝则美政,在下位则美俗。儒之为人下如是矣。""美政"就是要"善调一天下",为社会制订各种礼仪规范、政法制度等,以安定社会秩序和富裕百姓生活;"美俗"就要不断修身,提高道德品质,以身作则,教化社会,化民成俗。在荀子看来,儒家能够遵循先王之道,其社会的榜样只有是其他士人无法比拟的,一定会形成清平的国家政治;若不被任用,地位在人下,也必定会以自己的道德影响形成醇厚的社会风气。这就道出了"儒者"的政治和社会文化功能。其实,美政即可美俗,美俗可带来美政。儒家作为敬重人生,关怀世事的"社会良心",站在"政"与"俗"之间,发挥其"美政"与"美俗"的双重功能。

---

① 钱穆:《论语新解》,巴蜀书社,1985年,第3页。

先秦儒学宗师对教化的重视被后世继承下来，成为以儒家文化为主体的中国传统政治文化的通识。《礼记·学记》："古之王者，建国君民，教学为先。""化民成俗，其必由学。"这可以说是对中国古代教育教化功能与作用的经典性概括，以学校行教化就成为儒家一个重要的政治理念。杜维明说："先秦儒学基本上是通过教育，通过思想的努力来发生极大影响的，而不是通过实际的政权形式，从由上至下的控制来影响社会的。可以说，原始儒家的动向是通过教育，是通过教化来转化政治，而不是依赖政治权力来塑造理想世界。……是从教育，从做人的道理，从教化、思想和社会实践来转化政治的。"[1] "他们的头脑十分清醒，深知实行教化的最佳手段便是设立学校，培训士人，再通过士人的表率和影响，驯化全社会。……通过专门培育的士人群体而传布到社会的各个层面和角落。"[2] 儒者通过汉代的乡举里选和隋唐以降的科举制度，"士"可以通过考试进入官僚集团，即所谓"学而优则仕"，成为士大夫，整个官僚系统大体上是由"士大夫"来操纵的。通过宗族、学校、乡约、会馆等社会组织，"儒者"成为民间社会的领导阶层。

四、梁漱溟"乡村建设"理论及其反思

中国社会发生了根本性变化，民国时期梁漱溟等"乡村建设"派依托的就是传统社会文化的背景，但是在那个时代这样的社会文化背景正在激烈的社会变革和战乱中迅速消失，梁漱溟作为最后一个儒家做了很大的努力最后还是无奈地失败了。

梁漱溟认为，靠政治的路是解决不了中国当时的问题，因为当时问题的表面上是政治问题，但深层不是政治问题，而是文化失调、社会崩溃，导致政治走不上正轨。他把破坏农村的力量分为国内与国际两方面，国际列强的经济侵略，对农村经济崩溃的影响尤其深远。他用三分法把破坏力分为：（1）政治属性的破坏力——兵祸匪乱苛捐杂税；（2）经济属性的破坏力——外国经济侵略为主，洋行买办等为破坏乡村的助手；（3）文化属性的破坏力——礼俗制度学术思想的改变所带来的种种破坏力。从时间来说，近百年前半期是近代都市文明的路，学西方破坏了中国农村，后半期是反都市文明的路，学西方破坏了中国乡村。总而言之，他认为中国旧社会结构的崩溃是因为中国文化的失败，"近百年来以世界交通，使中国与西洋对面。只见他引起我们的变化，诱发我们的崩溃，而不见我们影响到他有何等变化发生，这无疑地是中国文化的失败"。他总括地说，"中国之失败，就在其社会散漫、消极、和平、无力"[3]，因此，以振兴儒家

① 杜维明：《现代精神与儒家传统》，《杜维明文集》第二卷，武汉出版社，2002年，第598—599页。
② 葛荃：《教化之道：传统中国的政治社会化路径析论》，《政治学研究》2008年5期。
③ 梁漱溟：《乡村建设理论》，上海人民出版社，2006年，第46页。

文化为旨归，通过社会教化，达到改良社会的目的。

中国应该走什么样的道路？梁漱溟认为，中国建设不能走发展工商业之路，中国也不能走苏联的路，只能走乡村建设运动之路，即谓必走振兴农业以引发工业之路，换言之，即必从复兴农村入手。他认为，这是中国自己的路子，他说："我们如果要在政治问题上找出路的话，那决不能离开自己的固有文化，即使去找经济的出路，其条件亦必须适合其文化，否则必无法找寻得出，因为这是我们自家的路，不是旁人的路。"

在《东西文化及其哲学》中，梁漱溟把西方文化、中国文化和印度文化列成人类文化顺次发展的三条路向：第一条路向——西方文化，是以意欲向前发展为其根本精神的；第二条路向——中国文化，是以意欲自为调和持中为其根本精神的；第三条路向——印度文化，是以意欲反身向后要求为其根本精神的。梁漱溟主张，第二条路向的中国文化，要保持孔家生活的态度不变，在孔家生活的态度的基础上，"全盘接受"西方文化，把第一种态度含融在第二种态度的人生里面。就是说，中国的精神生活是孔家生活，现在很合时宜，因为西洋人快要走到孔家生活路上来了；中国的物质生活落后于西洋人，受了很多痛苦，现在要在孔家生活的基础上，"全盘接受"西方物质文化，加以改造，防止它的弊病。那么，这种将孔家的人生态度中含融西洋的人生态度的工作由谁来作呢？即由像梁漱溟一样的知识分子来做。走什么道路能实现呢？即由他所主张的乡村建设运动来实现，"必走乡村建设之路者，即谓必走振兴农业以引发工业之路，换言之，即必从复兴农村入手"[1]。

梁漱溟指出了三点：（1）这一建设工作或解决中国问题的工作，必须从乡村入手；（2）这一建设工作或解决中国问题的工作，必须以乡村人自身的力量为主；（3）完成这一建设工作或解决中国问题的工作的关键，在于使政治重心、经济重心都植在乡村的一个全新组织构造的社会。他认为，要辟造正常形态的人类文明，就要使经济上的"富"和政治上的"权"综操于社会，分操于人人。乡村是个小单位社会，经济组织和政治组织皆天然要造端于此，所以乡村建设要走"合作"的路，那是以"人"为本的经济组织，由此而政治亦自形成民主的政治。经济方面，梁漱溟主张，不要直接办工业，而要从农业生产、农民消费两方面来刺激工业发展，要先制造出工业的需要来。

梁漱溟构想出的新社会组织是什么样呢？他说："一句话就是：这个新组织即中国古人所谓'乡约'的补充改造。"[2]中国未来的团体生活将不但管众人之事，而且富有人生向上互相勉励之义——就是政教合一。即把众人生存的要求，与向上的要求合二为一。具体地说，《吕氏乡约》就是从此意出发的。乡约组织，就是一种很好的团体生活，种种

---

① 梁漱溟：《乡村建设理论》，上海人民出版社，2006年，第16页。

② 梁漱溟：《乡村建设理论》，上海人民出版社，2006年，第156页。

事情均进行合作，但大家相勉向上则居第一义。《吕氏乡约》共有四条：（1）德业相劝，（2）过失相规，（3）礼俗相交，（4）患难相恤。梁漱溟认为这就是一种乡村组织。

梁漱溟进而指出，如想促成地方自治，有四点必须予以注意：

第一，新习惯新能力的养成，必须合乎中国固有的精神。中国的旧精神是崇尚情义的，社会的组织构造是伦理本位的。欲使中国社会有团结组织，欲使中国人民过团体生活，就必须发挥中国固有的情义精神，用礼俗维持推动，往前合作。

第二，欲促成地方自治，应注意政治与经济的天然合一。要想地方自治成功，须赖经济进步，经济进步则人无法闭门生活，在经济上必定发生连带关系，由连带关系而有连带意识，连带意识一发生，地方自治基础即获树立。中国社会今后果欲进于团体组织，亦必须公私合一，始可成功。而公私合一的最有效最妥当的办法是经济上走"合作"的路，由经济问题引入政治问题，政治与经济合一，则地方自治当然可以完成。

第三，中国将来无论地方或国家都要政教天然合一，无论是经济合作，还是地方自治，都必须经过教育的工夫才有办法。中国人缺乏组织能力、纪律习惯、科学知识，我们须作启发训练培养的工夫，这些工夫就是教育。如不经过教育工夫，则政治与经济均无办法。中国地方自治要想成功，必须从礼俗出发，进行组织。而礼俗的地方自治组织亦就是情谊的、伦理的与教学的地方自治组织——政治与经济，统属于教学的组织之中，而教学居于首位。这就是政治、经济与教化三者合一的地方自治组织。

第四，中国的地方自治，不是普通的地方自治，而是特别的地方自救。在中国，对农村破坏最大的是政治力量，所以乡村无法再靠政权，只有乡村自救。梁漱溟的乡村建设运动，就是想从乡村自救运动、社会文化运动入手，来慢慢建设一个新的国家。依照他的理论，地方自治健全了，新的社会组织也就建成了。

梁漱溟设计的解决中国问题的方案靠谁来实现呢？他要发动知识分子与乡村居民，结合起来形成一种力量，这是解决中国问题的原动力。

梁先生当时深切感受到在乡村建设中有两大难处，头一点是高谈社会改造而依附政府，第二点是号称乡村运动而乡村不动。他自己就说，高谈社会改造而依附政府，这是一个矛盾。说是要社会大改造，那就不应当接近政权，现在既做社会改造运动，则明明是你看它（现政权）改造不了，它既改造不了，你就应当否认它，你就应当夺取政权来完成社会改造，你既不否认它，而顺随地在它底下活动，那么，你本身就失掉了革命性，又怎么能完成社会改造？你不但在它底下活动，而且依附于它，这怎么能完成社会改造呢？本来最理想的乡村运动，是乡下人动，我们帮他呐喊。退一步说，也应当是他想动，而我们领着他动。现在完全不是这样。现在是我们动，他们不动；他们不惟不动，甚至因为我们动，反来和他们闹得很不合适，几乎让我们作不下去。此足见我们未能代表乡村的要求！我们自以为我们的工作对乡村有好处，然而乡村并不欢迎；至少是彼此两回事，没有打成一片。即如我们邹平，假定提出这么一个问题，来征求乡下人的意见——乡村建设研究院要搬家了，你们愿意不愿意？投票的结果如何，我亦不敢担保。自然也有一些人觉得研究院多少还没有劣迹，仿佛在这里也还不错，县长也很不坏，不走也好。顶多如此。或者他简直不表示，仿佛无成见，走也不留，不走也可以。真正的老乡，恐怕就是这个态度的。这个就足见你运动你的，与他无关，他并没动。此种现象可以反证出我们是未能与乡村打成一片；让他知道我们是为他，而造成一种不可分离的形势。……我们乡村运动天然要以农民作基础力量，而向前开展；如果我们动而乡村不动，那有什么前途呢？不能代表乡村的要求，不能发动乡村的力量，那怎么能行呢？

　　梁漱溟先生当年进行乡村建设运动的两大难处就是怎么处理与政府的关系，怎么发动农民自身的积极性、主动性问题。这两个问题由于当时的分裂战乱，农村凋敝，导致梁漱溟现实的乡村建设运动失败了，但他的思想和探索仍然是有重大意义的。20世纪六七十年代韩国新农村建设的成功，以及日本在农村建设中，都在其实践中一定程度上吸收了梁漱溟乡村建设理论中有价值的内容。由此可见，这一运动的现实意义。从梁先生的乡村建设到今天快一百年了，当今中国国家统一，民族独立，特别是改革开放社会生产力大发展，社会结构发生了巨大变化，有条件，也更需要进行乡村建设，重建乡村文明。不然，如果一味追随西方，追求城镇化，任由有几千年文明传统的乡村破败下去，中华文明的活水源头就会干枯，断流，那将是非常可怕的事情。况且中国自古是农业大国，农村人口现在仍然占多数，农村、农民、农业仍然是中国社会发展的重头戏，如果"三农"出了问题，整个中国社会稳定、协调发展就是一句空话。

五、乡村文明重建

　　中国改革开放四十年了，社会结构深层变革，商品经济浪潮席卷中国大地，城镇化成为基本国策，数千年来自治的、礼让的、温情的乡村正在消失，并随之产生了一系列社会、政治、道德、环境问题，国家层面开始重视，民间力量也颇为焦虑。20世纪80年代中期以来，"民工潮"席卷全国，农民工持续大规模地涌向南方、沿海和北上广一线城市，乡村精英严重流失，并导致了一系列的问题，如农村公共事务缺乏组织和管理，农村留守儿童、妇女问题突出，文化素质与道德水平普遍下降，互惠与合作缺失，环境污染严重，等等。乡村文明重建迫在眉睫。

　　在城镇化快速发展的今天，如何重建传统乡村文明？这是一个很大的问题，我只提出自己两点浅见。

　　首先，城乡一体，共生共荣。我们要认识到乡村是中华文明的根，我们中华民族一脉相承几千年的文明传统深深地植根于广阔的乡村。我们的祖先在进入文明以后，就创造了城市，但是我们的发展道路与西方不同，没有过分偏向城市化而导致乡村的败落，城市依靠广大农村的物质支撑和文化涵养，城市与农村是山水相依，共生共荣，平衡发展。在中国古代，"城乡之间功能结构不同。城市不仅是政治、文化和军事中心，而且是商品交易和生活消费中心；而广大农村是生产和供应区域。城市始终不曾脱离政治堡垒的特征，纯粹商业性的城市从不曾占到主流地位。政治地位是城市的根本命脉，城市没有本身的经济支撑，而是依靠广大农村的支撑，都城或地方城市与他所控制下的农村是联系在一起的。农村供养城市、城市统治农村是古代城乡关系的特点……在中国，一直是城市领导农村，城市在经济上依赖农村，在政治上统治农村。在权力结构上，城乡之间是一元的或一体的，而不是像西方中世纪后期那样呈现城乡对立的二元状态"①。今天中国发展的道路应该有自己历史的延续性，而不是盲目地模仿西方，避免走上西方曾经过分城市化的误区。乡村文明重建首先要在城乡一体的大构架下。现代化不是简单的城市化，不能抛弃乡愁。现在推行城镇化，这本来是中国社会现代化的应有之义，只是我们要清醒地看到，当今中国的城镇化存在很大的问题。从宏观方面来说，中国改革开放，社会结构深层变革，商品经济浪潮席卷中国大地，城镇化成为基本国策，城市获得了飞速发展，但乡村则处于被掏空与吸干的悲惨境地，造成了严重的城乡发展失衡，不仅引发了诸多社会矛盾，还制约了城市的发展。这种情形与工业革命后，西方国家当初所面临的城市化进程具有相似性，但同时又有自身的复杂性。从微观来看，城镇化应与工业化相适应，与产业发展同步，但从目前的情况看，一些地方领导为了追求看得见的政绩，不顾当地产业发展水平，片面理解城镇化，不顾群众意愿，甚至损害群众利益，急于求成，贪大求洋，不切实际推进城镇建设，大拆迁，大建造，"空城、鬼城"不断出现，数千年来自治的、礼让的、温情的乡村正在消失，并随之产生了一系列社会、政治、道德、环境问题。现在中央已经开始重视，中央城镇化工作会议对于城镇建设的要求"让居民望得见山、看得见水、记得住乡愁"，2017年10月18日十九大报告中提出了乡村振兴战略，指出实施乡村振兴战略，要坚持农业农村优先发展，坚持农民主体地位，坚持乡村全面振兴，坚持城乡融合发展，坚持人与自然和谐共生。这就是在调整目前城镇化过程中出现的一些问题，使城镇化保留一些自然风景和人文情怀。

从儒家角度来说，传统"儒家是把大、小传统结合在一起，乡村文明和都市文明结合在一起，而且渗透到各个不同阶层的生命形态。"② 因此，今天儒学的儒者也应该像梁漱溟那样，积极参与乡村文明重建，把乡村文明和城市文明结合在一起，推动整个社会的文明、进步、和谐的发展。

---

① 马跃:《关于城乡差别与城乡关系的历史考察》,中国乡村发现网,http://www.zgxcfx.com/Article/12854.html。
② 杜维明:《儒学第三期发展的前景》,郭沂编:《开新——当代儒学理论创构》,北京大学出版社,2013年,第19页。

　　其实城乡一体化也是世界性现代化过程中共同的追求。英国人埃比尼泽·霍华德早在一百多年前就写过一本书——《明日的田园城市》，他在书中详细说明了"城乡一体化"模式的设想，他甚至还直截了当地说："城市和乡村必须成婚，这种愉快的合作将迸发出新的希望、新的生活、新的文明。"霍华德所倡导的这种田园城市理论实际上是一种针对原有城市化道路所提出的社会改革思想，他强调用城乡一体的新社会结构形态取代城乡对立的旧社会结构形态。从这个意义上讲，霍华德的田园城市理论是以城乡协调发展为基本内容的，他所说的田园城市实质上是城和乡的结合体。其实城市与乡村就像父亲与母亲，父亲发达了不能抛弃母亲，母亲永远是城市温暖可靠的怀抱，城市的繁华与乡村的宁静应该在现代化过程中实现新的完美结合。

　　其次，官民互动，乡贤反哺。民间力量对美丽乡村的快速消失也颇为焦虑，已经有越来越多的人参与到乡村文明重建运动中来，如乡村儒学，还有浙江、山东等地的新乡贤文化。乡村儒学的指导思想是通过儒家的孝道和五伦教育，重建乡村的伦理秩序和文化生态。这是非常有见地的，是抓到了问题的实质和要害。"现在的国学教育和复兴，是民族的'还魂'工程。让伟大的民族精神和传统优秀美德重新归附在民族之体上，特别是要回归到作为根基的广大民众的生活中，使'魂'与'根'对接。这是重建礼仪之邦、道德之国的基础性工程。"① 乡村儒学的发展是对儒学正本清源的系统工程，是开发儒学活水源头的艰苦工作，是针对当今中国社会现代化过程中的偏向和弊端的调整与补充。

　　"乡贤"一词始于东汉，是国家对有作为的官员，或有崇高威望、为社会做出重大贡献的社会贤达，去世后予以表彰的荣誉称号。后来泛指本乡的贤达，即本乡有德行、有才能的名人。他们以自己的德行和才能，为自己生活的时代做出了贡献，因而受到当时和后世人们的崇仰、爱戴。乡约都是大儒乡贤制订、指导、监督、实行的，所以可以说，乡约与乡贤一体的，没有乡贤就没有乡约，没有乡约乡贤就失去了发挥其作用的一个重要途径。乡贤是维护乡村社会秩序，担当文化传承的主要人物；乡约的基本内容是在日常生活各方面，乡人互相帮助，互相劝善戒恶，是为了使风俗淳厚。为了让这些办法易于实行，并且能够持久，也建立相应的组织，推举约正主持其事，大家轮流担任值月。定期聚会，记录并赏罚善行恶行。这是民间发起的自治，由乡民自愿参与。来者亦不拒，去者不追。他们无须政权的介入，也不使用强制的方式，他们采用的是传统文化的力量，遵循的是传统文化价值，依靠的是自身的人格魅力。经过 20 世纪农民革命之后，农村失去了它的精英阶层乡贤、乡绅，大批青年从农村到城市的单向流动，使得至今中国农村没有独立的知识精英阶层，现在农村的社会治理成了巨大的问题。

---

　　① 《山东乡村儒学现象:重建温情的乡土中国》,《光明日报》2014 年 7 月 8 日。

现在很多地方重视培育"新乡贤文化"。全国人大代表、安徽省社会科学院研究员钱念孙提出，继承中国传统的乡贤文化，让官员、知识分子和工商界人士"告老还乡"，对农村发展有积极意义。钱念孙进一步解释说，"告老还乡"也可以叫作"退职还乡"，既实现了宝贵人才资源从乡村流出到返回乡村的良性循环，使社会人才分布结构趋于合理，有利于整个社会可持续协调发展，还对解决当下农村"空心化"积弊，对缓解大城市过于拥挤、不堪重负等"城市病"，具有重要意义。"新乡贤文化"这个名词，在2016年全国两会期间讨论《十三五规划纲要（草案）》时聊得很热。① "新乡贤文化"被写进国家"十三五"规划纲要和2017年中央1号文件。乡贤的大量回归，有助于破解农村凋敝的核心问题——乡村精英流失，人才乡贤的反哺使乡村不断走向繁荣。发展经济是乡贤工作的主要目标，使乡贤反哺有目标、有抓手、有动力。发挥乡贤资源、人脉等优势，把先进发展理念和优秀项目带回家乡、建设家乡，为村庄发展出谋划策、出资出力。以成功乡贤的学识专长、创业经验指导桑梓，帮助建立决策智囊库、创业导师团等。乡贤回归，一批事业有成、眼界开阔、社会经验丰富的在外精英，通过依法选举加入村干部队伍，参与乡村治理，构建了以"发展、民主、法治、和谐"为主要内容的乡村善治体系，有利于形成"依法治村、以德治村、自我治村"的乡村治理新局面，由乡贤参与走向乡村善治②，完善自治、法治、德治相结合的乡村治理体系。

---

① 《新乡贤文化,贵在注入新鲜血液》,《钱江晚报》2016年3月15日。
② 《从乡贤回归走向乡村善治》,2017－05－2216:33 来源:浙江在线,http://difang.gmw.cn/roll2/2017－05/22/content_118683542.htm。

梁漱溟与卢作孚——"精神上彼此契合无间"

——兼议梁漱溟对卢作孚乡村建设的评价

刘重来（中国历史文献研究会）

摘 要 梁漱溟与卢作孚之所以从"慕名起敬"到相识相知，最后结为一生中最知心、最敬重的朋友，正如梁漱溟所说那样，是因为两人"在精神上彼此契合无间"。本文从两人在交往中相互支持、相互学习以及在忧国忧民、乡村现代化、崇尚"无我"，立大志做大事等方面的所思所行论证了两人确实是"在精神上彼此契合无间"基础上，才成了真正心心相印的朋友。

关键词 梁漱溟 卢作孚 精神上彼此契合无间

晏阳初、梁漱溟、卢作孚三人都是民国时期乡村建设运动的杰出人物，被誉为"民国乡建三杰"。值得一提的是，三人都是很要好的朋友，晏阳初、梁漱溟还把卢作孚看作是自己一生的知己，而且对他在北碚进行的嘉陵江三峡乡村建设运动的评价很高。彼此之间，完全没有"文人相轻"的毛病。

晏阳初在92岁高龄时在菲律宾写了一篇题为《敬怀至友卢作孚兄》的文章，文章一开头就说："我一生奔走东西，相交者可谓不少，但唯有作孚兄是我最敬佩的至友。他是位完人，长处太多了。"还说卢作孚"极富创造力，具有实现理想的才干和毅力"。晏阳初常对人说："生我者父母，知我者作孚。"① 须知此时，卢作孚已去世整整30年了，晏阳初还对他念念不忘。

而梁漱溟在90岁以后，竟先后发表了4篇怀念卢作孚的文章，如他在1983年写的《怀念卢作孚先生》一文中，开头第一句就是"卢作孚先生是最使我怀念的朋友"②。这个"最"字，道出了卢作孚在梁漱溟心中的地位是多么重了。

---

① 晏阳初：《敬怀至友卢作孚兄》，见周永林等主编：《卢作孚追思录》，重庆出版社，2001年，第45页。
② 梁漱溟：《怀念卢作孚先生》，《名人传记》1988年第5期。

纵观梁漱溟的一生，他交往的朋友非常多，但让他最敬佩的朋友，恐怕就是卢作孚了；而在民国时期与梁漱溟同时开展乡村建设运动的人士也很多，但能得到梁漱溟高度评价的，恐怕也只有卢作孚了。

从1927年至1949年底，卢作孚主持的，以北碚为中心的嘉陵江三峡乡村建设运动，应该是民国时期众多乡村建设运动中持续时间最长，成效特别突出的一个。而梁漱溟对卢作孚乡村建设成就的评价，是他在北碚工作生活了3年的亲身感受。从1946年尾至1949年末，他在北碚整整住了3年。1983年，90岁高龄的梁漱溟回忆了这3年的时光：

> 1946年尾，我退出和谈，辞去民盟秘书长职务后，便在这景色宜人的北碚息影长达三年之久，静心从事著述，《中国文化要义》一书即写成于此时。1948年，我又与一般朋友创办勉仁文学院于北温泉，从事讲学活动，直至1949年底四川解放后来北京，才离开北碚。①

由此可知，梁漱溟对卢作孚乡村建设的评价，是从他在实地工作生活了3年多的亲身体验中得出来的。所以他对卢作孚乡村建设的评价，就更真实，更具说服力。

一、对卢作孚"慕名起敬"的由来

20世纪80年代，梁漱溟在多篇文章中说："余得结交作孚先生在抗日战争军兴之后，而慕名起敬则远在战前。"② 而梁漱溟所称"远在战前"实际上是指民国七八年间，即1918至1919年间。

1983年，已90岁高龄的梁漱溟在《怀念卢作孚先生》一文中就记述了他对卢作孚"慕名起敬"的这段往事：

> 大约是民国七八年间（1918年或1919年），我去拜访住在天津的周孝怀（善培）老先生，就首次听到他谈起作孚先生。周老先生为宋儒周濂溪之后，于清末曾任四川省劝业道台，后又出任广东将弁学堂，任监督（校长）。著名将领如任庸伯、邓铿、熊略、叶举等，都是周老主持该学堂时培养出来的学生。周老先生在向我谈起作孚先生时，对其人品称赞备至。在六七十年后的今天，周老谈话时的情景我依然清楚记得。他将拇指一翘，说道："论人品，可以算这个！"由此可见周老

① 梁漱溟：《怀念卢作孚先生》，《名人传记》1988年第5期。
② 梁漱溟：《景仰故交卢作孚先生献词》，见梁漱溟：《忆往谈旧录》，金城出版社，2006年，第127页。

对作孚先生卓越不群的品德之称道。①

要知道，周孝怀生于 1875 年，比卢作孚大 18 岁，且周出身显赫，位高权重，在社会上有极高声望，但他竟然对当时不过二十五六岁的卢作孚的人品如此夸赞，实属难得。

1985 年，梁漱溟又在一篇题为《忆卢作孚先生》短文中再次提到他从周孝怀先生那里得知卢作孚之名，且"慕名起敬"之往事：

> 我知道作孚先生，是早在民国七八年（1918 或 1919）的事，那是我去天津拜访周孝怀老先生时听他说的。周老先生为宋儒周濂溪（敦颐）之后，清末曾先后任四川劝业道台和广东将弁学堂监督（校长），著名将领伍观淇、邓铿、熊略、叶举均是周老先生在将弁学堂时的学生。周老先生对作孚先生的人品称赞备至。他将拇指一举，对我说："论人品，可以算这个！"②

从 1983 年和 1985 年梁漱溟写的这两篇怀念卢作孚的文章看，内容大同小异，但都表明了一点，那就是虽然事隔六七十年，梁漱溟对当年周孝怀老先生在他面前夸赞卢作孚的情景依然历历在目，记忆犹新。

梁漱溟和卢作孚同岁，1918 年或 1919 年，两人均不过是二十五六岁的青年人，而卢作孚的人品居然能得到一位比他大 18 岁的名人如此夸赞，确实有些不可思议。

为此，有学者对梁漱溟这段回忆的时间表示质疑。认为"梁漱溟晚年的此一回忆，在具体时间上未必确当，但反映出在民国初年复杂纷乱的四川社会中，卢作孚颇能得一般开明人士如周孝怀、张森楷等士绅类型著名人物的注意和赏识"③。当然，这一质疑还无确凿证据证实。

二、梁漱溟何时与卢作孚相识

关于梁漱溟何时与卢作孚相识，在梁漱溟的 3 篇文章中都有明确的说法：1983 年他在《怀念卢作孚先生》一文说："我得结交作孚先生约在抗日战争爆发之前不久（1937 年）……那是因抗日战争爆发，我撤退到大后方的四川。当时作孚先生与我从事的活动不同，但地点均多在重庆，因此交往较多。"④ 在这里，梁漱溟明确说出他与卢

---

① 梁漱溟：《怀念卢作孚先生》，《名人传记》1988 年第 5 期。
② 梁漱溟：《忆卢作孚先生》，《龙门阵》1985 年第 3 期。
③ 张守广著：《卢作孚年谱长编》（上），中国社会科学出版社，2014 年，第 51 页。
④ 梁漱溟：《怀念卢作孚先生》，《名人传记》1985 年第 3 期。

作孚"结交"是在抗日战争爆发之后不久。

1985 年，梁漱溟在《忆卢作孚先生》一文中再次说他"与作孚先生相识"是在"抗战入川之后的事了"[1]。

1987 年，梁漱溟又在《景仰故交卢作孚先生献词》一文中再次强调"余得结交作孚先生在抗日战争军兴之后"[2]。

从梁漱溟在这 3 篇文章中提到他最初与卢作孚相识均在抗日战争爆发他撤往大后方之后不久，但实际上并非如此。

其实，早在卢沟桥事变爆发的 5 年前，即 1932 年，梁漱溟与卢作孚就有交往了。2009 年，华文出版社出版了著名教育家、卢作孚的忘年交黄炎培先生的日记。在日记中，黄炎培记述了梁漱溟与卢作孚早在 1932 年 7 月就相识了，不仅曾在一桌吃饭，而且还曾在一起"长谈""畅谈"。只不过可能是那次相聚的人多，梁漱溟的印象不深罢了。

那是在 1932 年 7 月 29 日和 8 月 1 日，黄炎培两次宴请才从重庆赶到上海来主持民生公司上海分公司成立仪式的卢作孚。同席者多人，其中就有梁漱溟。黄炎培在日记中写道：

> 1932 年 7 月 29 日，午，报漱溟，镕西、作孚、问渔协会便餐，长谈。
> 1932 年 8 月 1 日，漱溟、其徒林君、问渔、作孚、方刚畅谈……漱溟等续谈至九时散。连日与漱溟谈，觉得其思想深刻而不圆澈，坚决而近于偏执。[3]

由此可知，梁漱溟说他与卢作孚相识是在"抗日战争军兴之后"是不准确的，应该说，起码在 1932 年，他们就相识了。

三、梁漱溟应卢作孚之邀三次演讲

1937 年 6 月，即震惊中外的卢沟桥事变爆发前夕，梁漱溟应四川乡村建设学院（今西南大学的前身之一）邀请到该校讲学而来到了重庆。卢作孚听到这一消息后非常高兴，这是梁漱溟第一次入川，特别是梁漱溟此时正在山东邹平进行乡村建设实验，而卢作孚也正在主持以北碚为中心的嘉陵江三峡地区的乡村建设实验。所以，卢作孚热情邀请梁漱溟到民生公司和北碚参观考察，听取他的意见。

① 梁漱溟:《忆卢作孚先生》,《龙门阵》1985 年第 3 期。
② 梁漱溟:《景仰故交卢作孚先生献词》,见梁漱溟:《忆往谈旧录》,金城出版社,2006 年,第 127 页。
③ 黄炎培:《黄炎培日记》第 4 卷,华文出版社,2008 年,第 101—102 页。

1937 年 6 月 4 日，梁漱溟应邀来到民生公司参观，并在民生公司朝会上做了题为《我的过去与山东工作概况》的演讲。由于那几天卢作孚因事在外，所以主持朝会的是公司设计室的负责人。

什么是朝会？这是卢作孚为了提高民生公司员工，特别是总公司机关员工的文化素养，从 1932 年 10 月起就创立的朝会制度。即在每周规定的日子（多半在周一）上班前，总公司员工集中在大礼堂，举行学习报告会，有时也邀请社会各界名流演讲。

这次梁漱溟虽然是在一个民营航运企业演讲，但演讲的内容却是乡村建设问题，这也正是卢作孚想要听到的。正如演讲会主持人所说："乡村建设专家梁漱溟先生，这次到四川来，对于四川的乡村建设，想来帮助一定不小。梁先生的人格伟大，学识丰富，许多朋友直接间接领过梁先生教的人都是知道的。"①

梁漱溟在演讲一开始，就表达了对卢作孚创办的民生公司和北碚乡村建设事业的肯定和"久慕"之情，他说：

> 各位先生：兄弟以前没有到过四川，这是第一次。兄弟对于四川向往甚久，但可惜没有机会来观光，觉得很是歉然。地方事业，在早听说北碚办得很有成绩；后来又听说民生公司，是四川最有希望的实业团体。因此，北碚和民生公司的事业，都是我久慕而且极愿参观的。②

梁漱溟对于自己在邹平开展的乡村建设事业是很自信的，但他又是一个谦逊的人，在民生公司的演讲中他说："我个人的学识，根底是很浅的，仅仅在中学毕业，没有受过大学教育，虽然我在大学教过书。我到了重庆，看见重庆的报纸上给我加上一个头衔，说我是'乡村建设专家'。'专家'的头衔我实在愧不敢当。无论从任何一面的学识来说，我的根底都是很浅的，这完全没有谦逊的意思。不过我自己常常是保守，把握，和不放松，不忘记我心里的亲切要求和问题的一个人罢了。"③

又过了 20 多天，即 6 月 27 日，梁漱溟又应卢作孚及其胞弟卢子英（时任嘉陵江三峡乡村建设实验区署区长）的邀请到北碚参观。为了表示对梁漱溟的尊重和欢迎，卢子英派区署秘书黄子裳专程去重庆迎接，并一同乘船来北碚。而在北碚码头，卢子英又组

---

① 梁漱溟：《我的过去与山东工作概况》，见项锦熙主编：《民生公司演讲集》（下），人民日报出版社，2016 年，第461 页。

② 梁漱溟：《我的过去与山东工作概况》，见项锦熙主编：《民生公司演讲集》（下），人民日报出版社，2016 年，第462 页。

③ 梁漱溟：《我的过去与山东工作概况》，见项锦熙主编：《民生公司演讲集》（下），人民日报出版社，2016 年，第462 页。

织了机关和学校师生数百人前来欢迎，使梁漱溟大为感动。他在随即举行的欢迎会上说："兄弟刚才来到北碚时，承蒙各位先生、朋友、同学，在这样热的天候来到江干欢迎，自己心里很觉不安，并不敢当。因为一个人劳动了一大群人，这是大家对我的好意。"[1]

在这次演讲中，梁漱溟系统阐述了乡村建设的三大意义和知识分子下乡的重大意义。他认为"中国根本最重的是农业。因社会生产，农民生活，大半靠农业，所以我们要在农业上改进和进步。如中国在农业上经济上生活上没有进步，中国社会也没有进步。"[2]

值得注意的是，梁漱溟在演讲中将知识分子下乡与"造反"联系在一起，十分特别。他说："'造反就是革命'，我要告诉大家并希望大家要切实去'造反'，但从何处才可以造呢？就是要大局转移。大局怎样转移，就是知识分子下乡，扩大乡建运动，求得真的工作效果，以后才有办法。"[3]

梁漱溟在北碚的演讲中说："如要乡建成功，除非内外联络，大势转移，其结果不会有效的。我们唯一的希望是要知识分子都下乡，并扩大运动，结果有了办法，一定会影响政治，大势当非转移不可，大势转移后即有办法了，这才是建设的正面成功。"[4]

在这里，梁漱溟反复强调知识分子下乡的重要性。认为只有知识分子下乡，扩大乡建运动，才能使"大局转移"，乡建才能成功。

梁漱溟在演讲中，寄语北碚正在推进乡建的同志："大家不要以在北碚作乡运的眼光，就只于北碚努力，这是不行的。我们要将我们所有的工作同志，联合起来，扩大起来，拼命地往前做，只要真正扩大联合，我们的问题才将全部解决了，所以我们要一齐来，中国才有救，否则没办法。"[5] 在这里，梁漱溟认为，所有各地进行乡建的同志，不要把眼光只放在自己的实验地，要将眼光放远，要大家联合起来，"只要真正扩大联合"，"中国有才救"。

当天晚上，梁漱溟下榻于北温泉公园数帆楼，在北温泉座谈会上，他又作了题为《中西文化的差异》的演讲。

---

[1] 梁漱溟：《乡建的三大意义与知识分子下乡》，见重庆市北碚区纪念梁漱溟诞辰一百周年筹委会编：《梁漱溟在北碚》，1993年，第20页。

[2] 梁漱溟：《乡建的三大意义与知识分子下乡》，见重庆市北碚区纪念梁漱溟诞辰一百周年筹委会编：《梁漱溟在北碚》，1993年，第21页。

[3] 梁漱溟：《乡建的三大意义与知识分子下乡》，见重庆市北碚区纪念梁漱溟诞辰一百周年筹委会编：《梁漱溟在北碚》，1993年，第25页。

[4] 梁漱溟：《乡建的三大意义与知识分子下乡》，见重庆市北碚区纪念梁漱溟诞辰一百周年筹委会编：《梁漱溟在北碚》，1993年，第24页。

[5] 梁漱溟：《乡建的三大意义与知识分子下乡》，见重庆市北碚区纪念梁漱溟诞辰一百周年筹委会编：《梁漱溟在北碚》，1993年，第20页。

必须说明的是，梁漱溟在卢沟桥事变前夕来民生公司和北碚参观考察，虽然是受卢作孚的邀请，但此时卢作孚作为国民政府赴欧考察团的代表，正在上海忙于准备工作，并没有与梁漱溟见面并参加演讲会。

四、梁漱溟对卢作孚乡村建设的评价

梁漱溟、晏阳初、黄炎培、陶行知和卢作孚，几乎都是同时在进行乡村建设实验。虽然他们在乡村建设上的想法和做法各不相同，各有一套，但并不妨碍他们是相互尊重、相互支持、相互学习的好朋友。

卢作孚多次邀请晏阳初、梁漱溟、黄炎培、陶行知来北碚参观考察，听取他们的意见。如1939年10月，晏阳初和梁漱溟在卢作孚热情邀请下参观了北碚的乡村建设，回去后晏阳初对同仁说：

> 重庆的北碚有卢作孚先生所热心经营的乡村建设区，他无论如何要我和梁漱溟先生前去参观一下。我看到那里的工矿经济建设事业，都很有成绩。①

晏阳初还提出要和卢作孚的乡村建设加强合作，优势互补。而黄炎培参观北碚后更是感慨万千，认为过去"北碚"不为人知，连地图上都不标注，而卢作孚来此七八年间，就把一个"杀人放火的匪巢变成安居乐业的福地"，"北碚两字名满天下，几乎说到四川，别的地名很少知道，就知道有北碚"。②

而几乎是同时，陶行知也应卢作孚之邀来北碚参观，所见所闻，使他很受感动。他说："我在北碚参观了一周，看到了你们创办的经济事业、文化事业和社会事业，一派生机勃勃的奋发景象……北碚的建设……可谓将来如何建设新中国的缩影。"③ 你看，晏阳初、黄炎培、陶行知都是乡建知名人士，他们来到北碚参观考察后，对卢作孚的乡村建设成就都赞不绝口，高度评价。

而梁漱溟与上述几位乡建人士不同的是，他在卢沟桥事变前夕就应邀来北碚考察，而且在考察前他就"早听说北碚办得很有成绩"，因此到北碚参观是他"久慕而且极愿参观的"。

而他在参观中发现北碚乡建人士"工作很苦，待遇很薄"，而且在来北碚之前就已听说卢作孚领导的乡村建设事业是在艰苦创业。所以梁漱溟参观后说："现在见到诸位

① 晏阳初：《四川建设的意义与计划》，见宋恩荣主编：《晏阳初全集》第2卷，湖南教育出版社，1992年，第122页。
② 黄炎培：《北碚之游》，见卢国纪：《我的父亲卢作孚》，四川人民出版社，2003年，第339—340页。
③ 陶行知：《在北碚实验区署纪念周大会上的讲话》，见《陶行知全集》第3卷，湖南教育出版社，1985年，第311页。

创造的精神，我很钦佩。"①

而真正对卢作孚的乡村建设给予全面评价则是在 1983 年梁漱溟 90 高龄之时。他在《怀念卢作孚先生》一文中，对卢作孚的乡村建设事业给予了高度评价：

> 作孚先生还热心致力于地方与农村建设事业。重庆北碚就是他一手筹划和开创而发展起来的。作孚先生及其胞弟卢子英，从清除匪患，整顿治安入手，进而发展农业工业生产，建立北碚乡村建设实验区，终于将一个原是匪盗猖獗，人民生命财产无保障，工农业落后的地区，改造成后来的生产发展、文教事业发达、环境优美的重庆市郊的重要城镇和文化区，现在更成为一个重要的旅游区。②

梁漱溟这个评论之所以较贴切、准确，是基于他对卢作孚乡村建设的全面了解和多年的实地亲身体验得出来的。

首先，梁漱溟认为卢作孚的乡村建设是"从清除匪患，整顿治安入手"，这是卢作孚乡村建设的第一步。而事实确实如此，以北碚为中心的嘉陵江三峡地区，是当时的江北、巴县、璧山、合川四个县的结合部，即所谓"四不管"地区，历来盗匪猖獗。按黄炎培的说法，在卢作孚未到此之前，这里"满地是土匪，劫物掳人，便做家常便饭，简直是一片土匪的世界"③。卢作孚作为峡防局局长来到北碚后，就"决定以地方安宁为第一步。为使地方安宁，乃必须使匪不安宁"④。为此，他制定了一套治理匪患的根本之策，即军事与政治并重的剿匪策略：一方面即坚决打击，绝不手软；一方面又采取"鼓励自新，化匪为民"的方针。果然，多年的匪患得以有效根除。正如黄炎培所言："不上几个月，把杀人放火的匪巢变成安居乐业的福地。"卢作孚也说："很短时间之后，周围也都就清静了，于是我们积极地乡村运动开始了。"⑤ 这和梁漱溟认为卢作孚的乡村建设是"从清除匪患，整顿治安入手"是完全一致的。

其次，梁漱溟认为卢作孚的乡村建设是在清理匪患之后就"进而发展农业工业生产，建立北碚乡村建设实验区"，进行各项生产建设，这也是十分准确的。卢作孚此时是一位"实业救国"论者，在乡村建设中，他的理想目标是"乡村现代化"。为此，他的乡村建设特点是以经济建设为中心，首先发展农业、工业生产。在 1934 年，即卢作

---

① 梁漱溟：《乡建的三大意义与知识分子下乡》，见重庆市北碚区纪念梁漱溟诞辰一百周年筹委会编：《梁漱溟在北碚》，1993 年，第 24 页。

② 梁漱溟：《怀念卢作孚先生》，《名人传记》1988 年第 5 期。

③ 黄炎培：《卢作孚奋斗史》，见张岩主编：《追忆卢作孚》，人民日报出版社，2014 年，第 389 页。

④ 卢作孚：《四川嘉陵江三峡的乡村运动》，见凌耀伦等编：《卢作孚文集》，北京大学出版社，1999 年，第 354 页。

⑤ 卢作孚：《四川嘉陵江三峡的乡村运动》，见凌耀伦等编：《卢作孚文集》，北京大学出版社，1999 年，第 354 页。

孚乡村建设进入第 7 个年头时，他绘制了嘉陵江三峡乡村现代化蓝图。

经济方面：（1）矿业 有煤厂、有铁厂、有磺厂。（2）农业 有大的农场、有大的果园、大的森林、大的牧场。（3）工业 有发电厂、有炼焦厂、有水门汀厂、有造纸厂、有制碱厂、有制酸厂、有大规模的织造厂。（4）交通事业 山上山下都有轻便铁道、汽车路，任何村落都可以通电话，可通邮政，较重要的地方可通电报。①

卢作孚确实是按此规划实行的。他招商引资、开发矿业、兴建工厂、修铁路、公路，架设电话、修建电站、建立农场、开办农村银行和消费合作社等。并在大力发展工农业生产的同时，又重视文化教育和科技的建设。

经过种种的努力，按梁漱溟的说法："终于将原是一个匪盗猖獗，人民生命财产无保障，工农业生产落后的地区，改造成后来的生产发展、文教事业发达、环境优美的重庆市郊的重要城镇和文化区。"②

卢作孚的乡村建设模式与梁漱溟的乡建模式不同，但这并不妨碍梁漱溟对卢作孚乡建成就的高度评价，由此也可以显现出梁漱溟的高尚人格。

五、梁漱溟与卢作孚——"精神上彼此契合无间"

梁漱溟在 90 岁高龄时撰写的《怀念卢作孚先生》一文中有一段话道出了两人关系的至要："我们相识之后，彼此都太忙于各自所事，长谈不多，然而在精神上则彼此契合无间。"

试想一下，一个人一生可能结交很多朋友，但真正能肝胆相照，在精神上能达到"彼此契合无间"的朋友能有几个？正因为如此，梁漱溟一生都十分敬重和怀念卢作孚。举两个感人的例子：

第一个例子是在 1987 年秋天，94 岁高龄的梁漱溟在北京寓所热情接待了来自北碚的 3 位同志，他们是受北碚区政协纪念卢作孚 95 周年诞辰筹委会的委托来拜访梁先生。此时梁先生因年事已高，寓所门口已贴有谢绝来访及非见不可者至多会见一小时的"告示"，但当梁先生得知他们是为了纪念卢作孚诞辰事宜从北碚专程来访的，则十分热情地接待了他们，而且会见时间大大超过了一小时的时限。

据拜访者回忆，梁先生在回忆他与卢作孚的交往时，脸上流露出深深的敬仰与怀念之情，再三称道卢作孚是"再好不过的人"，"社会上找不到的人"，"心中没有自己，完全没有自己"。并欣然为卢作孚纪念馆题写了"公而忘私，为而不有"八个大字，为纪念文集《北碚开拓者卢作孚》一书撰写了《景仰故交卢作孚先生献词》。在文中说

---

① 卢作孚：《四川嘉陵江三峡的乡村运动》，见凌耀伦等编：《卢作孚文集》，北京大学出版社，1999 年，第 359—360 页。

② 梁漱溟：《怀念卢作孚先生》，《名人传记》1988 年第 5 期。

"作孚先生胸怀高旷，公而忘私，为而不有，庶几乎可比于古之贤哲焉"，这是梁漱溟对卢作孚极高的评价。

第二个例子是在 1988 年 4 月，当时梁漱溟患重病住进了北京协和医院。4 月 27 日，梁漱溟已病重垂危，医护人员为他输液、输血、灌肠。就在这种情况下，梁漱溟竟然想到他为纪念卢作孚 95 周年诞辰的一篇发言稿还未完成。但此时此刻他已无力握笔，只好请陪侍的儿子梁培宽代笔。这一天，梁培宽在他的《侍疾日记》中写道：

> 4 月 27 日，上午打点滴（青霉素），并用药液灌肠。午后输血，血液尿毒浓度随之降低，父亲精神好转……在病房代笔写好发言稿，供恕弟（即梁漱溟的二儿子梁培恕——笔者）参加卢作孚先生 95 周年诞辰纪念会以父亲名义宣读用，因父亲无法出席。卢先生是父亲最敬重的朋友。他常说，此人再好不过！他心中完全没有自己，满腔是为社会服务。这样品格的人，社会上找不到。发言稿即本此意写成。①

你看，梁漱溟在病重垂危之时，还念念不忘卢作孚，还要为纪念卢作孚 95 周年诞辰写发言稿，而原因就是卢作孚是梁漱溟"最敬重的朋友"，且是"精神上彼此契合无间"的朋友。

梁漱溟与卢作孚"在精神上彼此契合无间"的事例非常多。

一、两人都是有着强烈家国情怀的人。梁漱溟的一生，是爱国的一生，是不断探索强国富民道路的一生。正如他的儿子梁培恕所言：梁漱溟"怀着一颗佛徒的心肠，倾其毕生精力，以自己的研究识见和亲身实地参预，探求中国民族自救的道路，他的'乡村建设'的主张和实践即由此而来"②。

而卢作孚的一生，之所以经历过革命救国、教育救国、实业救国三大阶段，目的都是为了探索救国强国之路。当 1925 年他创办民生公司之时，全公司实际上只有一只 70 吨的小轮船，但卢作孚却为公司制定了"服务社会，便利人群，开发产业，富强国家"的宗旨。其强烈的爱国救国之心，由此可知。

二、梁漱溟是一位崇尚"无我"境界，且一生都在践行"无我"的人。为了国家民族大业，他只知奉献，而绝不为自己谋求私利。梁漱溟的儿子梁培恕说："先父年近九十仍耳聪目明，步履轻捷。报刊上数度报道他的'养生之道'，多是从表象上去谈，其实他的长寿乃得之于对事对人的无我以及平日生活态度的超然物外，远非得之擅长颐

---

① 梁培宽：《侍疾日记》，见重庆市北碚区纪念梁漱溟诞辰一百周年筹委会编：《梁漱溟在北碚》，1993 年，第 58 页。
② 梁培恕：《谨记先父梁漱溟》，见张岩冰编：《梁漱溟印象》，学林出版社，1997 年，第 3 页。

养。"并说梁漱溟为人题字，常常题写的是"无我为大，有本不穷"这八个字。这是梁漱溟"以此勉励别人，而这正是他自己"①的写照。

而卢作孚恰恰是梁漱溟最看重的有"无我"境界之人。他多次夸赞卢作孚是一个"心中完全没有自己，满腔是为社会服务"的人，是一个"胸怀高旷，公而忘私，为而不有"的人。他为卢作孚之墓题写的也是"公而忘私，为而不有"这八个大字。

三、梁漱溟与卢作孚都是民国乡村建设的杰出人士。他俩在乡村建设上的想法和做法虽不相同，但有一点却是一致的，那就是乡村建设不仅仅是乡村问题，而是一个国家的问题。他们都想以乡村现代化来带动整个国家的现代化。有学者认为，梁漱溟"认为乡村建设可以解决中国政治、经济、教育等种种问题，真正将中国带入现代化"，即"以乡村的现代化撬动整个中国的现代化"②。

而卢作孚也是如此认为，他在 1929 年写的《乡村建设》一文中就强调"政治上最后的问题是全国的问题，它的基础却在乡村"，"一个乡村问题放大起来便是国家的问题，乡村地位之重要，就此愈可证明了"。③ 1934 年，卢作孚又在《四川嘉陵江三峡的乡村运动》一文中明确表明，他的乡村建设目的"是要赶快将这一个国家现代化起来，所以我们的要求是要赶快将这一个乡村现代化起来"④。以乡村现代化推动国家现代化，梁漱溟与卢作孚的想法是完全一致的。

四、梁漱溟一贯认为人的一生要立大志，做大事，而不是"做大官"。据他的学生回忆，二十世纪二十年代，梁漱溟在山东省立第六中学演讲"立志"问题时，就劝勉同学们"要做大事，不要做大官……只有为人民造福利，才能与世长存"⑤。新中国建立之初，毛泽东曾提出请梁漱溟参加政府工作，但被梁漱溟婉言谢绝⑥，因为他想的是为国家民族尽力，而不是做大官。

而卢作孚也是一位有大志，事业心极强的人。他创办民生公司，在北碚开展乡村建设，是为了发展民族航运业和实现乡村现代化，而绝不是为了升官发财。最典型的一个例子是在 1926 年，民生公司刚刚在合川一座破庙中创办，作为总经理，他的月薪仅 30元。而此时正出任万县市政督办的四川军阀杨森却聘请卢作孚出任月薪 500 大洋，还有可观舆马费的万县市政佐办。但卢作孚为了实现自己的大志，宁愿留在合川那座破庙里，也不愿去当那个位高权重收入丰厚的万县市政佐办。又如 1935 年，四川省主席刘

① 梁培恕：《谨记先父梁漱溟》，见张岩冰编：《梁漱溟印象》，学林出版社，1997 年，第 9 页。
② 颜炳罡：《梁漱溟"乡村建设理论"的本质特征及文化意涵》，"2017·勉仁论坛——'教化·礼俗·自力'暨《乡村建设理论》出版 80 周年学术研讨会"论文集，重庆北碚，2017 年 12 月，第 15—16 页。
③ 卢作孚：《乡村建设》，见凌耀伦等编：《卢作孚文集》，北京大学出版社，1999 年，第 87—88 页。
④ 卢作孚：《四川嘉陵江三峡的乡村运动》，见凌耀伦等编：《卢作孚文集》，北京大学出版社，1999 年，第 353 页。
⑤ 王先进：《回忆吾师梁漱溟先生》，见张岩冰编：《梁漱溟印象》，学林出版社，1997 年，第 40 页。
⑥ 汪东林：《梁漱溟与毛泽东》，见张岩冰编：《梁漱溟印象》，学林出版社，1997 年，第 170 页。

湘要卢作孚出任四川省建设厅厅长，卢作孚极不情愿，在刘湘面前软磨硬泡了16个小时后，不得已勉强答应，但提出以一年为期即辞职的要求。

仅举以上四例，就可以看出，梁漱溟和卢作孚确实是"在精神上彼此契合无间"的朋友，正因为如此，两人才在心心相印中结下深厚友情，也使梁漱溟对卢作孚产生了极大的敬重和深切的怀念。

应该说，只有"在精神上彼此契合无间"的朋友，才是真正的朋友，而卢作孚和梁漱溟就是这样的朋友。

梁漱溟的"建国运动"

董成龙（北京外国语大学历史学院）

摘　要　梁漱溟先后将乡村建设运动和过渡时期的总路线视作"建国运动"，这是理解梁漱溟对中国问题前后思考的一个重要线索。他所要开展的乡村建设运动是一场逆转"新文化运动"（西洋化—世界化）的"新文化运动"（中国化），是一场基于乡治的"建国运动"；过渡时期的总路线则是由新民主主义走向社会主义的一场"建国运动"。这两场运动貌似背反，却在梁漱溟的问题意识中串成一线；铺陈并澄清这些内容是理解梁漱溟思想的关键，也对把握二十世纪的建国问题有所助益。

关键词　"建国运动"　乡村建设　过渡时期的总路线　阶级　人心

梁漱溟自承既非"学问中人"，也非"事功中人"，而是"问题中人"，一个"本着自己的思想而实践行动的人"，他历经三代政权，既"向内理会"，又"向外观察"[1]，毕生考虑"人生问题"（自度）与"中国问题"（度人）。[2]

在"人生问题"上，梁漱溟共有三个阶段，由西洋功利思想而印度佛家出世，又由佛家出世思想而进入中国儒家。对他而言，"中国问题"就是"对外求得民族解放，对内完成社会改造"[3]，他奔走呼号，使用"建国运动"一说，前后寄托于"乡村建设

---

① 梁漱溟：《在政协整风小组会上向党交心的发言》，载第七卷，第37页；《中国——理性之国》，载第四卷，第467页。《梁漱溟全集》已有两版，分别是山东人民出版社于1989—1993年间陆续出齐的第一版和2005年的更新再版。若无特殊说明，本文引用的均是第一版《梁漱溟全集》；为避免冗余，均直接注明卷数，而不再注明"《梁漱溟全集》"字样。

② 梁漱溟：《人心与人生·自序》，载第三卷，2005年，第525页。人生路向与社会问题息息相关，中国、西方、印度三种人生路向，也是三种文化—社会模式。在《儒佛异同论》书稿被红卫兵抄走后，梁漱溟致信毛泽东，请求他出面归还书稿："一生数十年唯在一个中国问题一个人生问题所刺激所驱使之下，求其有所解决（前者求其实际的解决，后者求其在思想上的解决）而竭尽其心思气力。中国问题现在由于共产党领导既有一条大道可循，我将集中心力于人生问题之研究，写出《人心与人生》一书，偿其夙愿于余年。"参见第八卷，第79—80页。人生问题与中国问题孰占上风，参见汪东林：《梁漱溟问答录》，湖北人民出版社，2004年，第48页。

③ 梁漱溟：《敬答赐教的几位先生》，载第六卷，第888页。

运动"和"过渡时期的总路线"。虽然关于梁漱溟的研究已经相当丰富，但以"建国运动"贯穿其国家思想的研究尚未问世。

一、认识老中国，建设新中国

梁漱溟的一贯口号是"认识老中国，建设新中国"。①

> 虽然孟子尝倡导行仁政，而经验的结果，大家都颇知道还是不必有政治的好——国家政府不必作事为好。有人说一句妙语："近代的英国人，以国家为必要之恶；中国人自数千年之古昔，已把国家当作不必要之恶了。"政治虽不必要，但教化则为必要；此所谓教化并不含有一个信仰，只是教人人向里用力。人人向里用力，各奔前程，则一切事他们都自谋了，正无烦政府代谋也。——这正是最好的"中国政治"……此不要政治的政治，实源于其不像国家的国家。②

在梁漱溟看来，旧中国是伦理本位、职业分途的社会，而非个人本位、阶级对立的社会。因为"上下升沉不定，流转相通"，所以是一个"散漫流动"的社会，"阶级没有定形"。③ 他接受马克思主义的阶级论国家学说，认为国家（政治）就是一个阶级之间的统治与被统治关系。但中国有其特殊性，因为"社会的家庭化"，"中国成了缺乏政治的民族"④。对于传统中国的根本概括是"不要政治的政治，不像国家的国家"，原因当然就是中国不符合阶级论国家观的核心要素："自秦汉以后，变列国纷争之局而为天下一统，外围环境不同；同时期内部构造但有统治者而无统治阶级。"⑤

老中国在经济上自给自足，互无关联；在政治上消极无为，诚如雷海宗先生所言，东汉以后的中国是"无兵的文化"，可谓中国消极政治的一大佐证。社会又不尚团体，"只能有志同道合的朋友，很难有党团的组织"。⑥

消极无为的中国政治场域没有革命，因为"革命是说一社会秩序的推翻与改建，社会秩序包含法律、制度、礼俗、习惯而言"。⑦ 以辛亥革命为始，华夏大地开始迎来真

---

①　梁漱溟：《追记在延安北京迭次和毛主席的谈话》，载第七卷，第443页。

②　梁漱溟：《乡村建设理论》，载第二卷，第178—179页。

③　梁漱溟：《在政协整风小组会上向党交心的发言》，载第七卷，第46页。

④　梁漱溟：《乡村建设理论》，载第二卷，第175页。

⑤　梁漱溟：《我们政治上的第二个不通的路——俄国共产党发明的路》，载第五卷，第292页。

⑥　梁漱溟：《中国之地方自治问题》，载第五卷，第320页；《中国——理性之国》，载第四卷，第320页；《朝话》，载第二卷，第112页。

⑦　梁漱溟：《乡村建设理论》，载第二卷，第174页。对勘金观涛、刘青峰：《兴盛与危机》，湖南人民出版社，1984年。

正的革命。彼时关于建国问题有君宪与共和两派话语，因民国成立，孙中山的建国纲领成为占上风的主流话语。他将建国分为三个阶段：军政、训政、宪政。[①] 所以，中山先生临终遗言"革命尚未成功，同志仍需努力"，其中所谓革命当指建国大业（宪政中国）："国民革命之目的，在造成独立自由之国家，以拥护国家及民众之利益。"[②]

梁漱溟以为辛亥革命开启了民族自救运动，走欧洲近代民主的路是前期，走俄国共产党的路是后期。但这两次政治试验都以失败告终，这正是梁漱溟所面临的时局。而他应对艰难时局的办法，不是单纯地诉诸旧中国，而是先找寻这二三十年与旧中国的裂变何在。由此，他发现了彼时近百年以来的乡村破坏史。[③]

以往的中国也有对乡村的破坏，但很快就由乱而治，其间乡村风俗并未遭到多少更易。虽然彼时数百年亦有中外交通，但都是外邦来朝，并没有构成对我国乡俗的压迫；而在梁漱溟看来，晚近的几十年对乡村破坏极其严重，端赖于"世界大交通"之后盲目求学于西方，"结果学他未成，反把自己的乡村破坏了"。[④] 因为乡村遭到破坏，而中国是农业立国的国度，势必需要以乡村建设的方式建设新中国。

二、"建国运动"之一种：乡村建设

贺麟先生将迷信武力的称作"力治"（武力建国），并借培根"知识即力量"之语称自己为"学治"（抗战建国—学术建国），以"学治"之"法治"取代申韩式之"法治"，又能补充"德治"。[⑤] 同样面临这几种统治方式的梁漱溟选择"乡治"。[⑥] 他要以乡村入手（即不从都市入手），构造新的组织。

以大小而论，"中国这个国家，仿佛是集家而成乡，集乡而成国"。[⑦] 而家太小、国太大，不若乡之大小持中。以秩序基础而论，"乡村秩序原来就是靠理性维持，都市秩

---

① 孙中山：《国民政府建国大纲》，载孙中山：《建国方略》，林家有整理，中华书局，2011年，第321—323页。梁漱溟：《论党治》，载第六卷，第288页。

② 孙中山：《中国国民党北伐宣言》，载孙中山：《吾志所向：孙中山的政治社会理想》，许仕廉编，赵诺译，世界图书出版公司，2014年，第60页。

③ 梁漱溟：《乡村建设理论》，载第二卷，第352页。

④ 梁漱溟：《乡村建设大意》，载第一卷，第606—607页。

⑤ 相关论述参见贺麟：《抗战建国与学术建国》，载《文化与人生》，商务印书馆，1988年，第21—22页。

⑥ 与贺麟先生截然不同，钱穆先生以中国传统政制以考试拔取学人使之从政，将其命名为"学治"。但两人显然都认为"学术者，乃政治之灵魂而非其工具"。钱先生亦提到"乡治"："夫五口八口之家，父子兄弟夫妇之至戚，岂有身既修，而闺房之内，骨肉之亲，犹有不齐之理。故知古之齐家即为'乡治'……中山先生《建国大纲》，亦以县自治成立为宪政开始，而县自治之完成，尤必植本于农村……今以后将以公耕合作之新农村，为建国建政之水泥钢骨，庶乎上符传统文化本源，旁适世界潮流新趋。"参见钱穆：《道统与治统》《农业国防刍议》，载《政学私言》，九州出版社，2011年，第80—81、159—161页。

⑦ 梁漱溟：《乡村建设理论》，载第二卷，第313页。

序原来是靠武力维持；所以从乡村入手，特别适合于理性的发挥"。① "因下层需要而发动的建设，事权将始终是握在下层。可以免却近代国家的一切危险毛病。"②

> 今日中国问题在其数千年相沿袭之社会组织构造既已崩溃，而新者未立；乡建运动实为吾民族社会建设一新组织构造之运动……识得问题所在，则知今日非根本上重建一新组织构造，开出一新治道，任何事不必谈！③

梁漱溟的"乡村建设"主张主要面临两种理论与实践上的对手。一种是国民党领导的官办乡村建设，一种是同样重视乡村的中国共产党。面对国民党的"统制"，梁漱溟不以为然。这并不是说他不关心国家统一问题，他相信"中国是要从实验到统制的"，但他同样清楚的是，"眼前的中国时局，就还在容各方实验的阶段"。④ 而梁漱溟以为国民党终究不明白一个道理："中国的大多数人是农民，谁要解决中国问题，谁都得做农民运动。"⑤

> 什么是农民运动呢？从他的目的一面说，就是谋求农民的利益。从方法上说，就是要组织训练农民，启发农民自己的力量，使农民自己能解决自己的问题。⑥

彼时倡导从乡村着手的主要是两派人马，一派是中国共产党的农民运动，一派是梁漱溟、晏阳初等人的"乡村建设"（乡村自救运动）。两者的最大区别在于是否将乡村视作一个整体。中国共产党的农民运动是依照阶级理论，确立乡村内部的阶级矛盾（"作一种分化工夫"⑦），而梁漱溟则将乡村视作一个整体（如《吕氏乡约》"德业相励，过失相规，礼俗相交，患难相恤"）。面对中国共产党，梁漱溟念念在兹的是："理想社会必须不是阶级社会……农民问题要放在中国问题内来解决，而中国问题天然不是斗争可以解决的。"⑧

那么梁漱溟的乡村建设究竟如何展开？他将"社会问题"化约为"人生问题"：

---

① 梁漱溟：《乡村建设理论》，载第二卷，第315—316页。
② 梁漱溟：《朝话》，载第二卷，第103页。
③ 梁漱溟：《乡村建设理论大纲》，载第五卷，第368页；《乡村建设是什么？》，载第五卷，第375页。
④ 梁漱溟：《乡村建设理论》，载第二卷，第442页。
⑤ 梁漱溟：《朝话》，载第二卷，第104页。
⑥ 梁漱溟：《朝话》，载第二卷，第104页。
⑦ 梁漱溟：《乡村建设理论》，载第二卷，第329页。
⑧ 梁漱溟：《乡村建设理论》，载第二卷，第416页；《朝话》，载第二卷，第104页。

"物待人兴；建设必寓于教育。"① 在他看来，乡村运动就是"知识分子的下乡运动"。②
"乡学村学以各区域之全社会民众为教育对象而施其教育。"③ 这是一种前所未有的革命
模式：

> 所谓革命的知识分子所凭借的社会中潜伏之一大力量，我是指乡村间居民而
> 说……历来对于中国问题之发动，有两种不同形式：一种是通习外面世界情势之知
> 识分子所发动者……一种是不通外面情势之内地无知农民所发动者……解决中国问
> 题的动力，殆在引后种动力并入前者，而为一种动力。然而这引的工夫，是要由前
> 者来作的……革命的知识分子要下乡间去，与乡间居民打并一起而拖引他上来。④

这种革命模式的结果是："乡间人磨砺变化革命知识分子，使革命知识分子转移变
化乡间人……乡村建设完成，则乡村都市不分；知识分子与乡下人也不分。"⑤

既然近百年对乡村的破坏不只是破坏了乡村，还破坏了"中国的老道理"⑥，所以
这种乡村建设不单单是一种旨在乡村的建设，而是"要转变出一个新文化来"⑦。梁漱
溟宣告"西洋化的中国民族运动"已进入"终局"。现在要来一场中国革命，而中国革
命的问题就是"文化改造，民族自救"。⑧ 这样一来，在二十世纪三十年代，梁漱溟要
开展的"乡村建设运动"正是一场逆转"新文化运动"（西洋化—世界化）的"新文
化运动"（中国化），一场"建国运动"和"宪政运动"。⑨

---

① 梁漱溟：《乡村建设理论》，载第二卷，第 472 页。
② 梁漱溟：《乡村建设理论》，载第二卷，第 479 页。
③ 梁漱溟：《乡村建设大意》，载第一卷，第 666 页。
④ 梁漱溟：《中国问题之解决》，载第五卷，第 215—216 页。表面上看，"知识分子下乡"的说法很容易让我们联
想到 1955 年开始至 1970 年代中叶结束的"知识青年上山下乡"。但二者也不过只有表面的相似而已，前者是知识分
子引导乡村居民，而后者则是让"知识分子接受贫下中农再教育"。
⑤ 梁漱溟：《中国问题之解决》，载第五卷，第 218 页；《乡村建设理论》，载第二卷，第 481 页。在 1973 年的私函中，
梁漱溟仍坚持这种看法："中国社会原以农民和知识分子为两大主要成分，中国革命亦即由这两种人而成其事。毛主席
如只是一个农民而非知识分子，或只是一个知识分子而非农民，均难以领导革命。到韶山后乃晓得毛主席实以一身而兼
有这两种身份或资格——既是真的农民又是学识丰富的大知识分子。"参见梁漱溟：《致田慕周》，载第八卷，第 175 页。
⑥ 梁漱溟：《乡村建设大意》，载第一卷，第 613、659 页。这种老道理的要点有二，一是互以对方为重的伦理情
谊，一是改过迁善的人生向上。
⑦ 梁漱溟：《乡村建设大意》，载第一卷，第 610 页。
⑧ 梁漱溟：《中国民族自救运动之最后觉悟》，载第五卷，第 113 页；《中国地方自治之问题》，载第五卷，第 336—
337 页。梁漱溟自承："我说中国问题是'文化改造，民族自救'，表明他既非社会内部问题（阶级斗争），亦非对外问题
（民族斗争）……中国文化根本动摇，旧社会组织、构造、风俗习惯，乃至一切文物制度，均被破坏而崩溃了。所以此刻
的中国问题，只是新文化的建造开辟问题，或者是旧文化的补充改造问题；既非对外敌对，亦非内部冲突，而只是我们
社会自己生长进步的文化问题。"
⑨ 梁漱溟：《乡村建设理论》，载第二卷，第 161 页；《谈中国宪政问题》，载第六卷，第 498 页。

三、抗日建国与国体鼎革

"中国需要讲统制,中国也需要讲实验。但统制就不容实验,实验则统制讲不了。二者不可得兼,我将舍统制而取实验。"[①] 在二十世纪二十至三十年代,在实验层面上,既有梁漱溟这样以乡治实现建国的主张,还有中共建立苏维埃政权的建国话语;在统制层面上,则有国民党建立宪政的建国话语。

不过,在形式统一中国十周年之后,国民党政权遭遇日本全面侵华,走向宪政的建国之路受挫。1938 年,国民党临时全国代表大会颁布《中国国民党抗战建国纲领》。临时全代会的宣言是:"抗战胜利之日,即建国大业完成之日,亦即中国自由平等之日。"[②] 其基本精神是"确定三民主义暨总理遗教,为一般抗战行动及建国之最高准绳"。[③] 在统制层面上的宪政建国话语转变为抗战建国的话语。中华民族生死存亡在此一系,向来迥异于统制的实验中人(中共和作为第三方的知识分子)也深深服膺抗战建国的主张。

一度被救亡诉求压倒的启蒙知识人,再次面临救亡问题。与中共响应抗战建国的口号一样,当时的知识人也承认国民党政权的权威。梁漱溟就主张:"发动民众,以民众力量来抗战,来建国;从团结上求统一,树立国家权力以为抗战建国的总司令部。"[④] 贺麟发表雄文《抗战建国与学术建国》,称之为"伟大的、中国全部历史上开新纪元的抗战'建国运动'"。[⑤]

虽然中共也在民族危亡之际接受了国民党提出的"抗战建国"主张,但从 1939 年国民党开始具体策划并实施"防共""限共"的方针到 1941 年皖南事变,中共便不再承认国民党的领导地位,放弃与国民党"长期合作,共同建国"的想法。[⑥] 至此,中共建国话语中的"国"几经变更:从"苏维埃工农共和国""苏维埃人民共和国"到"中华全国民主共和国""三民主义共和国"。至于抗日战争末期和解放战争时期,因为国民党坚持"一党训政",而中共则坚持建立"联合政府",就形成了两相对立的建国

---

① 梁漱溟:《乡村建设理论》,载第二卷,第 442 页。在毛泽东写给江青的那封著名的信(1966 年 7 月 8 日)中,毛泽东自承"在我身上有些虎气,是为主,也有些猴气,是为次"。阿兰·鲁林(Alain Roux)讲:"老虎是山中之王,雄武勇猛,力破万难;猴子则灵敏多变,弄险有方。""虎气"与"猴气"是有别于西方自马基雅维利以降"狮子"与"狐狸"的另一组政治隐喻,"虎气"与"猴气"正在某种程度上对应了梁漱溟所说的"统制"与"实验"。

② 转引自贺麟:《抗战建国与学术建国》,载《文化与人生》,第 18 页。

③ 孟广涵主编:《国民参政会纪实》,重庆出版社,1985 年,第 35—37 页。

④ 梁漱溟:《我的努力与反省》,载第六卷,第 972 页;《谈全国统一稳定的革命政权的建立》,载第七卷,第 151 页。

⑤ 贺麟:《抗战建国与学术建国》,载《文化与人生》,第 19—22 页。

⑥ 详参杨奎松:《皖南事变前后毛泽东的形势估计和统战策略的变动》,载《抗日战争研究》1993 年第 3 期,第 110—130 页。

话语。① 中共最终在 1949 年"将革命进行到底",建成新民主主义的中华人民共和国。

这样的新中国是新民主主义革命的终结,又由《中国人民政治协商会议共同纲领》规范了新民主主义人民共和国的国体与政体。全国人大一次会议召开后(1954 年),中共成为唯一执政党(民主专政的国体正式底定)。可以说,1949—1956 年的这段时间,既是经济上进行改造的时期,也是政治上由新民主主义到底定民主专政国体的历史过程,是一个全面的"过渡时期的总路线"。梁漱溟带着"超然的政治兴趣"② 将总路线视作又一次"建国运动"。

四、"建国运动"之一变:过渡时期的总路线

1949 年 6 月,梁漱溟终于完成酝酿多年的《中国文化要义》,11 月正式出版,送给中共领导人,献礼新政权。但与此同时,梁漱溟认为中共新政权不过是近代各种革命的新翻版,不会长久,为了保持中立的身份,他拒绝了参与政事的邀请。在成立中国文化研究所的想法未得应允后,他接受毛泽东的建议,去老解放区采风。

迟至 1950 年 10 月,梁漱溟才发表北上之后的第一篇文章《国庆日的一篇老实话》,"暗自点头承认:这确是一个新中国的开始!"③ 看到中共的业绩后,梁漱溟开始反思自己以往与中共的不同主张,逐渐展开自我批评。是年,梁漱溟动笔撰写《中国建国之路(论中国共产党并检讨我自己)》。他承认中共有三大贡献:统一建国,树立国权;引进团体生活;透出了人心。

> 以国营经济居领导地位的新民主主义经济,步步向着社会主义走,亦就是让中国人步步走向理想的团体生活,其端倪现在已有可见。自有"建国运动"以来几十年至今,这可说是第一次看见新社会苗芽之苗露。④
>
> 物类循着其先天安排的路子活动,而人心则循乎文化。而建国这件事呢?在今天便是改造文化。本来数千年的老中国何待再建?说建国,其意乃在建造一新中国社会;而社会所以新,却在文化上。政治要新,经济要新,种种皆要新,而不从宗教、道德、礼俗、法律这些新起,却新不了。照直说:建国问题,正是如何给中国人心理上改换路道走的那个问题。⑤

---

① 详参卢国琪:《毛泽东的"人民共和国"探索之路》,载《中共中央党校学报》2007 年 12 月,第 94—99 页;邓野:《联合政府与一党训政:1944—1946 年间国共政争》,社会科学文献出版社,2011 年。

② 贺麟曾区分"介入的政治兴趣"和"超然的政治兴趣",参见氏作:《政治与修养》,载《文化与人生》,第 253—257 页。

③ 梁漱溟:《国庆日的一篇老实话》,载《光明日报》1950 年 10 月 1 日。

④ 梁漱溟:《中国建国之路》,载第三卷,第 390 页。

⑤ 梁漱溟:《中国建国之路》,载第三卷,第 370—371 页。

从建造新文化、迎接新天地的角度思考建国问题，是梁漱溟与中共的最大契合点。他也正是在这一意义上看到了中国共产党的巨大功绩。在他看来，中共一方面承担了一种宗教的作用，从而提供了一种新伦理（梁漱溟以美育代宗教，中共以人民政党代宗教）；另一方面又引入了团体的生活，养成了新的政治习惯（团体生活）。

《中国建国之路》未及完稿，梁漱溟便去观察土改情况。随后，他对中国共产党的赞许发生了微妙变化。就阶级斗争理论而言，表面上看，梁漱溟转而承认其合理性：

> 中国共产党今天所以成功，恰在前面说过我所一直不同意于他的一点：以阶级眼光观察中国社会，以阶级斗争解决中国问题。我现在觉悟到尽管中国社会有其缺乏阶级的事实，仍然要本着阶级观点来把握它，才有办法。[1]

> 既然客观形势上中国不可免地要卷入世界漩涡，而终必出于阶级斗争之一途，那么，阶级斗争便是解决中国问题的真理。眼前的事实即是其征验。[2]

《中国文化要义》和《乡村建设理论》奠定了梁漱溟就中国问题的系统分析框架，眼前的事实超出了这种框架的解释力，"又联合又斗争的"毛泽东和新政权让梁漱溟感到费解。他似乎只能接受阶级斗争建国论，而否定自己关于中国并非阶级社会的论断。

不过，梁漱溟并没有讲明自己到底错在何处，阶级斗争理论究竟对在何处。所以，该文发表后，千家驹等人遂批评其自我批评不彻底。如果当真以为中共的成功令此时的梁漱溟转信阶级斗争理论的话，那就无法理解梁漱溟为何会盛赞中共八大政治报告对阶级矛盾的告别了。在《人类创造力的大发挥大表现——试说明建国十年一切建设突飞猛进的由来》（1959—1961 年）一文中，梁漱溟虽然赞扬建国十年来取得的成就，却对"阶级"保持缄默。

然而，梁漱溟在 1966 年的短文《谈全国统一稳定的革命政权的建立》中又肯定了中共的成功之理：以分求合，武装斗争，统一战线，马列主义与中国实践相结合。虽然梁漱溟似乎在这篇文章中认可了阶级斗争论，但同样在 20 世纪 60 年代，他又在另一处发言稿中否定一切从阶级角度出发的观点。

> 人非必定站在其本阶级立场……中国共产党从其发起到后来壮大发展，取得革命胜利；皆是知识分子和农民两种成分。为什么西欧北美阶级对立对抗之势甚强烈，曾经无产阶级的苏联不能负起革命任务，转而落到小资产阶级汪洋大海的中国来领导。

---

① 梁漱溟：《两年来我有了哪些转变?》，载第六卷，第 860 页。
② 梁漱溟：《两年来我有了哪些转变?》，载第六卷，第 865 页。

凡此都正名根据"阶级"论定一切，好像阶级性决定一切"是未必如此的"。①

综上，在六七十年代"文革"期间，梁漱溟对阶级斗争论的表态飘忽不定，前后不一，这当然反映了他在时局中的思想纠结；但仔细审之，这种纠结本身不正是一种态度吗？

1949 年之后，围绕建国问题，梁漱溟有两个核心主张，除了上述关于阶级斗争论的思考之外，还有就农业与工业关系的考虑。这两大主张分别对应着他在几十年前对两条道路（欧美道路"西风"和俄国道路"东风"）的批判。其一，关于农业与工业关系的主张，呼应对欧美近代资产阶级道路的批判（"跟着近代都市文明的路学西洋而破坏了中国乡村"②）。其二，关于阶级斗争理论，呼应对俄国道路的批判（"跟着反近代都市文明的路学西洋而破坏了中国乡村"③）。

关于农业与工业关系的主要讨论就是那场著名的 1953 年"争论"。在这场"争论"中，梁漱溟一共做过四次发言，讲"一个大规模的'建国运动'是我多年所梦想的，而今天到来了"。④ 他主要提出了两大问题：其一，"建国运动"是一个整体计划，"不止于建设工业和改造私营工商业"⑤，"想来亦必有其相应配合的规划，希望能报告出来"⑥，言下之意，望中共能和盘托出。其二，农民问题或曰乡村问题，"工人农民生活九天九地之差"。⑦

表面上看，过渡时期的总路线强调重点发展重工业（工业立国），而梁漱溟念念不忘以前的建国主张（乡村建设运动，农村立国），要为农民施"小仁政"。但若仔细审查可知，梁漱溟更关心的是工农关系所反映出的"建国运动"中的人心问题：

> 必须把群众工作做好，启发其自觉，让他发出一种积极性，如此建国才有根本，如此才称得起"建国运动"，而不是你建你的国……结合群众力量一齐向前干，这原是共产党的拿手戏。干革命时依靠群众，过去要，现在要用于建国。⑧

至此，梁漱溟笔下的两场"建国运动"都已出场。二十世纪许多建国尝试都没有

---

① 梁漱溟：《有关阶级问题的一次发言稿》，载第七卷，第 214 页。而我们又能在同时期的另一篇文稿中发现梁漱溟的自我批评，参见《我的思想改造得力于〈矛盾论〉》，载第七卷，第 217—222 页。

② 梁漱溟：《乡村建设理论》，载第二卷，第 151 页。

③ 梁漱溟：《乡村建设理论》，载第二卷，第 151 页。

④ 梁漱溟：《在政协整风小组会上向党交心的发言》，载第七卷，第 39 页。

⑤ 梁漱溟：《1953 年 9 月 11 日政协扩大会议上的发言草稿》，载第七卷，第 5 页。

⑥ 梁漱溟：《在政协整风小组会上向党交心的发言》，载第七卷，第 39 页。

⑦ 梁漱溟：《1953 年 9 月 8 日至 18 日一段时间内的事情》，载第七卷，第 11 页。

⑧ 梁漱溟：《1953 年 9 月 11 日政协扩大会议上的发言草稿》，载第七卷，第 4 页。

被梁漱溟视作"建国运动",独独乡村建设运动和过渡时期的总路线被托付于"建国运动"这个语词。前者失败了,后者成功了;前者以农业立国,后者以工业立国。那么,对梁漱溟而言,二者有何共同意义,让它们区别于二十世纪的其他建国尝试?它们均关注人心——这才是"建国运动"中真正重要的问题。

表1 两场"建国运动"之异同

	梁漱溟	中国共产党
关怀	人心与社会	
社会	人心向上,伦理情谊	阶级斗争,社会革命
农村	一个整体	农村斗争
革命	知识分子引导农民从外引发而非从内自发	工人阶级引导农民阶级斗争
政教	政治统于教育	教育统于政治
统称	乡村建设运动	过渡时期总路线

五、人心的通透发扬

革命本来是"身"之事——利害切身;在中国却变成"心"之事——伟大的远见与高怀……共产党所说无产阶级那种精神或心理,却正是中国人所早成为好尚的东西——仁与义。[1]

梁漱溟言下之意,中国虽然没有无产阶级,却在思想深处暗通无产阶级的精神。这也就为中共扎根于中国并取得巨大成功提供了根本保障。中共"像一个伟大宗教填补中国缺乏宗教的漏空"。[2] 中共的成功,不在于(至少不只是)阶级斗争理论的成功,而在相当程度上是因为无产阶级精神是中国人十分熟悉的("社会主义革命大成于中国,其主要根源在于中国的传统文化"[3])。传统中国虽然只有身家观念而缺乏公德,但并不缺少仁义的思想。[4]

以为梁漱溟建国后采纳了阶级论的思维方式[5],这是一个莫大的误解。虽然《两年

---

① 梁漱溟:《中国建国之路》,载第三卷,第404、408页。
② 梁漱溟:《中国建国之路》,载第三卷,第406页。
③ 丁耘:《大陆新儒家与儒家社会主义——以梁漱溟为例》,载《文化纵横》2010年第2期,第66页。
④ 梁漱溟:《乡村工作中一个待研究待实验的问题——如何使中国有团体组织》,载第五卷,第763页。
⑤ 详参贺照田:《当自信的梁漱溟面对革命胜利……——梁漱溟的问题与现代中国革命的再理解之一》,载《开放时代》2012年第12期,第74—96页。贺照田认为梁漱溟在1951年至"文革"结束期间转而信奉"阶级斗争建国论";汪东林截然相反,认为梁漱溟一以贯之地反对阶级斗争,参见氏作:《1949年后的梁漱溟》,当代中国出版社,2007年。与梁漱溟形成鲜明对比的大概是同为第一代大陆新儒家的贺麟,他接受了马克思主义,加入了中国共产党。

来我有了哪些转变?》和《我的努力与反省》已经表露出对阶级论的认可，但很快就能看到梁漱溟的悄然改变。在斗争严苛的"文革"时期，梁漱溟着手撰写《中国——理性之国》和《人心与人生》。建国的核心是提升人心，中国问题与人生问题再一次合题。

梁漱溟认为，斯大林号召"技术决定一切"和"干部决定一切"，而中共 1957 年展开的整风则是："务虚先于务实，务虚重于务实。致力于政治思想收效于经济业务，整顿作风促进技术者，在苏联殆未见有之。"苏联对共产主义的描述是"苏维埃政权加上全国电气化"，而全不重视人的思想。①

> 共产社会不同于资本社会者……在其社会新的风尚、礼俗、道德……身的时代即将过去，心的时代就要到来。新社会其必非个人本位固不待言，亦非什么集体本位，而是很自然地要走向伦理本位之路。不过于旧日此一人对彼一人那些伦理之外，特重在集体对个人、个人对集体这一伦理关系……社会主义国家在无产阶级专政下，一时仍不能不用刑罚制裁坏分子，而首要致力则在人们的思想改造，以世界革命的远大志愿提高人们的意识，而且言教加之身教，形著成社会新风尚。②

梁漱溟笔下的社会主义有新伦理、新礼俗、新风尚，而这些与中国的传统伦理精神并不相悖；甚或说，正因为它们与中国的传统伦理有相当大的契合，才得以在中国生根发芽。考虑到"文革"要破除旧思想、旧文化、旧风俗、旧习惯，打破了儒家的礼乐运动③，梁漱溟悄然将中国共产党的社会主义革命与传统中国相接，以表面上同样赞赏新礼俗、新伦理、新政治习惯的话语，暗中批驳了社会主义革命对传统中国核心价值的某些破坏。在这个意义上，正如梁漱溟在几十年前展开一场逆转新文化运动的新文化运动一样，此时正要开展一场否定"文化大革命"的文化革命，逆转共产主义新伦理的新伦理。

此外，在《中国——理性之国》中，梁漱溟更加直白地将中国传统与中国共产党建立衔接，甚或说将中共的成功奠基于中国的传统，而不是对传统的破坏。这样一来，问题就是："能以礼让为国"，"子为政，焉用杀"。④

---

① 梁漱溟:《中国——理性之国》，载第四卷，第279—280 页。实际上，苏联(尤其是斯大林时代)也非常注重对人心的改造。斯大林的生命是有限的(mortal)，而斯大林主义对人心的改造却是长存的(immortal)，它是"潜入我们内心的斯大林主义"。详参费吉斯:《耳语者:斯大林时代苏联的私人生活》，毛俊杰译，广西师范大学出版社，2014 年。

② 梁漱溟:《中国——理性之国》，载第四卷，第 455、459、468 页。

③ 梁漱溟讲:"儒家的礼乐运动，殊未得彻底成功;然已成就不小:一面是种下了中国人的和平根性，一面是扩大并延续民族生命到现在。"参见梁漱溟:《乡村建设理论》，载第二卷，第 184 页。

④ 梁任公引《论语》之语，参见梁漱溟:《中国——理性之国》，载第四卷，第 475 页。

中国在世界上所以率先建设社会主义，盖因其自有几千年历史文化背景在……无产阶级精神既有其高于我们传统习俗之处，同时又和我们固有精神初不相远，中国人很容易学得来。①

梁漱溟一生就中国问题的方案面临三次挑战，一次是走欧洲近代民主政治的路，一次是走国民党俄国化的道路，一次是中共的路。在他看来，以利相接（西洋道路）和以力服人（俄国道路）终究不适合于中国，唯有中共开出新路，带领人民走向新天地。他关于"建国运动"的论述，先是选择了逆转新文化运动的新文化运动（乡村建设运动），又以赞扬中共接续而非割裂传统的方式构建了中共建国论，最后则落脚于在传统伦理与中国无产阶级精神之间寻求契合点的文化尝试。②

无论具体时局如何变化，梁漱溟如何因应时局，他所关心的始终是人生问题与中国问题，终归于《人心与人生》。梁漱溟虽然早有写作《人心与人生》的计划，但因为"九一八"事变、"七七"事变而一再延宕③，最终完成于"文革"时期。虽然梁漱溟"建国运动"所托付者不同，但其心中所向丝毫未改，将建国问题化约为人心与文化的问题，实乃一种道统建国，而非治统建国。④

---

① 梁漱溟：《中国——理性之国》，载第四卷，第474、480页。梁漱溟讲："新习惯新能力（纪律习惯、组织能力）的养成，必须合乎中国固有的精神。如不合乎中国固有的精神，必不易养成。"对勘贺麟之语："我想以'十年树人'的新说法，代替'百年树人'的旧观念，并不是要在教育大业上欲速助长，急功好利，意思无非要指出教育功效之速，远非一般人之所想象。"亦对勘毛泽东之语："'十年树人'极为必要，非此不能建立社会主义。加上过去八年，十八年树人，估计可以基本造成马克思主义的工人阶级的专家队伍。"与毛泽东"六亿神州尽舜尧"接近的是，刘少奇曾言："《孟子》上有这样一句话：'人皆可以为尧舜'，我看这句话说得不错。每个共产党员，都应该脚踏实地，实事求是，努力锻炼，认真修养，尽可能地提高自己的思想和品质，不应该望到马克思列宁主义创始人那样伟大的革命家的思想和品质，认为高不可攀，就自暴自弃，畏葸不前。如果这样，那就会变成'政治上的庸人'，不可雕的'朽木'。"参见梁漱溟，第五卷，第325页；贺麟：《树木与树人》（1946年），载《文化与人生》，第239页；毛泽东：《做革命的促进派》（1957年10月9日），载《毛泽东选集》第五卷，人民出版社，1977年，第466—479页；毛泽东：《在中共八届三中全会上的讲话提纲》（1957年10月9日），载《建国以来毛泽东文稿》第六册，中央文献出版社，1990年，第594页；刘少奇：《论共产党员的修养》）。

② 丁耘认为："《中国建国之路》是认识新中国的政统之作，而《理性之国》则是论证新中国的道统。"参见氏作：《大陆新儒家与儒家社会主义——以梁漱溟为例》，载《文化纵横》2010年第2期，第64页。

③ 在一定程度上，偏于中国问题而非人心问题，是救亡压倒启蒙在梁漱溟自身问题意识中的体现。"自从1931年的'九一八'事件后，日寇向中国进逼一天紧似一天，直到'七七'而更大举入侵，在忙于极端紧张严重的中国问题之时，像人生问题这种没有时间性的研究写作之业延宕下来不是很自然的吗？"梁漱溟：《人心与人生·自序》，载第三卷，2005年，第526—527页。

④ 关于"道统建国"与"治统建国"的区分，得自王船山的某种提示："天下所极重而不可窃者二：天子之位也，是谓治统；圣人之教也，是谓道统。治统之乱，小人窃之、盗贼窃之、夷狄窃之，不可以永世而全身；其幸而数传者，则必有日月失轨、五星逆行、冬雷夏雪、山崩地拆、霾飞水溢、草木为妖、禽虫为蠚之异，天地不能保其清宁，人民不能全其寿命，以应之不爽。道统之窃，沐猴而冠，教猱而升木，尸名以徼利，为夷狄盗贼之羽翼，以文致之为圣贤，而恣为妖妄，方且施然谓守先王之道以化成天下；而受罚于天，不旋踵而亡。"参见王船山：《读通鉴论》卷十三，中华书局，2013年，第339页；对勘钱穆对孙中山国父之说的若干提示，参见氏作：《道统与治统》，载《政学私言》，第86—87页。

乡村建设百年演变与新时期乡村振兴[*]

周　立　李彦岩　方　平（中国人民大学农业与农村发展学院）

摘　要　中国近百年的乡村建设实践，始于20世纪初民间自发的乡村建设派围绕文化和教育进行农村建设的尝试，兴于国家进场后中国共产党带领农民围绕土地所有制进行的变革，盛于国家主导下开展的新农村建设对农村从"汲取"到"给予"，成于新时期的乡村振兴战略。破解新时代的新矛盾，亟待补齐农业农村发展滞后这块短板，为全面建成小康社会和实现社会主义现代化，奠定坚实基础。城乡融合、产业振兴和四化同步将有效解决农村发展的不平衡、不充分、不同步状态，走出中国特色的乡村振兴之路。

关键词　乡村振兴　农村发展　两个百年目标

十九大报告强调，必须始终把解决好"三农"问题作为全党工作的重中之重，坚持农业农村优先发展，实施乡村振兴战略。中国特色社会主义进入新时代，社会的主要矛盾已经转变为人民日益增长的美好生活需要和不平衡不充分的发展之间的矛盾。中国发展中最大的不平衡，是城乡之间的发展不平衡；最大的不充分，是农村发展的不充分；最大的不同步，是农业农村现代化，滞后于城镇化、工业化和信息化。破解新时代的新矛盾，亟待补齐农业农村发展滞后这块短板，为全面建成小康社会和实现社会主义现代化，奠定坚实基础。作为国家战略，推进实施乡村振兴是一个庞大的系统工程，构建实施系统工程的整体框架，必须考虑到历史和现代的联系、继承和发展的关系。本文将从乡村振兴实践的三阶段演进，来探究乡村振兴战略的百年演变，回顾历史、凝聚共识、展望未来，探寻新时代中国特色的乡村振兴道路。

* 本文为中国人民大学科学研究基金研究品牌计划（15 XNI 009）"建设农村普惠金融体系研究"成果。周立，中国人民大学农业与农村发展学院教授，博士生导师。研究方向为农村可持续发展、农村金融、食物体系。主要著作有《极化的发展》《中国各地区经济发展与金融增长（1978—2000）》《食品安全与一家两制》等。李彦岩、方平，中国人民大学农业与农村发展学院博士生，研究方向为农村发展。

一、乡村振兴的"中国之谜"

在决胜全面建成小康社会这一特定时期，提出实施乡村振兴战略，体现了中国现代化进程中的道路自信、理论自信、制度自信和文化自信。继若干个"中国之谜"之后，乡村振兴战略的实施，将再为世界增添一个现代化进程中，同步实现乡村振兴的"中国之谜"。

中国发展道路迥异于西方，已经带给了世界若干个"中国之谜"，如科技应用的"李约瑟之谜"，中国资本主义萌芽的"韦伯疑问""高财政赤字和高货币供给量的同时保持价格稳定的现象"的"麦金农之谜"，以及 Preston 提出的股市表现的"中国之谜"，周立、冯辉和董玄提出的农村金融滞后于中国发展的"中国之谜"。诸多"中国之谜"，来源于西方的理论和经验不能有效解释中国发展实际。十九大提出乡村振兴战略，将再一次走出农村发展的中国特色道路，为世界各国现代化进程中乡村普遍衰落，提出有力回应，并有望打破现代化进程中乡村衰退这一"铁律"，凸显和进一步增强中国的四个自信。

二、百年乡村振兴实践的三个阶段

现代化进程同时伴随乡村凋敝，是世界范围内的普遍现象。步入工业化和城市化中期加速阶段的中国，也出现了明显的城乡差距过大、乡村治理失序等发展的不平衡不充分现象。直面中国社会新矛盾，积极回应时代新挑战，需要立足中国基本实践，近百年来的中国乡村发展，在现实与历史错综复杂的互动进程中不断演进，大体经过"乡村建设——新农村建设——乡村振兴"三个阶段：

民国时期前后，大批地方乡绅与知识分子积极投身于乡村建设，探索地方自治与乡村自救之道。根据国民政府的统计，民国初期的乡村建设机构有 600 多个，各类的乡村建设试验区有 1000 多个，但此时的建设实践主要集中于文化教育方面，对于农村发展的复兴效果并不明显。与这些乡建派的乡村建设实践不同的是，中国共产党开启了没有乡建派的乡村革命实践，彻底改变了乡村内部的社会结构，通过领导广大农民围绕土地所有制的一系列革命，先后实践了农民土地私有制、合作化、人民公社、包产到户等不同时期的土地所有和经营形式，在农村进行农田水利建设、基础公共设施建设、提供教育医疗等基本公共服务，显著提高了农业生产与农民生活水平。

表 1　　　　　　　　　　百年乡村振兴实践的三个发展阶段

	阶段	具体措施	影响
20 世纪初—2005	乡村建设	从国家到地方，尝试用兴办新式教育、土地产权改革、推进农业合作、农业经营统分结合、深化农业市场化的改革，取消农业税等方式发展乡村产业，促进农民就业，提高农业生产水平	确保国家粮食安全和社会稳定，农业和农村为国家发展做出直接且不可替代的贡献
2005—2017	新农村建设	大力发展农村及设施建设，千方百计促进农民增收，深化农村体制机制改革，尝试理顺城市与乡村的关系，推进城乡统筹与一体化发展，积极应对全球化对农业农村带来的竞争	极大提高了农业、农村的生产生活水平，为社会综合的发展，尤其是经济的创新和环境的可持续提供的重要支撑
2018—2050	乡村振兴	产业振兴、城乡融合、四化同步	2020 乡村振兴制度框架和政策体系基本完成；2035，农业农村现代化基本实现；2050 乡村全面振兴，农业强、农村美、农民富（预期）

资料来源：根据历次中央党代会报告以及改革开放以来针对农业发布的政府 1 号文件整理。

2005 年，从国家层面开启的新农村建设，是中国乡村发展的新阶段。面对全球化的新形势，这一波乡村振兴的尝试已经不再局限于乡村，而是在以工补农、以城带乡的全面部署下，动员更广泛的社会力量参与。新农村建设提出了"生产发展、生活富裕、乡风文明、村容整洁、管理民主"的总要求，坚持和完善农村基本经营制度，加快农村要素市场建设，深化农村产权综合改革成为新农村建设的重点任务。在农村基础设施和基本公共服务的建立完善上，取得了决定性进展。

2017 年 11 月，由十九大开启的乡村振兴战略，在前两个阶段的基础上，进行全面超越。乡村振兴被第一次提升为国家战略，而且成为国家七大战略中的唯一一项新战略。乡村振兴战略以"产业兴旺、生态宜居、乡风文明、治理有效、生活富裕"为总要求，在各方面对新农村建设进行提档升级。通过建立健全城乡融合发展体制机制和政策体系，加快推进农业农村现代化。体现了优先发展、精准定位、突出矛盾这三大特点。在全面决胜建成小康社会的新时代，重点解决三大问题：最大的发展不平衡，即城乡发展不平衡；最大的发展不充分，即农村发展不充分；最大的不同步，即农业农村发展滞后于城镇化、工业化和信息化，成为中国现代化进程中的最大发展短板。振兴乡村，成为实现"两个百年"目标的关键节点。

三、从民间自发到国家进场：乡村建设派和乡村革命派的乡村建设

20 世纪初的乡村建设运动，发轫于内忧外患的时代背景。第一次鸦片战争后，中国被卷入世界市场体系中。外有西方列强和帝国主义压榨中国农民、手工业者和民族工商业，内有封建地主阶级的剥削和各类军阀的连年混战，同时中国开始进入工业化原始积累阶段，加大了对农业和农村的榨取，在多方"抽血"式的破坏中，中国传统的农村经济和小农乡土社会濒临崩溃。面对这一现状，为了挽救乡村挽救社会挽救国家，民间开始自发进行乡村建设，首先是以各地良绅和知识分子为主的乡建派的乡村建设实践，后来是以中国共产党为领导的革命派的土地革命实践。

1. 民间自发：乡村建设派的乡村建设实践

乡村建设可以追溯到 1904 年米春明、米迪刚父子在河北定县的"翟城实验"。被认为拉开了乡绅探索本地地方自治和乡村自救的序幕①。米氏父子以翟城村为示范，发动民众成立自治组织，为本地村民制定村规民约、兴办新式教育并积极发展当地经济，一系列的举措改善了翟城村的面貌，为村一级的农村建设和乡村自救，趟开了一条新路。同时，清末状元张謇作为实业家，则在其家乡南通进行了县一级的乡村建设探索。地方"良绅"在不同范围内自发进行的挽救乡村的实践经验，无疑是宝贵的探索，为之后轰轰烈烈的百年乡村振兴实践迈出了第一步。但不容忽视的是，在传统"皇权不下县"的政治格局下，乡绅代表着本地的统治者阶层，有着自身的阶级利益，其挽救乡村的行动除了基于爱国救国心之外，也不可避免是为了维护自己作为权贵阶层的统治基础。因此，阶层与利益的局限性，使得地方"良绅"并不是推动乡村建设运动最佳领袖②。

到了 20 世纪 20 年代至 30 年代，民间的乡村建设运动如火如荼地开展起来了。据统计，当时服务于乡村建设的机构有 600 多个，各类的乡村建设试验区有 1000 多个，其中最有名的是梁漱溟的邹平模式、晏阳初的定县模式和卢作孚的北碚模式，都是由知识分子和实业家主导发起的乡村建设运动，比乡绅主导的乡村建设实践更加注重文化和教育。

梁漱溟认为，乡村建设除了消极地救济乡村之外，还要积极地创造新文化，所谓乡村建设，就是从中国旧文化里转变出一个新文化来。因此，在实践上，除了引入优良农业品种、发展先进农业技术、建立金融流通组织等技术层面的尝试外，梁漱溟把乡村建设的中心放在了农民教育上，包括培养农民的团体组织精神、启发农民的智慧、革除农民的生活陋习等。晏阳初的定县模式经验主要体现在"四大教育"和"三大方式"上，

---

①　李晓明：《"近现代中国乡村建设思想"研讨会观点综述》，《求知》2012 年第 3 期，第 39—41 页。

②　潘家恩、温铁军：《三个"百年"：中国乡村建设的脉络与展开》，《开放时代》2016 年第 4 期。

四大教育分别是文艺、生计、卫生和公民四大教育计划，三大方式分别是学校式教育、社会式教育和家庭式教育，不难看出，晏阳初非常注重对农民的教育，在这一点上与梁漱溟十分相似。卢作孚的北碚模式，在注重对农民的教育的之外，更加重视经济建设，因地制宜地在北碚发展了矿业和纺织业，促进了当地经济的发展。

知识分子和实业家主导的乡村建设实践，更多注重文化和教育，这与知识分子代表社会中的"教化"权力角色相契合。知识分子在当地开展翔实深入的调研，怀着知识报国和改造社会的情怀，践行着对农民的"教化"，在各地试验区都取得了一定的成绩。知识分子群体是参与乡村建设运动最长久、最持之以恒的力量，无论是民国时期、新中国成立后还是当下，各类知识分子都在积极推动乡村建设实践。但是，知识分子推动的乡村建设运动，只能建立在既有知识框架下，对乡村问题作出判定，进而开出药方，再身体力行为乡村"疗伤"，固然能取得一定成绩，但知识分子推动的乡村建设运动，后来被梁漱溟承认是"自己运动、乡村不动"，由外到内的"疗伤"也许并未精准治疗在病灶上。原因可能在于知识分子并非生发于乡村，对农民关心的最本质的问题没有精准把握，或者即使能够把握到，也因没有能力整合当地政治、经济资源而无法做出切实的行动①。因此，囿于认知和能力的局限性，知识分子也并非领导乡村建设运动的最佳领袖。

2. 国家进场：乡村革命派的彻底变革

在地方良绅和知识分子开展乡建运动的同时，中国共产党在中央苏区根据地，也开辟了乡村建设试验田，其间的尝试和举措，为推进新中国农村建设积累了宝贵经验。新中国成立后，中国共产党全面执掌政权，从此，在乡村建设的场域中，国家正式进场。中国共产党有能力，也有情怀，担当了彻底变革乡村的领导角色。通过领导广大农民围绕土地所有制的革命性探索，走出了一条彻底改变乡村社会，彻底改变城乡关系的农村建设之路。

在新民主主义革命时期，确立农民土地私有制。1950年颁布的《中华人民共和国土地改革法》，明确规定实行农民土地私有制，大大激发了农民的生产积极性，农业生产快速恢复。1953年开始，"一化三改"完成，又开始了农业合作化运动，农民在国家动员下，不断交出土地所有权，相继加入了互助组、初级社和高级社，将农村从个体经济，改造成社会主义集体经济。1958年，中央政治局讨论通过了《关于在农村建立人民公社问题的决议》，在全国范围内推动实现人民公社化，农村土地制度完全变成了集体所有。由于农业生产水平一直无法满足国家发展和人民生活所需，必须在生产关系上

---

① 赵旭东：《乡村成为问题与成为问题的中国乡村研究——围绕"晏阳初模式"的知识社会学反思》，《中国社会科学》2008年第3期，第110—117页。

做出突破。1983 年中央下发文件，指出联产承包制是"农民的伟大创造"，人民公社解体，以家庭联产承包为主的责任制、统分结合的双层经营体制，成为我国乡村集体经济组织的一项基本制度，得以确立。生产关系的变革，使得农业生产力得到快速发展。同时，通过大力发展乡镇企业和促进农工商综合发展，大大提高了农民收入和生活水平。

回顾新中国成立后一直持续的"没有乡建派的乡村建设"运动，国家主导成为明显特征。有别于民间自发的乡建派。中国共产党以革命派的角色，带领农民围绕土地所有制，进行了一系列乡村社会的彻底改革。民间自发的乡建派乡村建设，其形式大多是"孤岛"式的探索，并没有形成相对稳定的社会组织和持久的影响力。国家进场后没有乡建派的乡村建设，由中国共产党作为领导角色的乡村革命派，对农村社会和城乡关系进行了彻底变革，一方面建立起一个以集体所有制为基础的乡村社会，另一方面推动了农业支持城市和工业发展的国家工业化。

四、从"汲取"到"给予"：国家主导的新农村建设

国家进场后，农业生产组织形式和城乡交换关系，都在国家主导之下。通过模仿苏联的"国内外市场相隔离条件下不同经济成分间的不等价交换"，农业和农村为国家工业化提供原始积累，带来了汲取性的制度安排。国家工业化和地方工业化相继完成后，反哺性的新农村建设，自 2005 年开始实行。通过"以工促农、以城带乡"，新农村建设调整了国民分配关系，加大了公共财政支持三农的力度，增强了农村基础设施建设，提高了农村基本公共服务水平，使得农村面貌焕然一新。

1. 从农村汲取：为工业化提供原始积累

以 1953 年国家对农产品实行统购统销制度为发端，农业开始担负为国家工业化提供原始积累的历史使命。农业为工业发展，至少提供了如下五类贡献。一般归纳为农业的五大贡献：（1）食品贡献，指农业为城市产业工人为中心的非农业部门人口提供粮食和其他食物。（2）原料贡献，指农业为食品加工、烟草、纺织、制革等工业部门提供原材料。（3）市场贡献，指农民通过购买工业部门生产的诸如化肥、农业机械等生产资料，以及日常生活用工业消费品，从而为工业部门提供广阔的农村市场。（4）要素贡献，指农村的土地、资本（农业税、工农产品剪刀差、资金净流出）、劳动力和企业家才能这四种生产要素，通过各种方式向城市和工业部门转移。（5）外汇贡献，是指通过以农产品为主的初级产品出口，为经济发展提供紧缺的外汇。通过这五类贡献，国家汲取了农业剩余，支援了城市和工业发展。

到 2005 年，农业在国民经济中的比重降至 12.4%，农业为工业提供原始积累的历史任务已经完成。同时，国内生产总值增速保持 9% 以上，GDP 实现 18 万亿元，国家

财政收入突破 3 万亿元，工业反哺农业的条件已基本成熟①。汲取性的城乡二元结构，严重制约着农业和农村发展，必须要进行战略转变。

2. 向农村给予：以工补农以城带乡

工业反哺农业城市支持农村，这一方向性的战略转变，终于到来。2005 年 10 月，党的十六届五中全会提出建设社会主义新农村的历史任务，提出三农工作"重中之重"的战略思想，制定了"多予、少取、放活"的工业反哺农业、城市支持农村的重要方针，并提出了新农村建设的基本要求：生产发展、生活宽裕、乡风文明、村容整洁、管理民主。涉及农村政治、经济、文化、社会的方方面面，与乡建派侧重于文化教育，革命派侧重于农村土地制度变革，新中国成立后侧重于发展农业生产提取农业剩余相比，大大拓展了农村建设的内涵和外延。

新农村建设以改革国民收入分配关系为前提。2005 年全国各省市基本取消了农业税费，地方因此减少的收入由中央财政进行转移支付，同时，对农民实行直接补贴、良种补贴、农机具购置补贴、农资综合补贴以及退耕还林补贴。通过国民收入的再分配实现财政支农。与此同时，政府大力推进农村教育、卫生等社会服务，自从 2007 年起农村义务教育阶段的学生全部免除了学杂费，新型农村合作医疗自 2003 年试点以来，迅速覆盖了大部分农村居民。

社会主义新农村建设中，中央财政加大投入，逐步完善农村公共基础设施建设。对农村的基础设施建设体现在方方面面，包括村庄自来水管建设和电网改造，村庄垃圾搜集，沼气、秸秆发电、风能、太阳能等可再生能源建设，广播电视和互联网建设，公路村村通、电话村村通、金融网点村村通等。以上建设均得到了中央财政的专项支持，财政支农投入每年呈现增量趋势。要补齐农村短板，不但需要财政总量投入增加，更需要人均财政投入超过城市中的人均投入，这样农村的基础设施和公共服务水平才能缩小与城市的差距，进而赶上甚至超越城市。

虽然国家对农村的支持保护力度逐年增大，但不容忽视的是，农村依然呈现衰败态势，农民收入与城市收入差距的绝对额一直在扩大，农村的优质教育、医疗服务水平依然很低，农村空心化老龄化趋势一直在加剧，农业现代化严重滞后于工业化、信息化和城镇化。乡村振兴不仅仅是维持现状，而是要全面振兴。舍弃农村的城市繁荣，只是表面的不可持续的繁荣，放弃农民后的市民小康，也不是中华民族的全面小康。② 因此，十九大报告提出的乡村振兴战略，是解决人民日益增长的美好生活需要和不平衡不充分

① 邱家洪：《中国乡村建设的历史变迁与新农村建设的前景展望》，《农业经济》2006 年第 12 期，第 3—5 页。

② 《全面小康，一个都不能少》，新华网，2015 年 11 月 4 日，http://news.xinhuanet.com/ politics/2015—11/04/c_128392042.htm。

的发展之间矛盾的必然要求，是实现"两个百年"奋斗目标的必然要求，是实现全体人民共同富裕的必然要求。

五、超越与冲刺："两个百年"目标下的乡村振兴道路

实施乡村振兴战略，是中国解决三农问题的新起点，对中国农村改革发展有重要意义。从新农村建设到乡村振兴战略，20字总要求的变化，两种表述并不是断裂关系，而是一种继承和超越，是顺应中国乡村社会在新时代现实发展需求的理论概括。报告提出的城乡融合发展，也较之前统筹城乡、城乡一体化更进一步。同时，报告也重申了农业现代化，是四化同步中的最大短板。在农村基本经营制度方面，明确改革方向是强调和落实集体所有权，因地制宜推进制度创新。在农村产权改革方面，明晰改革方向为壮大集体经济，聚焦农村经营性资产的改革，进而增加农民收入。从农工商一体化，到一二三产业融合发展，农民在农业领域创新的机会不断增多，新业态的发展空间广阔。①

1. 三大超越与三大出路：城乡融合、产业振兴与四化同步

中国最大的发展不平衡，是城乡发展不平衡。从十六大到十九大的15年之间，中国城镇化率已经由39.1%发展到57.4%。中国城乡发展理论的核心也随之发生了三次重要转变，即从统筹城乡发展，到城乡一体化发展，再到城乡融合发展。这样的转变，顺应了解决"三农"问题的时代条件和实践要求，体现出城乡之间呈现出内在的融合渗透的关系，标着中国在进一步集成创新过去五年的三农工作的基础上，继承了过去三十多年的农业创新。②因此，城乡发展的新旧表述之间存在着理论上的深层次继承关系。在新时期的城乡融合发展过程中，关键是通过推动城乡公共服务一体化，构建城市和农村命运共同体的创新路径。由此，面对农村发展的不平衡，城乡融合发展成为破解不平衡的核心路径。

中国最大的发展不充分，是农村发展不充分。产业兴则百业兴，从生产发展升级为产业兴旺，说明乡村振兴战略将农村产业振兴作为其最主要的政策实施要点。产业兴旺，侧重于突出农村的产业多样化的融合发展。新农村建设中的生产发展，更多是强调农业和粮食的发展。这一政策表述的重要变化，顺应了新时代全面决胜小康社会的大背景。产业融合发展，一方面有利于直接增加农民收入，另一方面，产业链条的拉长意味着农民在农业领域创业、创新的机会就越来越多，新产业、新业态的发展空间就越来越

---

① 《走中国特色社会主义乡村振兴道路》，人民网，2018年1月1日，http://theory.people.com.cn/n1/2018/0101/c40531-29738438.html。

② 魏后凯、闫坤、谭秋成：《中国农村发展报告(2017)》，中国社会科学出版社，2017年。

广阔。在这个过程中，新时代的农村产业振兴必将超越第一产业本身，创造出一二三产业融合的新业态，为乡村振兴战略的实施提供重要的支撑。由此，面对农村发展的不充分，产业振兴成为破解不充分的核心路径。

中国最大的发展不同步，是四化不同步，突出表现为农业农村现代化，滞后于城镇化、工业化和信息化。要实现四化同步，没有既定的道路可循。正如习近平同志《在十八届中央政治局第九次集体学习时的讲话》指出："我国现代化同西方发达国家有很大不同。西方发达国家是一个'串联式'的发展过程，工业化、城镇化、农业现代化、信息化顺序发展，发展到目前水平用了二百多年时间。我们要后来居上，把'失去的二百年'找回来，决定了我国发展必然是一个'并联式'的过程，工业化、信息化、城镇化、农业现代化是叠加发展的。"在十八大报告提出之后的五年里，中国的新型工业化在供给侧结构性改革的过程中得到深化，城镇化水平显著提高，信息化程度已经接近或达到国际领先地位。然而，农业现代化发展不充分，一定程度上制约了中国四化同步的进程。所以，乡村振兴战略的最终归宿将是以新型工业化、城镇化和信息化带动农业现代化，弥补"短板效应"，促进四化的均衡发展，着力解决农业农村发展不同步问题。由此，面对农业农村发展的不同步，四化同步成为破解不同步的核心路径①。

2. 冲刺"两个百年"目标：中国特色乡村振兴道路

世界各国在现代化进程中，普遍面临乡村衰落困境。中国的乡村振兴实践，历经百年演变，已经积累了宝贵经验。在决胜全面建成小康社会的关键时期，十九大报告提出乡村振兴战略，是对全球乡村衰落困境的有力回应，有望打破现代化进程中乡村衰退这一"铁律"，中国特色的乡村振兴之路，将为世界增添一个新的"中国之谜"。

2017 年年底中央农村工作会议指出，如期实现第一个百年奋斗目标并向第二个百年奋斗目标迈进，最艰巨最繁重的任务在农村，最广泛最深厚的基础在农村，最大的潜力和后劲也在农村。《人民日报》评论提出，应立足"大国小农"的基本国情农情，走中国特色社会主义乡村振兴道路。这包括重塑城乡关系的城乡融合发展之路、巩固和完善农村基本经营制度的共同富裕之路、深化农业供给侧改革的质量兴农之路、坚持人与自然和谐共生的乡村绿色发展之路、传承发展提升农耕文明的乡村文化兴盛之路、创新乡村治理体系的乡村善治之路、打好脱贫攻坚战的中国特色减贫之路②。通过这七条道路的实施，推动中国特色的乡村振兴，让农村不再是落后之地、贫穷之地、荒凉之地的

---

① 周立：《新型城乡关系与中国的城镇化道路——对城乡二元结构本质问题的再思考》，《人民论坛·学术前沿》2016 年第 8 期，第 18—25 页。

② 《中央农村工作会议在北京举行 习近平作重要讲话》，中国政府网，2017 年 12 月 29 日，http://www.gov.cn/xinwen/2017—12/29/content_5251611.htm。

代名词，而将成为美丽之地、富足之地、生机勃勃之地的新名片。

　　站在冲刺全面建成小康社会目标的当下，回首百年以来中国乡村振兴实践。起于民间自发的乡建派围绕文化和教育进行农村建设的尝试；兴于国家进场后，中国共产党作为乡村革命派带领农民围绕土地所有制的彻底变革；盛于国家主导下的新农村建设对农村从"汲取"到"给予"；成于新时期的乡村振兴战略，城乡融合、产业振兴和四化同步，将超越农村发展的不平衡、不充分、不同步，走出中国特色的乡村振兴之路。前途是光明的，道路是曲折的，但惟其艰难方显勇毅，唯其磨砺始得玉成，扎实推进乡村振兴战略，将冲刺实现"两个百年"伟大目标，全面建成小康社会，最终建成富强民主文明和谐美丽的社会主义现代化强国。

"鱼与熊掌,何以兼得?"——二十世纪早期 "村治派" 对民族出路的理想建构

察应坤(山东大学儒学高等研究院)

摘 要 20世纪早期,"村治派"以孙中山三民主义为标榜,提出在新的时机,"村本政治"才是民族出路。村治派的思想主张在当时的中国是一种因袭与革新并进的文化追求,是吸纳欧化精髓的创新性社会发展。它力图既要吸取西方的科学与技术,推动中国实现近现代化的发展,又要保持住中国特有的特质和态度;它希望国家治理重心下移,能够用政权的力量推动实现国家意志的贯彻和民族精神的重塑,同时,它又希望实现自下而上的民主政治发展模式,通过地方自治激发地方参与精神,促进政府决策的民主化、科学化,监督、制约公共权力的运行。他们试图消解保留本土文化价值和发展现代化之间的紧张关系,在当时政治专制和农村经济衰败的背景下没有达到预期。

关键词 村治派 王鸿一 吕振羽

中国近代史上,改良主义者在历次重要的时间节点都以"自任于道"的责任感扮演着戏剧性的角色,1898年戊戌变法,1911年辛亥革命,1919年新文化运动,他们往往以粉饰的新观念尽弹簧向上之势奋力登上舞台,却又每每以悲剧化的角色收场,愈来愈处于政治权力的主流之外。1928年南京国民政府的成立,从表面上实现了全国一统的局面,如何建设国家与恢复社会,成为当时急需面对和解决的课题。受此激励,地方本土派改良主义者经过几年颇为有效的乡土实验后也从边缘的一角大胆登上了时代的舞台。

以王鸿一、米迪刚为代表的地方文化保守主义者,主张本着中国固有文化之精神,主张建设"以村为本位"的村本政治,以"全民政治的完成,全民生计的解决"重塑中国伦理基础上的民族生活方式和习惯行为,重建学政统一的思想与知识学术的法则,期望将政教合一,以学统政,使得政治、经济、文化三大问题整个解决,实现国家富强,恢复民族自信力。在二十世纪早期的民族自救运动中,这是"村治派"为争取实

现国家现代化发展与民族文化振兴的最大公约数的积极努力和理想建构。它学理上的建设很快被土地革命理论所消解，它所推动的社会实践在政治当局和基层农民的夹缝中也很快黯然失色。

一、王鸿一领导下"村治派"的形成

王鸿一（1875—1930），名朝俊，字黉一，以"鸿一"行世，清末濮州沈口里刘楼村人（今属山东省鄄城县闫什镇），官费日本留学生，早期同盟会会员，革新派政治家、教育家、实业家，社会活动家。历任山东提学使、省议会副议长、省立第六中学、第一中学校长、村治月刊社社长等。王鸿一先后在东京早稻田大学和宏文学院师范科就读。当时的日本正处在甲午战争胜利蔑视排外的时期，在这种氛围中，王鸿一深感个人认同和民族认同危机并存。1902 年王鸿一回国后先后创办了多所新式的中小学堂、土匪自新学堂、警务学堂、保姆养成所、曹州师范，秉承"以教以养"的理念，对鲁西南近代教育事业的发展起到了开拓性的贡献。1906 年冬季到 1907 年夏初之间，王鸿一加入了同盟会，建立了曹州同盟会组织，以曹州中学堂为基础，组建了革命武装团体尚志社。辛亥革命胜利后，王鸿一任职山东省议会副议长，除了大力发展山东教育外，还促成设立官方机构曹州府善后局、以发展实业为己任的民治社等民生组织。尽管在教育和实业方面取得了不小的成绩，但是却没有达到他预想的仿照欧美创办实业、兴办教育、从事革命能够改善民众生计、唤醒民众觉悟、谋求民族出路的目标，各方面的实践后果他认为"成效甚微"。同时，根据他自己在山东议会的经验，感觉资产代议政治也不符合当时中国的出路，促成了他开始向文化上转向思考："乃悟一切西洋实业教育政治，殆皆非其道。此中实有东西文化之根本问题。"[1]

本着文化固有精神进行"村治"实验的河北定县和进行村制革新的山西引起了王鸿一的注意。

河北定县翟城村治实验起始于 1902 年的翟城望族米鉴三的村治规划，他先后在本村创办了高等小学校、女子国民学校等开展民众识字教育。其子米迪刚从日本回国后，根据日本地方自治的经验，在学理上鼓吹组成翟城村治，以求实现"一般村治，在家与省县之间，取得显然平列之地位"。在取得县政府支持后，成立了翟城村自治公所，在推广义务教育、村民自治、村属土地利用方面取得明显成效。受此鼓舞，1919 年春，米迪刚在省议会提议创设直隶全省自治筹备处，督促实行乡村自治，他在天津创办《河北日报》，积极开展村治宣传活动。米迪刚鼓吹村治的效果并不理想，全省自治无法实现，《河北日报》创办一年亦宣告倒闭。

---

① 王鸿一：《遗言》，褚承志编：《王鸿一遗集》，山东文献社，1978 年，第 80 页。

山西的村制革新也得益于定县翟城的做法，而由于山西督军阎锡山的极力推广，颁布《县属村制通行简章》，把村制定为行政制度，以村为本的基层行政体制确立。阎锡山把村制作为他实行地方控制的基本战略，把官僚政治的权力渗透到乡村社会，客观上也促进了山西经济社会的发展，禁止缠足、禁吸鸦片、公共治安和识字运动等取得良好成效，一时间声誉名闻全国。

王鸿一根据他在山西所见所闻，吸收米迪刚村翟城村治的经验做法，把村治发展为教养化原则下的村治，认为在此原则下，村落自治政府包含中国的传统的政治思想和教育思想，村落自治才是解决当下中国问题的关键。米迪刚在百般失望之中听到王鸿一对村治的赞同，深为振奋，把王鸿一视作知音，重新振作起来。

1924 年，王鸿一联合米迪刚创办了中华报社，组织村治研究部，公布他们关于村落自治的思想，其后写出《建国刍言》和《中华民国治平大纲草案》，呼吁在乡村进行经济政治改革。但是时局动荡，影响极为薄弱。

1928 年，尽管残酷派系斗争中诞生的南京政权依然摆脱不了它既有的权力斗争轨道，一统中国的形势还是给了王鸿一等对于乡村建设发出热切呼唤的鼓舞。同年年底，王鸿一在阎锡山、冯玉祥、邹鲁等支持下筹办村治月刊社，该社以王鸿一为社长，总揽社务，吕振羽负编辑总则，以该社为中心，逐渐形成了一个以王鸿一为首的研究、宣传村治的知识分子群体，通称为"村治派"。其代表人物包括王鸿一、米迪刚、吕振羽、茹春浦、孙庆泉、王惺吾、尹仲材、杨天兢等，以及被王鸿一说服接续成为《村治月刊》主编的梁漱溟。此处的"村治派"思想不讨论后来梁漱溟所归纳总结的"乡村建设理论"，但是乡村建设理论是村治派思想的承继是历史事实。

二、"村本政治"为民族出路的提出

在当时，村治派以孙中山三民主义为标榜，提出在新的时机当中"民族精神之如何恢复，民权政治之如何确立，民生经济之如何解决，皆当积极演述实现之方法"。他们具体分析中国的现状，对应此三点，民族方面，固有文化精神根本破产，国民思想烦闷分歧而无所依归；民权方面，没有民主实施办法，贪污豪劣一样恣肆；民生方面，盗匪载途，灾荒荐臻，生产日落，失业日多，利源坐弃，荒地不开，水利不兴，农业不良，工业不振，交通闭塞，漏之日深。

1929 年 3 月 15 日，《村治月刊》正式出版，在创刊号《发刊辞》中，村治派提出四个亟待解决的问题。一是要建立民族文化，要继承中国固有文化的特殊精神，融合世界各民族文化的优点，为复兴中华民族的新文化。二是实行村本政治，改良乡村经济，树立真正民主基础。要根本改变欧美民主政治的虚伪性，须将政治的重心移至下层，建立民众直接参与的政治活体组织。只有建立这样的政治活体组织，民众自主自觉的精神才能实际表现，民权的运用才能有良好的效果，乡村经济的改良、教育的普及、民众的训练，才能圆满完成。三是移民实荒，巩固边隅，融合文化，调剂人口。四是振兴水利。[①]

而他们揭橥这些问题的目标依然是民族、民权、民生的具体落实和真正推动，"希望我民族的新文化能够树立，真正民主的精神，在民权主义的原则下，从村本政治中表现出来，垦务和水利，在民生主义的原则下，见诸事实"[②]。

王鸿一进一步明确指出，"村本政治"才是民族出路。村本政治，"夫全民政治者，乃政权操之民众，治权握之贤能，而政治之利益，归于全民之谓也"[③]。君主统治和欧美民主主义代议政治、苏俄政治都与此相违反。欧美代议政治，是资本大王专制；苏俄政治，则是社会投机分子，假借无产阶级之名实行少数专制。王鸿一认为唯独"吾国萌芽于三代中断于秦汉之教养政治，实满具全民之精神"[④]。中国今后应本着固有的文化精神，造成人格化的公开政治和教养化的贤能政治。教养政治中，"政"就是民事，包含精神生活、物质生活、社会生活种种日用行常的问题；"治"就是解决这些问题，使各得其所。"教"就是"明人伦、济民物"，"养"指"厚民生、兴民利，所以补不足，非以积有余"。这样才能"政权公诸天下，治权付之贤能，一切措施，用以解决人类生活各种必要之问题，以求平民之安宁与福利"[⑤]。并且，不仅仅如此，王鸿一指出，此教养政治下的全民政治，也是登进大同必有的路径。

王鸿一对于中国长期处于漫长专制历史、缺乏民主传统深为痛心，他认为，民众有选举权是民主政治产生、形成、延续的基本条件。欧美选举权沦为资本家大地主把持治权压迫工农民众的武器，不可能真正维持民主政治的生命。他分析中国秦汉以后君主传统政治是一姓一家之私事，所需要的模范治才，只以"罪臣当诛""天王圣明"为信条。而考试抢才制度利用知识阶级的拜官心理，以文艺辞章悬一富贵利达的目标笼络天下士子。王鸿一提出只有建设"以村为本位"的村本政治，才能实现"一切权利，根本在民"：

> 政权操于民众，治权始于乡村，权力不能被极少数人所垄断，阶级也不可能产生。村中治权，由村民直接选举本村贤良。由此对选举者方面，可以做到真正选举有能力之才；对被选举者方面，亦可以促使当选者努力建设干出一番成绩。村以上

---

① 《发刊辞》，《村治月刊》第1卷第1期，1929年3月。
② 《发刊辞》，《村治月刊》第1卷第1期，1929年3月。
③ 王鸿一：《建设村本政治》，褚承志编：《王鸿一遗集》，山东文献社，1978年，第22页。
④ 王鸿一：《建设村本政治》，褚承志编：《王鸿一遗集》，山东文献社，1978年，第22页。
⑤ 王鸿一：《建设村本政治》，褚承志编：《王鸿一遗集》，山东文献社，1978年，第23页。

官员，由服务村治人员根据考试选举原则累升递进，他们起自田野，深知民间疾苦，一定能关心民生、代表民意。所以运用民主政治下考试选举两制和考试选举两权，使民治基础得以巩固，民权得到保障，从而实现民主政治。[①]

如何建设村本政治，王鸿一分为村制、村政两部分。村制是规划农村组织及市区办法，制定村民行使四权规条及村市中一切规约；村政是实施保持秩序、增进生产、培养村风、开通民智四部分村政措施。对于以村为"本位"的秩序维持，要以礼教为主，以法治为补助。具体的实施，他并没有局限在农村区域，"其在乡村以编村为政治组织之单位，化农工商学为一家；其在城市以编街为政治组织之单位，化农工商学为一家"。这样做的好处，能够实现"无阶级的分化，故亦无所谓斗争"，"以全民建设，代替阶级斗争"[②]。不去分析他的阶级消除的观点，村制、村政的具体规划和村中治权直接选举的办法可以看出，他所设置的"村本政治"被赋予了地方行政机构性质和地方自治性质的双重职能。而他进一步得出，由此地方自治的实践，可以巩固民治基础、保障民权使用，从而实现民主政治。这一主张和法国历史学家托克维尔和英国政治学家詹姆斯·布莱斯的观点是一致的。他们认为，人们在积累地方自治的经验过程中，学习到了作为市民的责任义务和公共利益以及关于形成共识的知识，由此能够学习民主主义的实践，强化民主主义体制。

三、"鱼与熊掌"兼得的理想与困境

中国马克思主义新史学的开拓者和奠基人吕振羽是《村治月刊》的筹备人也是杂志早期的编辑负责人，在其早期思想中，他从政治民主主义的角度出发，把村治工作看成是当时国民革命的唯一出路。他说："我现在来参加村治运动，并不是放弃革命，而且认为是革命的唯一出路。我已经看真了村治运动，到今日又比军事工作重要，正如我以前不回农村去运动，而去参加军事工作，完全是一样的意义。"[③] 对于村治运动的重要性，他认为，今日之前的中国，不仅没有政治，而且没有国家；中国的农村社会，还只有社会的形态，并没有构成社会的实体组织；农村人民的思想，还只有一种习惯的迷信，并没有国民的意识。因此，要完成国家本体的构造，而产生健全的政治，便当完成农村社会之健全的组织，养成农民之国民的必要意识。村治便是适应这个需要的时代产物。所以，它不唯是中国今日一般问题中之一个客观上的重要问题，而且便可以说是农

---

① 王鸿一:《民主政治下考试选举两权并用之精神》,褚承志编:《王鸿一遗集》,山东文献社,1978 年,第 29 页。

② 王鸿一:《对党务之意见》,《天津大公报》1930 年 4 月 11 日。

③ 《通讯》,《村治月刊》第 1 卷第 3 期,1929 年 5 月。

业社会之经济的政治的文化的唯一出路。

感受到西方各种文化思潮和价值观念的涌入而带来的民族危机,王鸿一致力主张"村本政治"是寻求民族内在的、秉承于民族本性的文化之道并实践之,是一种理性的变革尝试。王鸿一日本留学归来后,受欧美思潮影响,参加辛亥革命到兴办教育发展实业,为解决民众生计、谋求民族出路,干劲十足。但他后来无论是教育实业以及他从事的政治活动都没有实现他自己思想的开化更没有达到他所追求的为民族谋得出路的目标,在转向文化思考十多年后,在二十世纪二十年代受到民族自救运动的影响和当时社会情境的触发,遂提出"恢复民族自信力"的思想主张,呼吁发扬伦理思想为体,吸收科学民权为用,以"全民政治的完成,全民生计的解决"重塑中国伦理基础的民族生活方式和习惯行为,重建学政统一的思想与知识学术的法则,并将他对所思所想落实在行动中,主张注全力于"村本政治",期望将政教合一,以学统政,使得政治、经济、文化三大问题整个解决。

村治派的思想主张在当时的中国是一种因袭与革新并进的文化追求,是吸纳欧化精髓的创新性社会发展。它力图既要吸取西方的科学与技术,推动中国实现近现代化的发展,又要保持住中国特有的特质和态度;它希望国家治理重心下移,能够用政权的力量推动实现国家意志的贯彻和民族精神的重塑,同时,它又希望实现自下而上的民主政治发展模式,通过地方自治激发地方参与精神,促进政府决策的民主化、科学化,监督、制约公共权力的运行。在经济发展方面,他们特别强调均平分配,在政治发展方面,强调民主、平等观念,在文化方面,强调承继传统文化。综合来说,村治派是经济领域的社会主义者,政治领域的民主主义者,文化领域的保守主义者。

村治派争取实现国家现代化的发展和民族文化的振兴的理想建构,反映了当时一部分知识分子特别是来自乡土农村士绅转变而来的知识分子群体的心态,面对"农村破产即国家破产,农村复兴即民族复兴"的时代课题,他们提出既要"救国救民"又要"保种传道"的解决方案,认为"鱼与熊掌,得以兼得"。而在这背后蕴涵着的是一个民族国家发展进程中的一个普遍问题:本土文化价值和现代化之间的紧张关系。保存中国伦理化的生活方式与产生社会发展力量的现代化二者能够共存吗?

遭受百年阵痛的中国,已经认识到了现代化到来的必然性。在西方的坚船利炮形成的世界局面下,为了生存和自保,必须动员国家人力物力,在国家意志和民族理念催化下,强化自身。在社会生活层面,现代化造成了社会群体向个体的转变,带来了功利观念的加强和个人私利的计算。这种社会层面的影响显而易见,五四运动"反传统"的新文化思潮即是集中呈现。五四运动十年以后,村治派提出的观点是对五四运动彻底反传统的一个反思,是寻找平衡现代化和本土价值之路的理性尝试。他们双方其实要达到的终极目标是一致的:即实现从受外部权势支配的封闭的传统农民社会到自治有序、开放、具有独立"人格"的现代农业社会的转变。

但这种基于"文化守成主义""学理式"的持中的理性的方案，很难在当时的社会实践中得到落实。无论是代表革命的政党还是现有的当权者，都没有找到它的同盟。

村治派这一方案的主笔吕振羽很快就对"村治"提出了怀疑。他认为，"村治"对于农村经济问题的核心"土地分配和失地农民复业"，没有切实可行的解决方法；耕者无其田，教育问题无法落实；这二者无法解决，农村自治只能是"土豪劣绅的治农民"；"不能只看见农民才是受痛苦最深的阶级层，只有农民才是发动中国问题的客观力量的存在，还须把我们的眼睁开再去看看其他的民众"。他的结论是"村治"之路在中国行不通。

吕振羽的"土豪劣绅治农民"的学理分析，被毛泽东旗帜鲜明地指出来"旧反动秩序的主要基础是地主在农村的统治"，考虑到地主和富农的传统声望，以及他们有文化，善于讲话这一事实，毛泽东深信，"不管正式的财产结构有什么变化，这些过去特权分子仍会以各种各样的方式，慢慢地在农会里取得权力地位，阻止这样隐蔽地回复到旧秩序的唯一办法，就是在基层不断地鼓动农民，鼓励贫农进行反对过去剥削者的斗争"[1]。归结到一点，毛泽东认为，打倒宗法封建性的土豪劣绅，乃是国民革命的目标。这与村治派所赖以推行"村本政治"所依靠的中坚力量是农村士绅阶层恰恰相反，同时村治派试图是恢复巩固重建一个原来基础之上的农村秩序，与毛泽东彻底颠覆农村秩序亦是根本相反。

阿伦特认为，人类处境的任何真正改变，任何革命性的更新都只能发生在政治领域，并不进入政治领域的运动和不能将其意识形态转变成促进实际处境改变的具体目标的运动仍然是抽象的、没有效果的。现实的问题是，村治派的主张多少能进入政治领域？即使进入政治领域，它能推动促进实际处境的改变吗？

通过教育、文化及经济改革复兴农村，必须与政治当局建立起支持和保护的关系。任何同农民打交道的企图必然引起政治方向和合法性等问题。同时，在鼓舞农民参与的方面，需要加强对农民基本利益诉求的满足，农民不仅是治理的对象，同时也是必不可少的治理主体。从政治当局关联来看，南京政权在30年代对类似"村治"计划的修正，意味着那些原应是"自治"载体的单位变成了是官僚政治更深地渗透进地方社会、造成更大危害的格局。而从农民层面来看，这些进步的改良与发展计划，却被视为经济上的剥削和文化上的触犯，非但没有创造出一种充满活力的地方政治，反而是加大了这些改良计划与农民的距离。

1930年7月，作为村治派的核心与领袖王鸿一离世。吕振宇和梁漱溟作为村治派

---

① 费正清、费维恺编：《剑桥中华民国史》下卷，中国社会科学出版社，1994年，第830页。

先后的主要理论创造者和总结人，因为学理的分歧，分别走上了左和右，激进和保守的路线。梁漱溟成为村治派新的主导人物，他更倾向于文化上的本土化价值观建设。1931年6月吕振羽公开发表《农村自治问题论》一文，表示从思想上彻底与"村治"划清界限，其后离开村治派，转向无产阶级的革命化轨道。

村治派从河北定县发端，到北京始具有全国性的影响力，这是与王鸿一炽热、真诚的救国救民为民族谋出路的热情和十分卓越的社会活动能力分不开的。这背后的政权支持、经济资助来自阎锡山、邹鲁，特别是冯玉祥的大力支持。蒋、冯、阎中原大战后，阎、冯及邹鲁西山会议派失势，村治派不仅谋求在全社会层面的落实无法展开，就连他们在北京所赖以生存和发生全国影响的依靠亦荡然无存。

作为村治派的接盘侠的梁漱溟，把目光投向地方，依靠王鸿一打下的社会关系网络，得到了冯玉祥门徒山东军阀韩复榘的支持，他成功地在30年代的山东并在全国引发了一场声势浩大的乡村建设运动，但最后的失败仍然逃脱不了被国家和农民都"流放"的窠臼。他自己倾诉"我们的两大难处"，其一是"高谈社会改造而依附政权"，其二是"号称乡村运动而乡村不动"。这也是对村治派遭遇困境的承继和总结。

村治派解散了，村治派多年来呼吁"农村立国""村本政治是民族出路"的学理理念和宣传推动启迪了社会各阶层的注意和进一步思考，社会团体"乡村建设"实验的兴起、南京政权对地方行政的重视、延安革命根据地式乡村体系的建立是对这一思想借鉴或修正下的社会实践的呈现。延安体系强调土地与农民利益急切需要之间的关系，亦明白动员群众为政治力量的源泉，更把自己融入为农民主体之中实现了自外促内，在内觉悟的力量发动，形成了农民从传统社会迈入革命时代，从被动客体变为革命主体的历史逻辑，从而形成了革命广泛的政治基础和军事力量源泉。革命事业取得成功，下一步国家富强的实现和民族复兴也顺利地进入时代的日程。

梁漱溟与邹平

刘庆亮（邹平一中梁漱溟纪念馆）

摘 要 二十世纪三十年代，梁漱溟把山东邹平的乡村建设实验作为探索国家前途的民族自救运动。这场运动以山东乡村建设研究院为中心，以"团体组织、科学技术"为原则，以农民和知识分子为动力，以教育和合作为手段，进行了地方自治、社会教育、农业改良、乡村自卫、移风易俗等一系列社会改造实验，不仅为邹平提供了丰厚的历史文化遗产，也为中国的现代化建设和农村振兴战略提供了有益的思考和借鉴。

关键词 梁漱溟 邹平 乡村建设运动

梁漱溟先生是北京人，祖籍广西桂林。但是，他的墓园和纪念馆却都在邹平。究其根源，就是他1931—1937年在邹平进行的那场构思宏大的民族自救运动和社会改造实验——山东乡村建设运动。

作为著名的思想家，梁先生多次讲过，他一生主要思考两个问题：一是人生问题，即人活着为什么；二是中国问题，即中国往何处去。他来邹平，是为了解决整个中国问题的。近代的中国，是一个百家争鸣的时代，各种社会改造、民族自救的实验层出不穷。在"向西方学习"和"以俄为师"的时代大潮面前，1927年梁漱溟公开宣称：中国既不能走西方的资本主义道路，也不能走苏联的社会主义道路，中国唯一走得通的道路就是乡村建设之路！

梁漱溟认为，辛亥革命的失败，共产党国民大革命的挫折，其根本原因是照搬外国的经验和模式，抛开了自家的根本精神。而他的乡村建设，则是立足于中国"伦理本位，职业分立"的特殊社会，以传统文化为根本，吸收西方文化的长处，重新构建社会秩序，要替中国开出的一条新的发展道路。

如果说，他1921年在北京大学的《东西文化及其哲学》只是在理论上指出中国文化必将复兴的路向，是"为往圣继绝学"。那么，他1927—1937年的乡村工作则是要从行动上来具体落实如何复兴中国文化，是"为万世开太平"。

"三位一体"的山东乡村建设研究院

梁漱溟的乡村工作，并非始于山东邹平。在此之前，他曾广东、河南搞过"乡治"和"村治"。但是，由于政变、战争等原因，这些实验都很快失败了。中原大战之后，韩复榘由河南改任山东的省政府主席。由于乡村建设工作有利于地方发展，也是对外标榜的政绩，所以韩复榘对梁漱溟给予大力支持。1931 年春，梁漱溟和河南村治学院的同事们又齐聚山东，开始进行乡村建设运动。

梁漱溟之所以最终把"山东乡村建设研究院"（以下简称"研究院"）安置在鲁中地区的邹平。是因为邹平离济南不远也不太近，不太富裕也不甚贫瘠，人口只有 16 万多，是个典型的农业小县，比较符合实验要求。6 月 16 日，在县城东关门外的一个不大的院落，研究院正式开学，为时七年多的乡村建设运动正式拉开序幕。在他的实验方案中，是要把研究院办成山东乡村工作的三大中心。

一是山东乡村建设理论的研究中心：研究院下设研究部，任务是"广泛研究乡村问题，为学术界开风气"，招生对象是大学毕业生或同等学力者，学制两年，每届 20—30 名，先后共招生三届，共培养山东籍学生 66 名，外省附学生 10 名。这些学生毕业后大都留在了研究院或各实验县，成为乡建工作的中坚力量。

二是山东乡村干部的培训中心：研究院下设乡村服务人员训练部，招生对象是中等学历的 20—35 岁的青年，学制一年，每届学生 300 名左右，学生毕业后直接下乡从事乡村实验。当时，山东有 107 个县。研究院的目标是为每个县培养 10 名以上学生，以便有足够的人力推动地方工作。研究院划片招生，前后共招生四届，培养学生共 1400 多名。此外，研究院还通过各种短期培训班培养学员近 2000 名。这"四千弟子"成为乡建工作的骨干力量。

三是山东乡村建设推进的指挥中心：研究院进行乡村建设的实验区，先是 1931 年选定的邹平，1933 年增加菏泽，1934 年增加济宁，1935 年济宁所属的鲁西 14 个县全部划入实验区范围。各实验县的县长由研究院提名选派，然后再呈请省政府任命。根据 1932 年 12 月国民政府公布的县政改革方案，各实验县可以截留地方税收的 30% 作为试验费用。这样，研究院就具备了相当大的人事任免权和财政权，有"山东第二省政府"之称。

"政教合一"的村学和乡学

梁漱溟把教育作为乡村建设的主要手段。但是，他所说的教育，却不是普通的学校教育，而是"政教合一、以教统政"的社会本位的教育。依此发挥知识分子有知识、有眼光、有技术的优势，对乡村进行广泛的社会教育，促进农民自觉，提高农民素质。

1933 年 7 月，邹平的"县政改革"把基层的行政机关全部撤掉，村公所撤了设村学，乡公所、镇公所撤了设乡学。乡学和村学既是行政机关，又是教育机关，其实质是"行政机关教育机关化"，借以避免行政的暴力和法律的冷酷，而改用传统的礼俗和教育等柔性手段。最后，邹平原来的 7 个区、345 个村，改建为 14 个乡和 316 个村（过小的村与大村合并）。至 1937 年，共建乡学 14 处，村学 271 处，总计 285 处。

村学人员分为四部分，学众即全村的男女老幼，分别设有成人部、妇女部、儿童部和高级部；学董负责具体村务，学长是公推的德高望重的乡村领袖，教员是研究院下派的"先生"。乡学的结构与村学相似，是高一级的社会组织。

村学和乡学有两大鲜明的特点：一是社会学校化：整个一村俨然像一个学校，整个乡也像一个更大的学校，其实质是"教学做合一"的大众教育和生活教育。研究院因地制宜地编写了一系列乡土教材，除读书认字外，重点是进行农业科技、传统道德、文明习惯的培养。此外，他们还借鉴陶行知的"小先生制"和晏阳初的"导师制"，先后建立起 466 处"共学处"，让在校的学生帮助失学儿童学文化。以上举措，在很大程度上提高了邹平当地人民的文化水平，进一步奠定了邹平"文化县"的基础。

二是立足儒家传统：作为新的社会组织，村学和乡学是乡建工作的核心，也是梁漱溟构建的未来理想社会的基础。他号召"大家齐心向上，学好求进步"，这是对北宋《吕氏乡约》的补充改造。一方面，立足于中国"人生向上，伦理情谊"的固有传统精神，积极倡导敬长、尊师、尚贤、恤贫、睦邻、扬善、抑恶等传统道德；同时，禁止各种陈规陋俗，如缠足、早婚、吸毒、赌博、斗殴、不洁等。另一方面，通过教员设计并推进乡村建设，增加了科技推广、提倡合作、流通金融、公共卫生等新的时代内容。

"中西融合"的合作社

乡村建设的指导思想是"团体组织，科学技术"。梁漱溟认为，这两点是西方人的长处，也恰是中国人的短处。抓住这个关键，不仅可以培养民众的纪律习惯和自治习惯，还能提高经济收入，最终实现"以农业引发工业"的目标。

研究院建立了实验农场，专门负责农业科技的研究和推广。农场先后举办了两届农品展览会，向农民宣传科技知识。当时，从各种先进的外国家畜、农作物品种，到各种新式工具、农药、化肥等，可以说，当时世界上最先进的农业科技，在邹平几乎都能见得到。

如何让民众掌握这些农业科技呢？他们在各村学、乡学中择优选拔"表征农家"，与普通农家进行对比实验。此后，实验农场负责为踊跃参加改良的农户提供良种、技术指导，如果没有资金，金融流通处提供贷款。最后，产品统一回收外销。但是，有一个前提，即一家一户来申请这些帮助不行，必须是几十户、至少是十几户农民组成一个合作社才行，目的是改变农民传统的个体生产方式。这与当下盛行的农业合作社有惊人的相似之处，而他们早在八十年前就已经把"产供销"做得很市场化了。

当时，邹平做得最好的合作社是梁邹美棉运销合作社。时任实验农场技术员的李元贞回忆说："美棉产量每大亩收籽棉 300—400 斤，其他棉种每大亩则不足 120 斤。那时，十斤棉花的收入就顶一斗粮食（重 60 斤），一大亩棉花，亩产 400 斤，可顶粮食 2400 斤。而种粮食，产量只有 200 来斤。"1932—1935 年短短三年，棉花合作社数量增长 7 倍，社员增长 12 倍，棉田增长 32 倍。目前，全球最大的棉纺基地魏桥创业集团崛起于邹平，这与当年的美棉推广不无关系。

到 1936 年底，按照"因地制宜、分区推广"的原则，邹平建立了棉花、林业、蚕业、信用、庄仓、购买等六大类，社数总计 307 所，社员总数 8828 户。

此外，研究院还在行政改革、公共卫生、移风易俗、民兵自卫、学校教育等领域做了相当多的实验工作。一时间，邹平上下，气象一新，来参观访问的国内外社会名流和团体络绎不绝，邹平成为当时全国知名度最高的县级单位。

但是，在梁漱溟的心中，他的乡村建设绝不仅仅是着眼于邹平或者山东，而是放眼全国。研究院通过《乡村建设》《邹平实验县公报》以及邹平乡村书店积极进行宣传动员；在山东邹平、河北定县、江苏无锡先后召开三次全国乡村工作会议，成立"中国乡村建设学会"；同时，积极扩大山东乡村建设实验区。1935 年山东省政府制定了一份具有"国防意义"的三年计划，把全省 107 个县划为 10 个行政专区，推广邹平和菏泽的乡村自卫模式。到 1937 年，实验区已经推广到全省的 74 个县。但是，历史留给梁漱溟的时间却不多了。

1937 年 10 月 13 日，日军打到了山东的黄河北岸。11 月 24 日清晨，敌机轰炸了邹平县城。山东乡村建设研究院在炮火中化为灰烬。

继往开来的邹平

新中国成立后，梁漱溟先生于 1950 年、1960 年两度来邹平，旧地重游。直到耄耋之年，还拳拳于心，念兹在兹，对邹平怀有桑梓之情。与旧友故人、政协文史人员多有联系，书信往来不断，多次接受采访，并为邹平题词。

1988 年 6 月，95 岁的梁先生仙逝。政界、学界给予很高评价，先生备受哀荣。经家人和邹平政协商议，认为墓园安置在邹平最有意义。1989 年重阳节，在先生的诞辰日，依山而建的墓园在邹平县城中央的黄山公园落成。梁先生在京亲属、山东社科院、山东大学、地县领导等 100 多人参加了揭幕仪式。该工程经惠民地委、行署和邹平县委、县府审批并拨款支持，历时半年建成。2004 年 1 月，被定为"滨州市重点文物保护单位"；2006 年 12 月，被定为"山东省重点文物保护单位"，现已成为邹平的一道著名的人文景观。

1993 年重阳节，"著名爱国民主人士梁漱溟先生诞辰 100 周年纪念会"和专题展览在邹平举办。1994 年，梁漱溟纪念馆在当年研究院旧址的邹平一中开馆，时任全国人大常委会副委员长的费孝通先生题写馆名。2013 年，为纪念梁先生 120 周年诞辰，纪念馆又进行了扩建，现有"生平馆""乡建馆""书画馆"三个展厅。该馆馆藏资料丰富，共展出图片 1000 多幅、梁老遗物 100 多件、梁老手稿十余种、著作书籍 100 多种、纪念书画 200 多幅。建馆 20 年来，共接待了美国前总统卡特等国内外政要、专家学者和师生 12350 余人。纪念馆不仅是邹平的一张文化名片，而且也成为邹平一中创办特色学校的得天独厚的教育资源。

1979 年元旦，中美正式建交。由于梁漱溟乡村建设的缘故和典型的代表性，1987 年 6 月，邹平被确定为中国农村唯一对美国学者开放的社会考察点。在项目实施的五年内，先后有 80 多位美国学者对邹平进行了多学科、连续性、蹲点式的集中考察。据不完全统计，他们此间共发表文章 20 多篇，出版专著 4 部，发表演讲 20 多次。从项目完成至 2011 年底，他们又在邹平进行后续研究考察。1997 年 7 月，美国前总统卡特对邹平进行了为期三天的考察访问。回国后，他在《纽约时报》发表《妖魔化中国是错误的》的文章。通过邹平这个跨世纪的窗口，美国政府和民众深入了解了中国的真实情况，这不仅对发展中美关系产生重要影响，也使邹平走向中国改革开放的最前沿。

也许，梁漱溟乡村建设最大的价值，不在于他具体解决了什么问题，而在于他提出了我们在社会转型和国家建设上的基本问题：中国如何实现现代化，是西方化，还是东方化？是依法治国，还是以礼治国？是以农立国，还是以工立国？是农业引发工业，还是工业反哺农业？是以城市为本，还是以乡村为本？在现代化过程中应该如何对待传统文化？知识分子的社会责任和使命应该如何实现？

历史如滚滚江河，奔流向前，永不回头。但是，梁漱溟当年思考过的问题，我们今天依然面对。他生活的年代并不遥远，却需要我们去重新发现。

三、梁漱溟乡村建设理论
与东西文化及其哲学

论梁漱溟"文化三期重现说":限制与洞见

——以《东西文化及其哲学》为核心的例示

林安梧(山东大学易学与古代哲学研究中心)

摘 要 本文先由旷观之角度,厘清梁漱溟在当代新儒家所居之位置,指出其独特的文化哲学与历史哲学之观点。再者,笔者指出梁漱溟由其世界观与历史观,及人生意欲的三大面向等论点,而断定中、西、印三大文化统系的特质,并以文化拟人论的方式,更而点出世界文化三期重现的特殊论点,最后笔者则经由柯林吾(R. G. Collingwood)历史哲学的对比,指出历史决定论的限制,但梁漱溟的文化哲学所作出的宏大叙述,却是充满着洞见与焕发着生命的实践动力。

关键词 新儒家 生命 文化 决定论 世界观 原子论

一、前言

二十世纪八十年代,我开启了现代新儒学的研究,起先广读唐君毅、牟宗三、徐复观三先生诸书,进而往上追溯梁漱溟、熊十力、马一浮诸先生之著作,并展开相关探讨。另一方面,当时对历史哲学深有兴趣,我自行翻译柯林吾(R. G. Collingwood)相关历史哲学著作,仔细研读了一番。记得那时一方面为新儒家诸位先生的深心宏愿所感动,特别是梁漱溟《东西文化及其哲学》的鸿篇伟构,更惬吾心。不过,相较于我阅读的柯林吾历史哲学著作,却觉得梁漱溟在方法论上有很大缺陷。顺此,我写下了《梁漱溟及其文化三期重现说——梁著〈东西文化及其哲学〉的省察与试探》一文。后来,我读了更多历史哲学著作,并写作了《王船山人性史哲学之研究》,有着较充足的学养。直到现在重新查阅这篇少作,觉得许多地方用语太强,有些地方甚至是苛刻而不如理的。今者,发其囊箧,重新检视,做了方向性的矫正,除了仍保留方法论的批判以外,更致力于展现了梁先生在文化哲学方面的洞见。因此,把题也改了,改成《论梁漱溟"文化三期重现说":限制与洞见——以〈东西文化及其哲学〉为核心的例示》,如此平允论之，稍补年少气盛鲁莽之过也。

研究梁漱溟，除了对于其日常实践的工夫必须有一番了解外，而真正粹集其思想及行动理论的有四本大书，一是《东西文化及其哲学》（作于 1920—1921），二是《中国民族自救运动之最后觉悟》（作于 1929—1931），三是《乡村建设理论》（作于 1932—1936），四是《中国文化要义》（作于 1941—1949）。

这四本书并不是纯学术的著作，而是梁漱溟面对其当下的问题，由烦闷而苦索，进而提出答案并付诸实践的整个过程。他前后的思想虽迭有修正，但其思想之根底则奠立于《东西文化及其哲学》，此书是梁漱溟的文化哲学，与其人生哲学、历史哲学交织熔铸而成的宏大叙述。

梁漱溟是中国当代保守主义（conservatism）的中流砥柱，这是研究当代思想史的学者所共认的。研究当代思想的学者专家们极喜欢将"保守主义"视为因文化认同危机而形成其情意综（complex）因而企图去寻得心理上的补偿，而宣称中国文化可与西方文化并驾齐驱，甚或较之优越。无可怀疑的，对于中国当代保守主义的检讨应将这个观点摆进去，但若只使用这个观点，那就犯了"心理学化约"（Psychological reductionism）的谬误。较确当的是：我们应将它摆在一个思想史的视点（perspective）去衡量它。对于新儒家的梁漱溟更得如此。

这篇论文除了将梁漱溟放在这个思想史的视点去观察外，更重要的是，集中注意去探索其《东西文化及其哲学》一书的方法，企图呈现其文化哲学的基本论架，并提出批评与看法。至于批评的立足点只是笔者近年来胸中蕴蓄的一些想法，是故，此文对笔者而言只是一份临时报告书罢了，但愿可有抛砖引玉之用。

二、梁漱溟：当代新儒家的一个类型

当代新儒家是文化保守主义（cultural conservatism）的大流，① 它面对整个民族所遭遇的意义危机（crisis of meaning）而困思衡虑，重新思考传统，诠释传统，而卓然自成一个流派。② 他不同于一般保守主义者对民族历史文化持完全守旧的态度，他深刻地体会到以道德迷失、存在迷失及形上迷失纠结成的意义危机，并且肯定唯有宋明儒学的伦理精神象征（ethico—spiritual symbolism）才是儒家信仰的精髓；而且他们认为唯有重建这个伦理精神象征才能解救中华民族于千载以来的危机之中。③

---

① 就当代新儒家思想史而言，大要言之可区分为原始儒家（先秦）、宋明新儒家及当代新儒家。

② 见张灏：《新儒家与当代中国的思想危机》，林镇国译，收入周阳山编：《近代中国思想人物论——保守主义》，时报出版，1980 年，第 375 页。

③ 见张灏：《新儒家与当代中国的思想危机》，林镇国译，收入周阳山编：《近代中国思想人物论——保守主义》，时报出版，1980 年，第 375、379 页。

大致地说，当代新儒家即是在这种危机与迷失状态下，做其"意义探求"（the search of meaning）的工作。他们以为"意义象征体系的稳立"是稳立一切的基础大本，唯有大本建立了，才可能"由本贯末"地稳立了"制度结构体系"；否则，徒作制度结构的改革是无效的，甚至是躁进而有害的。

相对来说，与当代新儒家密切相关而值得一提的是：二十世纪初期的中国充满着"彻底的反传统主义"的色彩，而它是与当时的科学主义相为表里的。科学主义以为"科学代表思考的模式，代表了解生命和世界唯一而有效的途径"。"五四"之后，它开始面临新传统主义者，尤其新儒家的反抗。新儒家的三位典型：熊十力、张君劢及梁漱溟都深切地从知识论、存有论及文化哲学、历史哲学各方面提出其强烈的反击。新儒家认为相对于科学对自然处理的态度，应该有另一种进路去面对人文世界；此进路不同于"知识的进路"，而是"存在的进路"。此进路乃是个人直接的体悟，可以说是一种"存有学的睿视"（ontological vision）。经此"存有学的睿视"才能重新缔建中国传统原具的"伦理精神象征"。如此才能由"意义象征体系"的稳立，而更进一步安立了"制度结构体系"。

在实践历程上，这三个典型是各具风格的。熊十力是一位苦学自修的儒者，在他成名的"新唯识论"中阐述了"体"与"用"的关系。大体说来，熊氏坚决地认为人含有"存有学的直觉力"（ontological intuition）（即所谓的"性智"），透过存有学的直觉便能与宇宙生生不息的真实直接照面，从而体证此生生不息之根源与生生不已之现象流行是相即不二的（即体而言，用在体；即用而言，体在用；即体即用，即用即体），而且人的心灵与宇宙的大灵魂是一体的，应然的道德秩序与宇宙实在的构造是同一的；这构造这秩序是人存的根本，它不受外在制度结构的影响，它反而要影响外在的制度结构。

张君劢曾投身于"科学与人生观"的论战之中，他以为王阳明的道德理想主义是抵抗科学主义的机械论与决定论最有效的利器，并且他献身于实际的政治活动，成为政党的领道人及国宪的起草人，他颇具当代民主的素养，想透过实际的政党制度运作，以实践其儒者的襟怀与抱负。

梁漱溟则是一个思想与行动合一的人，他曾倾向于立宪，继而革命；也曾倾向于社会主义，继而同意全盘西化；亦曾焦思苦索，烦闷非常，企图自杀，继而相信佛家，茹素不娶达九年之久，而最后则终归本儒家。梁漱溟由佛家习得唯识学的知识论与方法学，他并以此去分析探究文化的三大统系与人生意欲的关系，并试图指出世界"文化三期重现说"，而断定未来世界的文化应以中国为归趋。

梁漱溟认为我们既不能走西方资本家的路，也不能走苏联的路，他提出另一套乡村建设的方案。他认为唯有透过此，才能带动一富有宗教意味的群众运动，借着创造根本的道德共识和精神凝聚，重整崩溃的政治社会。如此将整个中国变成儒家集体的大学校，政府透过学校的组织来关连上人民。如此以乡村为单位来参与的民主政治，政治权力将来自人民，这便可避免官僚制度的腐化①。梁漱溟的思想前后贯串于四部大著中，其文化哲学及其乡治的主张是一体的；前者乃是其对世界文化考察所得，而后者则是他对于苦难中国建设的方案。换句话说，他的文化哲学不只说明了事实是什么，更重要的是他企图去改变什么。它不只是一套知识理论，尤其也是一实践的指南针。

作为自成系统的文化哲学，我们虽得照顾作者原先的动机；而更重要的是：我们得透过知识上的讨论去呈现其哲学的精神，并指出他背后的知识论立场和方法学的进路，并厘清其困结所在。

三、梁漱溟文化哲学的基本论架

无可疑的，所有的文化哲学都足以促使人增进其对自身的知识，而且所有的文化哲学都先有这样的预设：人类的文化不只是松弛和分立的事实的组合，它是一个系统，是一个有机的整体。② 历史文化是一种思想，它活生生地淌流在每一个人的心灵脉动之中，因此人们才能秉其当下普遍的人文兴趣去关心它，去探讨它。

人文兴趣和终极关怀有极密切的关系，而梁漱溟和其他的新儒家学者一样，其终极关怀是探求"意义"，而所谓探求意义乃指探求人生、宇宙的基本意义。梁漱溟将自己置身于文化之流中，并视之为一体。因此，他追问中国文化如何，其实追问的就是他自己如何。他探求的是自己的安身立命之道，同时也是民族文化的安身立命之道。他的方法学是体验的、存在的，而在此书（《东西文化及其哲学》，后仿此）中，其终极关切的论题是：中国历史文化的价值何在？她在整个世界文化中扮演什么样的角色？而她未来的前途如何？当时有此卓识者真是少之又少。

梁漱溟清楚地掌握了近代中国接受西方化的过程，有器物层次、制度层次及思想层次。③ 梁漱溟以为以往都未注意到文化整体、思想整体的问题，所以洋务运动失败，变法维新失败，立宪不成，即如辛亥革命也只推翻了专制政体，而至其时（民国九年）仍兵荒马乱无大建树。他以为到了此时（一九二〇年）已然问到了两文化的最后的根本，而最根本的就是伦理思想，或者说是人生哲学。④ 他极为剀切的强调不做这个工作

---

① 参见艾恺（Guy Alitto）：《梁漱溟——以圣贤自许的儒学殿军》，林镇国译。收入《近代思想人物论——保守主义》，前揭书，第300—303页。

② 参见卡西勒（Ernst Cassirer）：《论人》（*An Essay On Man*）一书，刘述先译，1959年，台中：东海大学。

③ 梁漱溟：《东西文化及其哲学》，台湾影印版，第4—6页。

④ 梁漱溟：《东西文化及其哲学》，台湾影印版，第6页。

的话，中国民族不会打出一条活路来。[①] 从梁漱溟这些话中，可看出他认为历史文化是民族生存的根本，而伦理思想人生哲学又是历史文化的根源；因此要为民族找出路，便得检讨其历史文化，而要检讨其历史文化便得检讨其伦理思想人生哲学。

梁漱溟慨叹地说：现在一般人对于东西文化的看法是不够的，顶多只能做到"显豁的指点，而不能做到深刻的探讨"[②]。他以为"我们所求贯串统率的共同源泉，一个更深切，更明醒的说法"[③]。梁漱溟所谓更深切更明醒的说法即是以其个人体验的人生哲学，透过类拟的洞见（Analogical insight），与文化哲学、历史哲学关联起来。

（一）梁漱溟对于"文化"及"哲学"的基本概念及方法学进路

所有的方法学（methodology）都和研究材料及研究者密切相关。亦即方法学并不是一独立而分离的学问，它蕴涵于材料堆里及研究者的研究过程中。研究者透过其心智之网去收摄凝聚研究的材料，经过一番拣择（selected）、重构（reconstruct）、评判（critique）而建立了一完整的理论；[④] 而研究者的心智之网则常呈显于一些基本概念之上。是故企求了解某学问的方法学必得了解其人的心智之网，而这推本溯源又得从他的基本概念去把握。而这正是我们检讨梁漱溟东西文化及其哲学一书的方法学的起点。

"文化是什么呢？不过是那一民族生活的样法罢了。生活又是什么呢？生活就是没尽的意欲——此所谓'意欲'与叔本华所谓'意欲'略相近——和那不断的满足与不满足罢了。"[⑤] 在这里生活的样法是抽象地说，若就实质的制作说则是文明。[⑥] 梁漱溟轻易地等同了"文化"与"生活"两个名词，并化约地以为生活是由意欲一方所决定的。而且他使用"意欲"这个词是极丰富极含混的，它既是一种生命的意志，又是一种精神，又是一种趋向、态度及动机，有时又含有一超越的实体的味道，甚至也有纯粹理性的意味，也有如柏格森（H. Bergson）所提出的"生命激力"的意思。[⑦] 笼统地说，"意欲"乃是"万法唯识"的"识"，此识既为"根身"之主，亦是"器界"之主，它周遍于天地四方中，流浃于大宇长宙里。

---

① 梁漱溟：《东西文化及其哲学》，台湾影印版，第 7 页。

② 梁漱溟至少指出四种时人对东西文化的看法，约略如左：一是日人金子马冶，以为东方是顺自然爱和平，西方则是重势能 power 之文明（此书页十七）；二是杜威（Dewey），以为东方人与自然融合，西方人征服自然（此书页十九）；三是《新青年》杂志等人以为西方化是民主（democracy）、科学（Science）（此书页廿一）；四是李守常，以为东方化是静的，西方化是动的（此书页廿三）。

③ 梁漱溟：《东西文化及其哲学》，台湾影印版，第 23 页。

④ 此可参见 R. G. Collingwood *The Idea of History* 一书 *The Historical Imagination* 一节，请参见陈明福译：《历史的理念》，1986，台北：桂冠图书。

⑤ 梁漱溟：《东西文化及其哲学》，台湾影印版，第 23 页。

⑥ 梁漱溟区分文化与文明，他说"生活上实质的制作品是文明，生活上抽象的样法是文化"（梁漱溟《东西文化及其哲学》，台湾影印版，第 53 页）。

⑦ 笔者之所以举出这么多名词，乃作为对照之用。个人以为它或有助于读者对梁漱溟所提"意欲"一词的了解，盼能善会，勿泥执其名相，是幸！

梁漱溟轻易地建立了"文化←生活←意欲"（即：意欲决定生活，生活决定文化）的图像后，他又继续他的论题。他说"通是个民族，通是个生活，何以他那表现出来的生活样法成了两异的彩色，不过是他那为生活样法最初因的意欲分出两异的方向，所以发挥出来的便两样罢了。然则你要去求一家文化的根本或源泉，你只要去看文化的根源的意欲，这家的方向如何与他们家的不同。你要去寻这方向怎样不同，你只要从他已知的特异彩色，推他那原出发点，不难一目了解"①。从这段话我们可知梁漱溟预设着：文化是以民族为单位的，而且民族是以文化来界定的，而文化则是以一核心概念展开的，是以意欲为根源而流衍的。要厘清文化与文化的异同便得釐清这核心概念，疏通这根源的意欲。梁漱溟如此化约地凑泊了文化、生活与意欲的关系，这是鲜明可见的。何以如此呢？这便得牵扯到其方法学进路的问题。

前面我们曾说新儒家走的是"存在的进路"，而不是"知识的进路"。在此更进一步地说，他们的方法学是一本质主义（essentialism）式的方法学，它往往忽略了外在客观的制度结构或者将此外在客观制度结构收摄到个人内在心灵领域去处理。他们将"我"分为大我——大宇宙与小我——小宇宙，并透过一"类拟的洞见"将此二者关联起来，并以为小我具有一"存有学的直觉力"可以体证一"意义的真实"（reality of meaning）。这"意义的真实"是一切现象的基础，也是稳立外在客观制度结构的根本。它有一"主体主义"的倾向。尽管梁漱溟亦颇能注意到外在客观制度结构，但其基本路径仍然不免如此。

由于梁漱溟方法学有本质主义的倾向与主体主义的倾向，因此，他一再地批评一般人以"外在环境"去解释中西文化的异同的差谬，而特意地指出"文化这样东西点点俱是天才的创作，偶然的奇想。……照我们的意思只认主观的因，其余都是缘"②。他注重文化是"创作的活动"，是"意志的趋往"。更进一步，他强调"社会的改革与否及如何改革，这是视人的意志而定的，并不是机械的被动的"。从这些话头可看出梁漱溟最关切的是实践的问题，而不是知识的问题。他强调意志的重要性，但却忽略了意志与客观结构的关系。他极注意主观的"因"，而忽略客观的"缘"。

从上面的分析里，可看见梁漱溟使用"文化"这个词不只是指涉一现象，它是关联着意欲而成的，它含有存有学的意味。关联着大宇宙，它用来指涉一"超越的实体"；而关联着小宇宙，它用来指涉一"内在的真实"。而"内在的真实"与"超越的实体"是通而为一的，小我与大我是通为一体的。而内在的真实是自我稳立的基础，超越的实体则是宇宙世界稳立的基础。更进一步可说，内在真实的稳立即能稳立超越的实

---

① 梁漱溟：《东西文化及其哲学》，台湾影印版，第24页。
② 梁漱溟：《东西文化及其哲学》，台湾影印版，第44页。

体（因为超越的实体是虚指的，而内在的真实是实指的，只此内在的真实即是超越的实体，并无限隔），即能稳立一切存有的基础。简言之，文化是民族存在之基础，而文化之根源则是意欲，要了解文化必得深彻其根源的意欲，要为民族找出路，必先为文化找出路；要为文化找出路必得了知根源的意欲，并改造之，引导之。

梁漱溟以为"哲学就是思想之首尾衔贯白成一家言的"，又说"思想是知识的更进一步"，而知识则是生活之所产，而"思想没有不具有态度的，并且直以态度为中心"，而态度是情感是意志，也可以说是生活的推动力，文化的推动力。① 从上可看出梁漱溟使用"哲学"这个词是蕴含于"文化"这个词的，只不过它用来特别指称某个"民族文化之思想的上层结构"，而且它仍通贯到最根源的"意欲"。同样他使用"哲学"这个词仍具存有论意味的。更宽泛地说：梁漱溟所谈东西方各家各派的哲学乃经由选择而来的，而它们各足以代表中、西、印三方。他们都可以被视为某超越实体的衍生物罢了。因此梁漱溟检讨的不只是各家各派的哲学，更重要的是借此来检讨中西印三大派的超越实体。

（二）梁漱溟的世界观和历史观

对于梁漱溟文化哲学的基础概念及其方法学进路有一番了解之后，我们必得继续探问其世界观和历史观。我们试图从此去接近梁漱溟文化哲学的核心。

梁漱溟以为宇宙就是"生活"，而生活就是"相续"（唯识家把"有情"——现在的生物——叫作相续），生活和生活者是一体的，以故，生活者及生物和生活都可以叫作相续。宇宙就是一绵延生生不已，生气蓬勃，周浃无碍的宇宙。人是参育此宇宙生化流行之中的，尽管他的生活仍得凭借"器界"：一个既成而可堪造就的世界。但人与宇宙无有限隔，而是通为一体的。只不过梁漱溟又将之区分为"前此的我"与"现在的我"，所谓"前此的我"（亦称为"已成的我"）即是这个暂时差不多已成定局的宇宙，是由我们前此的自己而成功的我。而"现在的我"即是现在的意欲。这个"现在的我"大家或谓之"心"或"精神"，它就是当下向前的一活动，是与"已成的我"……相对待的。而生活即是"现在的我"对于"前此的我"的努力与奋斗。② 梁漱溟以为宇宙不是一静态的固定体，而是"动态的相续"。

既然，我们势必得追问这动态的相续是如何涌出的。他说"'宇宙即是一大生活'，而生活即是'事之相续'。照他的意思说'事即是一问一答'，即唯识家所谓一'见分'一'相分'，是为一事。一事、一事又一事……如是湧出不已，是为相续。为什么这样连续的湧出不已？因为我们问之不已，追寻不已。一问即有一答……自己所为的答。问

---

① 以上所引用,见梁漱溟:《东西文化及其哲学》,台湾影印版,第31—33 页。
② 以上所引用,见梁漱溟:《东西文化及其哲学》,台湾影印版,第48—49 页。

不已答不已，所以事之湧出不已。因此生活就成了无已的'相续'"。① 紧接着他又说"这探问或追寻的工具，其数有六：即眼、耳、鼻、舌、身、意。凡刹那间之一感觉或一念皆为一问一答的一'事'。在这些工具之后则有为此等工具所自产生而操之以事寻问者，我们叫它大潜力或大要求或大意欲，没尽的意欲"②。

从这段话可看出梁漱溟是一位生机论者，以为宇宙是一无休止的生命之流，而这无休止的生命之流则源于一无尽的意欲的。宇宙的唯一真实是纯粹的变化，只有我们掌握了"变化"，才能掌握到生命的本质。而变化的根本或源泉则是"意欲"，因此我们必得对于"意欲"有深切的了解，才能掌握到所谓的变化，也才能了解某个民族文化的本质。

试绘一图如下：

生活──→事的相续──→"现在的我"对"前此的我"的奋斗

宇宙──→文化──→人类意欲之朗现

生活者（眼、耳、鼻、舌、身、意的作用）──→大意欲

在上节我们曾经提到梁漱溟是一方法学的本质论者，亦提到彼对于大宇宙及小宇宙的看法。关联着其世界观，我们必得继续厘清梁漱溟对于"我"的看法。在其世界观中，就纵的一面而言，"我"虽为一体，但可区分为二，一是"大我"：用来指涉大宇宙，一是"小我"：用来指涉小宇宙③。"大我"有其"超越的实体"：中心的灵魂作为整个世界的根本或源泉。"小我"有其"内在的真实"：人的心灵作为其行动与旨意的根本与源泉。

梁漱溟又经由一"类拟的洞见"宣称此二者通贯为一，而他们的根本与源泉乃是一既超越而内在的真实，即是一不尽的意欲。就横拓面而言则可分为：一是"前此的我"（即已成的我），乃是截至目前，经由我的工具（眼、耳、鼻、舌、身、意等）所认识及经由我的行动所造就的世界。一是"现在的我"，乃是一不尽的"大意欲"。它是与前者顽顽对抗的："现在的我"一直对"前此的我"奋斗努力，而又成了"前此的我"，而另一个"现在的我"又对"前此的我"奋斗努力，如此相续不已。而之所以相续不已则全由"无尽的意欲"所推动而来。

前面我们曾经说到"意欲"这个辞是极丰富极含混的，并说它是一生命的意志，是一精神，是一趋回、态度及动机，是一超越的实体，是一纯粹理型；又是一生命激力。又说是"万法唯识"的"识"。做了这番冗长的叙述之后，读者当可体会到意欲丰富而复杂的义涵。

---

① 见梁漱溟：《东西文化及其哲学》，台湾影印版，第49页。
② 见梁漱溟：《东西文化及其哲学》，台湾影印版，第49页。
③ 此区分为一超越的区分，而不是一般的区分。超越的区分是立体的，而一般的区分则是平面的。

对于梁漱溟的世界观有一番了解，又对于梁漱溟"我"及"意欲"等概念有一基本的认识之后，让我们再概括的看看其历史观。相应于其世界观，梁漱溟的历史观是人文的历史观，是一精神发展的历史观。他认为历史之进展取决于人类的精神（这和前面所说的意欲是一致的，因"意欲"即含有"精神"的意义）。梁漱溟这个看法要取信中国当时（一九二〇年）的知识界是极为不易的。毋庸讳言，当时的知识界漫布着唯物的气氛。梁漱溟却能秉持其人文精神的历史观予它一强烈的痛击。他说"唯物史观家以为意识是被决定的，而无力决定别的，这是我们承认的，但精神却非意识之比，讲唯物史观的把两名词混同着用实在不对"①。

他又说"我以为人的精神是能决定经济现象的，但却非意识能去处置它"。他划分了"精神"（spirit）与意识（consciousness）的不同，并赋予"精神"一绝对崇高的地位。精神是"超越的实体"亦是一"内在的真实"，它是活动如如，永不歇息的。它不仅是宇宙论意义的：作为宇宙创生及历史发展的根源；而且是存有论意义的——作为一切存在的基础。而人圆满具足这精神，因此他可堪作为自己的主人，也可堪作为世界的主人与历史的主人②。

（三）人生意欲之三大面向与文化三系说

看过了梁漱溟的世界观与历史观之后，我们更进一步的集中心力专注意欲的三大面向及文化三系统。确立了"文化←生活←意欲"的图像后，梁漱溟经由一种概念类型的分析论定意欲有三个面向。其一是向前面要求，即是一种奋斗的态度。遇到问题都是对于前面去下手，这种下手的结果就是去改造局面，使其可以满足我们的要求。二是对于自己的意欲变换调和持中。遇到问题不去要求解决改造局面，就在这种境地上，求我自己的满足。譬如屋小而漏，照本来路向一定要求另换一间房屋，而持第二种路向的遇到这种问题，他并不要求换一间房屋，而就在这种境地之下，变换自己的意思而满足，并且一般的有兴趣。这时下手的地方并不在前面，眼睛并不往前看，而向旁边看；他并不想奋斗的改造局面，而是回想的随遇而安。三是转身向后去要求，它不像走第一条路向的改造局面，也不像走第二条路向的变更自己的意思，而只想根本上将此问题取消。这也是应付困难的一个方法，但是最违背生活本性。因为生活的本性是向前要求的。凡对于种种欲望都持禁欲态度的都归于这条路。③

就人生哲学而言，是否可先验地区分为三个路向，这已极难令人信服；而梁漱溟又将此先验分析出的三个意欲类比地推到文化哲学的架构，并认为世界文化只有三大统

---

① 梁漱溟:《东西文化及其哲学》,台湾影印版,第46页。

② 整个看来,梁漱溟使用"精神"一词,这多属宇宙论意义的,因为梁漱溟最关切的问题是历史发展与人类文化的问题。是故,我们对诸如"精神""意欲"等字眼的了解,不必偏向道德的形而上学(moral metaphysics)去理会。

③ 请参见梁漱溟:《东西文化及其哲学》,台湾影印版,第53—54页。

系。根据近代文化学家的研究，文化岂止三个统系；那么梁漱溟又如何提出其合理的解释呢？再说，人生哲学与文化哲学、历史哲学固然有其相涵相摄的关系，但怎能以人生哲学而又那么化约的论架去框框极为复杂而多样的历史与文化呢？读者当可覆按前文论及方法学处，作为参考。

梁漱溟接着说：西洋文化走的是第一条路向：意欲向前的文化。中国文化走的是第二条路向：以意欲调和持中为根本精神的。印度文化走的是第三条路向：以意欲反身向后要求为其根本精神的。① 梁漱溟总括地说，相对于知识论而言，西洋生活是"直觉运用理智"的。中国生活是"理智运用直觉"的。印度生活是"理智运用现量"的②。

梁漱溟如何一步步地证成它这个分析呢？其方式如左："先从西方各种文物抽出他那共同的特异采色，是为一步；复从这些特异的采色寻出他那一本的源泉，这便是二步；然后以这一本的精神揽总去看西方化的来历是不是如此，是为三步，复分别按之各种事物是不是如此，这便是四步。前两步是一往，后两步是一反。"③ 梁漱溟这个方式颇类似印度哲学三支论式：宗、因、喻。"宗"乃在于提出论旨，"因"则在于提出论证，"喻"则就具体事物以说明之。尽管梁漱溟第一步的工作是"归纳"，第二步才提出"论旨"，但事实上梁漱溟的论证的精神是与三支论式一样的。它的优点在于能直截了当地以一极简约的概念去涵盖极为广阔而复杂的东西，但伴随而来的缺点是：它化约（甚至扭曲）了事实，使之能置入一既成的论旨之下，并撷取适合此论旨的佐证。

除了其逻辑方法不周延外，最重要的是：梁漱溟对于中、西、印三大文化的了解太有限（在当时已数上流）。从残缺不全的资料里，又援用不周延的逻辑。当然他所提出的看法是可净议的，是颇须批判地了解的。这是客观学术所应面对的问题。然而，梁漱溟身怀忧患，踽踽道途，继往圣之绝学，开未来之新运，其广拓之心胸，恢宏之器识，坚忍之毅力，知行合一之性格，这是长垂天地而不可净议，是经得起历史洪流的洗练的。在主观人格的成就上，梁漱溟可谓卓然立乎天壤了。

梁漱溟《东西文化及其哲学》的目的便是为中国文化找出路，他深信中国文化及中国民族的前途是光明的，而且是操之在吾人手上的。在方法学上，他拥有一极似"文化原子论"（cultural atomistism）的"文化拟人论"作为基础。在论旨上，他得出"文化三期重现"的看法。

（四）文化拟人论与文化三期重现说

前面我们曾经指出"我"字在梁漱溟文化哲学中的重要性。梁漱溟以为宇宙即是

---

① 请参见梁漱溟：《东西文化及其哲学》，台湾影印版，第54—55页。

② 梁漱溟的知识学根底全是佛家唯识学的，他分为现量、比量、直觉三种，代表着印度、西洋、中国三大文化之不同，梁漱溟后来在三版《自序》中曾对此提出取消的声明。请参见原书第69—74页。

③ 请参见梁漱溟：《东西文化及其哲学》，台湾影印版，第25页。

一通体的生机体，是一大我的展现，而此大我又是以小我为基础的。宇宙乃是"现在的我"对"前此的我"不断地奋斗，相续不已而成的。同样的，他以为文化是一生活，是一大我，是民族的意欲取向的展现。是故他所谓世界三个文化统系，它化约地比喻成三个"大人"，而每个大人都有其根本的意欲，作为其要走的路向的指导原则及推动力。而且这"大人"中的每个分子都分受着这"大人"的基础的意欲。换句话说，梁漱溟以为根本的意欲足以决定整个文化的取向，而在某个文化期限间，任何文化的产物以及文明都呈显着这个根本的意欲。用梁漱溟的话说，这些"文化特别的彩色"正是此文化意欲的象征。

"文化←生活←意欲"的图像是梁漱溟文化哲学的基本建构，前面已概述过；而梁漱溟又将这"意欲"化约的安立在三个"大人"之上。并说这三个"大人"秉持着三种意欲走向不同的三条路向上去。但近代以来由于东西交通、经济政治、社会文化相激相荡，使得这三个"大人"起了大冲突。大要地说，走第一条路：意欲向前的大人极富侵略性地冲击了走第二条路与第三条路的二位大人。然而走第一条路的大人却本身发生了问题。走第一条路的大人，由于过分注重向前向外的征服性与竞争欲所产生的"异化"（alienation）的问题。这个问题不是目前西方文化，意欲向前的文化态势所能解决的。因此他断定在不远的将来，第二条路会被重新拿出来走，在更远的将来则会折向第三条路。也就是过去中国走的第二条路，印度走的第三条路，如同西洋走的第一条路，从文艺复兴以后，依次重现。

文化的三大统系与人生意欲的三大面向类比并排的，而文化三期重现则与人类认知行动的三层次类比并排的。梁漱溟将人生意欲的三大面向统一于认知行动的三层次中，是故也将文化的三大统系归结于文化三期重现上。

梁漱溟说"照我的意思，人类文化有三步骤，人类两眼视线所集而致其研究者也有三层次。先着眼研究者在外界物质，其所用的是理智。次着眼研究者在内在生命，其所用的是直觉。再其次则着眼研究者在无生本体，其所用的是现量。初指古代的西洋及其在近世之复兴，次则指古代的中国及其将在最近未来之复兴，再次指古代的印度及其将在较远未来之复兴"①。

他紧接着又说"此刻正是从近世转入最近未来的一个过渡时代也。现在的哲学色彩不但是东方的，直截了当就是中国的……中国哲学的方法为直觉，所着眼研究者在'生'，在此过渡时代还不大很同样，愈往下走，我将见其直走入那一条线上去"②。

从以上可知，梁漱溟使用了一种概念类型的区分方式，来审视中西印这三大文化，

---

① 参见梁漱溟：《东西文化及其哲学》，台湾影印版，第177页。
② 参见梁漱溟：《东西文化及其哲学》，台湾影印版，第177页。

并且认定这三大文化必在近代及将来次第重现。这可以说是一种先知式的预言，或者论者会认为由于梁漱溟忽略了文化实践的多样性，因此其预言仍只满足了"首尾一贯的思想"而成的"哲学"，这只是理论上的虚构。但是，有趣的是，在二十一世纪的现在，我们却发现梁漱溟之所论，并不只是一个虚构，而已慢慢接近于现实。这里我们可以看到他的洞察力。

梁漱溟的"文化拟人论"极力地反对一般人对于东西文化调和的看法。因为梁漱溟以为任何一派文化之所以为一派文化就在于它有一根本的精神、态度与意欲。这位"大人"便秉着其精神、态度与意欲往前走去。它与另一位"大人"的精神、态度与意欲迥然不同，无可融会，而只可能斩截的改换。又他认为文化只可能有三种正如同人的意欲只有三种，它无所谓好不好。大底说来，刚开始之时都是好的，但沿着走下来才见其弊害；或遇到他不合用的时候就得变过一态度方行，而又沿着走下去，还要再变一态度……如此往复不已。①

从上可见，梁漱溟的文化类型学的区分，经由一种"文化拟人论"的方式来比喻，他的论点不免染着"文化原子论"的气息②。他认为文化是一个独立的生机体，它可能冲击另一个文化或为另一个文化所冲击，它可能有一斩截的转变，但它仍持续其独立体的运动，而不能与另一文化独立体融会结合。依梁漱溟看来，三个文化各不相同，而都只建立在它自身的观念之上，而绝不会建立于其他任何条件之上。每个文化都是自我封闭的，而且都依照一固定的形态范式，往前进行。遭受冲击的是此文化自身的观念，而不是文化的现象；唯有因文化自身的观念遭受了冲击，它才导致此自身观念的转换，而后带来文化现象全盘的更革。

梁漱溟以为人的认知程序是先"理智"以对外的，是故人类文化之初都不能不走第一路。而后理智偏枯，人类不得不转向以"直觉"去感通外物。这便是以直觉的情趣解救理智的严酷。但因为直觉去感通外物必得使心理上逼紧了一步，从孔家的路子更是引人真实的心理，那么就更紧凑，当初借以解救痛苦的是他，后来贻人以痛苦的也是他。这时候就得运用"现量"去融合内外③。因此梁漱溟将它构成了一套固定的形态范式：理智→直觉→现量。相对于文化来说是：第一路（西方）→第二路（中国）→第三路（印度），并依次在近代以及未来依次重现，作为世界文化的主人。

或者，我们可以说梁漱溟的"文化三期重现说"接近于历史决定论（historical de-

---

① 参见梁漱溟：《东西文化及其哲学》，台湾影印版，第198—199页。

② 文化原子论（culture atomism）此语引自英国哲学家柯林吾（R. G. Collingwood）对"斯宾格勒及历史循环论"（Spengler and Historical Cycle）的批评。请参见柯林吾（R. G. Collingwood）原著，林安梧译《斯宾格勒及历史循环论》，1981年5月，《鹅湖》71期，第36—44页。

③ 请参见梁漱溟：《东西文化及其哲学》，台湾影印版，第201—202页。

terminism），而且更接近于辩证发展的决定论（dialectical and evolutionary determinism）①。在方法论上，梁漱溟和其他的决定论者一样，以为历史是有迹可寻的，是可以预测的。他们从知识论，形而上学先建构了一套类型学的基本框架，并将它置于历史文化中，去建构历史文化发展的范型，致赠其堂皇的标签，来做出宏大的叙述。或者有人怀疑，这样的做法，接近于"削足适履"的方式，他有许多不周延之处，经由深层的方法论省思，他难免许多差谬之处。他们多半忽略了历史文化的多样性，其实历史常常为其实践的复杂性所左右，因之而有所转化、发展。这样的类型学思考方式，习惯上先安下了理念类型为中心，以作为整个文化的根据，认为整个文化都是由那个中心引道而展开来的。他们往往较为缺乏历史感（a sense of history），历史乃是就所有的个殊性中处理个殊的问题②。更严重地说，他们极容易犯了先论断，再求事实的弊病。

论者或以为，历史文化并不是先验而必然的，我们不宜以一个简单的概念或倾向或图像去规范一个文化，更不宜扭曲事实以置入此规范之中，并成为一抽象而片面观念的例证。须知历史是一个世代，一个历程，一个发展，它时刻地转换着、生成着③。历史文化它为人类多样性的实践所决定，因此我们不应为历史文化安设一个神谕，也不必构作一套决定论。论者以为神谕和决定论可以表现作者博学多闻与滔滔不绝的丰姿，但作为一套严格的学问来说，是难以构成得。但时至二十一世纪的现在，我们却要说，在梁漱溟的大著中焕发着无与伦比的才情与魅力。这里表现出来的洞见，或者有人批评他这不是真正的哲学，但我们从他的宏大叙述里，确然可见他的智慧亮光，并且看到他有一种上契于造化之源的力量。

四、结论

以上对于梁漱溟《东西文化及其哲学》一书的反省与试探，除了前面论新儒家而及于梁漱溟思想精神处，其余大体只就其方法学及文化哲学的论架去谈，并不及于梁漱溟的思想精神，或许这不是尊崇梁漱溟的读者所愿意的。当然这也不是笔者所愿意的。据实而言，西风东渐之后，中西文化的问题乃是所有关心国家民族命脉的知识分子所关心的课题。但由于文化的问题关联着国族存亡的问题；自然使得知识分子不易基于一冷静客观的认知的态度，去面对中西文化的问题。而到了五四时期，渐渐形成一股彻底的

---

① 历史决定论大约可分为三型：一是循环的决定论（Cyclical determinism）有 Herodotus, Plato, Vico, Spengler 等人。一是辩证发展的决定论（Dialectical and evolutionary determinism）有 Hegel, Marx, Comte。另一则是神学的决定论（Theistic determinism）如 Augustine 即是。参见"*The philosophy of history in our time*" Hans Meyerhoff（Anchor books）Doubleday, c1959。

② 请参见柯林吾（R. G. Collingwood）原著，林安梧译《斯宾格勒及历史循环论》，1981 年 5 月，《鹅湖》71 期，第40—41 页。

③ 此段言论具脱胎于柯林吾（R. G. Collingwood）对于历史的见解。

反传统主义，盲目地以为中国必须全盘西化；而梁漱溟深知"文化"乃是一民族存在的形上基础，牺牲了自家的文化非独不能换来民族的生存，反而会加速民族的灭亡；唯有稳立这个形上基础，民族才有希望。

或者我们可以做出这样的理解，梁漱溟将"文化"视之为"形上的意义象征"，并且视为民族存在之基础。梁漱溟又将文化视为一活泼泼的生机体，而且民族中的每一分子时刻地参与了文化的创造。这些睿见在充满科学主义与彻底反传统主义的氛围下，无异是暮鼓晨钟，足以振聋发聩。牟宗三先生认为"他独能生命化了孔子，使吾人可以与孔子的真实生命及智慧相照面，而孔子的生命与智慧亦重新活现而披露于人间。同时，我们也可以说他开启了宋明儒学之门，使吾人能接上宋明儒学之生命与智慧。吾人知宋明儒学与明亡而俱亡，已三百年于兹。因梁先生之生命而重新活动了"①。这可谓知之甚深了。

省思了梁漱溟的文化哲学之后，我们愿意说新儒家及梁漱溟书中所强调的"伦理精神象征"及道德的理想主义焕发着中国文化最高的智慧，而生为中国人必然和其文化有一本体论的关联，我们自应对其强调的价值主体性与人的尊严全副地肯定。再者我们应透过各种学问去探索新儒家的困结，并对于意义与结构的关系有一较确当的厘清。

梁漱溟由其世界观与历史观，及人生意欲的三大面向等论点，而断定中、西、印三大文化统系的特质，并以文化拟人论的方式，更而点出世界文化三期重现的特殊论点，此中隐含着历史决定论的限制；但我们要说他这本有关东西文化及其哲学的宏大叙述，却是充满着洞见与焕发着生命的实践动力。

---

① 请参见牟宗三：《生命的学问》，台北：三民书局，1972年，第112页。

梁漱溟的仁学、乡村建设理论与仁学整体论

赖贤宗（台北大学）

摘　要　本文以梁漱溟《东西文化及其哲学》与《人心与人生》二书分别来探讨他的早期与晚期的仁学。梁漱溟仁学具有仁学整体论的特色，笔者此文展开孔子《论语》一书之中的仁学的德行诠释学。梁漱溟的乡村服务人员之精神陶炼的渊源在于孔子与孔门儒学，故笔者阐明台湾传统的以及近期所推动的孔门儒学以及小区儒学。

关键词　梁漱溟　仁　仁学　乡村建设　儒学

导论

梁漱溟是现代新儒家的创始人之一，他长于现代新儒家哲学家熊十力，但并未停留在哲学思想的阐扬，而且毕生从事乡村建设，发挥了儒学的实践特色。梁漱溟一生阐发儒家仁学是其哲学思想的重要组成部分。乡村建设则是他对于仁学的实践。现以梁漱溟《东西文化及其哲学》与《人心与人生》二书分别来探讨他的早期与晚期的仁学。

梁漱溟仁学具有仁学整体论的特色，笔者此文展开孔子《论语》一书之中的仁学的德行诠释学，展开原始儒家孔门仁学之中，由主体性的仁的实践开始，而通达仁的本体诠释的思想道路。简言之，在《论语》一书之中，孔子仁学包含：1. 仁作为共通感；2. 仁作为自主性与自律性；3. "仁"为全德；4. "仁"为别德；5. 天下归仁，仁作为最高善；6. 仁政；7. 本体的仁、仁体："仁"作为生的创造性原理，生生之德、生生之为易。以上，从主体的仁到本体的仁等七个方面。前五个项目是纵向的道德的形上学以及"道德底形上学的面向"，第六项是政治社会实践的横向的向度。第七项则是贯通于横向的与纵向的两个向度的本体，此之谓仁学的本体诠释学。

本文探讨孔子《论语》一书之中的仁学。仁的意义具有七个面向，仁者爱人的一体感通是人的感通性，我欲仁斯仁至矣是人的自主性之外。仁是全德，也是别德之一。

在以上这两种基本面与四个向度的主体性的仁学之中，仁即是"生"。天下归仁是最高善，此乃贯通于超越世界。儒家是致用实践之学，"仁政"包容了致用之学，横摄横列，在这里妥善处理人与自然以及仁与人之间的关系。

梁漱溟提出新社会组织"乡村组织"之建立来克服面对现代化的西方文明而导致的中国乡村之崩解，他指出新的"乡村组织"即是一新的礼俗。此中，除了他所说的必须同时进行技术进步、金融流通、合作组织三者之革新之外，而此中又不能缺少文化伦理之因素，也就是需要一套仁学以作为乡村建设之精神张本。

梁漱溟在其乡村建设之中，设有"精神陶炼"，原来的名字是乡村服务人员之精神陶炼，在讲明有志服务乡村的乡村建设运动者应具有的精神，而其主要内涵就是仁学。乡村服务人员之精神陶炼一科目之实施目的是要启发同学大家的深心大愿、悲悯之仁心。梁漱溟在《精神陶炼要旨》一文的核心乃在于仁学，"其感觉特别多，特别大，特别深刻，特别敏锐者谓为人，人亦即仁也"①。笔者就此展开阐释。

梁漱溟的乡村服务人员之精神陶炼的渊源在于孔子与孔门儒学。故笔者阐明台湾传统的以及近期所推动的孔门儒学以及社区儒学。梁漱溟的乡村建设是以儒家为文化内容，乃是他对于孔子仁学的实践。社区儒学的实践包含了乡村建设社区儒学，以及在都市之中的社区儒学。本文就此提出一些省思。

现代新儒家哲学的学术工作使得台湾现当代孔门儒学、社区儒学的发展具有深刻而广大的思想基础。但是相对于儒家哲学的抽象反思，"社区儒学"则是生活的、实践的以及从事具体实务的社区建设的儒学。笔者在此文也阐述了台湾的社区儒学的三种方向各有其实例：其一是经典教育生活儒学的社区儒学（例如华山学院与王财贵的儿童读经运动），其二是社区总体营造的社区儒学（例如宜兰的珍珠社区），其三是批判性的公民儒学之社区儒学（林安梧、林端、陈癸淼等）。在台湾早已存在的历史的以及当代的实践性的儒学，偏重于经典教育的、偏重于社区总体营造的、偏重于公民意识与社会批判的三种社区儒学，台海两岸的儒学界将来应该以"社区儒学"作为二十一世纪的儒学共同发展的主要方向之一。

一、梁漱溟的仁学

梁漱溟是现代新儒家的创始人之一，他一生阐发儒家仁学是其哲学思想的重要组成部分。乡村建设则是他对于仁学的实践。下面以《东西文化及其哲学》与《人心与人生》分别来探讨梁漱溟的早期与晚期的仁学。

---

① 梁漱溟：《精神陶炼要旨》一文收入梁漱溟《梁漱溟教育论文集自学小史》，台北，龙田，1979 年，此处的讨论见第 61 页。

孔子所谓仁是什么？梁漱溟在讲于济南而后整理成书的《东西文化及其哲学》之中阐释说"此敏锐的直觉，就是孔子所谓仁"。蔡元培《中国伦理学史》说孔子所说的仁就是"统摄诸德已完成人格之名"，梁漱溟甚为赞赏而说"此话甚是"。① 此是就仁的总德一义而言。

在《东西文化及其哲学》一书中，梁漱溟深受西方生命哲学家博格森的影响，把"仁"规定为本能的直觉，把理智说成一种计较利害得失的态度。他认为，孔子的"'仁'就是本能、情感、直觉"。②

他以"宰我问三年之丧"来说明仁即是敏锐直觉。他说："你看《论语》上宰我问三年丧似太久，孔子对他讲：'食夫稻，衣夫锦，于汝安乎？'他说'安'。孔子就说：'汝安则为之。君子之居丧食旨不甘，闻乐不乐，居处不安，故不为也。汝安则为之。'宰我出去孔子就叹息道：'予之不仁也！'这个'仁'就完全要在那'安'字上求之。宰我他于这桩事心安，孔子就说他不仁，那么，不安就是仁喽。所谓安，不是情感薄直觉钝吗？而所谓不安，不是情感厚直觉敏锐是什么？像所谓恻隐、羞恶之心，其为直觉是很明的；为什么对于一桩事情，有人就不羞恶？不过都是一个安然不觉，一个就觉得不安的分别罢了。"③

理智本身虽是无私的、静观的，但是却具有妨碍情感和连带自私两个缺点。如果一味听任理智出来分别物我，打量计较，就会导致直觉退位，成了不仁。仁即是敏锐直觉。亦就是孟子所说的不虑而知的良知，不学而能的良能。《东西文化及其哲学》说："仁是一个很难形容的心理状态，我且说为极有活气而稳静平衡的一个状况，似乎可以分为两条件：（1）寂——像是顶平静而默默生息的样子；（2）感——最敏锐而易感且很强。"④ 梁漱溟认为，能使人所行的都对，都恰好，全仗直觉敏锐，最妥帖最恰当的路即是直觉的路，而最能发生敏锐直觉的则为仁人。此是就仁的共通感、感通一义而言。

"安"与"不安"即是仁的敏锐直觉本能之道德情感的流露。在梁漱溟看来，仁就是"中"，就是顺其自然而得到"调和"。"这自然流行日用不知的法则就是'天理'，完全听凭直觉，活动自如，他自能不失规矩，就谓之'合天理'"，并且引用王心斋所说的"天理者，自然自有之理也。才欲安排如何便是人欲"。⑤

梁漱溟认为，只要顺着自然流行，情与欲皆善。他说："孔家本是赞美生活的，所

① 梁漱溟：《梁漱溟全集》第一卷，山东人民出版社，1989年，第453页。
② 梁漱溟：《梁漱溟全集》第一卷，山东人民出版社，1989年，第455页。
③ 梁漱溟：《梁漱溟全集》第一卷，山东人民出版社，1989年，第453页。
④ 梁漱溟：《梁漱溟全集》第一卷，山东人民出版社，1989年，第455页。
⑤ 梁漱溟：《梁漱溟全集》第一卷，山东人民出版社，1989年，第454页。

有饮食男女本能的情欲，都出于自然流行，并不排斥。若能顺理得中，生机活泼，更非常之好的。"① 此是就仁的理性的自律一义而言。

梁漱溟《东西文化及其哲学》认为理智与直觉是对立的。理智是静观的，却并非坏的，多数科学成就出于理智，"理智是给人作一个计算的工具，而计算实始于为我"②。理智本身虽是无私的、静观的，却有妨碍情感和连带自私两个缺点。如果一味听任理智出来分别物我，打量计较，就会导致直觉退位，无法成就仁。

1921 年《东西文化及其哲学》出版后，梁漱溟自己并不满意，遂有志于《人心与人生》专书之作。于 1975 年 7 月全部脱稿，1984 年由上海学林出版社出版。《人心与人生》在新的人心论的视野中，将知、情、意统一起来，来重新阐述仁说。就人心而言，知、情、意三者统一，本能、理智、理性三者缺一不可。"浑括以言人类生命活动，则曰人心；剖之为二，则曰知与行；析之为三，则曰知、情、意。其间，感情波动以至冲动属情，意志所向坚持不挠属意，是则又就行而分别言之也。"③ 理性能统贯人的理智与本能而使三者联成一体。本能与理性二者之间有"情"相通。理性与理智二者之间则有"理"相通。这样，本能、理智、理性三者就处于交互影响的关系之中，而统一运作则称之为人心。《东西文化及其哲学》的仁说将理智加以忽略，《人心与人生》则将之包含在本能、理智、理性三者缺一不可的全体运作之中，显示出仁说的整合理论的思想特色。

梁漱溟晚年的仁说的整合理论的思想特色也表现在真、善、美的统整合一，他说："任何成就莫非人心自觉之力。凡人类之所成就，从大小事功以至学术文化之全绩要可分别用'真''善''美'三字括举之。"④ 梁漱溟把真、善、美分别诠释为"直心是道""坦然不自欺"，不计较利害得失的无私感情，高尚的美德。按照他的看法，社会主义时期以至共产社会时期"那时道德生活不是枯燥的生活，恰是优美文雅的生活，将表现为整个社会人生的艺术化"⑤。这种真善美相统一的人生理想，是梁漱溟的仁说的生命境界，是对于"克己复礼为仁。一日克己复礼，天下归仁焉"的重新诠释。此是就仁作为天下归仁的最高善一义而言。

梁漱溟一生的仁说从早期的尚直觉而鄙视理智，到晚年诠释的人心的整体运用，反映出梁漱溟的仁说的不断的理论创新，是对于仁说的仁学整合论、《论语》中的孔子仁学七义之阐扬。

---

① 梁漱溟:《梁漱溟全集》第一卷,山东人民出版社,1989 年,第 454 页。
② 梁漱溟:《梁漱溟全集》第一卷,山东人民出版社,1989 年,第 455 页。
③ 梁漱溟:《梁漱溟全集》第三卷,山东人民出版社,1990 年,第 538—539 页
④ 梁漱溟:《梁漱溟全集》第三卷,山东人民出版社,1990 年,第 578 页。
⑤ 梁漱溟:《梁漱溟全集》第三卷,山东人民出版社,1990 年,第 738 页。

仁与生的讨论：梁漱溟对孔子仁学思想的认同，带有明显的生命哲学特征。他称赞博格森的生命哲学，乃是因为梁漱溟认为生命哲学的出现代表着西方文化向中国文化的转向。他以生命的观念阐发孔子的仁，认为仁就是超过个体生命的大生命的直觉，此一生命之悲悯，不可以麻木不仁。悲悯"感觉特别多，特别大，特别深刻，特别敏锐者谓为人，人亦即仁也"①。此是就仁做为生生之仁一义而言。

仁与不仁的区别，就在于日常生活中一个人是直觉还是理智占优势。在他看来，孔子人生哲学的基本观念是一个"生"字，如果他对于生命能够感通，那么他的生活基本态度是"不计虑""不认定"，追求的是乐的生活。"在直觉中'我'与其所处的宇宙自然是浑然不分的，而在这时节被他打成两截，再也合拢不来。"②梁漱溟用生命哲学来反对唯科学主义的泛滥，天地之大德曰生，仁之真性在于生生之仁。以理智为特征的西方文化虽然带来物质财富的繁荣，但是却导致真我、本我的沦丧。梁漱溟对西方文化的科技宰制的流弊进行尖锐批评。

二、梁漱溟的仁学与乡村建设理论

1.《乡村建设理论》之中所必须具备的"仁学"

梁漱溟的乡村建设理论的代表著作最主要的是收于《梁漱溟全集》第二卷，第141—586页的《乡村建设理论》。《乡村建设理论》主要探讨当时的中国所面临的政治问题与社会问题如何经由乡村建设而加以解决。当时崩溃中的中国社会正面对极其严重的文化失调。梁漱溟认为其原因在于（甲）伦理本位的社会之被破坏以及（乙）职业分化的社会知被破坏。在"二　中国旧社会组织构造及其所谓治道者"探讨了中国传统社会秩序所赖以维持的几个要点例如教化、礼俗、自力，此三者皆是理性，而士人是理性的代表者。③

在面对现代化的西方文明而导致中国乡村的大崩解，梁漱溟提出新社会组织"乡村组织"之建立来加以克服，他指出新的"乡村组织"即是一新的礼俗。此中，必须同时进行技术进步、金融流通、合作组织三者之革新。梁漱溟认为"三方面各以其他两方面为条件，如环之相连"。而此中又不能缺少文化伦理之因素，梁漱溟认为"中国人之进于团体生活，大概要从经济上合作组织来；又讲中国人不进于团体生活则已，要进于团体生活不能不发挥其固有伦理互以对方为重的精神。凡此都见出要有其自觉认识，要有一种思维了解在内，不过我们所谓理性还不只在自觉和互相了解上，更在人生向上的

---

①　梁漱溟：《梁漱溟教育论文集自学小史》，台北，龙田，1979年，第61页。
②　梁漱溟：《梁漱溟全集》第一卷，山东人民出版社，1989年，第390页。
③　梁漱溟：《梁漱溟全集》第二卷，山东人民出版社，1989年，第525页。

自励和互相敦勉。人生向上（个人的和社会的）里含藏着自爱爱人的深厚意思，是人类生命力量的泉源"①。

参考梁漱溟的上述乡村建设理论，而适应当代情况予以更新，可以说乡村建设包含了乡村组织、经济、文化、生态四个部分。此处所谓的"经济"包含了前述的技术进步、金融流通。这里也可以以"社群"来替换"乡村组织"，因为我们不一定是在乡村从事这样的改革，都市也需要重建，"社群"包含了都市与乡村。

此处所谓的"文化"则主要是指前面所说的"要进于团体生活不能不发挥其固有伦理互以对方为重的精神。凡此都见出要有其自觉认识"，也就是要有一种思维了解在内，而此处所谓理性还不只在自觉和互相了解上，更在人生向上的自励和互相敦勉，也就是要有一套"仁学"作为团体生活自励和互相敦勉的张本。因此，梁漱溟的乡村建设理论在这里强调"人生向上（个人的和社会的）里含藏着自爱爱人的深厚意思，是人类生命力量的泉源"，必须要有一套这样的仁学作为社群团体生活自励和互相敦勉的张本，也就是以"仁学"作为团体生活的精神张本。

关于"仁学"作为团体生活的精神张本，《大学》说"一家仁，一国兴仁"，仁是齐家治国之道，以至于治国平天下，天下之人皆可以克己复礼，如此则是天下归仁的大同世界的最高善之实现。《中庸》第二十二章所说的："唯天下至诚，为能尽其性；能尽其性，则能尽人之性；能尽人之性，则能尽物之性；能尽物之性，则可以赞天地之化育；可以赞天地之化育，则可以与天地参矣。"在此可以看出仁学的精神高度与广度。"仁学"作为团体生活的精神张本，能尽人之性，则能尽物之性，亦如老子所说的圣人常善救人，故无弃人；常善救物，故无弃物，是谓袭明。仁学透过诚的逐步实践，最后"可以赞天地之化育，则可以与天地参矣"。亦如老子所说的"夫唯道善贷且成"。

然而，在《大学》的设计之中，修身、齐家、治国、平天下，从齐家就直接到治国，缺少了社群（Gemeischaft）的环节，缺少社群而直接由家庭跳到国家，所以社会的团结缺少伦理性的或精神性的实体关联，也缺乏团体生活的沟通平台。然而在中国传统之中，也并不是全然如此，而是以乡治乡约来取代，而现在所面对的乃是在面对西方的现代化过程而导致的社会崩解的问题。

2. 乡村服务人员之精神陶炼：仁学

梁漱溟在其乡村建设之中，设有"精神陶炼"一科目。梁漱溟在《精神陶炼要旨》一文说："精神陶炼这一科，原来的名字是乡村服务人员之精神陶炼，在讲明有志服务乡村的乡村建设运动者应行具有的精神。我们乡村服务人员之精神陶炼一科目，就是要启发同学大家的深心大愿。"而此处所谓的深心就是悲悯之仁心。梁漱溟在《精神陶炼

---

① 梁漱溟：《梁漱溟全集》第二卷，山东人民出版社，1989 年，第 566 页。

要旨》一文说"甚么是深心？深心即悲悯。普通说悲天悯人"，深心即是悲悯。普通说悲天悯人"这一种愿力，超过个体生命，仿佛有一个大的生命，能够感觉到个体生命以上的问题"，如此具有此一生命之悲悯、仁心。"能够超过个体生命而有一个大的生命，能够从这个地方就见出来是人"，"感觉特别多，特别大，特别深刻，特别敏锐者谓为人，人亦即仁也"。①

梁漱溟在其乡村建设之中设有"精神陶炼"一科目，明确地讲要陶炼民族精神乃是渊源于孔子、孔门儒学，梁漱溟在《精神陶炼要旨》一文说："在我们乡村服务人员之精神陶炼这门功课中，要向大家讲的，要指给大家认识的，就是民族精神。……至于讲修养的方法，也是源于古人，资藉于民族精神。更明白地说，我们之所谓中国古人，就是指孔子的这个学派，或者说孔子就是代表。"② 因此，下文阐明台湾传统的以及近期所推动的孔门儒学以及社区儒学。

三、儒家的仁学整合论——《论语》中的孔子仁学七义

虚无主义的产生在于西方世界传统的哲学与神学无法满足人类终极实在的需要，以存有神学的表象形上学的方式来追求神学与存有学的问题的解答，终于丧失了作为价值标准的依据的最后的实体，因为这样的实体观本来就虚幻不真，从而导致生活世界之中的一切价值沦丧、虚无化。

孔子的仁学以及仁的本体学避免了此中的困难，践仁知天，仁是一种智的直觉，可以落实超越的形上学的真实内涵。仁体（仁的本体）不是落入海德格尔所说的形上学的存有神学构成的最后的实体，而是即开显即遮蔽，显微无间，寂然不动，感而遂通。

现代社会、现代性的危机在于工具理性的过度膨胀，自我、自然、超越界这三个领域在单面向的生命存在之中各自为尊，无法统整。启蒙运动之中的人类社会陷于自我、自然、超越界的各个系统的冲突矛盾，产生种种的异化。

孔子仁学的七义，对于当代人类生存的种种需求可以加以统整。首先要谈的仁的感通性，弥补了理性的独我性，爱人惜物。其次是仁的自主性，延续了启蒙运动的自律的原则。仁是全德也是别德，成为统整的德行伦理。又，天下归仁是最高善，仁政包容了致用之学，横摄横列，在这里妥善处理人与自然以及仁与人之间的关系。最后，由主体的仁进而通达本体的仁，此乃贯通于超越世界，以本体的仁来统整上述六义。

---

① 梁漱溟:《精神陶炼要旨》一文收入梁漱溟《梁漱溟教育论文集自学小史》,台北,龙田,1979 年,此处的讨论见第 61 页。

② 梁漱溟:《精神陶炼要旨》一文收入梁漱溟《梁漱溟教育论文集自学小史》,台北,龙田,1979 年,此处的讨论见第 75 页。

底下展开孔子《论语》一书之中的仁学，展开原始儒家之中的孔门仁学，由主体性的仁的实践开始，而终结于仁的本体诠释。

在《论语》一书之中，孔子仁学包含下列七义：1. 共通感；2. 自主性与自律性；3. "仁"为全德与别德；4. 天下归仁，仁作为最高善；5. "仁"作为生的创造性原理，生生之德、生生之为易；6. 仁政等七个方面；7. 仁体，从主体的仁到本体的仁。

第一，"夫仁者，己欲立而立人，己欲达而达人，能近取譬，可谓仁之方也"，这里的仁所强调的是意义价值的共通感。此处的"欲"不是七情的"欲望"，而是对于价值善性的共通感，欲立欲达是关于价值善性的企求，这样的企求同时也感通到宇宙人生中的仁仁本具的善性，所以在此一共通感之中也包含了立人达人，对于其他人的人格完善的帮助与协作。

第二，"仁远乎哉，我欲仁，斯仁至矣"（《论语·述而》）、"有能一日用其力于仁矣乎，我未见力不足者"（《论语·里仁》），此处阐明的是仁的自主性，出之于主体性的自觉。

第三，孔子以"仁"来作德行之本乃至于德行之全，"苟志于仁者"（《论语·里仁》）。一旦立志而致力于仁的实现，就会渐渐达到全德，至于德行之全，故说"无恶矣"。

第四，天下归仁的最高善。《论语·颜渊第十二》：颜渊问仁。子曰："克己复礼为仁。一日克己复礼，天下归仁焉。为仁由己，而由人乎哉？"颜渊曰："请问其目？"子曰："非礼勿视，非礼勿听，非礼勿言，非礼勿动。"此处天下归仁的最高善阐明的不只是仁与礼的关系，克己复礼为仁，克己是损去私欲，是否定性的原则。复礼则是一个积极性的原则，乃是伦理秩序从个人到天下的逐步恢复与实现的开展过程。而伦理秩序的真正逐步恢复则是涉及"礼之本"，所以才能说"克己复礼为仁"。

第五，"仁"作为生的创造性原理（生生之德）：从孔子的仁学对生之德之阐明看来，他对于仁的体验强调了对生的创造性（生生之德）的体会。从纵向来说，"生之德"与"仁"互相贯通，孔子说"志士仁人，无求生以害仁，有杀生以成仁"，点明了"仁"者的生命奉献观，仁者将生命的安危甚至生死是要奉献给仁的信念，超出一己的狭隘的以有限生命，有如《系辞上传》第六章所说的"大生"，奉献让生命得以伟大，彰显其"大生"，并逐步在横列统之中，推扩此仁心至于家国天下，乃所谓的"广生"。"仁"作为生的创造性原理（生生之德），具有"大生""广生"的含义。

第六，孔子仁学之中的"仁政"之面向。孔子以"仁政"来为民请命，就是要老者安之，少者怀之，近悦远来，使人民大众能够共享安和乐利的生活。孔子也以"仁"为扩大自我，关怀他人。一以贯之的忠恕之道，就是要每一个人都能够共享生活的和谐和充实。从纵向来说，本体的"生之德"由"仁"的主体实践而贯通天德。

从横向来说，"仁"是同时充实和丰富个人生命与社会生命的，这也就是人之所以为人终极价值。仁又如何能表明一个合内外而纵贯横摄的完美之德？孔子以仁有胜于一己的小我生命者，显示仁者是更大更广以至于无穷的生命。① 这里的横摄是指知识学习、民主法治、利用厚生等致用之学，纵贯而开展横摄横列，横摄横列而能纵贯，明体达用，才是"仁学"内圣外王之道的圆满实现。牟宗三的判教的诠释系统之中，强调纵贯纵生（儒家圆教）、纵贯横讲（佛道圆教），却缺少纵贯横摄这一部分，是明显的缺失。

第七，从仁到仁体。《论语·子罕》篇"逝者如斯夫，不舍昼夜"，这里蕴含了孔子对于本体的领悟，参考"天何言哉？四时行焉，百物生焉，天何言哉？"之阐发则所谓的逝者如斯乃是不舍昼夜的生生创化的本体，本体的仁是仁体，是"己达达人己立立人"的一体之仁；同时也是生生之仁，充满生生不息的创造力的仁体。《论语》述而篇，孔子自述说"假我数年，五十以学《易》，可以无大过矣"，学《易》之后，"五十而知天命"，到达义命合一的生命境界，即命显义，天命流行。以本体的生生之德来阐明孔子的仁学，对孔子所谓"仁"的生生不息的创造性的本体诠释，其最彰明者是《系辞上传》第六章中所说的乾坤之德的"大生"与"广生"，"夫乾，其静也专，其动也直，是以大生焉。夫坤，其静也翕，其动也辟，是以广生焉"。

"易体"包含了"干知大始，坤作成物"的乾坤之德的两个方面，"干知大始"是干德的创生性，"坤作成物"是坤德的顺成性。"易体"和"仁体"是同一个本体，"继善成性"是实体贯通于主体性的本体体会，主体的善性是继承的天德流行的创生性实体。依照"仁者见之谓之仁，知者见之谓之知"一语来看，可以说智者见之为"易体"，而仁者见之为"仁体"。"易体"是强调本体的变异、简易、不易，是智者仁者能以易简之理掌握变异而坚持不易之根本价值，而见之为"仁体"，则是强调本体的感通性、本体的生生之创造性。

就仁学的七义的互相贯通而言，在《论语》一书之中，孔子的仁学首先是善性的共通感，这种生命的意义价值的感通是仁的实践的出发点。其次，就主体性的自觉言仁，而就其表现而通达外部世界而言，则具有自律性（Autonomy），以上这两项是一对乃是整合了质料与形式。

复次，"仁"为全德，"仁"又为别德，这两项是一对乃是整合了一般性与普遍性。

而天下归仁，乃是最高善，乃是在历史的实践过程之中来统合，此中，对于仁义之

---

① 成中英：《孔子哲学中的创造性原理——论生即理与仁即生》，收入《和内外之道：儒家哲学论》，中国社会科学出版社，2011 年，此处的讨论参见第184—185 页。

性的内在具有自觉，以及对于气命与环境限制具有自知，乃是知命。进而"五十而知天命"是孔子以易体的生生之德来阐明仁学，从主体性的仁通达本体的仁体，这个过程的展开是对孔子所谓"仁"的生生不息的创造性的本体诠释。

复次，"仁"作为生的创造性原理（生生之德）是就仁体而言，包含了仁学的纵贯面与横摄面。"仁政"的政治社会经济的种种措施及其理想，是其横向面。

以上仁学的六义，包含了纵贯面、横向面，而第七义则是本体性的统整，纵贯面、横向面的仁都需要本体，所以说"逝者如斯夫，不舍昼夜"蕴含了孔子对于仁的本体的领悟，是由仁的主体的自觉而上通于生生仁体，由仁的主体的自觉而表现为义宜的生活实践等面向。

孔子的仁学以及仁的本体学避免了当代虚无主义的困境，践仁知天，仁是一种智的直觉，可以落实超越的形上学的真实内涵。仁体（仁的本体）不是落入存有神学构成的最后的实体，而是即开显即遮蔽，显微无间，寂然不动感而遂通。

现代社会、现代性的危机在于工具理性的过度膨胀，自我、自然、超越界在单面向的生命存在之中各自为尊，无法统整。启蒙运动之中的人类社会陷入自我、自然、超越界的各个系统的冲突矛盾，产生种种的异化。孔子仁学的七个面向，对于当代人类生存的种种需求可以加以统整。首先要谈的仁的感通性，弥补了理性的独我性，爱人惜物。其次是仁的自主性，延续了启蒙运动的自律的原则。仁是全德也是别德，成为统整的德行伦理。又，天下归仁是最高善，由主体的仁进而通达本体的仁，此乃贯通于超越世界。最后，仁政包容了致用之学，横摄横列，在这里妥善处理人与自然以及人与人之间的关系。

虚无主义的产生在于西方世界传统的哲学与神学无法满足人类终极实在的需要，以存有神学的表象形上学的方式来追求神学与存有学的问题的解答，终于丧失了作为价值标准的依据的最后的实体，因为这样的实体观本来就虚幻不真，从而导致生活世界之中的一切价值沦丧、虚无化。

四、台湾地区的孔门儒学与社区儒学：两岸儒学乡村建设的互相观摩

（一）台湾地区的"社区重建"的政策变迁与社区儒学的当代发展：从"社区发展"到"社区总体营造"

台湾地区从 1965 年的社区发展政策开始，到 1994 年的"社区总体营造政策"（简称社造）至今的社区发展历程，让社区发展有了另外一种不同于以往的"由上而下"之新面貌。而在台湾特殊的政治环境及传统文化系络下，各种不同的社区发展政策会让社区这个概念受到不同的诠释及影响。究竟是要将社区看作是一种中央控制的工具？或是一种地方自治的方式？还是一个有地域性质的实体？或是将社区看作是公民意识的培

养地？或是将社区看作是一个抽象的象征意义？可以从 1994 年迄今的社区总体营造政策着手来反省，来重新探讨台湾地区的各时期社区概念所着重的意义。以采用政策网络以及政策变迁的概念来分析了解台湾的社区总体营造政策，以及社区在政策中被赋予的不同的意义和功能。台湾地区的社区发展工作从 1965 年开始由政府机构加以有计划推动，实施工作项目为基础工程建设、生产福利建设、精神伦理建设，采取自上而下的方式，由政府机构补助经费，加以主导，而民间配合实施；至 1994 年经过三十多年来造就了大约五千个社区，其中绝大多数为乡村社区，都市社区仅占少部分，在硬件的设施与服务软件的提供对于乡村建设都有长足的帮助（刘弘煌，2000，页 35）。但是对社区这样的"发展"的结果加以反省，也发现许多问题，首先是工业化带来的各种污染，影响生活质量；再来是价值观念扭曲，物质与金钱至上主义使得人们透过各种不择手段追逐于名利等事件层出不穷。尤其是仰赖上级补助经费，以被动的方式来推展社区营造工作，缺少民间社会的永续经营的动能，最为人所诟病。台湾地区的社区一词，已经慢慢从只强调组织、集体行动的，走向赋予权能、为公共利益着想的概念；社区总体营造政策的变迁则是以在政策基础上进行修改的政策赓续为主要模式；而社区总体营造政策的网络主要是受到政府和重要人士理念的主导。应将社区总体营造视为寻求在"由上而下"以及"由下而上"两种政策推动途径之外的合作模式。①

在二次世界大战战后的思想史的脉络中，笔者曾经为文台湾现代新儒家哲学的回顾与前瞻的课题加以论述，收在《儒家诠释学》一书②，分为以下各点论述台湾现代新儒家哲学的发展：

1. 现代新儒家哲学的历史反思：熊十力、牟宗三、唐君毅与方东美的体系之差异。

2. 中国哲学之圆教的进一步重省，重新反思中国哲学的思想基盘。

3. 人文精神之进一步落实于现代社会。

4. 新判教的哲学思考。

5. 孔门儒学的发扬。

近年来，王邦雄、曾昭旭、朱建民、高柏园、孔令宜、赖贤宗等人近年来致力于"孔门儒学"之弘扬。例如王邦雄、曾昭旭、朱建民阐释："孔门儒学"标举孔子的人格与人文理想，恢复儒学的纯正性，提倡孔门儒学的金声玉振始终条理的集大成的人文精神，致力于人文精神之进一步落实于现代社会，以达到文化沟通与宗教合作的儒学人文现代实践。

---

① 陈清渊：《用创意开拓乡村社区资源——以珍珠社区为例》，收入《农业推广文汇》（台北，2002 年 12 月），第 283—294 页。

② 赖贤宗：《儒家诠释学》，北京大学出版社，2009 年。

尤其是"孔门儒学"不只是从事儒家哲学之研究，而是发挥孔门的实践精神，结合孔子后裔联谊会等宗亲组织，以儒家文化为指导致力于社区重建，可以称之为社区儒学。高柏园《"里仁为美"儒家思想与社区总体营造》以及诸贤之文阐释："孔门儒学"以"社区儒学"为平台，提倡以孔门儒学"里仁为美"之道团结有志之士创设社区儒学的社会文化实践平台，乃至于孔令宜、赖贤宗等人呼吁结合全球各地孔子后裔联合会与孔氏宗亲会的社会力量，振兴孔庙与各地书院的文教功能，落实儒家文化于社区重建，积极投入孔子文化与儒学之现代弘化工作。此一台湾的孔门儒学与社区儒学的当代发展可以和梁漱溟的仁学与山东省乡村建设理论互相观摩。

中国大陆以"孔村""孔家庄"为名者相当多，乃是历史上孔家后裔的栖居地，在这些地方大多留下许多孔门儒学的文化积淀，未来可以儒家的乡村建设方式来实施"孔村""孔家庄"的乡村建设的社区总体营造，开创孔门儒学与社区儒学的新局面。根据 2011 年的统计，曲阜的 483 个自然村中，以孔字命名的村庄有 20 多个，其中的"孔家村"有 10 多个。又例如笔者亲自访问过的安徽省桐城的孔城镇，历史悠久，镇区内有孔城老街，全长 2 公里，是华东地区保存最为完整、体量大的一条老街。著名的桐乡书院、朝阳楼坐落其中，建成孔门儒学与社区儒学的儒家村当别具特色。

复次，牟平孔家为四十三代中兴祖孔仁玉下分二十派之一。牟平、栖霞的"孔村""孔家庄"为发展儒家的乡村建设的优选之处。现代港台新儒家哲学家牟宗三教授是山东烟台栖霞人，在牟氏庄园曾经设有牟宗三纪念馆，为海外现代新儒家学人向往之地。笔者曾经于 2002 年亲访栖霞并代表（台湾）丹道文化教育基金会与山东大学哲学系颜炳罡教授合办"丘处机与中国文化学术研讨会"。当今的行政区栖霞、牟平为紧邻，在金元都属于海宁。栖霞、牟平有着浓厚的儒家与道家的精神氛围。栖霞的浓厚道家氛围的一个主要原因在于栖霞人丘处机及其门人于金元之际创立了全真道龙门派，全真七子在栖霞的昆嵛山修道，龙门派成为后世最大的道教丹鼎派之派别。而山东栖霞的浓厚儒家文化底蕴当与栖霞孔家有关。山东栖霞有孔家庄在福山和栖霞的交界处，乃是渊源自牟平派的孔子后裔。第四十七代嫡长孙孔若蒙袭封为衍圣公，居住于曲阜孔府之中。金朝统治的时候由曲阜来到牟平的是孔若拙（第四十七代），若拙为衍圣公孔宗愿之第四子。若拙以下的四十八代孔端孜、四十九代孔士元在元代被封为牟平县尹（牟平县县长），定居牟平。他们起先定居在牟平东门里，后来又搬迁到五里头村，五里头村在牟平城西约五里的地方。牟平派的孔氏子孙后来逐渐从牟平扩展到胶东其他各县。民国版《牟平县志》："文庙在前，学署在后，为先代旧址。金皇统元年增筑鼎新，元至顺三年（1332）知州李友直重修。"牟平文庙（孔庙）渊源自宋代，而重建并兴盛于金代、元代与明代，有碑文元代《张起岩宁海州筑学记碑》、明代《焦希程宁海州儒学记碑》可考①。牟平孔氏是牟平的一大文化家族，刘树伟的《牟平孔氏著作考》一文②整理烟台图书馆的古籍之中的牟平孔氏十多人的著述，例如《牟平孔氏诗草》一书乃是孔尚平与其子孙四人的诗集，这对于研究牟平孔氏及牟平的文化，值得注意。端孜、士元在元代被封为牟平县尹的时候，正是王重阳与全真七子在宁海（含牟平、栖霞）创立全真道的时候，金元时期的海宁地区之全真道与孔门儒学的这个平行关系值得吾人注意。这些丰富的文化积淀使得牟平、栖霞的"孔村""孔家庄"成为儒家的乡村建设社区总体营造的优选之处。

复次，具有孔家文化内涵的企业则可以发展成为孔门儒学文化创意产业，例如笔者亲自访问过的福建福鼎西昆的"孔家作坊福鼎白茶"，相关的儒士经营孔庙、书院和生态村。福鼎为世界白茶的故乡，西昆孔氏家族从清朝时期就向曲阜孔府专供各种白茶，孔家茶业以孔子的儒学思想与中国白茶文化相结合为企业品牌文化精神，开创了当代"儒茶"的新局。孔家茶业的茶园乃是优质的生态茶园，配合当地具有历史的孔庙以及已经颇具规模的书院，建成孔门儒学与社区儒学的儒家村指日可待。

台湾的孔门儒学后裔虽然其群聚规模尚未形成"孔村""孔镇"，但是"鲁国堂"在台湾却有甚多实例，为台湾著名的堂号之一。近年来以族谱之重新编修作为孔门儒学的社区重建之主轴，在台湾的孔氏宗亲显示了关心孔门儒学的新面貌。探讨如下。

台湾屏东的鲁国堂：台湾孔家后裔主要世居地是在屏东、桃园、嘉义等地，分属二十多个支派。孔祥祺、孔令宜父女1998年接获在香港注册成立的"孔子世家谱续修工作协会"孔德墉会长的邀请函，于10月28日连续两天在曲阜出席"孔子世家谱调查工作预备会议"，开启了台湾地区的孔子世家谱之续修工作。孔祥祺、孔令宜奔波了十年终于完成了《孔子世家谱》的台湾地区的续修工作。③

台湾屏东的鲁国堂的傲人特色：依据孔祥祺的书面报告之记载，2006年2月19日由孔令鑫副会长亲驾车，与孔祥祺、孔令宜一行三人前往屏东县新埤乡建功村，鲁国堂挺立在绿意盎然的乡村田园景色中，仰望居屋上端嘉禾中央一门大"孔"字，感受孔门儒学光辉闪耀。此地家家户户门框书款着"鲁国堂"。进入家祠，香案后一幅先祖圣像，古意斑驳，表现着孔裔子孙思源尊祖的赤诚。古老的《清朝屏东支系》家谱，屏东县新埤乡建功村乃是清代乾隆九年版古谱，内载行辈，早由孔令鑫副会长发现错误，

---

① 元代《张起岩宁海州筑学记碑》、明代《焦希程宁海州儒学记碑》分别见民国版《牟平县志》（台北，成文出版社据民国二十五年铅印本影印）第1485—1487页与第1488—1491页。

② 刘树伟：《牟平孔氏著作考》，《当代图书馆》2015年第4期。

③ 孔祥祺：《孔子世家谱续修工作协会台湾分会工作总结检讨报告》，2007年11月撰文，收于台湾孔子后裔联谊会印制《孔子世家》一书第16—30页。

特撰一文《台湾唯一孔子世家谱商榷》加以校正。所谓《清朝屏东支系》，孔祥祺、孔令宜以《孔子世家谱》核对，乃是始自四十九代祖琬公，于宋孝宗乾道二年（1163）任江西临川丞，遂家于此，应为"衢州长支上杭、龙泉、丽水、大浦"的派支至台湾屏东者。孔祥祺、孔令宜重建《清朝屏东支系》家谱之完整谱系：原《清朝屏东支系》残谱止于六十二代嫡裔闻韶祖，乃是明孝宗于弘治十六年（1503）袭爵，距今已经有504年历史。此谱内纪事说武宗正德年间为1505—1521年"武宗时奏请设尼山洙泗学院"。明世宗嘉靖年间（1521—1566）史载倭寇蹂躏闽境，福建泉州地区的同安、惠安、南安饱受倭寇侵犯。因为战祸，该支谱止于六十二代，未再续，以下遂成残谱。该支谱《清朝屏东支系》残谱乃是清乾隆九年出版与来台祖牌位记载之名相符，距2006年已经有263年历史，因而得以重建五百年历史之谱系。此一清乾隆九年（1744）出版的屏东孔氏宗亲的原《清朝屏东支系》残谱，经过孔祥祺、孔令宜此次修订之后，将来台湾的第六十九代继字辈祖起之广、昭、宪、庆、繁、祥、令、德，至七十八代维字辈孙十代同登新版《孔子世家谱》之中，如此使得屏东县新埤乡建功村的近三百年孔裔子孙得以重归孔门圣祖血脉传承谱之中，以孔门儒学为核心来凝聚社区意识。此乃是孔门儒学及其聚落在台湾民间于现代化的过程中仍然可以重振与发扬光大之实例。[①]

台湾的鲁国堂之另例：桃园县平镇市东势里 2 邻 398 巷 55 号的老屋的堂号是鲁国堂。关于曾家之鲁国堂堂号的由来，根据吴家勋先生所编著《桃竹客庄的古典风华》所说，鲁国堂的堂号是因公元前 464 年，曾姓始祖巫公奔鲁之后，族裔居鲁国六百年而命名。曾子为孔门儒学之主要传承人，为孔庙四配之一，乃鲁文化的传承人之一。世居鲁国堂的曾水钧老先生说：此曾家老屋为其祖父曾新海所建，曾水钧先生今年八十五岁从小居住在此鲁国堂老屋之中，此老屋至今已有间近两百年的历史，曾家的族人是从广东省梅县迁徙过来至今已有二十代。过去此鲁国堂老屋最多曾住过一百多人，形成了一个以儒家文化为核心的社区，但是于 1991 年分家后，老屋附近只剩两家人。由此例可以看出孔门儒学及其聚落在台湾民间于现代化的过程中也有其衰退之趋势。

（二）七十年来台湾地区的现代新儒家哲学概况

现代新儒家第二代哲学家牟宗三、唐君毅与徐复观被当世推尊为港台新儒学的最重要的三位大思想家，在二次世界大战战后，他们都与台湾深有渊源，他们的著作都在台湾出版并主要经由台湾的学生之传习而传播至全世界，最后也安葬在台湾。他们共同的

---

① 孔祥祺：《有关最早来台屏东宗亲状况》，2007 年 2 月撰文，收于台湾孔子后裔联谊会印制《孔子世家》一书第 31 页。2010 年 2 月 11 日另有补充之新稿。

老师熊十力先生在哲学思想上达到了现代儒家哲学上的突破，熊十力是现代新儒家哲学的第一代开创者，而第二代的代表哲学家牟、唐、徐三人在港台的弘扬现代新儒家哲学的努力，则使现代新儒家思想灵根自植，开花结果。第二代新儒家哲学家应该还要加上来自南京的方东美，他长期在台湾大学哲学系作育英才，影响深远，虽然方东美并没有特别标举儒家哲学，而是兼弘儒释道三家哲学及欧洲大陆为主的西方哲学，但是以方东美在儒家哲学的著作之重要影响而言，已经足以成为台湾现代新儒家哲学的代表性哲学家之一，方东美的学生有成中英、傅佩荣、沈清松都是台湾的哲学名家。现代新儒家哲学成为台湾哲学界的主流之一，它可以说和天主教辅仁大学所培养出来而在台湾各个大学开花散果的哲学家，以及殷海光所教导而更续传衍的自由主义派学者鼎足为三的学派，是影响当前台湾哲学界的三大主流力量之一。

　　台湾现代新儒家第二代哲学家培养了一批优秀的第三代新儒家哲学家，其中以牟宗三的影响最大，他门下的现代新儒家第三代学者如蔡仁厚、王邦雄、曾昭旭、朱建民、李明辉、林安梧、袁保新、杨祖汉、李瑞全、高柏园、江日新、周博裕、赖贤宗……现在是五十五岁至七十五岁之间的学者，活跃于台湾的大学之讲堂中。在台湾的大学之中成立儒学研究中心的有"中央大学"、淡江大学、醒吾大学。这些学者在牟宗三来台讲学的时候都在课堂之中成为学生，以此为标准可以统括为熊十力一系的现代新儒家哲学的第三代的学者，虽然他们在求取博士学位之间的时候也有其师承关系，例如王邦雄、高柏园与袁保新。台湾现代新儒家乃是台湾举足轻重的一个哲学学派，可以称为牟宗三学派，以"鹅湖月刊杂志社"及"东方人文学术研究基金会"为中心，这个现代新儒家哲学第三代学者所形成的现代新儒家哲学学派，虽然在思想创造力上，近年来似乎有走向疲软的趋势，但是这个学派也正和其他关于新儒家的批判反思的思想运动在台湾相激相荡，在新的激荡下，很可以期待现代新儒学在未来可以绽放奇花。

　　复次，现代新儒家哲学第三代学者致力使现代儒学思想于新土绽放新芽，流向欧美日学界，并在1986年以后借着"现代新儒家思潮研究"七五期间国家重点研究课题，回流中国大陆①。本文探讨五十年来台湾的新儒学哲学的学术研究成果及其文化意义，此一回顾不仅对于台湾七十年来的思想史深具意义，也对世界与整个中国的儒学研究与中国哲学未来研究，具策励将来的意涵。

　　现代新儒家哲学家当中与台湾的渊源最深的是牟宗三先生，他是最具有理论的创造

────────────

① 1986年11月，在北京召开的"全国哲学社会科学'七五'规划会议"，通过了将"现代新儒家思潮研究"列为"七五"期间国家重点研究课题，并通过以天津大学哲学系的方克立教授与广州中山大学的李锦全教授为课题负责人，随后网罗了十六个单位的四十七位学者，此一课题组的研究成果与相关研究影响深远，带动了"现代新儒家思潮"在中国大陆的复兴。

力并能建构思想体系者而被研究最多的哲学家，无论在体系的完整和思想的深刻以及融会贯通方面，牟宗三哲学都堪称是现代新儒学发展的巅峰之一，同时它也代表着一条发展线索的总结。这是指牟宗三特有的以康德哲学为参照的儒家的道德的形上学与圆教判教。然而牟宗三的许多见解来自唐君毅而却没有完全发挥其理论诠释的可能性，例如宋明新儒家的三系说、儒家的义命合一说等。牟宗三喜造新论而包含许多争议，例如认为朱熹是别子为宗、讥评佛家道家的圆教是团团转的圆、批判基督宗教等。唐君毅则立论平实而且宽容广阔，而且唐君毅将儒家哲学与德意志观念论、海德格哲学加以比较，在中西比较哲学的视野上比牟宗三更为开阔，唐君毅对于佛教、道家、基督宗教的阐释比较不具有传统儒家辟异端的偏见。复次，方东美的西方哲学研究极为深邃，他对于柏拉图、黑格尔、怀德海、海德格都具有深入的研究。所以方东美在中国哲学的现代诠释上具有更好的成果。在这样的背景之中，方东美对于原始儒家、宋明新儒家哲学、易经哲学都具有突破性的成果。由于牟宗三晚于方东美与唐君毅大约二十年过世，他晚年又经常在台湾讲学（一年中有半年），所以他在台湾的门人弟子甚多，在学术界的现实层面的影响力超过方、唐二人。

儒学的研究包含史学和社会科学等方面，不一定是哲学性的研究，所以在台湾现代新儒家哲学之外，另立台湾现代新儒学一项目。例如钱穆是史家而弘扬儒学，《朱子新学案》是晚年定居台湾时候所完成。孔祥祺担任"孔子世家谱续修工作协会台湾分会"会长期间，和女儿孔令宜一起完成台湾地区的孔子家谱之调查与撰写，此外，孔祥祺也撰写多篇孔子与儒学研究的文章。台湾尚有为数甚多的社会科学的学者投入儒学研究，成果斐然，以赖贤宗所规划和执行的 2001 年"儒家文化与人文社会科学之发展"学术研讨会为例，社会科学组发表论文的教授：魏萼（淡江大学国际研究学院院长）、黄光国（台湾大学心理系教授）、林端（台湾大学社会系教授）、石之瑜（台湾大学政治系教授）、邹川雄（南华大学社会学研究所副教授）、蔡锦昌（东吴大学社会系教授）、齐力（南华大学社会学研究所教授）、黄竞涓（中山大学政治学研究所教授）、黄瑞祺（"中央研究院"欧美所研究员），发表的论文例如魏萼《清儒、吴儒与新新儒》、黄瑞祺《原儒作为一种生活方式及修养》、林端《再论全球下的儒家伦理：社会学观点的考察》、黄竞涓《女性主义与儒家文化中的性别角色分工》等。他们都长期关注于儒学的社会科学研究，所以在台湾，现代新儒学的社会科学研究也有相当的研究成果累积下来，但是长久以来被忽略。

文化人对于孔门儒学之贡献之例：李奇茂教授、李教授夫人张光正老师伉俪领导"中国孔学会"八年。李教授是绘画大师，曾身历世界一百多个国家弘扬孔学，创办《孔学与人生》季刊推广孔门儒，他也在台湾新北市的醒吾科技大学成立孔学研究中心学。李奇茂教授为台湾之文化人对于孔门儒学贡献之一例。

台湾的儒学除了现代新儒学与现代新儒家哲学之外，也包含了旧有传统台湾本土儒学，以及国民党儒学。旧有传统台湾本土儒学指明郑以来所陆续由中国大陆传入的儒学，以台湾的书院、孔庙、文昌帝君信仰、汉文诗社、各种表现儒家思想的民俗活动为中心，赓续传布，至今仍是具有草根力量的文化传承。[①] 至于国民党儒学则由蒋介石等国民党元老所提倡，例如蒋介石的《科学的学庸》一书即是国民党儒学的代表著作，这是一种政治力量对于儒学传统的运用，在台湾的戒严时期曾经是政治力量的重要组成部分[②]，这样的党国儒学对于儒学知识的散布也有一定的正面功能。

依于上文所述，我们可以把台湾新儒家哲学的思想位置和社会脉络，以及由此演变而来的当代台湾孔门儒学，示之如下：

1. 台湾现当代新儒家哲学：牟宗三、唐君毅、徐复观、方东美、成中英、刘述先、蔡仁厚、王邦雄、曾昭旭、朱建民、杨祖汉、林安梧、李明辉、李瑞全、袁保新、高柏园、赖贤宗等。→二十一世纪的现当代新儒家哲学的孔门儒学。

2. 台湾现当代新儒学：钱穆、孙震、魏萼、黄光国、石之瑜、黄瑞祺、孔祥祺等。→孔门儒学：二十世纪末以及二十一世纪初的台湾新儒学之中的孔门儒学。

3. 台湾社区儒学：以台湾的书院、孔庙、文昌帝君信仰、汉文诗社、各种表现儒家思想的民俗活动为传布中心。→二十一世纪的台湾社区儒学的孔门儒学，除了上述台湾的书院、孔庙、文昌帝君信仰、汉文诗社的转型与赓续发展之外，也有新型的社区儒学书院之建立，发挥良好的功能，例如华山书院、奉元书院、三一寰宇文化协会与书院等。最重要的是各地的社区重建之中都包含了儒家文化的元素在其中，例如强调伦理道德以重建人际关系，在社区重建的工作之中强调仁爱、真诚与忠恕之道。

现当代的台湾孔门儒学统整了下列四个脉络：二十一世纪的现当代新儒家哲学的孔门儒学，二十一世纪的台湾新儒学之中的孔门儒学，二十一世纪的台湾社区儒学的孔门儒学，二十一世纪的国民党文化系统的孔门儒学。

（三）社区儒学的道路：孔门儒学的人文精神之落实于当代社会在台湾的几个实例

王邦雄、曾昭旭、高柏园、孔令宜、赖贤宗等人近年来致力于"孔门儒学"之弘扬，"孔门儒学"标举孔子的人格与人文理想，用以恢复儒学的纯正性，提倡孔门儒学的金声玉振、始终条理的集大成的人文精神，以达到文化沟通与宗教合作的儒学人文现代实践。结合有志之士创设"孔门儒学论坛"的实践平台，结合全球各地的书院、儒家经典课程与孔子后裔联谊会与宗亲会的社会力量，投入孔门儒学、社区儒学之现代弘

① 陈昭瑛：《台湾儒学》，正中书局，2000 年。
② 林安梧：《儒学革命论》，学生书局，1998 年，《党国儒学的一个侧面思考》一文。

化工作，并一起振兴孔庙与各地书院的文教功能。

牟宗三、唐君毅、徐复观三人在 1980 年以前共同建构了台湾现代新儒学的人文主义论述。就此而言，他们的贡献分别如下：徐复观论证了专制制度与中国人文主义传统的互不兼容，并阐释了中国艺术精神以扩大中国人文主义传统的思想幅度。唐君毅论述了道德意识与文化意识的关系，将中华文化之文化意识与精神宇宙建立儒家道德哲学的基础之上。① 牟宗三进一步建构了儒家的"道德的形上学"，并在这个基础之上，提出"良知坎陷说"以收摄现代性之民主和科学，并提出"真善美合一"说，将人文价值的各个面向收摄在道德的形上学的心性论之中，牟宗三的这些理论可以说已把新儒学的道德心性论说的圆而又圆，无所不包。

但是，牟宗三上述的道德的形上学的哲学理论建构也引起了一些批判的声音，认为这种圆而又圆的道德的形上学是将知识与价值的丰富面向给窄化了，不能落实于现代的实践处境，成中英就此指出：

"现代新儒家往往就价值的理想层次进行了思考与冥想，往往忘却了广大和精微知识理论与现实的重要相关性，更蔑视了知识所包含的主体的客体（观）性与客体的主体（观）性，也就未能理解客体性像主体性一样具有同等的本体性……丧失了知识性的广大与精微了。如何面对及真正掌握与解决现实世界中的问题（其中包含民主化与法律制度化等问题）也就变成一项最大而又无法在理论上真正克服的挑战。"②

不仅是牟宗三的道德的形上学受到了挑战，牟宗三提出"良知坎陷说"以收摄现代性之民主和科学，也引起其他学者的批判。成中英此一批评是批判牟宗三以纵贯纵讲为儒家的道德的形上学之圆教，乃缺少纵贯横摄之圆教，是将横摄的活动（"民主和科学"）排斥在圆教之外。其实，朱熹儒学就是很好的纵贯横摄之儒家圆教，但是牟宗三却误解朱熹儒学而判之为别子为宗。

此中，沈清松反省儒学与现代民主的关系之时，就德性论伦理学与批判理论的哲学立场，对牟宗三学派的现代新儒家政治学提出三点反省。③ 这是说如果不以道德的形上学之判教来阐释如何收摄现代性之民主和科学的问题，对于儒家式的民主应该如何讨论也还具有许多讨论的空间。

而陈忠信的《新儒家"民主开出说"的检讨：一个知识论的反省》（1988）是相关

---

① 唐君毅：《人文精神之重建》，香港，1955 年，新亚研究所初版（1974 年，台再版）；唐君毅：《中国文化的精神价值》，台北，1953 年初版，正中书局；唐君毅：《文化意识与道德理性》，香港，1958 年，友联出版社初版（1975 年，台再版）。

② 成中英：《当代新儒学与新儒家的自我超越：一个致广大与尽精微的追求》一文，1994 年，香港，第三届当代新儒学国际学术会议。

③ 沈清松：《儒学与现代民主之前景》一文，收于杜维明编：《儒学发展的宏观透视：新加坡 1988 年儒学群英会纪实》，正中书局，1997 年，此处的讨论见页 421—424。

讨论中的一篇重要论文，陈文从知识论的反省来批判牟宗三的"良知坎陷说"，他指出"本文重构《宣言》及牟宗三'本内圣之学解决外王问题'之论旨。指出牟氏之论证，基本上是建立在黑格尔式之'精神的内在有机发展'这一唯心主义本质论之表现性的总体性观点之上……最后掉入一没有实践的可能性之空泛的概括性原则中，而无法为儒家之政治理想在社会上创造新的与具体的展现方式"①。

面对这些挑战，一些现代新儒家哲学家搁置了从道德的形上学或是知识论的观点来阐释儒家如何收摄民主与科学的问题。他们直接发展了现代的应用伦理学与儒家文化实践的诸多面向，开展可以在当代社会加以应用的儒家实践，"中央大学"哲学研究所的一批现代新儒家哲学第三代的牟宗三的弟子（李瑞全、朱建民）不再深入"良知坎陷说"以收摄现代性之民主和科学的理论性的说明，转而开展了现代的应用伦理学的多元论述与实践，他们主要的建树在于管理哲学、生命伦理学与生态哲学的探讨，尝试直接或间接地把这些讨论与儒家哲学关联起来。②

林安梧提倡批判性的儒学、生活化的儒学、公民儒学，他是作为现代新儒家牟宗三先生的高足，乃是"后新儒家"。他是批判派新儒家的代表。林安梧教授从儒学观点对于现代社会所出现的弊病加以批判，对牟宗三的"新儒家哲学"，也提出要从牟宗三回到熊十力，从熊十力回到王船山，称之为"后新儒家"的观点。林安梧对于熊十力的体用论进行本体诠释，提出存有三态论，用以批评牟宗三的两重存有论，又受到王船山儒学的启发，对于历史存有总体性来回答现代社会所面对的政治及社会的问题。

复次，赖贤宗继承方东美、牟宗三、成中英的本体诠释，对于儒家哲学多所发挥，尤其是对于儒家的本体诠释学传统、儒佛会通、现代新儒家哲学与德国哲学的对话、孔门儒学生生之仁等课题具有突破性的研究突破。

以上是当代"孔门儒学"的几个代表，标举孔子的人格与人文理想，用以恢复儒学的生活性，而且在中西文化沟通的视野中会通现代社会中的科学与民主，提倡孔门儒学的金声玉振、始终条理的集大成的人文精神。此一儒学走入社群，从事社区重建，例如创设书院、共营某些社群生活、以经典教育从事社区性质的生命教育等，则是社区儒学。底下为当代台湾的社区儒学经验之几个面向（经典教育、生命教育、社区重建）之实例。

当代台湾的社区儒学经验之举例：林琦敏董事长在《华山书院"读经推广中心"

---

① 陈忠信：《新儒家"民主开出说"的检讨》一文，收于《台湾社会研究季刊》，1988 冬季号，台北，1988 年，此处的讨论见页 101—102。

② 这个努力方向以"中央大学"哲学研究所的李瑞全、朱建民教授为代表，成立"中央大学哲学研究所应用伦理学研究室"，出版《应用伦理学研究通讯》。

缘起》一文中谈到他的社区儒学经验："我原是穷乡来的孩子，家父在我国小时，就曾教我背古文。家父是个标准闽南人，一句国语也不会说，他教我背《大学》《中庸》，用的是闽南语。事实上我当时一句也不懂，但从小到今，我对中国的经典世界就一直很向往。记得家父及其朋友，都是读古书的人，人称：有学问的人。在邻里间非常受尊重，替人排解纷难，在我印象中，读古书的人是明理的，是懂仁义道德的，是值得尊敬的。"1990 年付诸实践，林董将台北中和的自宅提供出来，从事社区儒学之经典教育的工作，来自他的乡村经验，也就是老父的闽南语的经典传习之家教以及乡村中新民对于经典的尊重，对于读经陶冶人格之信仰与遵从。林琦敏在成为董事长事业成功之后邀集公司的同仁们成立华山书院，以共同愿景将公司团结成一个共同成长团体的生命教育的社区，聘请名师，开讲四书、五经、老庄、佛典等课程，并以公益活动的方式提供社会人士前来参加课程。

1993 年暑假，王财贵老师前来林琦敏董事长这里从事儿童读经之推广，儿童读经教育由台湾王财贵教授于 1994 年于华山书院开始有计划地推广，成立全球读经教育基金会，全世界各地受惠的儿童少年已有数千万人。王财贵设立于温州泰顺的文礼书院于 2018 年 9 月 28 日奠基。经典是仁文传统的载体，也是社区成员共同信托的精神泉源，透过儿童读经教育可以逐步在一定的程度内达成社区儒学的里仁为美的目标。王财贵提倡儿童读经教育可以说是发源于台湾而散果于两岸的当代社区儒学之奇葩。

和王财贵同时提倡经典教育的社会规广的有柳松柏导演与其夫人赵雪芹，他们结合音乐、体育、舞台表演来提倡经典教育，不是单调的诵读经典而已。柳松柏担任全国唐诗新唱校园巡回演讲主讲人，自 1997 年起，举办全台"唐诗新唱示范教学"校园巡回演讲。担任全国唐诗新唱大赛执行长，自 1997 年起，举办全国唐诗新唱大赛。赖贤宗近年来提倡经典传唱，设立中华经典唱持与人文诠释学会，结合台湾的书院与诗社，例如元亨书院、龙山吟社等，共同提倡人文经典传唱与儒家乐教之现代复兴。强调以生命教育的高度来推行"经典传唱"，"经典传唱"不只是唱歌与演艺，而更是一种修持，或说是"将经典之中的人格在音乐歌唱及其阐释之中加以继承发扬的生命教育"。

台湾地区从 1965 年推动"社区发展"，由政府机构补助经费，加以主导，实施工作项目为基础工程建设、生产福利建设、精神伦理建设，采取自上而下的方式。1994 年由文建会推动的"社区总体营造政策"（简称社造）以来，近二十多年来在台湾地区，政府更借社区总体营造，结合人文与技术，融合文化与产业，来提升农业经营效率与改善农村社区生活环境之杂乱，同时引导农民自觉地意识启蒙与学习，达成"文化产业化，产业文化化"，这不仅需要专业科学知识的协助，也需要法令订定与资源供应以及农民自治自主性的参与，对于长期居住在乡村，绝大多数常年以从事初级农业生产为主的一般农民而言，唤醒乡村中的常民文化，例如强调伦理道德以重建人际关系，在社区重建的工作之中强调仁爱、真诚与忠恕之道，为其中重要的内涵。

台湾宜兰的珍珠社区的社区营造的目标，依照其规划案而自述如下：

一、借竹围地区的特殊景观的优势为充足的经济诱因，发展竹围民宿休闲产业以增加农民的收入，活化农村产业的生机。

二、借温馨家庭接待式的民宿经营形态，以有如"宾至如归"的感觉，重建现代社会严重人际疏离的现象，建立人际间亲密的互动关系，建立以"诚"为中心思想，以"忠恕"为主轴的人际关系。

三、借由稻草产业的推动，创立稻草工艺馆。以稻草工艺，让稻草画、稻草纸、稻草面具、稻种标本制作成为珍珠社区的文化产业。如此不仅减少将大量剩余稻草燃烧所造成的环境污染，进而将稻草转换为文化产业的材料，使资源充分运用。

四、透过成立面具表演剧团，结合完形心理治疗、音乐、舞蹈，建立新的文化形态，搭配竹围民宿、稻草产业，并帮助社区居民激发潜能，建立自信，达到身心合一的境界。

五、建立新文化园区（珍珠休闲农业区），同时解决农村的经济产业问题与现代社会人际疏离的问题，重建人伦关系，展现新时代的文化优势。

六、在第二阶段扩大园区的范围，纳入邻近冬山河流域的村，发展以冬山河为主体的休闲观光文化产业（冬山河休闲农业区），并结合冬山旧街形象商圈，形成冬山乡新的产业文化，带动冬山乡全面性的发展与繁荣。

七、建立以"诚"为中心思想的新文化社会，并以"忠恕"为主轴的人际关系，塑造二十一世纪以服务业为主体的新儒家社会形态的农村社区。

八、以国际化的规模与标准经营文化园区，并成为世界新文化的示范区。[①]

本文所说的小区是指生活在同一地理区域，彼此在心理上有紧密情感与社会互动，生活经验共同分享，具有生命共同体的认同意义，而产生一种相互依赖关系之组织。本文此处将"小区总体营造"定义为：以小区居民为主体并作为主导，由下而上的操作与经营。小区总体营造以凝聚小区居民的共同体意义为前提，强调自动自发的精神。居民依其小区特色与实际需要，关心小区，包括文化、产业、环境、教育、治安、社福等方面，共同讨论并积极投入小区文化与公共事务，整合并创造小区资源，培养相互扶助的情谊，改善生活质量，为小区文化与永续经营而奋斗着。

笔者由生态面、产业面、组织面、文化面剖析珍珠社区的社造，如下：

---

① 陈清渊：《用创意开拓乡村社区资源——以珍珠社区为例》，收入《农业推广文汇》（台北，2002年12月），第283—294页。

生态面：珍珠社区保存许多农村风貌以及丰富之自然资源。配合稻草迷宫、绿肥迷宫、林宝春圳、砂港圳，在珍珠社区的社造之中，设置自然生态步道、冬山河自行车专用道、珍珠入口意象、雨水健康步道、超人气稻草人等，将珍珠社区建构成为美丽的休闲农业园区。

产业面：提升生活美学，在珍珠社区的社造之中，培养在地工艺师，以稻草面具发展独特的剧团，经营民宿，期盼建立新文化产业，实现人的自然化，与自然的人化，为社区活动谋新机。珍珠社区的社造之中的主要稻草工艺品有稻草面具、稻草纪念物、稻草彩绘面具及稻草画、稻草民宿。稻草工艺品所召唤的是一份乡土的记忆，主要是敬天法地的情怀以及仁爱真诚的品格。

组织面：珍珠社区总体营造的工作组织，主要是由理监事会、顾问团及社区工作队三者进行规划及执行。成员皆安土敦人，具有悲天悯人的仁者胸襟，在他们的积极推动下，珍珠社区获评荐为全台湾的绩优社区，成为里仁为美的社区。检视珍珠社区成功的最主要因素之一为理事长的专业学识背景（大学社会系）和行政能力（充分运用理事长的权力）以及其儒家文化的实践精神。在他们的积极推动社造之中，实践社区营造目标以社区儒家为愿景：建立以"诚"为中心思想的新文化社会，并以"忠恕"为主轴的人际关系。

文化面：塑造二十一世纪以服务业为主体的新儒家社会形态的农村社区。建立珍珠社区为新文化园区、以服务业为主体的新儒家社会形态的农村社区，同时解决农村的经济产业问题与现代社会人际疏离的问题，珍珠社区作为新文化园区可以重建人伦关系，展现新时代的文化优势。

最后，台湾现当代新儒家的思想家之中，从事实际的政治活动而有较大成就者也有许多人。比如陈癸森、朱高正、周阳山编辑五四与中国、近代中国思想人物论等书，引起知识界许多反响。《当代中国与民主》则阐释民主、人权与知识自由等课题，可以看出中华传统文化与西方学术影响者的共融之心路历程。由这些例子看来，新儒家的思想家在台湾的现当代的政治活动之中仍有其相当之活力。

（四）孔门儒学、社区儒学的发扬与《孔门儒学论坛之倡议书》

赖贤宗教授、孔令宜博士规划与执行了"孔子、儒学与儒家经典诠释学术研讨会"举办于2017年12月，为一重要的台湾儒家哲学学术研讨会及海峡两岸的孔门儒学论坛，孔宪中会长也为论坛之引言人与宣言的共同联署人，一起致力于孔门儒学、社区儒学之弘扬。活动内容说明如下。

活动名称：孔子、儒学与儒家经典诠释：第五届经典诠释与文化传播学术研讨会

活动时间与地点：2017年12月8日、9日。场地之一：12月8日（台湾）台北大学三峡校区人文大楼101会议室，会场地址：新北市三峡区大学路151号。场地之二：

12月9日台北市孔子庙明伦堂4D剧场，会场地址：台北市大同区大龙街275号。闭幕晚宴：圆山大饭店。

主题：孔子、儒学与儒家经典诠释：第五届经典诠释与文化传播学术研讨会

子题：孔子与儒家、孔门儒学、儒家诠释学、儒家经典诠释、儒家思想之现代实践、儒家乐教与经典教育之传播、孔庙与祀典。

活动目标：承办单位与国内其他研究中心合作，共同推进孔子与孔门儒学、儒家释经、儒家诠释学及儒家现代实践之研究，促进学术文化合作，建立合作具体项目并持续落实，创建交流平台。加强学术合作，促进"孔门儒学"的研究心得并促进文化交流。推动现代儒学研究的多元发展，例如本体诠释学、儒家经典诠释、德行诠释学、儒家释经思想之多元议题。复次，弘扬孔门儒学：孔门儒学包含孔子研究、孔子学派与孔子门人之研究、孔子文化资产（各地孔庙及其祭祀与文教活动）之整理与推展、孔子后裔及其文化活动之研究等项目。复次，推展现代儒家的生活实践之道，发展儒家的乐教（音乐的生命教育），尤其是音乐美学与德行思想的现代实践之道，探讨乐教与经典教育之传播。

活动内容：孔子、儒学与儒家经典诠释学术研讨会，大陆学者报到于2017年12月7日，进入台北大学三峡校区。台湾学者报到于12月8日上午9点。12月8日上午9：10进行开幕式，在台北大学三峡校区人文学院一楼国际会议厅之会场。

儒学论文发表：孔子、儒学与儒家经典诠释学术研讨会，2017年12月8日（周五）发表论文十七篇，共五个分场，地点在台北大学三峡校区人文大楼会场。12月9日（周六）发表论文三篇，一个分场，地点在台北市孔子庙。

孔门儒学论坛：2017年12月8日（周五）在台北大学三峡校区人文大楼会场，由台湾著名儒家哲学名师曾昭旭教授进行孔门儒学专题演讲。12月9日（周六）在台北市孔子庙举行"孔门儒学与经典教育论坛"，共三个分场，以及闭幕式。由台湾著名儒家哲学名师王邦雄教授、曾昭旭教授、林安梧教授等担任论坛引言人。在论坛发言者包含海峡两岸的儒家文化社团的领导人，如下：孔祥祺会长（孔子世家谱续修工作协会台湾分会会长）、孔繁锦理事长（中华孔氏宗亲会理事长）、孔令怡秘书长（世界孔子后裔台湾联谊会秘书长）、孔（维）众会长（上海孔子后裔联谊会会长）、孔繁义会长（河北沧州孔子后裔联谊会会长）、孔令发副会长（安徽孔子后裔联谊会副会长）、孔海钦院长（福州文儒书院院长）、孔麒淦（香港孔子后裔宗亲香港总会会务顾问），以及李奇茂荣誉会长、洪淑慧创会会长（中华经典文化教育协会创会会长）、冯哲院长（北京四海孔子书院院长）、温金海主席（国际经典文化协会主席）、周嘉勋秘书长（台湾国际经典文化协会秘书长）、王国华副会长（新加坡南洋孔教会副会长）、郭基瑞执行长（福智文教基金会执行长）、马瑞辰执行长（中华文化基金会执行长）、黄泳法务主

任（台中莲社法务主任）等共同参与论坛，探讨孔门儒学之发展、儒家经典教育，及其在两岸的现代实践，从事书院教育、儒家文化社团之交流。并邀请汉语吟唱名家赵雪芹女士及其团体进行现代儒家乐教的实作示范。

主办、合办、协办与赞助单位及个人，如下：主办单位：台北大学人文学院东西哲学与诠释学研究中心。合办单位：台北市孔庙管理委员会。协办单位：台北大学中文系、"中央大学"文学院儒学研究中心、华梵大学、社团法人中华经典唱持与人文诠释学会、中华经典文化教育协会、世界孔子后裔台湾联谊会、社团法人中华孔氏宗亲会、香港孔子后裔宗亲香港总会、"中国孔学会"、台中莲社、国际经典文化协会、台湾国际经典文化协会、新加坡南洋孔教会、马来西亚孔学研究会、元亨书院。

揭示创立于台湾之孔门儒学论坛之未来发展方向以作为未来现当代新儒家发展的参考坐标，如下。

孔门儒学论坛之未来发展方向：

1. 与世界上的研究中心合作，共同推进孔门儒学的研究项目，创建交流平台。

2. 与海内外孔门儒学学术单位加强学术合作，推动当代儒学的研究与多元发展。

3. 筹办孔子后裔孔门儒学宣教师之课程，以各地的孔子后裔宗亲为孔门儒学的宣教师，与儒家经典教育老师协作，善用孔庙与书院之教学资源，推广儒家经典教育，从事中华文化建设。

4. 发展社区儒学，推展当代儒学的生活实践之道，强调具有发展性、永续性、当代性、前瞻性的重视实践之社区儒学。

5. 提倡孔门儒学的生命教育与经典教育，志于道，据于德，以发展社区儒学。

6. 发展孔门儒家的艺术演艺活动，落实儒艺，依于仁，游于艺，以发展社区儒学。

此次研讨会之后，赖贤宗与孔令宜发表《孔门儒学论坛之倡议书》一文如下。

第一届孔门儒学论坛于 2017 年 12 月 8 日、9 日在台北大学、台北市孔子庙庙明伦堂顺利地举办，为第五届经典诠释与文化传播研讨会之主体内容。我们在此次台北大学与台北市孔子庙所举行的第一届孔门儒学论坛之中，标举"孔门儒学"的意义至少在于下列三点：

1. 结合孔子后裔弘扬孔门儒学：结合全球各地孔子后裔联谊会与宗亲会的力量，共同弘扬孔子与儒家文化，孔子后裔为中华儒家道统之象征，理当发挥弘扬孔门儒学之更大力量，养成孔子后裔为宣道师结合读经运动振夫子木铎于天下。

2. 孔门儒学溯源孔子以重建儒学的纯正性与根源性：孔门儒学溯源于孔子整理六经与提倡教育之精神，结合大学之中的儒学研究，以提倡儒学的纯正性，要能返本方能开新，返本精研孔子哲学及其社会实践。孔子儒学所谓始终条理与集大成，始终条理是其创造性，而集大成是其完备性，故"孔门儒学"提倡孔子儒学强调有体有用，本末兼备。"孔门儒学"以孔子智能引领知识，以知识建设社会，而知识需要生命感通的常识。"孔门儒学"重视知识性的研究，但是不局限于其中，追求儒家文化的社会实践。

3. 与时俱进的孔门儒学与经典教育：孔子是圣之时者也，与时俱进。故"孔门儒学"结合全球各地的经典教育社团、书院，结合海外汉学与儒商之社会经济实践。"孔门儒学"探讨孔子文化与儒学传统在新时代之中的发展性与前瞻性，以经典教育为文化传播之载体，但是不故步自封，要能返本而开新，为新时代之中的人类生存的生活、生命、生态问题提出思想资源与解决之道。

第一届孔门儒学论坛由赖贤宗与孔令宜透过东西哲学与诠释学研究中心、台北孔庙而主办，结合孔子后裔、书院经典教育团体、大学研究机构三方面而致力于弘扬"孔门儒学与经典教育"，由台湾著名儒家哲学名师王邦雄教授、曾昭旭教授等担任论坛主要发言人。海峡两岸的儒家文化社团：孔祥祺会长（孔子世家谱续修工作协会台湾分会会长）、孔繁锦理事长（中华孔氏宗亲会理事长）、孔令怡秘书长（世界孔子后裔台湾联谊会秘书长）、孔众会长（上海孔子后裔联谊会会长）、孔繁义会长（河北沧州孔子后裔联谊会会长）、孔令发副会长（安徽孔子后裔联谊会副会长）、孔海钦院长（福州文儒书院院长）、孔麒淦（香港孔子后裔宗亲香港总会会务顾问），以及李奇茂荣誉会长、洪淑慧创会会长（中华经典文化教育协会创会会长）、冯哲院长（北京四海孔子书院院长）、温金海主席、周嘉勋秘书长、王国华副会长（新加坡南洋孔教会副会长）、郭基瑞执行长（福智文教基金会执行长）、马瑞辰执行长（中华文化基金会执行长）等共同参与论坛，探讨孔门儒学之发展、儒家经典教育，及其在海峡两岸的现代实践，从事书院教育、儒家文化社团之交流。此次论坛活动获得各界赞誉，期勉未来更有所开展。

孔门儒学溯源孔子，以孔子为精神标杆，提倡纯正性之儒学，金声玉振，为始终条理与集大成之儒学，与时俱进，求体用兼备，以孔门儒学为全球华人立生命之本体，返本开新，创造经典教育的新机运，振夫子之木铎，讲求儒学之致用精神，透过现代儒学之教育与文化实践期能增进二十一世纪人类的生态、生命、生活之幸福。

孔门儒学论坛之活动目标：

1. 承办单位与国内其他研究中心合作，共同推进孔子世家与孔门儒学、儒家释经、儒家诠释学及儒家现代实践之研究，促进相关学术文化合作，建立合作具体项目并持续落实，创建交流平台。加强学术合作，促进"孔门儒学"的研究心得并促进文化交流。推动现代儒学研究的多元发展，例如儒学本体诠释、儒家经典诠释、儒学德行诠释学、儒家释经思想之多元议题。

2. 弘扬孔门儒学：孔门儒学包含孔子思想、孔子世家、孔子学派与孔子门人之研究、孔子文化资产（各地孔庙及其祭祀与文教活动）之整理与推展、孔子后裔及其文化活动之研究等项目。

3. 推展现代儒家的生活实践之道，发展儒家的乐教（音乐的生命教育），尤其是音乐美学与德行思想的现代实践之道，探讨孔门儒学之乐教。

4. 提倡孔门儒学之经典教育。

第一届孔门儒学论坛由我与孔令宜女史透过东西哲学与诠释学研究中心、台北孔庙而主办，孔子后裔、书院经典教育团体、大学研究机构三方面而致力于弘扬孔门儒学与经典教育……秉受孔子的仁以为己任及天下大同之教导，吾人商定明年中国大陆主办第二届孔门儒学与经典教育论坛，由我与孔令宜负责在台联络与合办，此后将由两岸轮流主办或在全球各地举行。兹立此书，诚明同心，昭告全球儒学同道。

（倡议人赖贤宗、孔令宜敬书　2017 年 12 月 30 日　台北）

共同联署人（第一届孔门儒学论坛的主要发言者、主持人、协办单位负责人为当然联署人，以 2017 年 12 月论坛的议程出场序排序）：曾昭旭教授（淡江大学中文系荣誉教授）、王俊彦教授（文化大学中文系主任）、林素玟教授（华梵大学文学院院长）、孔令宏教授（浙江大学哲学系教授）、孔祥祺会长（孔子世家谱续修工作协会台湾分会会长）、孔繁锦理事长（中华孔氏宗亲会理事长）、孔繁晋副会长（世界孔子后裔台湾联谊会副会长）、孔（维）众会长（上海孔子后裔联谊会会长）、孔繁义会长（河北沧州孔子后裔联谊会会长）、孔令发副会长（安徽孔子后裔联谊会副会长）、孔海钦院长（福州文儒书院院长）、孔麒淦会务顾问（香港孔子后裔宗亲香港总会会务顾问）、洪淑慧创会会长（中华经典文化教育协会创会会长）、冯哲院长（北京四海孔子书院院长）、温金海主席、周嘉勋秘书长、郭文龙会长（新加坡南洋孔教会会长）、黄泳法务主任（台中莲社法务主任）、孔令宜（台北大学东西哲学与诠释学研究中心孔门儒学部门负责人）、赖贤宗（台北大学东西哲学与诠释学研究中心主任）。

结论

梁漱溟是现代新儒家之中的原创者，他与现代新儒家哲学家熊十力只停留在哲学思想不同，毕生从事乡村建设，梁漱溟发挥了儒学的实践特色。本文探讨仁学整体论，在此一点之中来研究梁漱溟的仁学与乡村建设理论。梁漱溟的仁学是其乡村建设理论的重要组成部分。不仅如此，梁漱溟在其乡村建设之中，设有"精神陶炼"一科目，以培养乡村建设服务人员的悲天悯人的仁心大愿以及学习孔门儒学为主的民族精神。关于仁学在乡村建设理论之中的重要性，以及孔门儒学、仁学在乡村服务人员之精神陶炼课程之中的重要性，值得我们继续研究并且加以落实。

现当代的台湾孔门儒学统整了下列四个脉络，如下：1. 二十一世纪的现当代新儒家哲学的孔门儒学，2. 二十一世纪的台湾新儒学之中的孔门儒学，3. 二十一世纪的台湾社群型儒学的孔门儒学，4. 二十一世纪的国民党文化系统的孔门儒学。

对比于山东的儒家乡村建设，本文探讨战后台湾的儒家哲学、孔门儒学、社区儒学的位置与其贡献。主要阐释孔门儒学在台湾的最新发展，除了涉及牟宗三、唐君毅、方东美这些孔门儒学大师之儒学思想现代建构与其对于传统哲学的诠释，以及走向东西哲学之会通的思想阐释之外，尤其要注意的是牟宗三的一心开二门的二层存有论、方东美机体主义哲学的中国哲学儒释道三家的现代诠释、唐君毅东西哲学的理心气与理性意识存有的三个环节的本体诠释、成中英的本体诠释的重检，这些乃是哲学性的工作。前辈的工作使得台湾现当代孔门儒学、社区儒学的发展具有深刻而广大的思想基础，而相对于抽象的儒家哲学反思，孔门儒学、社区儒学则是生活的儒学、实践的儒学、从事社区建设的儒学、经典教育人文化成的儒学。笔者在此文也阐述了台湾的社区儒学的实例，又可分为三种：经典教育生活儒学的社区儒学（例如华山学院与王财贵的儿童读经运动）、社区总体营造的社区儒学（例如宜兰的珍珠社区）、批判性的公民儒学之社区儒学（林安梧、林端、陈癸淼等）。过去的研究过于偏重港台的现代新儒家哲学学派，局限在道德的形上学的抽象思维以及良知坎陷的现代化争论之中，而忽略了在台湾早已存在的历史的以及当代的实践性的儒学，例如前述的三种社区儒学（偏重于经典教育的、偏重于社区总体营造的、偏重于公民意识与社会批判的），台海两岸或许应该以"社区儒学"作为二十一世纪的儒学共同发展的方向。儒家式的乡村建设是"社区儒学"的一个最重要的组成部分，但是，乡村建设是相对于都市而说的，其说法应该改为儒家式的"城乡的社区重建设"较为妥当。

回顾台湾儒学与社区儒学：台湾的当代孔门儒学之开拓者在当代所结合的民间重要力量是中华大成至圣先师协会（会长为奉祀官孔垂长）、台湾孔子后裔联谊会、中华孔氏宗亲会。结合孔氏宗亲的力量，以社区总体营造落实社区儒学，在中国大陆仍有许多孔家村、孔家庄或是文化人所投入的儒家村、儒士村可以经营，以落实孔门儒学之社区总体营造。在重视乡村建设的国家政策的带领之下，相当有机会发展出更具有实践性的当代儒学或者用笔者的话语来说乃是社区儒学，以区别于台湾现代新儒家哲学学派的抽象的哲学反思。

在台湾，结合孔氏宗亲的孔门儒学的开拓工作之一个成功例子乃是担任世界孔子后裔联谊总会顾问的孔祥祺先生。孔祥祺先生担任"孔子世家谱续修工作协会台湾分会"会长期间和女儿孔令宜博士历经十年之久一起完成台湾地区的孔子世家家谱之完整调查与相关文章的撰写，也透过台湾的许多电视节目尽力推广孔门儒学，此一在唤起孔氏宗亲的社区意识、文化自觉上具有其一定的影响力。

儒家文化是东亚传统的核心价值，探索此一价值体系的思想基盘，对之进行哲学反思，以期能使之开放给整个东亚的思想传统与当今的东西文化沟通，用以建立现代中国的融贯中西之人文精神，这是现代新儒家哲学的使命。台湾社会也不能割断自己和儒学传统和儒家文化的核心价值的关系，必须转化此一儒学传统，以为将来台湾的文化更新与创造之用。经由上文的分析，台湾的社区儒学可以与山东的儒家乡村建设互相观摩，而且也由山东儒学的乡村建设之中得到启发，学习实践性的社区儒学的各个面向。如此我们得以更清楚地了解战后台湾儒家哲学的研究的思想位置，及其在现当代哲学研究上的重大意义，笔者此文在最后也介绍 2017 年在台湾举行的第一届孔门儒学论坛所见的当代儒家思想及其社会实践在台湾最近的发展情况。

《东西文化及其哲学》百年后的省思

——再论梁漱溟"孔家生活"真谛

长谷部茂（日本拓殖大学）

一、绪论——现代文化的趋势和中国

《东西文化及其哲学》① 系根据 1921 年 8 月梁漱溟在山东济南演讲记录成书问世，距今约一百年。当时中国，正处于西方文化冲击所带来的种种忧患之中，先觉之士各自提倡救国之策，在政治、经济、社会等各领域奔走改革，梁漱溟自身正在此发源地——北京大学——任教。他之所以提起文化和哲学，其目的当然不是闲谈学术问题。《东西文化及其哲学》整篇针对着中国的前途，梁氏剖析东西各方文化、东西诸家哲学，为的是探究眼下中国人应如何解决"中国问题"。我们首先看看他最后的结论，也就是梁氏如何论断"中国人应持的态度"，如下：

> 第一，要排斥印度的态度，丝毫不能容留。
> 第二，对于西方文化是全盘承受，而根本改过，就是对其态度要改一改。
> 第三，批评的把中国原来态度重新拿出来。②

第一点所论印度的态度，就是佛教的态度。因百年后的现代中国人恐怕想象不到当年确有不少人士提倡佛教的"慈悲""普救众生"来解决中国问题，笔者就不再论述。梁漱溟之所以提出这个态度（第二和第三）的用意，就算在当时，料必几乎没人能够真正

---

① 《东西文化及其哲学》收录于《梁漱溟全集》第一卷，山东人民出版社,1989 年。
② 《东西文化及其哲学》收录于《梁漱溟全集》第一卷，山东人民出版社,1989 年,第 528 页。

了解，甚至还有不少人严厉批评，指出此论断和梁氏前面开展的三大文化路向说自相矛盾。① 此"三大文化路向"是这样说的：

> 第一路向：以意欲向前要求为其根本精神的西洋文化；
> 第二路向：以意欲自为、调和、持中为其根本精神的中国文化；
> 第三路向：以意欲反身向后要求为根本精神的印度文化②。

梁氏强调：东西文化的不同不是在一古一今，一前一后，或是未进既进的不同，而在于其根本路向的不同。③ 若走上了一条路向，除非转换路向，一定要一条路走到底。据此观点延伸下去，中国人应持的态度，则要么第一路向要么第二路向，两个路向不容同时并行，走上了一条，就应该没别的路向可选择。因此，梁氏论断在逻辑上确实有矛盾，至少有不彻底之嫌。笔者看来，梁氏论断受到如此批评，倒也是难免的。

梁氏说过："就是东方化可否翻身成为一种世界文化？如果不能成为世界文化则根本不能存在；若仍可以存在，当然不能仅只使用于中国而须成为世界文化。"④ 又说："大家奋往向前不可，但又如果不根本的把他含融到第二态度的人生里面，将不能防止他的危险，将不能避免他的错误，将不能适合于今世第一和第二路的过渡时代。"⑤ 这是梁氏在一百年前为后世留下的警语。目前世界是否处在两者之间的过渡时代，则不敢肯定。但我们如能肯定梁氏在中国的走向有先见之明，何不再翻此书借鉴，了解梁漱溟在百年前就指出"人类的下一步文化是中国文化"的思路为何。

反观以西方（以美国为主）主导的世界文化趋势，很显然地仍然走着梁氏所说的第一路向；其科学技术的进步，简直是出乎百年前人类所意料之外。

再看此时此刻世界文化如何定义的问题，笔者不得不提起亨廷顿的《文明冲突论》⑥。亨氏以为人类不同文明之间有断层；文明之间，只有战争能够解决，也就是此方胜彼方败而后已的想法。相反地，梁漱溟的文化论，从头肯定文化是从一个源泉（宇宙生命）开展的；中间曲折迂回再多，只是重点不同，路向不同，而三种不同路向终归

---

① 如张东荪书评《读〈东西文化及其哲学〉》，《时事新报》副刊《学灯》1922 年 3 月，张君劢《欧洲文化之危机及中国新文化之趋向》，《东方杂志》第 19 卷第 3 期。笔者歉未重新查实原文，请参见铃木章伯：《"新儒家"の诞生に关する一考察》（*A Study of the Beginnings of New Confucianism*）日本关西大学，2016 年 4 月 1 日。
② 《东西文化及其哲学》，《梁漱溟全集》第一卷，山东人民出版社，1989 年，第 353、383 页。
③ 《东西文化及其哲学》，《梁漱溟全集》第一卷，山东人民出版社，1989 年，第 340 页。
④ 《东西文化及其哲学》，《梁漱溟全集》第一卷，山东人民出版社，1989 年，第 338 页。
⑤ 《东西文化及其哲学》，《梁漱溟全集》第一卷，山东人民出版社，1989 年，第 537、538 页。
⑥ 美国政治学家亨廷顿（Samuel P. Huntington）著《文明冲突论》（*The Clash of Civilizations*），1993 年发表于 *Foreign Affairs*。亨氏所用"文明"概念，照梁漱溟的用法，应以"文化"来解。

是人类一条发展的路向，总归是一个人类文化。若将人类文化、历史或命运视作绝对的对立，彼此之间只有彼此挑战，亨廷顿对人类的文明没什么见解。照梁氏论点，它就是直觉运用理智的做法，也即是说，他的理论再精，他的主张必受控于他直觉所带来的无谓的恐惧、厌恶。

今日中国，不像百年前的兵马倥偬。梁漱溟念念不忘的中国问题——外国侵略、国内紊乱、百姓求无温饱等——现已解决，梁漱溟针对未来的论断，现在正是可讨论、好讨论的时候了。如果不伺机转回原来的路向，中国文化将与西洋文化同归于尽，咎由自取。

很幸运地，梁漱溟不是预言家，他的论断不是从天上下来的启示，而是他独立思考所得。他是从头到尾由他独立思考，达成这个论断的。他定论所由，在哲学思路上一一可考，后人能够沿着他的思路去了解其所以然。那么，我们何不回溯梁氏独立思考的脉络，沿着他的思路重新探讨文化、哲学问题，来验证目前中国和世界的趋势，这想必也有现代意义。

二、重估《东西文化及其哲学》在探讨世界文化、哲学学术上的特殊贡献

首先，由以下三方面，来谈《东西文化及其哲学》对文化、哲学学术研究上的主要贡献。

第一，此书为第一部亚洲人（非欧美人）所成就且有系统的世界文化论著：将西洋、中国、印度文化分别以近代文化、儒家文化、佛教文化为代表，认定三者同出一元——意欲；由于意欲路向不同，其文化表现也不同，三者具有同等的价值与必要。梁漱溟在中国受西洋文化冲击，多数知识分子提倡全面接受西方化作为救国之方，极力脱离传统文化之时，能够沉着地为全人类探索未来，对东西文化与哲学寻根似的探讨，真是令人敬佩。他思考的出发点，就是"人类全体的文化是一个整东西"①。

梁氏之前，尽管也有不少亚洲人提出了东西文化之不同，但他们主要是在自家文化里设法找出和西方文化相同或相异处，或自卑或自傲，从来没有对等看待；相反地，西方人论文化，不论他无视或藐视其他文化，总是探讨世界文化，是为全人类而说的。梁氏之文化论站在全人类的立场立说。这是东方世界前所未有的。

笔者认为，梁氏之对中国文化的定义觉醒了中国人几千年的梦幻，道破了中国之所以为中国就在其文化，也即是说：中国的定义并不在其国土、其民族、历史文物等，而其文化的精髓在孔家生活。笔者曾经在一篇论文中根据梁漱溟对文化的诠释写了一段对中国文化中所谓华夏意识的看法，如下：

---

① 《东西文化及其哲学》，《梁漱溟全集》第一卷，山东人民出版社，1989年，第353页。

"华夏意识"一般俗解为：以自己国家为中心，以自国历史文化为自豪，将自国文化强加于其他国家。不过，这样解释，就无法了解：中国人辛亥革命推翻拥有几千年历史的皇朝而实施西方民主制度，在五四运动上学生们极力提倡全面西化，后来采用当时最先进的共产主义完成社会主义国家；所谓解放，是从中国封建传统制度、儒家伦理的解放，而不久后又发生了"文化大革命"，彻底破坏自己国家文化。这些急变，难道是中国文化的反动吗？那么后来的改革开放、引进西方科学技术，又如何解释？据我看来，这一系列的变化就是华夏意识的表现。中国人自守、自夸的文化应该是正统的、唯一的文化，跟走他国文化，是没有意义的，死守落后的文化（包括曾经在中国繁荣的文化在内）更是没有意思。当今世界最先进最有魅力的文化才是中国文化，因此，引进西方科学成果是理所当然的。引进这些还不够，更是追赶之超越之，并含容在中国文化，这样才能满足华夏意识。

第二，梁氏提供了一套比较分析东西方哲学时，据以共同研究的概念范畴和讨论平台。梁漱溟将意欲、理智、直觉等西方哲学概念，根据唯识佛教的用法予以对比明确后，用以诠释儒学和佛教。尽管这可说是方便之说法，但针对非儒学圈子里的局外人（尤其对民国初的青年和外国人）作为启蒙，确实有莫大帮助的。这样，我们能够了解，不管东方还是西方，人类所关注的问题，至少在理论上有极类似的地方。当然东西方总的方向不同，我们不能认同，但如梁氏对"不安"的解释（后文论之），和西方宗教或心理学的说法有异曲同工之处。

第三，所谓现代新儒学的开创。尽管梁氏自己无意创立什么学派，但实际上，梁氏对儒学、孔家生活的诠释，开导了不少有意钻研儒学的年轻学子，此书问世的冲击开启了国内外对儒学之研究之风。据梁氏回顾，他尊父虽属传统读书人，但幼少时，从来没有受过传统教育，起初还接受了西方偏重实用、功利的思想，后来转入佛教，他熟读四书五经是在他决心弃绝佛家生活之后。可以说梁氏本人不是儒学传统中的人。他的儒学和同时代的大多数知识分子（包括外国人）一样，是研究出来的儒学。儒家对他也是后来求得的。正因为如此，他能够比较客观地，以第三者的眼光去看儒学。我们要知道他对文化的态度，本来不是中国的。他不过是认为，几千年来冠绝世界的文化、几千年来维持中国人生活秩序的儒学，不可能凭空而来，不可能一无所取。这种思路，照理来说，很是平凡。只是当年的中国，就鲜有其人。艾恺（Guy Alitto）先生称梁氏为最后的儒家①，在笔者看来，他与其说是最后的儒家，还不如说是第一位有儒家风范的现代

---

① *The Last Confucian: Liang Shu-Ming and the Chinese Dilemma of Modernity*，1986 年（《最后的儒家：梁漱溟与中国现代化的两难》）。

哲学家及实践家。对儒家中人而言，儒家根本不是研究探讨的对象，反而对儒家优异处无法分辨，这也是难免的。

梁氏在儒学的诠释方面所作的莫大贡献，容笔者在后文详论之。这里不妨指出他论学的方法。梁氏常以"独立思考，表里如一"为自戒，此独立思考，固然难于做到，但也不乏其人，就是西方哲人中，多有这类学者。但同时做到"表里如一"则几乎找不到旁人。因为它含有实践的意味，等于说要做到知行合一。客居日本的汉学家景嘉先生（1914—1986）著有《梁漱溟，其人其事》①，以为梁漱溟体现了"体"（人格）、"用"（行为）、"文"（言语）一致的儒家风范。景嘉先生出身满族官宦之家，从七岁开始接受四书五经和诗文等传统学问，是为儒家中人（他才称得上是最后的儒家）。笔者在此引用一段景嘉先生所言如下：

> 论其教人之道，实不出"体""用""文"三个字。所谓体，是指人格道德节操而言。所谓用，是指行为而言。道德行为，能合二为一，方为完整的学人。才是东方学术最高的结晶。于是才能达成修己济人的使命。古人所说的，为天地立心，为生民立命，为往圣继绝学，为万事开太平，匹夫而为百世师，一言以为天下法。实际是体用之学的极致。体用之学，并无奥义，只要深信古圣所说的真理，只要身体力行，只要立下坚志。人人可能，人人可学。并且不与任何学术技艺，发生冲突。（于近代文明也无矛盾）只是人生本身的教养。即或成就了一人，也于时代大有作用。（中略）自从东西方文化接触之后，东方老成的学人，渐成代谢，又毫不知西方学术之利弊。新起的学人，惊慕西方的文明，遂忘其治学之本源。以为文就是学术，著述考据是成就。于体用身行之道，毫不讲求。即或是读书万卷，著书满家，名驰天下。知行既分，充其量，不过是无用的文人而已。（中略）用真实的学术标准，来衡量最近五十年间的东方人物，（中略）数来数去，以我个人的看法，只有梁氏漱溟可以当之无愧。

《东西文化及其哲学》本来是演讲记录，其论说方式，可谓自问自答。他之所以自问自答，是问自己有否信心，问自己能否做到。尽管他提出的课题庞大深远，他总是从切身的问题论起，以问答的方式步步逼近读者的心理，读者则了解每个论断都含有行动的契机，带动实践的指标。就是说他探讨问题的思路，同时也是一个生活问题的解答。譬如梁氏在此书第一个提问的，就是人生问题。他归纳人生问题为三种：（1）可满足

---

① 著述年代不详，大约 1980 年左右，逝世后收录于《景嘉文选》，景嘉文选刊行委员会，1987 年 12 月。

者；（2）满足与否不可定者；（3）绝对不能满足者。另外指出，（4）无所谓满足与否。① 梁氏从这个分析导引出人生的三条路向说如下：

(1) 遇到问题都是对于前面去下手，即生活本来的路向。

(2) 遇到问题不去解决，改造局面，就在这种境地上求我自己的满足。

(3) 遇到问题他就想根本取消这种问题或要求。②

梁氏从人生的满足与否论起，最后将它推演到如上所言三大文化之论断。梁氏全由他独立思考表里如一的态度完成硕大的体系论断。这全是一个人心思的表露，恐怕也是现代儒学唯一的表述方式。

三、重探梁漱溟对儒家诠释的独到处

如上所述，因为梁漱溟本来不是儒学中人，儒学实际上是他在烦闷"中国问题"后所逼出来的最后觉悟，故梁漱溟敢于批评，也有必要批评地检讨儒学，直径求教于孔子。对梁氏来说，孔子尽管是一个天才，并不是神圣，料必孔子从来没有遇到过这么不客气的学生吧。不过，这样子，他才掌握到了孔子的真面目。梁氏所挖掘出来的孔子之圣，不是以往儒者所谓的圣。梁氏摘下了后儒给他的圣人面具，在梁氏笔下，孔子显得更亲切、也显得更可敬。这对后学有不可限量的好处。

（一）直觉的发挥

儒学在梁氏诠释之下，经过他独立思考——这思考当然也包括他对西方、印度思想的心得——蔚成一完整的体系，这个成就主要来自他"直觉"这个概念的运用。这对非儒学熏育下成长的中国年轻人和外国人，尤其在西方文化的冲击下急于找出中国人自救方法时，确实起到了很大的作用，且对梁氏自己来说，"直觉"这个概念料必也给他以探索儒学思路上的启发。

据梁氏的解释，直觉本身在它本质上是无法达到事物真相的，而是附带感觉、理智让人体会某种意味的，且此意味，才是推动人生，彩色人生，是文化的根源。他诠释儒学之前，作为中国人思维的基础，阐明中国形而上学，也是根据这个不求真理、推动人生的直觉作用。中国形而上学这个哲学名词虽属严肃，它其实不外乎是中国人从古代以来默默养成，根深蒂固的心理习惯，也可以说是中国人共有的潜在意识或任何外界变化无法动摇的价值观、判断依据。下面看梁氏对中国形而上学的解释。

① 《东西文化及其哲学》，《梁漱溟全集》第一卷，山东人民出版社，1989年，第379、380页。
② 《东西文化及其哲学》，《梁漱溟全集》第一卷，山东人民出版社，1989年，第381、382页。

（二）中国的形而上学——玄学

梁氏对儒家的诠释，是从人类共有的意欲和生活而来。他对儒家的诠释是以他对中国特有形而上学的领悟为基础，即是中国人的思维共有的。梁氏说："中国自极古的时候传下来的形而上学，作一切大小高低学术之根本思想的是一套完全讲变化的——绝非静体的。"① 又说："我们要认识这种抽象的意味或倾向，完全要用直觉去体会玩味，才能得到所谓'阴''阳''乾''坤'。"② 梁氏认为，从这样的直觉能体会到的宇宙就是：

> 宇宙间实没有那绝对的，单的、极端的、一偏的、不调和的事务；如果有这些东西，也一定是隐而不现的。凡是现出来的东西是相对、双、中庸、平衡、调和。一切的存在，都是如此。③

> 这形而上学之所以为其形而上学的，有一个根本的地方就是无表示。（中略）我们直觉所认的一偏不调和，其实还是调和，此下调和与上之不调和又为一调和，如是之调和为真，盖两相消而无表示也。④

在梁氏看来，一切事物是成立在相对关系上的。"无表示"就暗示着意识、感觉背后看不到，却确实存在的宇宙。我们暂且可称之为变化流行之体，因为我们感觉、理智的认知够不到它，我们只好用直觉去体会。梁氏提出这种形而上学，不单是儒家的，也是包括道家在内中国诸子哲学以及一般中国人思维共有的基础。

因为以往中国学者没掌握到中国特有的形而上学，接受了西方哲学后，总觉得中国根本没有哲学或只有很落伍的哲学。在梁氏看来："中国学术所有的错误，就是由于方法的不谨，往往拿这抽象玄学的推理应用到属经验知识的具体问题。"⑤ 梁氏再提出直觉说："如是之中或调和都只能由直觉去认定，到中的时候就觉得俨然真是中，到不调和的时候就俨然确是不调和。"⑥ 这种形而上学，经过漫长的时间从不改变。梁氏指出："调和折衷是宇宙的法则，你不遵守，其实已竟无时不遵守了。"⑦ 点明了它隐藏在心里，默默然地为人安排行动原则。

---

① 《东西文化及其哲学》，《梁漱溟全集》第一卷,山东人民出版社,1989 年,第 442 页。
② 《东西文化及其哲学》，《梁漱溟全集》第一卷,山东人民出版社,1989 年,第 443 页。
③ 《东西文化及其哲学》，《梁漱溟全集》第一卷,山东人民出版社,1989 年,第 444 页。
④ 《东西文化及其哲学》，《梁漱溟全集》第一卷,山东人民出版社,1989 年,第 446 页。
⑤ 《东西文化及其哲学》，《梁漱溟全集》第一卷,山东人民出版社,1989 年,第 444 页。
⑥ 《东西文化及其哲学》，《梁漱溟全集》第一卷,山东人民出版社,1989 年,第 447 页。
⑦ 《东西文化及其哲学》，《梁漱溟全集》第一卷,山东人民出版社,1989 年,第 451 页。

梁氏说:"孔子这派的人生哲学完全是这种形而上学产生出来的。"① 西方形而上学以理智想求得宇宙根源,而终未得到,笔者认为梁氏所谓中国形而上学,就相当于近代西方人在它背后时隐时显的基督教上帝观念,这观念实际上只能以直觉来体会,但因西方人走上理智一边倒的路,始终没认清,后来归于神秘主义,置之不顾了。

(三)孔子"一贯"的真意

梁氏发现孔子言行一贯,其意义并不限于曾子所谓"夫子之道,忠恕而已矣"之一贯。伦理行为固然一贯,但更重要的是,孔子的言行都在根据上述形而上学,是必然的一贯、当下的一贯。(《论语·里仁》)梁氏总揽儒家经典,就证实了这一点(除《礼记·大同篇》外)。这种形而上学在言行背后活动,只要直觉清醒,从此延伸发挥出来的思路、言语和行为必然一贯。我们不用担心外界变化,一到关键时刻,无意中说出来的、做出来的都是对的。人就是未知礼,处处无不合乎礼,因为礼,再具体繁缛,它就是这种形而上学的自然表现②,简单一句话,就是"天何言哉,四时行焉,百物生焉,天何言哉"(《中庸》)中的"天"也。

(四)"仁"的真意——敏锐的直觉

敏锐的直觉,这个梁漱溟对"仁"的诠释,似有西方哲学的味道,但在笔者看来,是一针见血,一五一十地表达了孔子真意。尽管书上行文次序是前后倒过来,此"仁"的发现,就是能让梁氏顺理成章地从孔子的生活导引出中国的形而上学,儒学真意,文化根本精神,进而升华到人类未来文化的起点。

孔子之教化,儒家之理想以仁为本,这是几千年来的定论,正因为如此,竟有无数的说法。说法的分歧主要来自如何归纳《论语》上孔子和弟子因时因地的发言,梁氏却从人我相应的感觉所带动的直觉来说明,他是这样定义的:仁是体,而敏锐易感则其用;若以仁兼赅体用,则寂其体而感其用。③ 不过,正如梁氏说,直觉本质上是虚妄,即使你能体会到中或调和,你不能认它为真,好比你只靠着一个直觉漂浮在那儿,虽是这样漂浮,却能放心、自得其乐,这是无条件百分之百的信任;信任宇宙,信任人性。只有在内心充实,时时刻刻从自己切身处着想才能做到,可谓非常难,也可谓非常易。"三月不违仁"是难之表现,"百姓日用而不知"是易的表现。梁氏说:"我们人的生活便是流行之体,他自然走他那最对,最妥帖最适当的路。他那遇事而感而应,就是个变化,这个变化自要得中,自要调和,所以其所应无不恰好。所以儒家说:天命之谓性,

---

① 《东西文化及其哲学》,《梁漱溟全集》第一卷,山东人民出版社,1989年,第447页。
② 梁漱溟说"孔子说的一以贯之恐怕即在此形而上学的一点意思",《东西文化及其哲学》,《梁漱溟全集》第一卷,山东人民出版社,1989年,第447页。
③ 《东西文化及其哲学》,《梁漱溟全集》第一卷,山东人民出版社,1989年,第455页。

率性之谓道。"①

梁氏以"不安"来解释敏锐的直觉,这是大家熟悉的《论语》"宰我问三年丧"的一段而来。"汝安则为之。君子之居丧,食旨不甘,闻乐不乐,居处不安,故不为也。汝安则为之。"梁氏根据他中国形而上学,将"安与不安"的解释,加以非常重要的意义说:"不安者要求安的表示也,要求得一平衡也,要求得一个何也。"② 安或不安来自心理深处,不由自主,直觉越敏锐,不安就越多,不安越多,发自内心的活力(其实是宇宙、人类生命的扩充)也就多。这个仁的诠释,简单得简直会让人——尤其是学者、求道者——大失所望。梁氏说:"修养不过复其本,然此本即不修养,在一般人也并不失,故曰百姓日用而不知。"③"君子无终食之间违仁,造次必于是,颠沛必于是,就都好了,必不要一样一样去学着作那种种道德善行,盖其根本在此。"④ 一般人修养,为的是解除不安,求得永远安心。但孔子的生活却为的是处处感觉不安。

笔者顺此想说一句:就安不安心、切不切身的问题上,现代社会出现了非常严重的情况,即是媒体的发展。媒体的使命在传达信息,媒体在画面上拉近了人与人、人与世界,它视觉的功能诉诸情绪,尤其是悲惨的信息,就是发生在完全不相干的地方,或人的身上,直觉敏锐的人直当自己切身的问题。当然这种感受本身是好的,但是媒体本身也受当今推崇的某种理的影响,可能含有宣传,甚至虚假的因素在。再说,媒体印象比起日常所遇到的问题强得多,且现代媒体不断提供各式各样的理,甚至有仗着正义说理的,一般人无法抗议。感受的这一方,往往感觉到世界大事或不相干的人身上发生的事,重于自己日常生活的问题。这是一个错觉。切不切身还是有"由近及远"的次序。切记。

(五)孔子"生"的真意

人类文化无非是人类生命力的扩充,而人类无非是每个人生命力的组合,而此生命力,受意欲的方向出现。生命力表现在当下的事。《周易》说:"天地之大德曰生。"《中庸》说:"唯天下至诚为能尽其性,能尽其性则能尽人之性,能尽人之性则能尽物之性,能尽物之性则可以赞天地之化育,可以赞天地之化育则可以与天地参矣。"梁氏解释得更简单,他说:"孔家没有别的,就是要顺着自然道理,顶活泼顶流畅的去生发。他以为宇宙总是向前生发的,万物欲生,即任其生,不加造作必能与宇宙契合,使全宇宙充满了生意春气。"⑤

---

① 《东西文化及其哲学》,《梁漱溟全集》第一卷,山东人民出版社,1989年,第452页。
② 《东西文化及其哲学》,《梁漱溟全集》第一卷,山东人民出版社,1989年,第454页。
③ 《东西文化及其哲学》,《梁漱溟全集》第一卷,山东人民出版社,1989年,第457页。
④ 《东西文化及其哲学》,《梁漱溟全集》第一卷,山东人民出版社,1989年,第456页。
⑤ 《东西文化及其哲学》,《梁漱溟全集》第一卷,山东人民出版社,1989年,第448页。

梁漱溟阐明如上所述儒学基本概念后，将孔家生活，即孔子的人生态度从如下几个方面做了说明：

1. 不认定的态度

梁氏说："孔子有一个很重要的态度就是一切不认定。"① 西方文化认定一理成就了科学，总以为世界是直线发展的，忘却了科学本来是诸多假设为前提；假设包括对宇宙、对社会、对人的观点，科学的成就并不证明这些起初的观点是对的，反倒是创造了科学的宇宙、科学的社会、科学的人生以为能事。这不是本末倒置为何？这种态度，其实也称不上科学。就是"以对物的方法对人"的错误。梁氏指出：

"事实像是圆的，若认定一点，拿理智往下去推，则为一条直线，不能圆，结果就是走不通。譬如以爱人爱物这个道理顺着往下推去，必至流于墨子兼爱基督博爱的派头；再推就到了佛教的慈悲不杀；再推不但不杀动物也不杀害植物才对；乃至一石一木也要不毁坏才对；那么，那个路你怎么走呢？"②

孔子在《论语·微子》，尽管给那些逸民以"言中伦，行中虑"或"身中清，废中权"极表赞赏，但说他自己"我则异于是，无可无不可"。每个人此时此刻表现可以不同，一定不同！我们不能把个别人的行为，就是人人赞赏的德行，也不能当作自己行为的准则来墨守，这又是一个科学的人生。

2. 不讲理的态度

梁氏说，从头原不应判定一理而推也！③ 人的行为前提，因人而异，如说复杂，那简直不能与物相比，认定一理推去，若他行为硬要遵守此理，行为必定矛盾百出，但人生本来没有什么矛盾，是"理"让人感到矛盾。梁氏说，"这种自己矛盾打架，不过人自己不觉罢了"④。求善求真之心越切，感觉到的矛盾、烦闷则越多。直觉敏锐者尤其痛苦。这种人最容易认定一个理，追求到底，甚至将一理强加于人，以为好事；总觉得孔子所言不彻底、模棱两可。"一般人是要讲理的，孔子是不讲理的，一般人是求其通的；孔子则简直不通！然而结果一般人之通却成不通，而孔子之不通则通之至。"⑤ 梁氏又说，"一般人心理总是有许多道理、见解、主张的，孔子则无成心"。⑥

3. 以生活为对，为好的态度

梁氏说，"孔子的人生哲学——以生活为对，为好的态度"⑦。人一生下来，生命推

---

① 《东西文化及其哲学》，《梁漱溟全集》第一卷，山东人民出版社，1989年，第450页。
② 《东西文化及其哲学》，《梁漱溟全集》第一卷，山东人民出版社，1989年，第450页。
③ 《东西文化及其哲学》，《梁漱溟全集》第一卷，山东人民出版社，1989年，第450页。
④ 《东西文化及其哲学》，《梁漱溟全集》第一卷，山东人民出版社，1989年，第451页。
⑤ 《东西文化及其哲学》，《梁漱溟全集》第一卷，山东人民出版社，1989年，第451页。
⑥ 《东西文化及其哲学》，《梁漱溟全集》第一卷，山东人民出版社，1989年，第451页。
⑦ 《东西文化及其哲学》，《梁漱溟全集》第一卷，山东人民出版社，1989年，第448页。

动人去活，这就是人性，如您认为人性是恶的，那么，生命本身是恶的，整个人类、整个世界都是恶的。这样，人类何从谈起善恶。

4. 不计较利害的态度

梁氏说："孔子的惟一重要的态度，就是不计较利害。"① "不以生活之意味在生活，而把生活算作为别的事而生活了。其实生活是无所为的，不但全整人生无所为，就是那一时一时的生活亦非为别一时生活而生活的。"② 人之出生，没有什么目的可言，目的是从生后理智判断而来；生命是无限扩充的，用理智定一个目的，那就等于是限制自己了，命是人生走完了才定下来的，也不由自主，不要为了未来的"我"过现在的生活，因为未来的"我"只是现在的我脑子里的"我"，且如何判断现在的"我"，肯定受此时此刻外界的影响，不足以称作"我"，是计较利害所浮现在眼前的"我"而已。

5. 绝对乐的生活

梁氏说："孔子的生活是绝对乐的生活，这种乐不是一种关系的乐，而是自得的乐，是绝对的乐。"③ 我们从如上所述梁氏对孔家生活的诠释，很清楚地了解"仁者不忧"的意思。孔子是时时刻刻敏锐着直觉，尽管遇到的、问到的问题再难，它们难不倒他，因为人生问题不论是什么问题都是同出一源，孔子能掌握着它，不管解决或不解决，或痛哭或喜悦，他随时应付的，都适得其所。

我们沿着梁氏的思路了解孔子的态度，就会领悟到，这种态度，与现代西方所谓第一路向的态度，有何等的距离。甚至可以说，梁氏揭示给我们的孔子的态度，就是全人类全新的整个宇宙。梁氏说："从这精神出来的东西是最能长久不倒的，却由此就耽误了中国人。"④ 这句话一点都不夸张。

四、现代人如何体会、实践孔家生活

如前所述，梁漱溟将中国人应持的态度论断为：对于西方文化是全盘承受，而根本改过，就是对其态度要改一改，而批评地把中国原来态度重新拿出来。梁氏心目中所向往的态度，自然是孔子的态度。那么，现代人如何达到，或养成这个态度呢？梁氏最后提出两项，可作为具体方针来理解，即"讲学之风"和"刚"（即刚与欲的分辨），而它所指向的，应该是现代礼乐的制作。

---

① 《东西文化及其哲学》,《梁漱溟全集》第一卷,山东人民出版社,1989 年,第 458 页。
② 《东西文化及其哲学》,《梁漱溟全集》第一卷,山东人民出版社,1989 年,第 460、461 页。
③ 《东西文化及其哲学》,《梁漱溟全集》第一卷,山东人民出版社,1989 年,第 464 页。
④ 《东西文化及其哲学》,《梁漱溟全集》第一卷,山东人民出版社,1989 年,第 481、482 页。

（一）讲学之风

梁氏提倡，再创宋明人讲学之风，为现在青年解决所烦闷人生问题的方法。① 这种"有教无类""直接诉诸受众的观感"② 的论学方法，在百年前国难临头，人人渴望寻求解答的时代，又是教育制度未完备的时代，确有可能自然成风，而在学校教育相当普及的现代，反而不容易实现。讲学之风，最主要教学要适得其人，我们自然不易多得。但梁氏也说："我们可以把孔子的路放得极通常，简直去容纳不合孔子之点都不要紧。"③ 就是说，最主要的是师生之间围绕着人生切身问题彼此讨论交流，而重点不在儒学的教育。不过，现代学院式教育，其目的显然专对着毕业后如何高就的问题。就是家庭教育，父母子女似都以为人生目的只有一条升官发财（现在多了一个"理想"的工作）之路，与往前不同的是，机会多了，竞争激烈了，需要攻读的知识多了，教育压力平等了。

讲学之风，应该是自然成风才行，本质上，不可能采用学院式。笔者记得20世纪60、70年代的台湾，确实有这种风气，尽管这种风气多少受了当时所谓"中华文化复兴运动"的影响，但是，师生聚合讲学问学都出于自愿、出于求知的热心，则无疑。这是笔者亲身经历的。还有一件值得提起的事是，日本目前还有一些地方城镇，以私塾方式教儿童《论语》。这些地方城镇往往是过去出过著名儒学家的地方，主要目的在培养儿童了解乡土，爱护乡土文化。教学水平虽不很高，但儿童学它，至少懂得一点孝悌、仁爱等儒学德目。另外，退休后的社区或民间团体举办的补习班里，还有不少讲座是教中国文化的。这些活动，换作中国本土，肯定不乏师资，在学校教员退休后，何不实践"俚儒冬学"。这是"批评地把中国原来态度重新拿出来"的漫长的准备工作之一。

（二）刚与欲的分辨

梁氏说："我今所要求的，不过是要大家往前动作，而此动作最好要发于直接的情感，而非出自欲望的计虑。"④ "那提倡欲望，虽然也能使人往前动作，但我不赞成。"⑤ 意思是：我们将一件事，可用欲望的冲动、计量完成，也可用内在充实的"刚毅"完成；同样承受西方文化，针对采用西方路向所得来的成就，如科学技术所得，我们可从儒学观点给它以另外一个意义，或给它一个新的意义定位。这就是，原来被动、不得已

---

① 《东西文化及其哲学》，《梁漱溟全集》第一卷，山东人民出版社，1989年，第539、540页。

② 罗志田：《讲堂论学：梁漱溟特有的论学模式》，《文史哲》2017年第5期，第2页。罗氏指出："在一个秩序大转变的社会里，总是充满了不安和向往，人们的烦恼，往往与秩序转变和调整的程度成正比，民初的中国，就是这样一个使人烦闷的时代。从个人到世界，内外问题如山，民众期盼指引，需要甚至渴望着解答。"

③ 《东西文化及其哲学》，《梁漱溟全集》第一卷，山东人民出版社，1989年，第540页。

④ 《东西文化及其哲学》，《梁漱溟全集》第一卷，山东人民出版社，1989年，第537页。

⑤ 《东西文化及其哲学》，《梁漱溟全集》第一卷，山东人民出版社，1989年，第538页。

做的事情，换作主动积极的意义。而实际上，中国这一百年来接受西方文化，都是经过一番（有时候是很激烈的）意义转移的。梁氏指出："一切容让忍耐敷衍也算自为调和，但惟自得乃真调和耳。"① 这应该是刚的作用。只要坚持刚的态度，就不用怕外来的影响。这是"全盘承受，而根本改过"的主要做法。

只讲义务不讲权利的态度，也算是这个"刚"的发挥。梁氏说权利与义务是相对的，我们针对同样一件事，分别可从权利要求，也可从义务实行。我们有生来的义务，而没有生来的权利，这个道理从孔子的态度来说，是不容置疑的。尽心养性的结果，在每一个当下的行为中出现，权利在对方的义务上，而自己不提权利，这也是孔子不讲理的地方。西方社会近年来提倡所谓自愿活动，它含有一点这个意思。

（三）现代礼乐的制作

梁氏指出："孝悌是孔教惟一重要的提倡。礼乐是孔教惟一重要的作法。"② "孝悌"代表孝道、家庭关系及祭祖观念。家庭、家族关系在现代中国越来越冲淡、松散，至少，已不再是决定人生趋向的因素了。但是，孝顺父母、祭拜先祖，仍然是一般中国人不能置之不顾的观念，又是习俗。这事关重大，因为这种观念、习俗，最容易诱导人了解生命的连续、生命的可贵，进而体会宇宙生命在自己身上充实着。

就孔教的礼乐，梁氏有言："中国人所适用之文化，就历史上看来，数千年间，盖鲜能采用孔子意者。所谓礼乐不兴，则孔子的人生固已无从安措，而况并出来提倡孔子人生者亦不数见乎！然即由其所遗的糟粕形式与呆板训条以成之文化，维系数千年以迄今，加赐于吾人者已大矣。"③ 如此梁氏非常重视礼乐，他是这样定义礼乐的：

> 礼乐是什么？礼乐原不过是人类生活中每到情感振发流畅时那种种的活动表现，而为各方各族人群一向所固有者而已。（中略）中国古人（周，孔）之所为制作和讲求者，要在适得其当，以遂行人情，以安稳人生就是了。岂有他哉！有典礼之礼，有生活上斯须不离之礼。前者见于古今中外一般习俗中，后者则为一种理想生活，即我所云完全艺术化的社会人生。④

显然，梁氏所倡的不是复兴历史上周孔之礼。他说成是人生的艺术化，说礼乐是各大宗教群集生活所少有的。他是这样描述的：

① 《东西文化及其哲学》，《梁漱溟全集》第一卷，山东人民出版社，1989 年，第 480、481 页。
② 《东西文化及其哲学》，《梁漱溟全集》第一卷，山东人民出版社，1989 年，第 467 页。
③ 《东西文化及其哲学》，《梁漱溟全集》第一卷，山东人民出版社，1989 年，第 472 页。
④ 《人心与人生》。收录于《梁漱溟全集》第三卷，山东人民出版社，1990 年，第 743 页。

1. 个人本位生产本位的社会经济改归为社会本位消费本位，这便是所谓社会主义；西方文化的转变萌芽在此。

2. （从个人立场）计较个人利害得失的心理，根本破坏那在协作共营生活中所需的心理。

3. （国家）法律（借着刑赏）完全利用人们计较利害得失的心理去统驭人……废除统驭式的法律之外，如何进一步去陶养性情自是紧要的问题。

4. （前略）一切宗教都要失势有甚于今。成了从来所未有的大衰歇。

5. 从未有舍开宗教而用美术作到伟大成功如同宗教者，有之，就是周孔的礼乐。以后世界是要以礼乐换过法律的。①

对如上描述的法律和礼乐的关系，他也这么说："世界是要以礼乐换过法律的，全符合了孔家宗旨而后已。"② "法律之所凭借而树立的，全都是利用大家的计较心去统驭大家……这样的统驭式的法律在未来文化中根本不能存在。"③

与其法治宁用人治，与其权利宁用义务，与其宗教宁用艺术，我们采用孔子的态度，若想推演至社会制度，无疑还有待于一段历史演变。不过，梁氏所阐明孔子的态度，倒是没有时代限制的。少数有志之士过一个孔家生活，以身作则，一人感化一人，或创讲学之风，久而久之，可能会改变社会风尚。这是就个人实践方面而说。还有一点，梁氏所倡"刚"的态度，说起来很单纯，但是，经过这种态度的转变，我们可以把现代眼前发生种种，一个一个给它以新的意义，说不定有人从中创出有系统的思想，为下一个路向铺上道路。

笔者在"绪论"谈到百年来中国相对世界趋势的矛盾。以理智（人对物的方法）用在人生，人的内在精神，人与人的关系必然导致矛盾。梁氏说，"向外逐物，分别目的与手段，有所为而为，行为多受知识的支配"④。现代年轻人最要命的是，追求对自己不切身的远大理想，为了理想牺牲此时此刻的我，为看不到的目标奋斗，结果走了一段，就走不通，以为自己没尽力。孔子的态度，尤其对这样的有志青年，会起到不可限量的作用。

---

① 《人心与人生》。收录于《梁漱溟全集》第三卷，山东人民出版社，1990年，第742页。梁氏自己摘自《东西文化及其哲学》第五章，重编以逐条写出的。王国维在《殷周制度论》（《观堂集林》1917年）评论周公礼乐，据王氏的解释：周公制作礼乐，融合了人类具有且不同方向的三个精神（"尊尊""亲亲""贤贤"），是极其高明的制度。

② 《东西文化及其哲学》，《梁漱溟全集》第一卷，山东人民出版社，1989年，第522页。

③ 《东西文化及其哲学》，《梁漱溟全集》第一卷，山东人民出版社，1989年，第521页。

④ 《东西文化及其哲学》，《梁漱溟全集》第一卷，山东人民出版社，1989年，第520页。

五、附言——梁漱溟研究在日本

笔者始读《东西文化及其哲学》是在 1977 年，业经 40 年岁月，笔者当年就读台湾大学哲学系一年级，记得在哲学概论课堂上，黄振华教授（当时担任哲学系系主任）拿出此书宣布说：全班同学务必通读此书，并在第一学期内提交报告。笔者修读汉语此时还不到一年，别说学术著作，除了教科书和小学课本外，几乎没读过整本的中文书，自然地，笔者对此书所下的工夫比什么书都多。这样，笔者和此书结下了奇缘。黄振华教授为德国哲学专家，他的哲学概论以康德哲学为主调，笔者当时不明此意，但过了几年后才想到他有意将康德的实践批判哲学应用在儒学的诠释上。

笔者毕业后回日本过了几年，在偶然的机会认识了景嘉先生（上述），经他介绍，参入了民间学术机构亚细亚问题研究会。该会系由和崎博夫先生（1922—2004）于 1952 年创办的；由日本著名儒学家宇野精一先生等指导，多年来主办学术研究讲座；该会从 1970 年代后期，就开始从事梁氏著作日译工作，前后翻译出版《桂林梁先生遗书》（1980 年）、《人心与人生》、（1987 年）《乡村建设理论》（1991 年），并自 1988 年至 1998 年举办了梁漱溟先生纪念国际研讨会（1988 年为梁漱溟先生追悼会）共 11 次，前后邀请了汤一介、朱伯崑、曹跃明、王守常、韦政通、李善峰、王宗昱、王守华等中国学者演讲，其演讲录在 2000 年翻译刊行的《东西文化及其哲学》[①] 中全篇收录，而每逢国际研讨会举办，也承蒙梁培宽先生莅临叙话。

亚洲问题研究会在进行《东西文化及其哲学》翻译工作的同时，围绕此书所论儒学、唯识学、近代史、西洋哲学等学术问题，还举办了以该诸领域日本、中国、韩国专家学子所组成的定期研究会共 20 多次，办至 2005 年为止。其间于 2002 年 10 月，亚洲问题研究会代表和崎博夫先生首次前往中国，访问了邹平梁漱溟纪念馆，并祭拜了梁氏坟墓，也到北京中国文化书院及中国社会科学院日本研究所等地进行了学术交流。

亚洲问题研究会这个小小的民间机构之所以能够在日本开梁氏研究先河，且长久以来主导梁氏研究的有益学术交流，应归功于景嘉先生。景嘉先生为中国传统读书人，17 岁以清朝末代皇帝溥仪私人援助来日本就读早稻田大学、京都大学，日本战败后仍留在日本，以中国传统学术传授日本学界为己任，分别在东京汤岛圣堂（即日本孔子庙）和亚洲问题研究会主办的中国学术讲座，前后担任了中国书法、诗文、易经等讲师，先生尤其精通易经，其讲座长达 20 多年，有不少有关著作发表在日本。1986 年客死东京寓所，其门生约一百人，编辑刊有《景嘉文选》一卷。

景嘉先生晚年在家里设一私人讲座叫作海上野史亭，招集留日中国学生传授传统学

---

① 《东西文化及其哲学》日译版，经亚洲问题研究会编、长谷部茂翻译，于 2000 年，从农村渔村文化协会出版。

术，笔者也参入其中，此举料必效仿梁氏所倡讲学之风。还有一位日本学者有必要提起，是池田笃纪先生，他早年在中国闻知梁氏乡村建设，于 1940 年翻译刊行《乡村建设理论》（大亚细亚建设社，1940 年 10 月），而在半个世纪后，又受了亚洲问题研究会之托，翻译《人心与人生》及重翻《乡村建设理论》并出书。他还在亚洲问题研究会教授《论语》和《孟子》，也长达 20 年。

与亚细亚问题研究会这些学术活动同时，尽力于梁氏思想在日本发表专著者有：中尾友则《梁漱溟的中国再生构想——向着新仁爱共同体的摸索》①及余项科《中国文明与近代秩序的形成——有儒学特色公共性的考察》②。笔者近十几年来荒废了有关研究，歉无法介绍日本最新研究动向。

梁漱溟在《东西文化及其哲学》论到日本文化趋势时说，"却是日本人很早就采用西方化，所以此刻对此问题并不成问题"。③这是他唯一提到日本的一段。当时，日本处于明治维新后，引进西方科技已有半个世纪，成就了近代化，成为与欧美大国并驾齐驱的强国。尽管如此，一般日本人还是认为日本文化在精神上优于西方，提出"和魂洋才"，就如梁氏说的"随便持东西文化调和论"，其实调和了自己精神上的矛盾。文化问题在日本人，与中国人相比，可以说没有那么深刻。之后的二十几年，日本参入世界霸权的角逐，也从来不提日本文化，连梦想都没想过日本文化能替代西方文化，就是在提倡所谓"大东亚共荣圈"时，也没做到，也没想到将日本或东亚文化作成对抗西方势力的动力。最后，等到军事经济失势陷入不可挽回的地步时，才强调日本文化（和魂），这只是一个情绪化的表现，当然无济于事。

据笔者私人观察，日本文化，反映着它地理位置——位于欧亚大陆东侧隔海，东靠太平洋——由来自西、北、南各方移民所带来的各样文化混合而成，其混合的过程中料必发现了非常高明的一个方法（未详，可能与天皇制有关），而文化定形后，则转为同化力极强的文化，同化力有两个方向：一则同化来日本定居的外国人，一则日本人到国外定居为外国文化所同化。多半日本人现在已经放弃所谓的日本单一民族、单一文化论，认为日本文化是经接受外国文化而慢慢形成的多元文化（当然其最大影响来自中国），甚至长期保存在原发地已消灭的文化，引以为自豪。日本文化此刻对此东西文化问题，显然还是"并不成问题"。不过，笔者认为日本文化的这种特色，在人类文化上，确实有它独到之处，我们探讨人类未来文化时，想必有它参考的价值，当然这是我们日本人（包括笔者在内）需要认真探究，提供给全世界予以共享的。

---

① 日文原题《梁漱溟の中国再生構想——新たな仁愛共同体への模索》，研文出版，2000 年 2 月 25 日。
② 日文原题《中国文明と近代の秩序の形成——儒学の公共性の考察》，朋友书店，2004 年 12 月 15 日。
③ 《东西文化及其哲学》，《梁漱溟全集》第一卷，山东人民出版社，1989 年，第 335 页。

梁漱溟文化观的现实意义

赵建永（天津社会科学院）

摘　要　本文从梁漱溟提出的人生三大问题入手，来分析与此相应的三种文化阶段，认为梁漱溟"三期重现"的文化观存在的问题是：人生三种态度导致的三条路向强调了文化的民族性和特殊性，从横向空间上看西、中（儒）、印（佛）三大文化是多元并存的；而此三种文化只能依次重新出来解决人生三大问题，从纵向时序来看是为一元单向演进过程。汤一介先生通过诠释"普遍和谐观念"而建构的多元一体化文化发展观，为克服这种多元与一元矛盾的难题提供了新途径。

关键词　人生问题　人与物　人与人　人与自身　文化

梁漱溟先生在其奠基新儒学的《东西文化及其哲学》一书中认为：文化就是人生活的样法，而"生活就是没尽的意欲（Will）和那不断的满足与不满足罢了"。[①] 他从意欲的满足状况入手，认为人生依次需要解决三大问题：人与物，人与人，人与自身。其晚年愈加坚定地认为，古往今来人类生活"约之总不出如上所列三大不同性质的问题，为了解决问题取得自由，便有种种学术产生出来"。这也就是西方文化、中国文化、印度文化这三种不同的文化路向分别所要解决的问题。以此为根据他得出了"世界文化三期重现"的结论：西方到文艺复兴乃始拣择批评地把希腊人的态度又拿出来，重新去走第一路。走到今日，第一路已痛病百出，于是，第二问题移进，原不合时宜的中国态度遂达其必要之会，于是照样也批评地重新把中国人态度拿出来。印度文化不待第一路、第二路走完而径直拐到第三路，它的行径过于奇怪，所以其文化价值不能为世人所认识。一种文化有没有价值，除非到了它的必要时。中国文化复兴之后将继之以印度化

---

① 《梁漱溟全集》第一卷，山东人民出版社，1989 年，第 352 页。人生三大问题的提出和解决是以意志自由为出发点，以意欲（此所谓"意欲"与叔本华所谓"Will"相近。唯心主义的解释以叔本华《作为意志和表象的世界》为代表；唯物主义的看法则为人的需要）的满足，即自由的实现为最终归宿。

的复兴。于是，古文明之希腊、中国、印度三派竟于三期间次第重现一遭。梁漱溟强调他"并非有意把他们弄得这般整齐好玩，无奈人类生活中的问题实有这么三个层次，其文化的路径就有这么三转折，而古人又恰好把这么三路都已各别走过，所以事实上没法要他不重现一遭"。

以前人们常以这三个问题各民族都会不同程度的同时存在为由①，而轻视了其价值。其原因正如陈来教授所指出的，此书作为"一部深刻但是复杂的著作，人们往往不能立即理解其复杂的结构，相反，一般人多会以不求甚解的习惯而加以简单化的处理"。在这里梁漱溟是站在整个人类文明发展的总体高度来审视以往历史，展望未来文化命运的。人类这三大问题，虽或多或少地存在于各民族中，但要想得到根本解决，应认清它们是有着逻辑上、时间上及实践上的先后次序之分和程度高低之别，超越或拖后它的发展阶段，都会受到历史规律的惩罚。他在一定程度上揭示了人类需要的多层次结构及其历史递进规律。"需要递进规律是人们使自身需要得到满足的活动规律，因而也是生活方式（相当于梁漱溟所说的生活样法即文化——引者注）的发展规律。"与马斯洛的"需要层次论"② 相比，梁漱溟从宏观角度强调了需要的民族特殊性和递进的历史性。

一、与人生三大问题相应的三种文化阶段

人生三大问题之说为《东西文化及其哲学》全书理论上一根本观念。在今天看来，此书虽有失误之处，然此根本观念却是不易之论。于此他中年时在《中国民族自救运动之最后觉悟》中更有所申说，晚年又在《人心与人生》做了总结：

> 人类生活中所遇到的问题有三不同，人类生活中所秉持的态度（即所以应付问题者）有三不同，因而人类文化将有次第不同之三期。问题及态度各有浅深前后之序……而依其次第适当以进者实合乎天然顺序，得其常理。人类当第一问题之下，持第一态度走去，即成就得其第一期文化；从而自然引入第二问题，转到第二态度，成就其第二期文化；又将自然引入第三问题，转到第三态度，成就其第三期文化。不难明白世界文明三大系之出现，恰是分别从人生三大问题而来。

---

① 此说以胡适：《读梁漱溟先生的〈东西文化及其哲学〉》一文为代表，载 1923 年《读书杂志》第 8 号。

② 美国心理学家马斯洛在 1943 年发表的《人类动机的理论》一文中提出的需要层次论（hierarchy of needs），把人的需要结构分为五个等级，依次为生理需要、安全需要、社交需要、尊重需要和自我实现的需要。它们是按先后顺序发展的，满足的需要就不再是激励因素。（H. Maslow, A Theory of Human Motivation, *Psychological Review*, Vol. 50, 1943.）其缺陷是忽视需要的差异性，需要的内容层次还可以进一步丰富。"普遍和谐观念"的系统化正是以"需要体系"（马克思首先提出"需要体系"这一概念，详见《马克思恩格斯全集》第 46 卷，上册，第 392 页；下册，第 20 页，人民出版社，1979 年）为框架建构起来的，参见拙文：《关于中国文化贞元之际的求索》，《北京大学研究生学志》2002 年第 1—2 期。

　　首先，人对物的问题，即人与自然的问题。"第一问题是人对于物的问题，为当前之碍者即眼前面之自然界——此其性质上为我们所可得到满足者。"与第一问题相应的第一态度是"两眼常向前看，逼直向前要求去，从对方下手改造客观境地以解决问题，而得满足于外者"。求生与发展以自然界为首要障碍。解决方法是发展理智，改造自然，并因此造就科学之演进。这种以解决人对物问题为中心任务的文化，属于人类文化发展的第一阶段。

　　以"意欲向前要求为其根本精神"①的西方文化在解决人与物的问题上显示了极大的优越性，建立起发达的物质文化。然而，错误的是他们把这种与物斗争的方式引入人与人之间，造成人们的对立、争斗、残杀，使人为物所累，甚至发展到用物灭人的境地。像希特勒等战争狂人并不将先进技术用来建设人间天国，反而依靠它将欧洲变成了人间地狱；核武器的阴影依然笼罩着人类。科技的发展，本应使人生活得更加幸福自在，但带来的却是对人类生存的空前威胁，成了人类自杀的武器。这种役于物而不返的生活态度使貌似繁荣的人类社会，正面临着深刻危机：恐怖主义、生态恶化、金钱疯狂、欺诈、犯罪、家庭解体及形形色色现代病的与日俱增，使21世纪成为一个危险的世纪。正像美国物理学家卡普拉的名著《转折点》指出的："我们第一次被迫面临着人类和地球上所有生命全部灭绝，这样一场确确实实的威胁。"人们日益迷失了自己本有的家园。这种误区若不及时纠正，有使现代化沦为使人类逐渐迷失其本性的过程的倾向。

　　其次，人对人的问题，即人与社会的问题。"第二问题是人对于人的问题，为当前之碍者在所谓'他心'——此其性质上为得到满足与否不由我一方决定者。"与第二问题相应的第二态度是"两眼常转回来看自家这里，'反求诸己'，'尽其在我'，调和融洽我与对方之间"。这是说要以源于"宇宙生命本性"的道德来克服计算利害关系的"他心"之阻碍，并促使人们互以对方为重，彼此礼让，营造和谐融洽的社会氛围，创造出利于人类发展的生存环境。在以解决人对人的问题为根本任务的人类文化发展的第二阶段，片面追求物质技术的态度已走到了它的尽头（仅指其往而不返的生活态度，并不否认西方文明成果）。此时，和平与发展已成为文明进程的主旋律②，人类面临的中心问题必然随之而变化，跃迁到一个新的层次上，日趋向人与人之间的和谐方面转变。在这种时代里是不应该用奴役征服自然的态度来对待人的，如何将它纳入道德规范，就

---

　　① 《梁漱溟全集》第一卷，山东人民出版社，1990年，第353页。在《东西文化及其哲学》中梁漱溟以理智调理直觉来说明中国文化复兴的必然性和优越性。他认为，中国的生活是理智的运用直觉，这比西洋生活单是直觉的运用理智，多一周折而更进一层。《梁漱溟全集》第一卷，山东人民出版社，1990年，第485—487页。

　　② 参见《邓小平文选》第3卷，人民出版社，1994年，第105页。普遍和谐观念是和平与发展的哲学基础，参见高中理：《传统面向现代才能使中国走向世界——汤一介先生访谈录》，《探索与争鸣》1995年第10期。

成为全人类的共同企盼。中国儒家文化之圆通正大之教以"意欲自为、调和、持中为其根本精神"，在此时正可为解决这 难题，建构"普遍和谐"的新文化样式提供丰富的思想资源。梁漱溟指出："礼乐之为用，即在使人从倾注外物回到自家情感流行上来，规复了生命重心，纳入生活正规。"正是借由儒家这种道德理想主义精神，他预言，中国文化将救西方文化之偏失而在全世界范围内复兴。

中国哲学通过内在自我完善和超越，将外在的强制规范转化为内心的道德需求，提高为生活的自觉理念，能够很好地缓和个体与群体之间的利害冲突。只有通过"转识成智"的飞跃①，确立了价值理性，才能消除西方文化的负面影响，使人们能够尽情地享受到富饶经济和发达科技带来的美好生活。这时将以解决人与人和谐相处问题为核心的儒家学说提上日程就成为大势所趋，人心所向，只有顺应这一要求才不违背历史发展的潮流。历史上儒学的不幸正在于梁漱溟所说的过分早熟。在物质问题没有妥善解决的前提下，便把生活重心投入精神领域而忽略了物质，使精神无所附丽，最终落空。虽能独善其身，但难以兼善天下。如不及时补上"第一路向"的发展，仍将是被动挨打，成事不足，败事有余。儒家本意是要建立一个德化开放的社会，然在这种形势下只能被统治者改换、歪曲、利用，扼杀其民主与科学的萌芽②，并沦为美化专制的工具和帮凶，致使人们将后世失误与原本"至大至刚至中至正"的儒学本质相混同，使儒学代人受过。对此，我们应当有抉择能力，弘扬其精神实质，而不为外在的末流表象所迷惑。传统的特殊方面（如典章宗法）尽可随时代变迁而消亡，但其普遍性内容（如公、诚、仁、中、行）却不会因时代和地域的不同而改变。它不但能为现实生活提供超越的智慧，而且在终极意义上关注着人类向更高的人道和文明发展的进程。在现代化过程中，我们的文化传统不但不会走向消亡，反而会随着世界后工业化时期的进入正大有可为。中国文化的生生、和谐比占有、役使的态度更富有现代价值，更能适应现代生活的需要。

最后，人对自身生命的问题，即人对自己的问题。第三问题"为当前之碍者乃还在自己生命本身——此其性质上为绝对不能满足者"。与第三问题相应的第三态度"绝异于前二者，它是以取消问题为问题之解决；以根本不生要求为最上之满足"。人类生命无限向前奋进之本性必将使人面对并解决这一如何克服自身生命（老、病、死）障碍的问题，由此决定人类最终要从"道德之真"转进于"宗教之真"。当社会发展到上述

---

① 参见《冯契文集》之《智慧说三篇》，华东师范大学出版社，1996年。佛教中转识成智的原意是转八识成四智："转前五识成所作智，转第六识成妙观察智，转第七识成平等性智，转第八识成大圆镜智。"（明圆瀞集《教乘法数》）

② 儒家的民主因素和对科学的矛盾态度，参见 Joseph Needham, *Science and Civilization in China*, Cambridge：Cambridge University Press，1956，Vol. 2：History of Scientific Thought, pp. 7-16. 汉译本参见何兆武等译李约瑟：《中国科学技术史》第2卷《科学思想史》，科学出版社、上海古籍出版社，1990年，第6—16页。

三大问题都圆满解决，人生意义方能真正实现。但是人类只有在人与物、人与人的和谐都得到圆满解决后，才能腾出手来将重点移到人与自身生命关系的问题上，从而进入文化发展的第三阶段。对此最高问题的解决，梁漱溟说：

> 人类有出现即有消逝，（但是）人类将不是被动地随地球以俱尽者，人类将主动地自行消化以去，古印度人所谓还灭是也，在佛家谓之成佛。……宗教之真唯一见于古印度早熟佛教之中，将大行其道于共产主义社会末期。

在他看来，以意欲反身向后要求为其根本精神的印度佛教文化，是为遥远的人类前途预备下的最好参考资料，亦即克服己身障碍，实现人生的最终归宿。科学、道德和宗教皆应社会需要而生，印度文化由于不合时宜的早熟，而于精神生活方面成为宗教的畸形发达。此由印度人意欲反身向后即取消生存意志的生活态度所决定。他以为人类要超越有限，实现绝对自由境界，只有印度佛教"圆满的出世法"才能如愿以偿：

> 从乎佛家逆着生机体向外逐物之势的瑜伽功夫，断离二取，不再"探问"便不再变生相分，万象归还一体（宇宙本体、空无一切相），生命卒得其解放，不复沉沦在生死中之谓也。

根据唯识宗理论，他认为人类只有转识成智，破除法执、我执，才能解脱出生死轮回，返本还原，得其豁通无碍。到如今，佛家的禅法和道家的养生功法在健身治病方面的特殊疗效，开始引起人们的注意，并被称为"打开人体科学大门的钥匙"。但在物质技术与精神生活都尚未协调好的形势下，过早地讲这些难免给人以不食人间烟火的感觉。这也是为何每当气功热兴起之际，总会被泼凉水的根源所在。因而在梁漱溟看来："东方三家之学（儒道释）既主于反躬自省，其于吾人生命奥秘遂各有见到处，非世俗所及知。"

以上梁漱溟西、中、印文化三期重现之论，虽有见于人类需要的历史递进规律，但失察于人生问题解决步骤的综合性。

二、文化发展的多元一体化进程

梁漱溟的文化观也有合于历史唯物主义之处。其三大文化阶段理论认为，文化之发生以至开展，最先是环绕着生存问题（人与物的第一问题）这一中心。马克思揭示出人类历史活动的初期必须围绕物质生活的需要这一中心来展开："为了生活，首先就需要衣、食、住以及其他东西。因此第一个历史活动就是生产满足这些需要的资料，即生产物质生活本身。"但随着科技革命和社会制度的不断完善，人的基本物质需要满足后，就会使人与人、自我身心和谐等精神需要凸现出来。在人类发展的最高阶段上，梁漱溟所谓"还灭"（成佛），只能算是人类生命需求中相较之以往更加重要的组成部分。即使到那时也不必人人都非得靠立地成佛以逃劫灭不可，完全可以通过发展高科技，并改善人类基因，飞往其他星球以继续扩展生存空间。未来社会当如马克思所言：是"以每个人的全面而自由的发展为基本原则的社会形式"。在这种社会里，各种学说只要符合人们的需要，言之成理，持之有故，都应在社会中有其定位，而非一言之堂。摒除佛、道教中不合时宜的因素，它们可以在当今激烈的社会争斗中起着缓冲剂作用，是解救心态失衡而致各种顽疾的一剂良药，是现代文明不可缺少的有益补充。

梁漱溟的文化视角"一直支配着后人的思考"①，其成就和缺陷都对更完善的文化建构有重要的借鉴。牟宗三认为梁漱溟"代表重开新局的文化意义"："梁先生在近代中国是一个文化的复兴者，不但身体力行地宣扬了传统的儒家思想，更可以说接续了清代断绝了三百年的中国文化"，在虚无主义和西化思潮泛滥之中，"只有梁先生敢标举传统文化的旗帜，予以有力的抗衡，这是他的一生最有意义的地方。他和明末的三大儒也不一样，顾炎武等人是在民族压力下，走回复古旧路的，而梁先生则是用之以开新，重新为中国文化开出一条路来……而这也正是梁漱溟先生象征'文化中国'的意义所在"。"他独能生命化了孔子，使吾人可以与孔子的真实生命及智慧相照面，而孔子的生命与智慧亦重新活转而披露于人间。同时，我们也可以说他开启了宋明儒学复兴之门，使吾人能接上宋明儒者之生命与智慧。""可惜梁先生并未能在循其体悟所开之门，再继续前进，尽精微而致广大。"

但是把中国文化的复兴简单等同为儒家的复兴则有失偏狭，而应当是所有优秀民族文化在经过现代重新诠释后的复兴。汤一介先生在《梁漱溟评传》序中指出：

> 在现今民族文化的发展总要体现"时代性"与"民族性"，"共性"与"个性"的结合。百多年来，中国文化的"古今中外"之争，从某个方面来说很可能是由于没有正确解决好文化发展中"时代性"与"民族性""共性"与"个性"的关系引起的。②

---

① ［美］艾恺著，王宗昱、冀建中译：《最后的儒家——梁漱溟与中国现代化的两难》封面语，江苏人民出版社，1995 年。

② 景海峰等著，汤一介序：《梁漱溟评传》，百花洲文艺出版社，1995 年，第 4 页；引文内容又详见汤一介：《古今东西之争与中国现代文化的发展》，载王守常、李中华编：《文化的回顾与展望》，北京大学出版社，1994 年。

汤先生所言极富启发性，而梁先生的"世界文化三期重现"文化观存在的问题正是没有处理好民族性与时代性的关系。人生三种态度导致的三条路向强调文化的民族性和特殊性，从横向空间上看三大文化是并存的，是为一种文化多元论；而西、中、印三种文化只能依次重新出来解决人生三大问题，从纵向时序来看是一种单向演进过程。这又形成了一元论的文化观。如是就存在着多元与一元的矛盾。① 像在第一阶段上就要排斥儒、佛；在第二阶段上认为"第三态度的提出，此刻还早的很"。其矛盾实质正如贺麟评价的："他一面重新提出儒家的态度，而一面主张全盘接受西方的民主和科学，亦未完全逃出'中学为体，西学为用'的圈套。"问题就出在：必须依次要解决的人生三大问题在何种程度上同时存在，也就是如何正确处理三大问题之间的横向关系（共性问题），以及时代性与民族性之间的关系。此正为梁老所忽视，亟须得到阐明解决。

笔者认为，汤一介先生关于"普遍和谐观念"的阐述，正是在建构可以克服上述难题的一种新的文化诠释系统。梁漱溟对三大文化的价值进行定位时，对道家论述不足。汤一介先生进而弥补了这一重要环节：

> 以自然主义精神为价值取向的道家是以"自然的和谐"为基础，继而开展为"人与自然的和谐"，进而有"人与人的和谐"，再至"人自我身心的和谐"。与此正相反，儒家的人文主义价值取向是基于个人道德人格的完善以求自我身心的和谐，从这里出发而有"人与人之间的和谐"，进而有"人与自然的和谐""自然的和谐"。

这里值得注意的是，道家的价值取向与梁漱溟所指出的人类文化的演进顺序有相同之处。儒、道两种不同的路向环环相扣，首尾相连恰成一种互补互促的横向空间的回环结构。"普遍和谐观念"应是中国文化的真精神。上述"普遍和谐"四个层面所形成的横向动态结构的良性循环，在梁漱溟所论三大问题的纵向时序上演进，就较圆满地解决了文化发展的多元与一元、民族性与时代性、个性与共性的统一问题。由此可以实现最大限度的保存民族传统和尽可能吸收外来文化的最佳契合。汤一介先生通过诠释"普遍和谐观念"系统所形成的多元一体化的文化观，是对"中体西用""西体中用（李泽厚）"②"中西互为体用"等模式的突破和超越，也为和谐社会的建构做出了

---

① 乔清举教授认为，梁漱溟是事实上的多元论者，理念上的一元论者，多元与一元的矛盾贯穿其文化观的始终。参见乔清举：《梁漱溟文化思想通论》，《孔子研究》1995 年第 1 期。

② 汤用彤指出魏晋南北朝时中华学术虽异说繁兴，但其所争论实不离本末体用之辨，参见《汤用彤全集》第 1 卷，河北人民出版社，2000 年，第 250 页。"中体西用"的产生及其阐发过程，参见《陈旭麓文集》第 1 卷《近代中国社会的新陈代谢》中"中体西用"一节，《陈旭麓文集》第 2 卷《一与多体与用——关于中国文化的两点想法》《论"中体西用"》二文，华东师范大学出版社，1997 年。"体用论"在文化建设中的地位、作用和影响，参见李中华著：《中国文化概论》中《对"中体西用"与"西体中用"的再思考》一节，华文出版社，1994 年。

可贵探索。

当前我们正处在民族复兴前夜的转折点上，当务之急，正像梁漱溟认为的，对西方文化要"全盘承受，而根本改过"。梁漱溟从大处着眼，对人类文化发展大势，做了大胆的假设，但因历史文献材料取证不够，其论难免有空疏之憾。他的同学汤用彤先生弥补了这一不足，在外来文化中国化问题上作了小心的求证，精考事实，平情立言，对文化冲突与融合的规律作了信实的总结。汤用彤认为，外来文化的输入其结果应是双方的：一方面本地文化吸收外来成分而有所变化，但其特质不会改变；另方面外来文化也须适应本地文化才能生根而发生持久作用。① 汤一介先生接续深入探讨了文化发展的双向选择问题。② 文化交流中"来而不往非礼也（《礼记》）"，既要"拿来"，也要"送去"③。

西方社会的种种病痛表明，现代化绝非西方化。因此我们应主张全盘化西，充分现代化（wholehearted modernization④），而非全盘西化。"化西"不应是历史上"化胡"⑤的心态。笔者认为，"化西"可分两层含义：（1）自觉地全方位地充分吸收融化西方文明，促使其中国化，以此在新陈代谢中发展中国文化，实现其现代诠释和转换；（2）用内在超越、反观自省为特质的中国文化通过"转识成智机制"转化逐物难返的"单向度"的"工具理性"之弊。这也体现于汤一介先生提出的："让中国文化走向世界，也让世界文化走进中国。"东西文化及其哲学的前景应如赵敦华教授指出的：未来世界哲学既非西方哲学，亦非中国哲学，而是跨学科、跨文化的"大哲学"，这既是西方哲学的出路，也是中国哲学的出路。因此，东西文化只有互为出路，在良性互动中复合古今中外而创新，形成非东非西、亦东亦西的多元一体化的文化格局，如此将会产生人类历史上最完美的文化体系，才能共同担负起克服人性弱点、解救世间苦难的重任，开出人类的新出路；才能实现以真善美为内在尺度的自由和社会正义。

---

① 汤用彤：《文化思想之冲突与调和》，《汤用彤全集》第 5 卷，河北人民出版社，2000 年。汤因比（Toynbee）《历史研究》认为，文明产生和发展的基本模式是"挑战与反应"。此与汤用彤总结的文化发展观有相互印证之处。

② 参见汤一介：《文化的双向选择》，载汤一介：《佛教与中国文化》，宗教文化出版社，1999 年；Tang Yi-jie, The Entry of Indian Buddhism into China：The Merger of Two Cultures：An Outline，*Confucianism，Buddhism，Daoism，Christianity and Chinese culture*，Washington，D. C.：The Council for Research in Values and Philosophy，1991.

③ "拿来主义"到"送去主义"，参见季羡林：《东方文化集成》总序；汤一介：《论文化的互动认知》，载乐黛云编：《季羡林与二十世纪中国学术》，北京大学出版社，2001 年。

④ 胡适首先提出"wholesale westernization"和"wholehearted modernization"的说法，潘光旦分别译为"全盘西化""充分的世界化"。原载胡适：《充分世界化与全盘西化》，1935 年 6 月 3 日《大公报》，转引自李中华：《中国文化概论》，华文出版社，1994 年，第 341—342 页。

⑤ "化胡说"参见《汤用彤全集》第 5 卷《王维诚〈老子化胡说考证〉审查书》；汤一介：《魏晋南北朝时期的道教》第 11 章"关于老子化胡问题的争论"，陕西师范大学出版社，1988 年。

子曰："人能弘道，非道弘人。"我们民族的文化虽有巨大价值，但也不能在盲目自发的情况下实现，需要积极地引导和弘扬。诗云："周虽旧邦，其命维新。"① 只有对它进行创造性的现代诠释和转换，赋予它新的时代意义，才可使其转化为实现现代化的强大精神动力，促进中华民族伟大复兴的早日实现。

---

① 《诗经·大雅》："周虽旧邦，其命维新。"冯友兰解读为："中国就是旧邦而有新命，新命就是现代化。我的努力是保持旧邦的同一性和个性，而又同时促进实现新命。"参见李中华编：《冯友兰学术文化随笔》，中国青年出版社，1996年，第249页。

梁漱溟与当代新儒学的印度哲学渊源

郑文泉（马来西亚拉曼大学）

摘 要 本文旨在析释梁漱溟与其当代新儒家阵营对印度哲学的认识与支持，是否合于儒家学术的会通之道。梁漱溟与他的当代新儒学同侪，包括熊十力、方东美、张君劢、唐君毅、牟宗三等，无一不具有自身的印度哲学研究与论著。从整体情况来看，梁漱溟等当代新儒家人物对印度哲学各家各派都有一定的认识，然而一旦进入真正的学术对话与研究，基本上还是环绕在佛学，而错失了与"印度的儒家"弥曼差学派的交会与融通。由于弥曼差学派与吠檀多学派同为印度主流哲学的两大骨干体系，梁漱溟与当代新儒学对印度哲学的认识与支持，并不为可取与成功之道。

关键词 梁漱溟 当代新儒学 佛学 弥曼差学派 哲学会通

一、梁漱溟与当代新儒学的中、西、印哲学背景与认知

至少在第一代和第二代当代新儒家那里，如张君劢《中西印哲学文集》一书所示，是以中、西、印哲学为其讲学背景的。第一代的梁漱溟、张君劢、方东美，第二代的唐君毅、牟宗三都是同时有这方面著作的人，就是熊十力、马一浮等人的学问也离不开这些哲学影子与内涵。只有到了第三代的杜维明、成中英、刘述先，才更集中地以中、西哲学为其发展框架与方向。至于更年轻一辈特别是系出唐君毅、牟宗三之门的新儒家学人，如霍韬晦、尤惠贞等，对印度哲学的讲习多不出乃师的印度佛教（或其中国化宗派）哲学范围。①

从总体来看，梁漱溟和当代新儒家对印度哲学的关注，诚如张君劢在其另一书《明日之中国文化》所说之"吾国人于印度文化之中，最关心者为佛教"，基本上还是印度

---

① 按鹅湖月刊社出版品，有中国哲学、西方哲学、印度哲学门类之分，唯印度哲学亦仅《梵文入门》一种，于此可以想见。

佛学或中国化佛学。在这方面，当代新儒家几乎人人都有佛学专著，如梁漱溟《唯识述义》、熊十力《佛家名相通释》、方东美《中国大乘佛学》、牟宗三《佛性与般若》等，没有独立专著的也有不少佛学言论，甚至佛学在其体系占一席之位，如唐君毅"心通九境"的第八境即是佛教的"我法二空境"，可见一斑。在这方面，梁漱溟还同时有《印度哲学概论》，对印度各宗（含佛教）都有所论述，算是比较特别的一位。

由于这样的缘故，梁漱溟与当代新儒家对印度哲学的认知与判断，很多时候是透过他们所熟知的佛教哲学来做出的。梁漱溟在《印度哲学概论》一书已持"印度宗教哲学无不持出世论，殆百家一致之观"之论①，在其早期成名作《东西文化及其哲学》甚至将其判为"转身向后去要求"的人生路向的代表，全说为"印度文化是以意欲反身向后要求为其根本精神的"②；在其他当代新儒家各家，张君劢亦以为"印度之佛教、耆那教、印度教，三教之主旨，皆在苦身修行，以求'出世'大法。三教之大前提，皆在求脱离生死轮回"③，纵使在哲学成就最高的牟宗三那里也说之为"佛家言识心之执是泛心理主义的，重在说烦恼"（故主出世）的"执的存有论"或"现象界的存有论"。④ 由此可见，对梁漱溟或整个当代新儒家来说，佛教或整体印度哲学都和佛教一样是主出世论的。

按梁漱溟或当代新儒家所说的印度哲学主"出世"之意，和一般世人的理解并无大异，指的是"厌生活，求出世"或"厌弃生活来息止生活"。⑤ 从梁漱溟的角度来说，印度人的出世论与其说是哲学的，不如说是宗教的，意即"假使印度人要有成就一定在宗教上，因为印度原只有宗教，而形而上学原是附属于其内的"，并且以为世间"一切宗教多少总有出世的倾向——舍此（现有世界）就彼（超绝世界）的倾向。因此一切都是于现有世界之外别辟世界，而后藉之而得安慰也"。⑥ 由于这样的印度宗教或哲学认知，梁漱溟与当代新儒家无不认为中、印哲学有殊：中国路向是"对于自己的意思变换、调和、持中"，印度路向则是上提"转身向后去要求"，一直到唐君毅以印度（佛教）哲学为第八"我法二空境"，中国儒家哲学为第九即最高的"天德流行境"、牟宗三的"判教与融通"亦以"儒是正盈，佛老是偏盈。正盈者能独显道德意识以成己成物也。偏盈者只遮显空无以求灭度或求自得也。正备偏，偏不备正。故偏盈者未能至乎极圆也"⑦。由此可见，包括梁漱溟在内的第一、二代当代新儒家对至少是佛学的印度

①　梁漱溟：《印度哲学概论》，《梁漱溟全集》第一卷，山东人民出版社，1989 年，第 33 页。
②　梁漱溟：《东西文化及其哲学》，商务印书馆，1999 年，第 61、63 页。
③　张君劢：《明日之中国文化》，山东人民出版社，1998 年，第 31 页。
④　牟宗三：《现象与物自身·序》，学生书局，1990 年，第 7 页。
⑤　梁漱溟：《东西文化及其哲学》，商务印书馆，1999 年，第 94—95 页。
⑥　梁漱溟：《东西文化及其哲学》，商务印书馆，1999 年，第 95、99 页。
⑦　牟宗三之说，见《现象与物自身》，学生书局，1990 年，第 455 页。

哲学均有所涉猎，且都以其与中国哲学有殊来论析的。

二、梁漱溟与当代新儒学印度哲学观的论析①

按本节起对梁漱溟及当代新儒家的印度哲学观将有所论析。对本文来说，梁漱溟论印度佛学或印度哲学，甚至其他当代新儒家不无有以印度佛学来论印度哲学之逻辑偏失，但共同的可能缺点是错失了与"印度的儒家"弥曼差学派的交汇与融通。

纵使是撰有《印度哲学概论》一书的梁漱溟，一旦对印度哲学有所析论，与其他当代新儒家一样还是深赖佛家的论据与阐述的。梁漱溟在上提印度哲学主"厌弃生活来息止生活"的出世论之余，论起其息止之法，则唯佛家是问：

> 于是要问：印度宗派甚多，皆有息止生活之法，佛家而外即没有得息止的吗？诚然如是。印度各宗要求息止生活大抵原相近似，其方法，即他们所谓瑜伽者，亦若比同。但所似所同者自外面粗形式看耳，其实内容殊异，而此事差之毫厘，谬以千里，故卒唯佛教一家得之。②

按上引前一意思，梁漱溟在《印度哲学概论》的说法是"瑜伽为彼土百家所共，虽不一当不相远，述此则余宗亦概可知"③，但后一意思在同一书则以为"所谓修持总不外瑜伽，故瑜伽亦无间于各宗，而悉各有其瑜伽"，显然并不以"卒唯佛教一家得之"。④然而，撇开上述阐述差异，综观《印度哲学概论》《东西文化及其哲学》二书认知，我们是可以知道梁漱溟和其他当代新儒家是如何错失他们的"印度的儒家"同道的。

仔细说来，梁漱溟说"瑜伽为彼土百家所共"是对的，说各宗"悉各有其瑜伽"也是对的，错在"虽不一当不相远，述此则余宗亦概可知"的认知。实际上，印度圣典《博伽梵歌》（*Bhagavad-gītā*）对"悉各有其瑜伽"的归纳与分类是如此的：

> 《博伽梵歌》通常采用"瑜伽"（*yoga*）这个词来表达其为达致灵性目标的"法门"（*upāya*）或手段……它可以包含《博伽梵歌》一书所概括的三种修养途

---

① 译自 Tee Boon Chuan, "Understanding Confucian Spirituality from a Bhagavadgītā Perspective", paper presented at The "International Confucian Forum in Colombo", Colombo: *University of Kelaniya with International Confucian Association*, 30 Nov-2 Dec 2017。

② 梁漱溟：《东西文化及其哲学》，商务印书馆，1999 年，第 95 页。

③ 梁漱溟：《印度哲学概论》，《梁漱溟全集》第一卷，山东人民出版社，1989 年，第 239 页。

④ 梁漱溟：《印度哲学概论》，《梁漱溟全集》第一卷，山东人民出版社，1989 年，第 236 页。

径：业瑜伽（*karma-yoga*）、智瑜伽（*jñāna-yoga*）和信瑜伽（*bhakti-yoga*）。①

对上述三种瑜伽的定义，以及其与印度各宗的关系，则可见于下述希纳里（Ramakant A. Sinari）于四十年前《印度思想的结构》一书所作的极佳阐释：

> 虽然自《吠陀》—《奥义书》时期以来所有印度思想的形塑者已显露出一个迫切达致超世间目的（trans-worldly goal）的清醒觉知，但他们并不局于单一的达致方法或途径。智慧的途径（智瑜伽，jñāna -mārga）、奉献的途径（信瑜伽，bhakti-mārga）和行动的途径（业瑜伽，karma-mārga）是历来印度人为符顺不同心智倾向的人所采取的三个主要途径。例如，智瑜伽特别为正理派（Nyāya）、数论派（Sāmkhya）、瑜伽派（Yoga）、不二吠檀多、佛教和耆那教（Jaina）等系统所主张，这些都是以对意识的反思探索而知名的；另一方面，罗摩奴阇（Rāmānuja）、摩陀婆（Madhva）、宁巴尔卡（Nimbārka）、采旦妮亚（Mahāprabhu Chaitanya）及其他一些人，将情感置于理智之上，坚信一个全心全意奉献及追随神对救赎来说是必要的（按：此"信瑜伽"）。还有前弥曼差学派、《薄伽梵歌》以及它的信息的精神追随者如我们这时代的甘地、峇威（Vinoba Bhave，按：甘地的同道）是立本于行动以为道德与社会的革新（按：此"业瑜伽"）。②

按上引，"智瑜伽"是指"对意识的反思探索而知名"，印度教多宗及佛教均属此；"信瑜伽"指"将情感置于理智之上，坚信一个全心全意奉献及追随神"，文中所引皆吠檀多学派分支；最后，"业瑜伽"指"立本于行动以为道德与社会的革新"，特别是印度教的前弥曼差学派、《薄伽梵歌》与其追随者。从这样的分类来看，当梁漱溟及其他当代新儒家透过佛教来述说印度的"瑜伽为彼土百家所共"一义时，已经不自觉地将"智瑜伽"扩大为全印度的瑜伽之法，不仅犯上了以偏概全的逻辑毛病，而且也错失了认识属于"业瑜伽"的前弥曼差学派，即本文所说的"印度的儒家"学派。

中国儒学和印度（前）弥曼差学派之间有着亲缘关系可说，初始论据还是在上述印度教"瑜伽"理论（Yoga theory）的判准上。众所周知，"瑜伽"指的是"连接""合一"之意，即人与"终极实在"如何达到"连接""合而为一"的状态的修行与工夫之理论，而印度教经典如《薄伽梵歌》也已指出此在印度各宗可有"智瑜伽"

---

① 本文中译，见 Srivasa S. M. Chari, *The Philosophy of the Bhagavadgītā*（New Delhi：Munshiram Manoharlal, 2005），p. 225。

② 本文中译，见 Ramakant A. Sinari, *The Structure of Indian Thought*（Springfield and Illinois：Charles C Thomas, 1970），pp. 157-158。

（jñāna-mārga）、"信瑜伽"（bhakti-mārga）和"业瑜伽"（karma-mārga）等途径的不同，但殊途均可同归于一致。

据此而观，中国儒学和印度（前）弥曼差学派的"亲缘关系"就是指两者同属"业瑜伽"的哲学传统，尽管彼此的哲学解释或有不同，但与其他"智瑜伽"或"信瑜伽"为工夫路数的哲学体系来说，则是所异不胜其同。至于"业瑜伽"的"立本于行动以为道德与社会的革新"的工夫含意，是指借由"行动"而非"智慧"（那是"智"）或"信仰"（此是"信"）而达到"连接""合一"的状态之意，此在《薄伽梵歌》是有两点特质可说的：

> 自己的职责即使不完美，也胜似圆满执行他人职责；
> 死于自己的职责远为更好，执行他人的职责有危险（3:35）。
> 做应该做的事，不执着行动成果，阿周那啊！
> 他是弃绝者（按：指弃绝行动成果），瑜伽行者，但不摒弃祭火和祭礼（6:1）。①

前颂表明"行动"是执行自己的社会"职责"，如阿周那（Arjuna）是位"刹帝利武士"（2:32）就应在"这场合法的战斗……投身其中"（2:33）才不会与此职责"不相称"（2:3），用《论语》的话来说就是"君君，臣臣，父父，子子"之意；后颂则表明这个执行是本于"做应该做的事，不执着行动成果"，也和《论语》"宰我问三年之丧"或《孟子》"今人乍见孺子将入于井"等章所透露的本乎"怵惕恻隐之心"而行（而非行动后果）的含意一样，按牟宗三所释乃属康德义务论（deontology）的道德类型与主张。言下之意，中国儒学和印度的（前）弥曼差学派在个人之借由"做应该做的事，不执着行动成果"而执行"自己的（社会）职责"乃有"连接""合一"人生的理想可言这一点上，并无二致，而此工夫即是《薄伽梵歌》所说的"业瑜伽"之意。

从这个角度来说，自梁漱溟、张君劢以降的东亚汉语学界（而不仅是儒学界）所留意的印度哲学基本上是印度教的吠檀多学派（特别是不二吠檀多一系）和佛教的大乘佛学二支，均属印度"智瑜伽"的工夫与哲学体系，此是有所不足的。② 确实，这两支"智瑜伽"体系在印度分据正统与非正统哲学的最高地位与表现，但对"业瑜伽"形态的儒学来说是否为最佳对话之印度伙伴，不无可疑：执行自己的社会"职责"对"立本于行动以为道德与社会的革新"的儒学之成人、成圣之意义自非同小可，但对不

---

① 中译见黄宝生：《摩诃婆罗多·毗湿摩篇》，译林出版社，1999年，此中第廿三至四十章即《薄伽梵歌》的本文。

② 近年的汉语文献，从老一代佛教学者冉云华《熊十力对佛学的批判：与印度吠檀多不二论排佛学说的比较》（收入氏著：《从印度佛教到中国佛教》，东大图书，1995年）到近日孙晶：《印度吠檀多不二论哲学》（东方出版社，2002年），均可证明此学界之研究趋向。

二吠檀多及佛学来说并不是它们解脱或证入涅槃（成佛）的必要关键，即破"无明"（avidyā）才被认为是此中之不二要领，而"明"（vidyā）正是"智瑜伽"所指的"智"或"智慧"之意。这也是说，中国儒学与印度的"智瑜伽"体系之工夫路数与哲学宗旨之相悖，这在中国已有无数儒、佛之间的"在家—出家"之诘辩历史可以为证，包括梁漱溟与当代新儒家之以"出世"论印度各宗哲学之近例，并非本文妄说。

作为中、印同一"业瑜伽"的哲学传统，儒学与印度"业瑜伽"取向的哲学体系（前弥曼差学派，详下）之所以分有众多的共通话语，其故即在彼此原就具有颇为雷同的问题意识与工夫旨趣。姑以《薄伽梵歌》最后一章释文为例，进析印度"业瑜伽"实义：

> 从事那些必要的行动，认为应该这样做，
> 而摒弃执着和成果，这是善性之人的摒弃（18:9）
>
> 热爱各自的工作，人们获得成功，阿周那啊！
> 怎样热爱自己工作，获得成功？请听我说（18:45）。
>
> 自己的职责即使不完美，也胜似圆满执行他人职责；
> 从事自己本性决定的工作，他就不会犯下什么罪过（18:47）。
>
> 无论何处，智慧不执着，控制自己，消除渴望，
> 通过摒弃成果而获得超越行动的至高成功（18:49）。

显然，上引的"业"指"各自的工作""自己的职责"，而"瑜伽"是指以"通过摒弃成果""摒弃执着和成果""不执着"之心"从事自己本性决定的工作""热爱各自的工作"之意（此尚只是"连结""合一"的"瑜伽"义），此为"善性之人"。这在中国儒学，可说是《论语》"君君，臣臣，父父，子子"的"正名"思想之意，其详或非《孝经》莫属：

> 子曰："爱亲者，不敢恶于人；敬亲者，不敢慢于人。爱敬尽于事亲，而德教加于百姓，刑于四海。盖天子之孝也……在上不骄，高而不危；制节谨度，满而不溢。高而不危，所以长守贵也。满而不溢，所以长守富也。富贵不离其身，然后能保其社稷，而和其民人。盖诸侯之孝也……非先王之法服不敢服，非先王之法言不敢道，非先王之德行不敢行。是故非法不言，非道不行；口无择言，身无择行。言

满天下无口过，行满天下无怨恶。三者备矣，然后能守其宗庙。盖卿、大夫之孝也……资于事父以事母，而爱同；资于事父以事君，而敬同。故母取其爱，而君取其敬，兼之者父也。故以孝事君则忠，以敬事长则顺。忠顺不失，以事其上，然后能保其禄位，而守其祭祀。盖士之孝也……用天之道，分地之利，谨身节用，以养父母。此庶人之孝也。"①

对析以上两端可见，《薄伽梵歌》的"各自的工作""自己的职责"的"业"在《孝经》这里被分化为"天子""诸侯""卿、大夫""士"和"庶人"五类，而"通过摒弃成果""摒弃执着和成果""不执着"的"瑜伽"则被正面化为每个阶层的人"不敢恶于人……不敢慢于人""制节谨度""不敢服……不敢道……不敢行""谨身节用"以尽"天子之孝""诸侯之孝""卿、大夫之孝""士之孝"和"庶人之孝"，少有此孝行成果之利害之计而有"恶于人"或"不敢恶于人"之抉择者。就此而言，中国儒学和印度"业瑜伽"取向的哲学在"怎样热爱自己工作，获得成功？"上面成为一个"善性之人"有着雷同的问题意识与目标，一点也不让人感到惊异了。

三、儒学与印度弥曼差学派的亲缘关系

综上所析，梁漱溟之有见于"瑜伽为彼土百家所共"而疏忽于印度各宗瑜伽之间的三种类型之不同，进而漏掉了与"印度的儒家"学派晤谈的机会。按此"业瑜伽"的理论体系除《薄伽梵歌》一经外，尚有上提所说前弥曼差学派一支，其余则是"它的信息的精神追随者"。关于这点，前弥曼差学派实际上还有另一个更能达意的名词，即由于它是《吠陀》经典的前部"业品"之探究结果，故又称作"业弥曼差学派"（Karma-Mīmāmsā）——同理，后弥曼差学派也因探究后部"智品"而被称为"智弥曼差学派"（Jñāna-Mīmāmsā）。简单来说，印度弥曼差学派（Mīmāmsāka）广的来说可以指分别探讨、研究《吠陀》经典的"业品"（kārma-kānda）和"智品"（jñāna-kānda）而形成的前弥曼差学派（Pūrva-Mīmāmsā）和后弥曼差学派（Uttara-Mīmāmsā）二支，但由于后者另有"吠檀多学派"之称，故弥曼差学派一词也专指前弥曼差学派之意。言下之意，业弥曼差学派从字面来说就是"业"的探究之学问体系（"弥曼差"即"探究""思虑"之意），它实际上就是印度本土对业瑜伽之论据的哲学证成之结果。

然而，摩诃迪弯（T. M. P. Mahadevan）在《印度哲学概论》一书指出印度正理派、胜论派、数论派、瑜伽派等只是名誉上的"正统哲学"，只有前、后弥曼差学派（吠檀多学派）才是直本《吠陀》教义而成立的正统学派之余，同时指出前者之受冷落或远

---

① 语出胡平生译注：《孝经译注》，中华书局，1996 年，第 4—11 页。

超人们的想象。①这里头的原因，或许是由于业瑜伽被认为（如《薄伽梵歌》那样）是信瑜伽或智瑜伽的预备工夫，非印度哲学之奥义所在，故研讨之学人极少：

> 在今天，弥曼差学派实际上被忽视，而且在谈到印度哲学时，若干短小篇幅供给它也只是基于"礼貌"及表明这也是印度思想的一环，而非是基于它的哲学重要性的肯认。在处理印度不同思想面向的时候，吠檀多学派占据主要的篇幅，甚至对吠檀多不二论的解说也较其他支派来得多。因此，缪勒（Max Muller）在《印度哲学的六个体系》花了90页给吠檀多学派，但只有20页给弥曼差学派；拉塔克利希那博士（Dr. S. Radhakrishnan）在他的《印度哲学史》提供了215页给吠檀多不二论，但只有55页给弥曼差学派；希里雅那（M. Hiriyanna）在他的《印度哲学纲要》给吠檀多70页及弥曼差学派38页；古斯塔（Das Gupta）在他的《印度哲学史》有320页是吠檀多的，40页是弥曼差学派的。既使这样，这个"吠檀多学派"也是指吠檀多的不二论，其他支派也被忽略，甚至被排除在吠檀多体系的处理之外。②

甚至，弥曼差学派也是时下不少印度哲学论述排除在外的一环，如普里甘拉（R. Puligandla）的《印度哲学要义》及培里德（Roy W. Perett）所编五卷本《印度哲学综合读本》所见，它之被冷落、漠视之程度可以想知。③这也是说，尽管中国儒学被认为与印度的弥曼差学派之间或有"亲缘关系"可言，但不幸的，却是与一个被印度学人也极度冷落、漠视的学派之间的关系。

话说回来，中国儒学与印度弥曼差学派在"业瑜伽"之上的相通是一个学理事实，如今本文的论题只在进一步确认二者之"不要为结果而行动"的论据是否也有共同点可言，故可略去后者不堪的处境而为言。众所周知，儒学是在"君君，臣臣，父父，子子"乃人伦之常的"伦常论"基础之上提出"心安论"的论说，即不在行动之后果为何，而是借由"天子之孝""诸侯之孝""卿、大夫之孝""士之孝""庶人之孝"使伦常得以维系才是人心之安、不安的原因——但是，关于弥曼差学派的解释，本文最初提出的释文是这样的④：

---

①　本文中译，见 T. M. P. Mahadevan, *Invitation to Indian Philosophy* (New Delhi：Arnold Heineman,1982) ,p. 238。

②　本文中译，见 C. Kunhan Raja, *Some Fundamental Problems in Indian Philosophy* (Delhi：Motilal Banarsidass, 1960) ,p. 248。

③　分见 R. Puligandla, *Fundamentals of Indian Philosophy* (New Delhi：D. K. Printworld (P) Ltd. ,1997) 及 Roy W. Perett ed. , *Indian Philosophy：a collection readings* (NY：Garland,2001) 等书。

④　郑文泉：《儒学不就是印度的弥曼差学派吗?》，"第一届青年儒学国际会议"论文，2003 年 9 月 26—28 日。

（一）首先，业弥曼差学派所指的"业"是指《吠陀》经典所谕令的各种祭祀行为（按：此狭义）以迄诸如《摩奴法典》之广包各种姓之人生——社会职责的行为规范（按：此广义，《薄伽梵歌》的"业瑜伽"属之），而不是特定集团或人士创制的行为命令；（二）此两者的差别除了有无作者之分，即前者（《吠陀》《摩奴法典》等）由于不是后者那样之出于人为所作而免除了可误性，更重要的是它被称为"声常论"的那种原因：（1）《吠陀》经典所谕令的行为乃至这些行为所指涉的事事物物都被认为是永恒而实在的；（2）这个实在性可于谕令自身的构造证之，即它无非就是由声音（"声"）发为语词和语词所组成的命令语句，而此中语词（word）、语词所指（denotation）以及语词跟所指的关系（word and its denotation）三者都是永恒而实在的（"常"）——以后两者之例言之，语词所指是事物的"类"（class）或"共相"（universal），而非个别事物自身，而"类"或"共相"是恒常遍在的也早已是哲学史的常识、并且"牛"这个语词必然只能跟牛而非其他事物关联在一起，这种关联也是恒常而遍在的①；（3）诚然，这些语词乃至命令语句自身乍看之下好像是本来未有、是人们创制（produce）出来的，即如果不是借由"g-au-h"这些字母发成"Gauh"（梵文的"牛"）这个声音，世间根本就没有"Gauh"这个词（语句类推），可见它并非恒常遍在——然而，按照业弥曼差学派的看法，实况是只有"g-au-h"这些字母在条件（经由人力）俱足之下才会"显现"（manifest）为"Gauh"这个词，即"g-au-h"在还没有显现为"Gauh"时早已存在（依此类推，"g"这个声音在还未借由空气经由某种唇舌发出时也已经潜在于世界之中了），所以这个世界的任何事物是由"隐"（经由人力）到"显"，而非从"无"到"有"的实在过程，也就是这世间事物本来就实在恒存于此的②；（三）可想而知，在这个谕令（"声"）自身的恒在实存（"常"）的主张底下，已经同时预设了一种有别于人们所熟习的佛学、不二吠檀多哲学之以为"世界是虚幻"的见解，即业弥曼差学派实际上是认为世界是真实存在的，以至实际上是多少事物实在于此成为这个学派不得不从事范畴理论的研究原因。③

显然，弥曼差学派的"肯定世间"的立场也和儒学一样，而非后者与佛学（及不二吠檀多学派）之间历来所谓"在家—出家"的纠葛一般，可见两者之对谈远较"智瑜伽"

---

① 原注：此处"举例言之"表示此三者实际上涉及非常烦冗的哲学论辩，本文为节约篇幅而简化之故。关于这些论辩大略，请见 Ganganatha Jha, *Pūrva-Mīmāmsā in Its Sources*（Benares：Benares Hindu University, 1942），pp. 113–119。

② 原注：请见 Ganganatha Jha, *Pūrva-Mīmāmsā in Its Source*, pp. 118–120。

③ 原注：业弥曼差学派的实在论立场及其范畴理论，请见 Ganganatha Jha, *Pūrva-Mīmāmsā in Its Sources*, chaps. pp. 6–7。

系统（此佛学、不二吠檀多均属之）的哲学为易。从这个地方也足以看出，包括梁漱溟在内的当代新儒家之"印度宗教哲学无不持出世论，殆百家一致之观"一说，实际上是不适于用来概括后者的弥曼差学派的，也错失了与"印度的儒家"学派交遇的机会。

话说回来，人们很可能以弥曼差学派在印度已受冷落为由，以为此一错失并不真为错失，于中国哲学并无大碍。但是，从梁漱溟与当代新儒家所深析的印度佛教立场来说，于中国哲学恐亦无大补，原因如《印度两大史诗研究》一书作者刘安武所明言："我们中国人并不真正了解印度，这是什么原因呢？因为在 20 世纪以前，从印度传过来的只是佛教以及与佛教直接有关的大量典籍，即印度的一部分文化，还不是印度最重要的部分，更不是印度的全部"，[①] 实际上佛教在很长一段时间已经消失于印度历史中了。言下之意，如何拿捏或判断佛学与弥曼差学派在印度哲学的对话角色与功用，恐怕是中国哲人还未深思的一个现实问题。

---

① 刘安武：《印度两大史诗研究》，北京大学，2001 年，第 2 页。

"从根芽处新生"：梁漱溟乡村建设理论及其文化哲学要旨

法　帅（山东大学儒学高等研究院）

摘　要　近代帝国主义的强势入侵，造成中国社会的激剧变化。梁漱溟认为要根本解决中国现实问题，唯有通过乡村建设运动形成一种理性新文化。这种新文化要排斥印度的态度，对于西方文化则全盘承受而根本改过，并批评地把中国原来态度重新拿出来，即以中国固有文化精神为主而吸收西方文化的长处，建设一个中西文化具体事实融合的团体组织。两种文化的融合，要按文化相对论来重新组织文化的内部结构，是以人生向上为前进目标的理性新文化。

关键词　文化　乡村建设　精神　相对论

近代以来，西方列强东侵，造成中国社会面临崩溃的绝境。在对中西文化的比照中，有人认为中国输在武器大炮不如人，有人认为是输在政治制度不如人，有的则认为是输在思想文化不如人。相应而起，遂有中体西用论、改良维新及立宪革命论乃至全盘西化论的出现，成为中华民族救亡图存的社会主潮。面对中国前所未有大变局，梁漱溟经过深思熟虑，认为上述主张都不能解答中国问题，因为当前局势已经深入中西文化精神底层，只有以中国固有精神为主融合西方文化长处，并通过乡村建设运动形成一种理性新文化，才能为中国社会开出一条活路。就像一棵濒枯的大树，必须"从根芽处新生"，才能重新枝繁叶茂。梁漱溟的这一文化救国主张，时至今日仍有其重要的学术价值和现实意义。

一、文化失调与乡村建设

梁漱溟的乡村建设运动及其理论，是为了解决当时中国出现的严重问题。帝国主义挟其文化的强势入侵，使古老的中国社会激起剧烈的变化，他们在军事上不断割裂中国，政治上欺辱压迫，他们的经济侵略造成农村破产，中国的法制礼俗因之而改变，中国千年相沿袭的社会组织构造趋于崩溃。"现在之中国问题并不是其社会内部自己爆发的问题，而是受西洋文化势力（欧美并日本皆在内）压迫打击，引起文化上相形见绌之注意，而急求如何自救的问题。"① 然而中国问题的形成，不仅是由西方势力侵略造成的直接后果，而中华民族的自救运动之不当，适足造成全方位的危机。即是说，现在中国之所以如此糟糕，是因为其中有个大的矛盾。中国受着西洋的刺激，而生出一种精神向上，即民族的振拔自救运动，但其自救却是被引动于西洋精神，而西洋精神实在是比较粗浅的，对中国精神之深厚处说就是往下。"每一度的向上皆更一度引入向下去，继续不断的向上正即是继续不断的下降。"② 因此，对中国社会的破坏，除了外力破坏，如外交、军事和国际经济竞争上的失败，还有自觉地破坏，就是对西洋的模仿追趋和对固有文化的厌弃反抗。虽然这是一种觉悟，含有向上追求的成分，但这是中国社会崩溃的真正原因。"这厌弃与反抗，是中国社会崩溃的真因。引起这厌弃反抗的自身缺欠，是中国文化的真失败点。"③ 而中国文化发展到清代的时候，表面上顶光华，而内里精神顶空虚，外面成了礼教的僵壳，里头已经腐烂。所以，这是西洋文化进来碰到枯烂腐败、空虚无主的中国文化，自是将其破坏至如此地步。中国文化精神到了清代出现僵化，自身无力抵抗西方文化的破坏是客观原因。中国的问题，无论是政治、经济还是其他方面，从根本上说都属于中国文化危机的产物。"中国人于其固有政治、固有经济，初未必到了不能安不能忍的分际；其所以成为问题，实有文化改良、文化提高之意义与其不得不然之势在。故我以为中国问题的内涵，虽包有政治问题、经济问题，而实则是一个文化问题——文化本亦可概括政治、经济在内。"④ 概而言之，西方文化的强力冲击及中国固有文化的失败，造成中华民族历史上未曾有过的命运。

面对这极严重的文化失调，梁漱溟将解决之道立足在乡村建设上面，因为"中国社会是以乡村为基础，并以乡村为主体的；所有文化，多半是从乡村而来，又为乡村而设——法制、礼俗、工商业等莫不如是"⑤。梁漱溟的乡村建设主张是为了解决中国的整个问题，建设中国社会之新的组织构造，包括政治经济教育及其他一切，因为中国社会组织构造已完全崩溃，舍此重建实无其他办法。"作乡村运动而不着眼整个中国问题，那便是于乡村问题也没有看清楚，那种乡村工作亦不会有多大效用。须知今日整个中国社会日趋崩溃，向下沉沦，在此大势中，其问题明非一乡、一邑或某一方面（如教育一面、工业一面、都市一面、乡村一面等），所得单独解决。所以乡村建设，实非建设乡

① 梁漱溟：《梁漱溟全集》第二卷,山东人民出版社,2005 年,第 233 页。
② 梁漱溟：《梁漱溟全集》第二卷,山东人民出版社,2005 年,第 273 页。
③ 梁漱溟：《梁漱溟全集》第二卷,山东人民出版社,2005 年,第 200—201 页。
④ 梁漱溟：《梁漱溟全集》第二卷,山东人民出版社,2005 年,第 234 页。
⑤ 梁漱溟：《梁漱溟全集》第二卷,山东人民出版社,2005 年,第 150 页。

村，而意在整个中国社会之建设，或可云一种建国运动。"① 然而，将中国问题的解决寄放在乡村建设上，实有梁漱溟更为深刻的思考，那就是在东西文化冲突背景下，如何在中西文化间取得平衡而提出的那一整套文化主张和思想理论。梁漱溟的乡村建设理论含有融合中西文化的主张，这从梁漱溟分析近代以来中国问题中即可看出。梁漱溟认为，中国输入西方文化早在明朝就已开始，徐光启翻译的《几何原本》、李之藻翻译的《谈天》就是西方数学、天文方面的著作。鸦片战争中西方的坚船利炮才使人们正视西方文化问题，开始认识到其强盛在此，遂有办船厂、练海军等洋务运动。然而甲午战争失败，使大家晓得并非将铁甲、火炮等拿来就可以迎头赶上西方，这些东西后面还有更根本的东西。"乃提倡废科举，兴学校，建铁路，办实业。此种思想盛行于当时，于是有戊戌之变法不成而继之以庚子的事变，于是变法的声更盛。这种运动的结果，科举废，学校兴，大家又逐渐着意到政治制度上面，以为西方化之所以为西方化，不单在办实业、兴学校，而在西洋的立宪制度、代议制度。于是大家又群趋于政治制度一方面，所以有立宪论与革命论两派。"② 之后，立宪派的主张逐渐实现，而革命派的主张也在辛亥年成功。但是，西方的政治制度仍不能在中国实现。"因为中国人民在此种西方化政治制度之下仍旧保持在东方化的政治制度底下所抱的态度。东方化的态度，根本上与西方化刺谬；此种态度不改，西方化的政治制度绝对不会安设上去！"③ 于是，大家更进一步觉悟到，政治的改革仍是枝叶，还有更根本的问题在后面。陈独秀等《新青年》派认为更根本的是伦理思想，如果此处不能根本改革，则所有改革都将无效。"吾人于共和国体之下，备受专制政治之痛苦"，而共和国体能否巩固无虞，立宪政治能否施行无阻等"政治根本解决的问题，犹待吾人最后之觉悟"。④ 并认识到，西方文化是一整个的东西，不能枝节零碎地看。于是，提倡思想改革之运动——新文化运动兴起。

梁漱溟年轻时曾梦想借鉴西方近代政治制度来解决中国问题，但他很快意识到这种制度的表面之成立于事无补，更根本的在于深层的政治习惯的养成。"我从前是非常之信佩西洋近代政治制度，认为西洋政治制度是非常合理的，其作用是非常巧妙的。我彼时总是梦想着如何而可以使西洋政治制度到中国来实现，从十五岁起一直到二十余岁都是如此，所谓'策数世间治理，则矜尚远西'者是也"⑤。梁漱溟在清末时是一立宪论者，但后来看到清廷的无诚意，不得不转而革命。辛亥革命成功，民国建立后，梁漱溟认为政治改造的要求已达到，事实上却大不如此，甚至让人越来越绝望。像袁世凯的破

---

① 梁漱溟：《梁漱溟全集》第二卷，山东人民出版社，2005 年，第 161 页。
② 梁漱溟：《梁漱溟全集》第一卷，山东人民出版社，2005 年，第 334 页。
③ 梁漱溟：《梁漱溟全集》第一卷，山东人民出版社，2005 年，第 337 页。
④ 陈独秀：《独秀文存》卷一，上海书店，1989 年，第 51—52 页。
⑤ 梁漱溟：《梁漱溟全集》第二卷，山东人民出版社，2005 年，第 18 页。

坏约法和各军阀的争夺，但梁漱溟认为这不是某几个人的过失，还有背后深层的原因在。西洋制度虽好，但中国条件不够，其中最有力量者即缺乏这种习惯，致使西洋政治制度在中国建立不起来。"我深悟到制度与习惯间关系之重大，我深悟到制度是依靠于习惯。"①"民国初年之后，国事日非，当时我并不责难某一个人或是少数人，我惟有深深叹息，叹息着中国人习惯与西洋政治制度之不适合。此时我已不再去热心某一种政治制度表面之建立，而完全注意习惯之养成。"②"当我注意到养成新政治习惯时，即已想到'乡村自治'问题。此中过程颇明显，因为我心目中所谓新政治习惯，即团体生活之习惯，国家为一个团体，国家的生活及团体的生活。要培养团体生活，须从小范围着手，即从乡村小范围地方团体的自治入手，亦即是由近处小处短距离处做起。……今日从事于乡村建设运动实萌芽于彼时。"③"简要言之，即是从政治问题看到习惯问题，从习惯问题看到团体力之培养，从团体力之培养问题看到由小范围做起，于是有乡村自治之主张也。"④

由政治习惯问题转变到乡村自治主张，是梁漱溟在解决中国问题时迈出的重要一步。但到后来，梁漱溟觉悟到中国数千年文化陶铸成的民族精神根本不同于西方，因此中国根本不可能养成西方式的政治基础。经此觉悟，梁漱溟决定从乡村起培养中国式的新政治习惯。这是梁漱溟乡村建设的思想发展的一个曲折深入。"我彼时注意政治习惯问题很自然的转变到乡村自治（即今日之乡村建设）的主张，实在说来，尚不能算是深刻。因为彼时我虽然觉悟到中国如果要实现西洋式的政治制度，非先从培养此种制度之基础即养成新习惯入手不为功。而未悟此种制度原不能实现于中国。日后我乃觉悟到决无法使中国人养成西洋式的政治基础（即是新习惯），决不能培养成此种新习惯，因为其中有梗阻处，有养不成处。而其梗阻则中国数千年文化所陶铸成的民族精神不同于西洋人而来。我所谓民族精神系包含以下两层：其一是渐渐凝固的传统习惯，其二是从中国文化而开出来的一种较高之精神，这两层皆为养成西洋式政治制度或政治习惯的梗阻。关于第一层之所以成为梗阻，还容易看到；因为中国人，类多消极怕事，不敢出头，忍辱吃苦，退缩安分。此项梗阻或可矫正，不过比较费事耳。但在第二层则成为真的不可能，而又为一般人所不易看出者，因为西洋的政治制度或是习惯，较之于中国民族文化开出来的一种较高之精神为粗浅，为低下，现在已经开发出较高的精神，实无法使之再降低，使之再回转过来。关于第一层乃是吾们中国人的短处。但在第二层则为中国人之优越处，而此优越所在，即是西洋近代政治制度不能在中国建立起来的根本窒

---

① 梁漱溟:《梁漱溟全集》第二卷,山东人民出版社,2005 年,第 19 页。
② 梁漱溟:《梁漱溟全集》第二卷,山东人民出版社,2005 年,第 21 页。
③ 梁漱溟:《梁漱溟全集》第二卷,山东人民出版社,2005 年,第 21 页。
④ 梁漱溟:《梁漱溟全集》第二卷,山东人民出版社,2005 年,第 21—22 页。

碍，无可设法解决的困难。中国人将不能不别求其政治的途径。"① 梁漱溟认为二十世纪初二三十年中国政治改造运动的失败，其原因固然是大多数人不习惯不明白新的政治制度，还有一种积极的力量促使他们不自觉地在反对政治改造，这才是真正失败的原因，也是一般人所未能见到之处。"我觉悟到中国人不能用西洋制度，于是吾人遂觉悟到一切政治制度于我们皆用不上。换句话，要吃现成饭是不行的，必须自己创造。……我们既经明白了中国之旧有制度以及欧洲近代之政治制度乃至于俄国式的政治制度，皆无法拿来应用，则我们非从头上来不可。前者所云，必须培养新习惯，从小范围，从乡村做起，这虽也是从头上来之觉悟，但此种觉悟，尚未到家。待至此时恍然知无可假借，非从根芽处新生新长不行。这才是到家的觉悟。"②

二、对世界未来文化的态度

新文化运动的兴起意味着到了解决东西文化问题的最后根本。在梁漱溟看来，解决方案无非三种：一是彻底的西方化，将东方化连根拔去；二是东方化的翻身，代替西方化成为世界文化；三是调和融通东西文化，但需要赶快有个清楚明白的解决。③ 而要有解决，首先需要对中西文化有个明确的认识，然后深入比较二者的优劣，而不是下个含混不清的论断。

首先，要从文化的定义开始。梁漱溟认为，文化"不过是那一民族生活的样法罢了"，而"生活就是没尽的意欲（Will）"和"那不断的满足与不满足罢了"。④ 同是民族同是生活而生活样法不同，则是因为作为生活样法最初本因也即文化根原的意欲不同的缘故，西方文化"是以意欲向前要求为其根本精神的"⑤，表现在人生态度上是向外用力的；中国文化"是以意欲自为、调和、持中为其根本精神的"⑥，表现在人生态度上是向里用力；印度文化"是以意欲反身向后要求为其根本精神的"⑦，表现为根本取消人生的态度。"生活的根本在意欲而文化不过是生活之样法，那么，文化之所以不同由于意欲之所向不同是很明显的。"⑧ 在梁漱溟看来，西方文化的产生就在于西方这种意欲向前要求的精神，这是其文化产生的因，其他的如地理形势、经济变迁等则都是缘。西方文化的渊源所自是希腊和希伯来，古希腊罗马时代他们以现世幸福为标的努力

---

① 梁漱溟：《梁漱溟全集》第二卷,山东人民出版社,2005 年,第 22—23 页。
② 梁漱溟：《梁漱溟全集》第二卷,山东人民出版社,2005 年,第 24—25 页。
③ 梁漱溟：《梁漱溟全集》第一卷,山东人民出版社,2005 年,第 337 页。
④ 梁漱溟：《梁漱溟全集》第一卷,山东人民出版社,2005 年,第 352 页。
⑤ 梁漱溟：《梁漱溟全集》第一卷,山东人民出版社,2005 年,第 353 页。
⑥ 梁漱溟：《梁漱溟全集》第一卷,山东人民出版社,2005 年,第 383 页。
⑦ 梁漱溟：《梁漱溟全集》第一卷,山东人民出版社,2005 年,第 383 页。
⑧ 梁漱溟：《梁漱溟全集》第一卷,山东人民出版社,2005 年,第 382 页。

向前去求，这正是意欲向前的第一条路向。希伯来思想则反对现世幸福，想出离现世进入天国。罗马时代社会风俗大弊，希伯来思想起而纠偏。此后一千多年西方成为宗教的世纪，一切文化都归并到其中，从而走入了第三条路向。后来教会的腐败引起"文艺复兴""宗教改革"的新潮流，使得人生路向又转回现实世界，即第一条路向，才产生今日所谓西方文化。在征服自然中科学兴起，在对抗宗教权威中民主发生。西方意欲向前的要求，无论对自然还是对人都是如此，此时其心理都是理智的活动。因此，理智活动的太强太盛，是近世西方人一个显著特点。

其次，与中国文化相较，西方文化的最突出成就在于科学与民主。梁漱溟认为，西方是"意欲向前要求的精神产生'赛恩斯'与'德谟克拉西'两大异采的文化"①，即科学与民主。在学术思想上，中国文化只有手艺而没有基于学问的科学。我们制作工程靠工匠心心传授的手艺，西方却一切都靠科学，即用一种方法把许多零碎的经验，经营成学问。这种要求客观共认的确实知识，便是科学的精神。"西方的学术思想，处处看去，都表现一种特别的采色，与我们截然两样，就是所谓'科学的精神'。"② 西方人走上了科学的道，便事事都成了科学的。西方人在知识上特别的有成就，中国则特别无成就。在社会生活上，中国文化形成的是一条专制独裁道路，"是一个人拿主意，并要拿无制限的主意；大家伙都听他的话，并要绝对的听话"；西方走的是立宪共和道路，"是大家伙同拿主意，只拿有制限的主意，大家伙同要听话，只听这有制限的话"③。"西方人的社会生活处处看去都表现一种特别色采，与我们截然两样的就是所谓'德谟克拉西的精神'。"④ 因此，"中国'治人者'与'治于人者'划然为两阶级，就生出所谓尊卑来了，也必要严尊卑而后那条路才走得下去；西方一个个人通是'治人者'，也通是'治于人者'，自无所谓尊卑上下而平等一般了。"⑤ 这种精神有两层含义："第一层便是公众的事大家都有参与做主的权；第二层便是个人的事大家都无过问的权。"⑥ 西方社会的这种表现就是"个性伸展社会性发达"，这是一桩事情的两面，亦即："人类之社会生活的变动，这种变动从组织的分子上看便为个性伸展，从分子的组织上看便为社会性发达。"⑦ 西方科学与民主精神是一种精神，即意欲向前要求的精神，分别表现在社会生活和学术思想上，"西方随便一桩事体常都寓有这两种精神。他的政治是德谟克拉西的政治，也是科学的政治。他的法律是德谟克拉西的法律，也是科学的法

① 梁漱溟：《梁漱溟全集》第一卷，山东人民出版社，2005年，第353页。
② 梁漱溟：《梁漱溟全集》第一卷，山东人民出版社，2005年，第362页。
③ 梁漱溟：《梁漱溟全集》第一卷，山东人民出版社，2005年，第362—363页。
④ 梁漱溟：《梁漱溟全集》第一卷，山东人民出版社，2005年，第370页。
⑤ 梁漱溟：《梁漱溟全集》第一卷，山东人民出版社，2005年，第363—364页。
⑥ 梁漱溟：《梁漱溟全集》第一卷，山东人民出版社，2005年，第365页。
⑦ 梁漱溟：《梁漱溟全集》第一卷，山东人民出版社，2005年，第366—367页。

律……诸如此类"①。科学与民主这两样东西当前中国学不来，因为"这只是西方化逐渐开发出来的面目还非他所从来的路向。我们要去学他，虽然不一定照他原路走一遍。但却定要持他那路向走才行，否则单学他的面目绝学不来的。并且要知道西方化之所以为西方化在彼不在此。不能以如此的面目为西方化，要以如彼的路向为西方化的"②。与西方相比，中国与西方走的完全不是一条路向。"第一项，西方化物质生活方面的征服自然，中国是没有的，不及的；第二项，西方化学术思想方面的科学方法，中国又是没有的；第三项，西方化社会生活方面的'德谟克拉西'，中国又是没有的。"③ 中国人的思想是安分、知足、寡欲、摄生，绝没有提倡物质享乐，也没有印度的禁欲主义。不论境遇如何都可以满足安受，并不定要求改造一个局面。持这种态度不会产生征服自然的想法，将自然为解析打碎的观察，无论如何不会产生科学。也不会对威权奋斗争持求得解放，德谟克拉西精神也不会出现。梁漱溟认为，中国人的短处正是从他的长处来的，是同一种的文化的积极和消极两面。"中国人最显著的短处，一是短于集团生活而散漫无力；一是短于对自然界的分析认识，不能控制自然，转而有时受制于自然。但这背面皆隐伏着一种优越的精神在内。散漫的背后隐伏着一个人、一个人理性的申张，智慧的睿发……受制于自然的背后，隐伏着人与自然融合的精神，而不落于分离对抗；同时隐伏着非功利的精神，而不至于逐物失己。对于外界的分析认识虽不足，而对自身生命的体会认识则较多。"④

再次，西方未来文化的态度随着经济发展变迁将由第一条路向走到第二条路向，即由西洋态度改变为中国态度。近世以来，西方的第一问题是求生存，从自然界取得衣食住行的种种物质需要，这时的态度是向前要求的，对外改造环境以力争服障碍。"近世以来，西洋的人生都是力持这态度；从这态度就有他那经济竞争——人与人之间的生存竞争；从这经济竞争结果将得个经济不竞争而安排妥协——人与人没有生存竞争；从这经济不竞争将不复持这态度——这种人生态度将随生存问题以俱逝。当西洋人力持这态度以来，总是改造外面的环境以求满足，求诸外而不求诸内，求诸人而不求诸己，对着自然界就改造自然界，对着社会就改造社会，于是征服了自然，战胜了威权，器物也日新，制度也日新，改造又改造，日新又日新，改造到这社会大改造一步，理想的世界出现，这条路便走到了尽头处！所谓生存问题逝去者，不是说这时便不生存，是说生产分配既有安排，则生存不成问题，人心目中的问题不在生存，而在别处了。……盖人类将

① 梁漱溟：《梁漱溟全集》第一卷,山东人民出版社,2005 年,第 370 页。
② 梁漱溟：《梁漱溟全集》第一卷,山东人民出版社,2005 年,第 370—371 页。
③ 梁漱溟：《梁漱溟全集》第一卷,山东人民出版社,2005 年,第 391 页。
④ 梁漱溟：《梁漱溟全集》第二卷,山东人民出版社,2005 年,第 197 页。

从人对物质的问题之时代而转入人对人的问题之时代——前所列第二种他心问题之时代。"① 征服自然的态度不能用在人与人之间，他心是完全在我范围之外的，就前面下手不一定能得到满足，这时只能求诸内求诸己。"随着经济改正而改造得的社会不能不从物的一致而进为心的和同——总要人与人间有真妥洽才行。又以前人类似可说在物质不满足时代，以后似可说转入精神不安宁时代；物质不足必求之于外，精神不宁必求之于己。"② 西方人生态度的这种转变是由其经济变迁带来的，不会轻易接纳使用中国人的态度，除非真到必要时节，但其转还是得由他自己转。

西方经济事实的变迁也带来学术思想的变化，并促成态度的转变。西方"以前的见解都以为人的生活尽是有意识的，尽由知的作用来做主的，尽能拣择算计去走的，总是趋利避害去苦就乐的……如是种种，于是就以知识为道德，就提倡工于算计的人生；自古初梭格拉底直到一千九百年间之学者，西洋思想自成其一种味调态度，深入一般人心，形著而为其文化，与中国风气适相反对者，盖莫不基于此"③。西方这种见解只看人的有意识的一面，却忽略无意识的一面，以有意识的心理为全个的心理，种种谬误悉从此生。现在西方人的眼光渐从有意识的一面转移到无意识的一面，"于是西方人两眼睛的视线渐渐乃与孔子两眼视线所集相接近到一处。孔子是全力照注在人类情志方面的；孔子与墨子的不同处，孔子与西洋人的不同处，其根本所争只在这一点！西方人向不留意到此，现在留意到了，乃稍稍望见孔子之门矣！我们所怕者，只怕西洋人始终看不到此耳，但得他看到此处，就不怕他不走孔子的路！此话自非一言能尽，然亦不妨简单说两句：头一层，他既看到了人类生活本来是怎么一回事，则他将不能不顺着生活本性而任听本能冲动的活泼流畅，一改那算账而统驭抑制冲动的态度；第二层，他既看到人类生活本来是怎么一回事而不能统驭抑制冲动了，则他不能不有一种先事的调理，俾冲动发出来就是好的、妥洽的、没毛病、没危险的，那就不外乎要养得一种和乐恬静的心理才行；即这般活泼和乐的生活便是'仁的生活'，便是孔子的生活"④。

梁漱溟认为，人类在面对不同问题时持不同的人生态度，由三大态度演化为三大文化体系，这都是对人类的伟大贡献，无所谓谁好谁坏。但对其态度却有个合宜不合宜的问题。"希腊人态度要对些，因为人类原处在第一项问题之下；中国人态度和印度人态度就嫌拿出的太早了些，因为问题还不到。……西洋文化的胜利，只在其适应人类目前的问题，而中国文化印度文化在今日的失败，也非其本身有什么好坏可言，不过就在不合时宜罢了。人类文化之初，都不能不走第一路，中国人自也这样，却他不待把这条路

---

① 梁漱溟：《梁漱溟全集》第一卷，山东人民出版社，2005 年，第 494 页。
② 梁漱溟：《梁漱溟全集》第一卷，山东人民出版社，2005 年，第 495 页。
③ 梁漱溟：《梁漱溟全集》第一卷，山东人民出版社，2005 年，第 497 页。
④ 梁漱溟：《梁漱溟全集》第一卷，山东人民出版社，2005 年，第 498 页。

走完，便中途拐弯到第二路上来；把以后方要走到的提前走了，成为人类文化的早熟。"① 中国文化没走第一路向，致使没有西方文化的那些成就。"我们不待抵抗得大行，就不去走征服自然的路，所以至今还每要见厄于自然。我们不待有我就去讲无我。不待个性伸展就去讲屈己让人，所以至今也未曾得从种种威权底下解放出来。我们不待理智条达，就去崇尚那非论理的精神，就专好用直觉，所以至今思想也不得清明，学术也都无眉目。并且从这种态度就根本停顿了进步，自其文化开发之初到他数千年之后，也没有什么两样。他再也不能回头补走第一路，也不能往下去走第三路；假使没有外力进门，环境不变，他会要长此终古！"② 现在西方入侵，则中国社会剧痛起来。中国处在第一问题之下的世界，由于没有在第一路多走几步，应有成绩没有出来，与西方相比自然相形见绌。"而况碰到的西洋人偏是个专走第一路大有成就的，自然更禁不起他的威棱，只有节节失败，忍辱茹痛，听其蹂躏，仅得不死。国际上受这种种欺凌已经痛苦不堪，而尤其危险的，西洋人从这条路上大获成功的是物质的财，他若挟着他大资本和他经济的手段，从经济上永远制服了中国人，为他服役，不能翻身，都不一定。至于自己眼前身受的国内军阀之蹂躏，生命财产无半点保障，遑论什么自由；生计更穷的要死，试去一看下层社会简直地狱不如；而水旱频仍，天灾一来，全没对付，甘受其虐；这是顶惨切的三端，其余种种太多不须细数。然试就所有这些病痛而推原其故，何莫非的的明明自己文化所贻害；只缘一步走错，弄到这般天地！"③

梁漱溟对世界未来文化态度的意见是："第一，要排斥印度的态度，丝毫不能容留；第二，对于西方文化是全盘承受，而根本改过，就是对其态度要改一改；第三，批评的把中国原来态度重新拿出来。"④

三、中西精神的不合之处

梁漱溟认为，中国社会已崩溃到最后最深，其建设也不能不从最根本最深处开始——人的神情态度，即精神。"一社会的组织构造是很实在而有力量的，可是你若仔细看的时候，在一社会的组织构造之中还有一个顶根本顶要紧的地方，就是这个社会里头的人的一种神情态度。这个神情态度也可以说是受其社会组织构造的影响训练而成，但也可以说是社会组织构造的构成是从人的神情态度而来的，二者互为影响，无从分别孰先孰后。"⑤ 但在此处，中西文化却找不出可以调和的地方，这是中国问题不能得到

① 梁漱溟：《梁漱溟全集》第一卷，山东人民出版社，2005 年，第 526 页。
② 梁漱溟：《梁漱溟全集》第一卷，山东人民出版社，2005 年，第 529 页。
③ 梁漱溟：《梁漱溟全集》第一卷，山东人民出版社，2005 年，第 529—530 页。
④ 梁漱溟：《梁漱溟全集》第一卷，山东人民出版社，2005 年，第 528 页。
⑤ 梁漱溟：《梁漱溟全集》第二卷，山东人民出版社，2005 年，第 240 页。

有效解决的原因。"中国之所以乱，所以没办法，就是因为中国人的神情态度与西洋人的神情态度得不到调和，彼此之间，很有些距离，找不出一个可以彼此沟通之点。"① 梁漱溟曾从以下数点做过分析：

其一，人生态度的不合。梁漱溟认为，不同的文化实源于不同的人生态度，中国人和西洋人在人生上有着迥然不同的两样态度：西洋人精神在争，中国人精神在不争。中国人一般的态度是安分守己，由此而上，含蓄着更高明的人生思想、更深厚的人类精神，说之不尽；由此而下，便流于消极怕事、忍辱吃苦、苟且偷生等习惯心理，概言之"不争"。梁漱溟对民族精神进行了辩证解读，其含义兼有有力精神、无力习惯之积极和消极两义，若狭义地讲，则唯指精神。西洋近代政治制度的形成，虽有多种条件，但根本的是西洋人把力量往外用，遇着障碍就打倒的争的精神。西洋人对人对物都是向外用力去争。中国人则不同，对人向内用力克己让人，对物则偏向知足的一面。"中国人之'不争'，固自有其积极精神；以视西洋人之'争'，在人生意义上含蓄深厚，超进甚远；乃欲降而从西洋人之后，将无复精神可言，并不能有如西洋人之精神向上求进，其势若甚难；然是生命之自然要求，进必有所就降而求退，其势若甚易，然退则坠焉，不能复有成就矣。故曰：改移而上，可也；改移而下，则不可。"② 此点于西洋风气进入中国以后，中国人精神之弛散懈败，至于不可收拾，可知中国人态度之不可袭取西洋而改移。"人原来是不知足的，初不待教；其必转进一层而后有所谓知足。此时欲其复归于不知足，非复出于天真自然矣。不知足出于天真，则是一切活动之源泉，于文化之创造有勃焉以兴，沛然莫御者。然天下事唯人生不可以为伪。今曰：'我将求为不知足'；真力已失，勃焉沛然者不可得，将唯嗜利无厌之归而已，无创造之可言。我初时亦何尝不想引进西洋不知足之精神，以奠民治之基，以应付这生存竞争的世界，卒乃悟此徒为固有精神之懈弛，而西洋精神固不可得于我。吾思之，吾重思之，中国人所适用之政治制度他日出现于世者，或于某一意义亦可命曰民治；然视欧洲近代制度固形神俱改，必非同物，此可断言者。"③ 中国人与西洋人的精神在争与不争上正相反，中国人降而以争待人待物，结果造成原有积极精神的败坏，中西在人生态度上不可直接融合。

其二，选举。西方政治里最为基本的事就是选举，亦是竞争以求得。而中国人精神所尚者是不争，政治上追求谦德君子，而服善推贤之心立显。"中国而有选举也，其必由众人有所尊敬、有所佩服之心，而相率敬请于其人之门而愿受教焉。"④ 显然，这与西方选举之意全然有别。中国人若用西方式选举，在精神上必将谦敬之心、自爱之意懈

---

① 梁漱溟：《梁漱溟全集》第二卷，山东人民出版社，2005年，第240页。
② 梁漱溟：《梁漱溟全集》第二卷，山东人民出版社，2005年，第244页。
③ 梁漱溟：《梁漱溟全集》第二卷，山东人民出版社，2005年，第247页。
④ 梁漱溟：《梁漱溟全集》第二卷，山东人民出版社，2005年，第249页。

下，其精神必将下降堕落，道德破坏无所不至。"我敢断言：中国今后若仍照以前模仿那外国风气的选举制度，政治即永无清明之望，中国民族即永无前途开出来。中国人所适用之政治制度他日出现于世者，假犹有所谓选举也，必非这样个人权利观念的选举、彼此竞争的选举。"① 中国若本着西洋争的精神从事选举，不仅完不成西洋那样的政治制度，甚至更将政治破坏无余。在选举上二者不可融合明矣。

其三，政治的牵掣与制衡。在西洋政治制度中，可以看出他有意安排各种力量彼此牵掣，得一均衡，法律借以尊威有效，从而维持他的政治制度。"欧洲人以其各自都往外用力，向前争求的缘故，所以在它制度里面，到处都是一种彼此牵掣，彼此抵对，互为监督，互为制裁，相防相范，而都不使过的用意；人与人之间、国家机关与机关之间、人民与国家机关之间，都是如此。这在他，名为'钳制与均衡的原理'。所谓政治上三权分立，就是这个意思；其他之例，在政治制度上、在一般法律上，不胜枚举。"② 由此可看出，中西人生态度的不同会产生不同的政治制度，西洋精神争的一面必有制衡，不使过度而形成弊端。而中国精神不争的一面，希望人互信互敬不去防范，二者实大不相同。"西洋人的力量老是向外用，对人不放心，老是让你彼此牵掣，彼此防范；从这一点上讲，就与中国人的精神不合。按中国的老道理（古人的精神）总是心要放的平坦，放得空空洞洞，不存什么心，完全相信人、恭敬人，处处都是好意；存心猜度人、防范人，在中国古人无论如何是不能承认的，决不许可的。"③ 由此可见，中国古人的精神从人类积极向上的理性来看，实高于西洋争而制衡的形态。"人类应时时将自家精神振作起来，提高起来——中国古语谓之'诚'，谓之'敬'，于国家大事，尤其要以全副心肝捧出来——出以至诚无贰之心。彼此相与之间，就存心言之，第一要件是'信'就表示言之，第一要件是'礼'——崇敬对方人，信托对方人，有极高期望于对方人。虽然你不一定当得起这样崇敬信托期望，而我之待你应如此；我亦不一定当得起这样，而你对我应如此。彼此看待都很高，这才是中国人的精神必这样，中国政治才可弄得好；彼此感召，精神俱以提振而上故也。反之，此之待彼者不高，则彼自待及还以待我亦不高；彼此精神俱因而委降于下。无礼不敬，则国家大事一切都完了。"④ 因此，在西洋政治制度上可收制衡之效者，在中国乃适滋捣乱，对此方面之不可相袭可知矣。从人类向上精神来说，"不能以西洋之法易中国之礼者，既造于深厚温文之中国人不能复返于无礼也"⑤。

---

① 梁漱溟：《梁漱溟全集》第二卷，山东人民出版社，2005年，第249页。
② 梁漱溟：《梁漱溟全集》第二卷，山东人民出版社，2005年，第250页。
③ 梁漱溟：《梁漱溟全集》第二卷，山东人民出版社，2005年，第250页。
④ 梁漱溟：《梁漱溟全集》第二卷，山东人民出版社，2005年，第251—252页。
⑤ 梁漱溟：《梁漱溟全集》第二卷，山东人民出版社，2005年，第258页。

其四，政教分离，这也是中西精神不合的一大要点。中国人反对欲望，西方人把它看成很正当的。本来禁欲是宗教的风气，但中国人不信宗教，所以既不与禁欲接近，又不与欲望接近，这是中国人的精神。西方人从一千多年的禁欲生活解放而来，所以他们看重现世幸福。西方近代政治实是专为拥护欲望、满足欲望的"物欲本位的政治"。中国人不承认欲望，他承认的是理，亦就是人生的意义价值所在，这是中国对人类的最大贡献。他贡献的理是一个人生态度："人生是应当努力向上，去圆满，去发挥，去享用天所给他的机会。"①"欧洲人可以舍其中世纪所倾向的未来天国，而要求现世幸福；中国人则不能抛却其从来人生向上的要求，而只要你不碍我事，我不碍你事，大家安生就得了。从欧洲言之，政教分离是可以的，或且是必要的；从中国言之，政教分离则不可通——人生与人生道理必不容分家。"②中国文化所走的第二条路没有走完走通，但也不能回到第一条路上去。"第二路不通，是否可以回复到第一路去呢？这亦不可能。第二回到第一，那就是由理性又退回到身体，向外用力又代向里用力而起。这在人的生命上便是退坠。并不能复其从身体发轫之初，在中国历史上便是逆转。亦不能再回到没有经过理性陶冶那样。换言之，这只是由成而毁而已。"③

中国人从理出发，所持是不争的人生态度；西洋人从欲望出发，所持是争的人生态度。各自精神不同，自是在选举、制衡等政治活动中做法各异。中国人在解决自己问题中尤其注意不可仿照西洋人，不仅会导致自己精神的堕坠，于政治问题也得不到解决。

四、乡村建设与中西融合

通过分析中西文化精神的不同，梁漱溟认识到拯救中国不能祈望于借鉴西方文化，两种文化的路向根本不同，借取并不能解除中国的重疾，反倒加重中国问题的严重程度。他说西方"'近代国家'，仍是多数人理想的梦！曾不知近代国家是怎样一个东西。他的政治背后，有他的经济；他的政治与经济出于他的人生态度，百余年间，一气呵成。我国数千年赓续活命之根本精神，固与大异其趣，而高出其上。其何能舍故步以相袭？至于数千年既演成的事实社会，条件不合，又不待论"④。而中国的自救运动之难以收效，就在于抛开自家根本固有精神，向外逐求自家前途，想要中国亦成功一个"近代国家"，很像样地站在现今的世界上，此种"震撼于外力，诱慕于外物，一切落于被动而失其自觉与自主"的懵懂糊涂⑤，终于使梁漱溟认识到"欧化不必良，欧人不足

① 梁漱溟:《梁漱溟全集》第二卷,山东人民出版社,2005 年,第 265 页。
② 梁漱溟:《梁漱溟全集》第二卷,山东人民出版社,2005 年,第 269 页。
③ 梁漱溟:《梁漱溟全集》第三卷,山东人民出版社,2005 年,第 281 页。
④ 梁漱溟:《梁漱溟全集》第五卷,山东人民出版社,2005 年,第 108 页。
⑤ 梁漱溟:《梁漱溟全集》第五卷,山东人民出版社,2005 年,第 108 页。

法",中国问题"将不能不从'民族自觉'出发"以求取。"现在中国问题所以不好解决,就是因为这个问题已经到了深微处——中西人生精神的矛盾,找不出一个妥帖点,大家只在皮毛上用力,完全不相干!所以我们必须从此根本矛盾处求其沟通调和,才是真的解决。"这不只是理论上的沟通,而是要在具体事实上实现中西精神根本的调和,通过建设新的团体组织以完成两种精神的融合,就是梁漱溟的乡村建设工作的根本指针所在。中西精神具体的融合,该如何来融?梁漱溟认为,虽然中西精神在人生态度上不同,但从根上说,中国人与西洋人同是人类,同具理性,彼此之间是可以相通的。梁漱溟从团体组织建设的未来理性方向进行了分析。

首先,从团体组织看中西精神的融合。梁漱溟认为,虽然中国缺乏团体组织,但中国人精神并非与团体组织相冲突。西方人则相反,西方人好分疆界,且分得太严。梁漱溟说:"中国人的自私,正因其太公,正因其没有较大范围的团体,所以绝培养不出他的公共观念。而西洋人的公共观念,就是他大范围的私!"[①] 中国人往团体组织里走,会不会走入西方大范围的私,如国家主义、军国主义?梁漱溟认为,这个大概不成问题。"因为西洋人的团体组织是从不自觉来的,他的宗教集团、他的国家都是不自觉的;而中国人现在要组织团体,天然的要从自觉来。人类自有史以来,尚没有从自觉而来的国家,即如西洋的契约说等等仍属空话。可是中国此刻将是自觉的求组织,自觉地往团体组织里去。——每一个团体都是有所合,而另一面必有所分(有疆界),有分有合才算团体。西洋的团体,好像从先有所分后有所合而来;中国将来的团体,将是先有所合后有所分。譬如我们的村学、乡学、合作社等,都是一个团体组织,都是合先于分,以合为主,因有所合乃有所分。这里一个村学、那里一个村学,各人办各人的事情,彼此之间好像分了;但是意不在分,而正因要有所合,才不得不有所分。西洋好像因为有所分,所以才合得更密切,合得密切,分得更清楚。我们将来要有的组织,是以合为主,所以不但没有排外性,并且有一个联合开展的要求,要继续扩大这个团体与外头联络(如由合作社而扩大更有合作社联合会等等);并不是狭隘的划分为此疆彼界,彼此对抗;所以恰好不是一个排外的路。因此,虽然往团体组织里去,也不致与我们固有精神不合,不致有失掉固有精神之虑,这是很巧的事情。"[②] 团体组织应有分有合,只有分形不成团体,只有合不注意分亦不能成功团体。西方先分后合,中国将是先合后分,只有处理好分合之间的分际,才会引导其向着理性向上的方向走,而不会走入大范围的私。

第二个问题,团体组织中的主动。梁漱溟认为,中国建设新的团体组织,其组织里

---

① 梁漱溟:《梁漱溟全集》第二卷,山东人民出版社,2005年,第280页。
② 梁漱溟:《梁漱溟全集》第二卷,山东人民出版社,2005年,第281—282页。

的分子应是主动的，不像旧日的国家是不进步的团体组织，分子多是被动的。不过，现在要走进步的团体组织的路，即民治主义精神的路，是否会与中国旧日的精神冲突？梁漱溟认为，大体上没有冲突。我们以前缺乏这个，尤其是分子的主动，现在赶紧补上，这与我们的固有精神不冲突。但中国过去的尚贤尊师精神与主动自动之意还是冲突。从中国尚贤尊师的精神出发，将是少数人领导多数人，这样多数人就是被动了。再者，中国从来的政治都是政教合一，又与民治主义冲突。而政教合一则尚贤尊师，这样的政治是人治主义，人治主义与法治是冲突的。不过，梁漱溟发现，现代西方社会民主政治发生了新的变化，而可与中国固有精神相融合。现代西方社会随着科学进步，每一事情都渐成为科学，任何事情的处理须靠专门技术才行，于是就有了学者立法、专家政治等名词，其中即有尊重学者尊重专家的意思，这样一来即是不取决于多数。西方政治发展开出了一个新方向，即团体事情的处理要听智者的话，受智者的指导。这种政治可叫作"多数政治的人治"或"人治的多数政治"。中国团体组织应恢复尚贤尊师的精神，本来贤者就是智者，这样一来，中国的固有精神与主动自动之意不冲突，其政教合一与民治主义不相冲突。尚贤尚智是同一道理，就是取决多数未必就对。取决多数只是省事的办法，出于人类人生向上的理性要求，尚贤尚智必不可少。将来中国团体组织的成功，也正是西洋团体组织要发展的形态。

第三个问题，自由问题。梁漱溟认为，个人自由是西洋近代替人类开出来的一个大道理，中国过去对此没有认识，是一种缺短。西洋由于过去的宗教、政治等团体干涉太强，激起了对自由的要求，确立了自由。西方人喜欢说"天赋人权"的话，但在中国固有精神来说是不许的。西洋人是以自己为中心，继而主张自己的权利，中国则是以对方为重，说话便要从义务上出发。但随着西方个人主义发展到极端，出现妨碍社会发展的趋势时，大家开始要求以社会为本位，而不是个人本位，采取对个人加以干涉的态度。这样对自由的看法或解释出现了变化，把自由看成是团体给个人的，而无复天赋人权的说法。社会的进步，团体的向上，必从个人的创造而来，从这点上，团体必须给个人自由，自由的取得是有条件的。如果不合于人生向上之意，团体则要干涉他。现在许多法律都把自由看成是相对的，而不是绝对。这种变化与中国固有精神相合。"其相合者为二：一点是：自由是团体给你的，团体为尊重个人所以才给你自由——自由是从对方来的，此合乎伦理之义；一点是：团体给你自由是给你开出一个机会，让你发展你的个性，发挥你的长处，去创造新文化，此又合乎人生向上之意。合乎伦理又合乎人生向上，新的自由观念乃与中国完全相合而不冲突。"[①] 西洋现在趋重社会与中国伦理观念很相合，但还差一层，即："如果就是社会本位的时候，还是偏于一边，还不合于人类

---

① 梁漱溟：《梁漱溟全集》第二卷，山东人民出版社，2005年，第299页。

普遍的要求。必须是团体与分子彼此之间匀称（均匀），才是人类普遍要求。从个人出发而不顾社会，妨碍社会，固然不对；为社会而牺牲个人，抹杀个人，也是不对的！"①"按中国道理所谓尊重对方者仿佛是这个样子：我以你为重，你以我为重，互以对方为重才能得到均衡；均衡只能在这里产生，没有旁的方法可以产生均衡。……标准是随人的，没有一个绝对标准，此即谓之相对论。绝对标准，乃是人类的一个错想，天下事只有相对的。中国伦理思想就是一个相对论，相对论是真理！是一个最通达的道理！社会本位思想虽然与我们接近，就是还差这么一层——互以对方为重的一层。"②

梁漱溟乡村建设运动的根本目的，就是建设一个中西具体事实融合的团体组织，它"以中国固有精神为主而吸收西洋人的长处"③，是"一个伦理情谊的组织，而以人生向上为前进的目标"④。也可以说，这是一个纯粹理性的组织，"它充分发挥了人类的精神（理性），充分容纳了西洋人的长处"⑤。

---

① 梁漱溟：《梁漱溟全集》第二卷,山东人民出版社,2005 年,第 306 页。
② 梁漱溟：《梁漱溟全集》第二卷,山东人民出版社,2005 年,第 307 页。
③ 梁漱溟：《梁漱溟全集》第二卷,山东人民出版社,2005 年,第 308 页。
④ 梁漱溟：《梁漱溟全集》第二卷,山东人民出版社,2005 年,第 308 页。
⑤ 梁漱溟：《梁漱溟全集》第二卷,山东人民出版社,2005 年,第 309 页。

梁漱溟乡村建设中的"理性"精神

张荣荣（华东师范大学）

摘　要　"理性"是梁漱溟文化哲学中的重要概念。通过对"理性"何为的追问，发现梁漱溟对"理性"的讨论实则是基于西方古典哲学与中国传统儒学理性意涵的统一，是以"情理"为核心、"无私的感情"（impersonal feeling）为根据、动态平衡为凭倚，行为中注重理性自觉与内在体验的情感满足。事实上，梁漱溟谈理性主要是为了讲礼法，礼法作为传统哲学的基本范畴及梁漱溟乡村实践的文化基因，本质上走向终极关切，社会生活中则以规范的形式予人以行动指南。梁漱溟的理性观以"伦理情谊""人生向上"为内容，自然呈现出生命应有的和谐乐章与展开样态，乡村实践中也依本理性进而发挥了重要功能与价值要义。

关键词　梁漱溟　理性　情理　和谐　乡村建设

一、基于"情理"的"理性"追问

　　梁漱溟文化哲学中，"理性"作为中国思想文化的特征，其"开发过早"是中国文化"早熟"的表现："理性实为人类的特征，同时亦是中国文化特征之所寄"[1]，它"始于思想与说话"。"所谓理性者，要亦不外吾人平静通达的心理而已。"[2] 区别于一般所谓"人类的特征在理智"的说法，梁漱溟提出"人类的特征在理性"。他认为，理智较之理性不那么"深切著明"[3]，理性以"无私的感情"（impersonal feeling）[4] 为中心，要

---

① 《梁漱溟全集》第三卷，山东人民出版社，2005年，第122页。
② 《梁漱溟全集》第三卷，山东人民出版社，2005年，第123页。
③ 《梁漱溟全集》第三卷，山东人民出版社，2005年，第126页。
④ 注：梁氏自认为其理解与罗素《社会改造原理》一书中的意思差不多。参见《梁漱溟全集》第三卷，山东人民出版社，2005年，第126页。

求生活的"向上""合理"①，注重的是"情的一面"。也即是说，梁漱溟讲"理性"，是以"情"为依托，是基于情的心理与事象表现。梁氏讲"情"，与人心、人情事理的觉悟关联。他曾在《朝话》篇中讲"如何才能得到痛快的合理的生活"谈及师生之间的关系问题，认为师生之间若以不应付、真诚相待、力求心意相通的态度相对，并且人人都能做到尽力后的坦白，那么"其情必顺，其心必通"。由此，梁漱溟进一步提出，人们只要集心力、用心改过，自然会对人情事理有所领悟，而这是无分高低与粗浅之别的。②

由上可见，"理智"与"理性"虽同为人类心思作用的两个方面，但"理智"关注的是"知"的一面，用梁漱溟的话说是"倚重于后天学习"③ 以为生活者。在梁漱溟看来，"理智"有两大特征，一是语言，二是儿童期的特长，语言代表观念，有助于知识的产生，而这都是后天学习而来的，是"反乎本能的一种倾向"。而依照本能生活的生活工具寓于身体，是有限的；而反乎本能的理智生活以"得豁然开朗达于无所为之境地"而突破其生命的限制，"而后各得尽其用"。此时，已然融合了理性与理智，实现了廓然而大公的境界。但即便如此，不能说"理智"因其用之无穷而喧宾夺主，最终作了主张的是统一于"理性"的"情理"综合。正如梁漱溟所说，"理性"的范围与深切的程度较之"理智"而言更加合理，更加合乎人情之通达。④

事实上，从广泛意义而言，理性已然含具理智。梁漱溟眼中，最理智的人类活动当数中国与印度，为什么呢？因为其将力量用在了生命本身："我常说中国人与印度人都是拿人类所最优长的理智这一点，不往外用，而用在生命本身上，以了解其本身生命。"⑤ 人类最优长的理智是什么？答案是理性。就此而言，梁漱溟从认识能力来讲理智，理性的优长运用是人类充分发挥人类的理智认知功能的结果，也即是梁漱溟所谓将心思作用在了生命这一最根本之处。

理性与理智虽然都是讲理，但理与理不同。具体而言，理性之理侧重诸如父慈、子孝等人际关系间的情理，它是动的东西，具有可以发动行为的力量，而且这种力量具有双向性，是"人情上的理"。它"离开主观善恶即无从认识"，是关乎情感的东西，隐含价值关切，以"无私的感情"为基础。理智之理为"科学之理"，是人对物的认知，是"静的知识"。虽然与行为相关，但并不具有双向特性，为"物观上的理"（简称

---

① "人类所以异于一般生物只在觅生活者,乃更有向上一念,要求生活之合理也。"《梁漱溟全集》第三卷,山东人民出版社,2005 年,第 126 页。

② 《梁漱溟全集》第二卷,山东人民出版社,2005 年,第 53—55 页。

③ 《梁漱溟全集》第三卷,山东人民出版社,2005 年,第 125 页。

④ 《梁漱溟全集》第三卷,山东人民出版社,2005 年,第 122—126 页。

⑤ 《梁漱溟全集》第二卷,山东人民出版社,2005 年,第 100 页。

"物理")。它"得自物观观测""皆务为物","不离主观好恶即无从认识",需要抛却感情上的好恶。要言之,理性关乎"行为",理智关乎"知识",人"必须屏除感情而后其认识乃锐入者,是之谓理智;其不欺好恶而判别自然明切者,是之谓理性"。[①]

可见,理性关乎情又重于情,注重人际关系的和谐、妥帖,行为结果的好坏是一种价值判断;理智重知,关注事物之当然之则,讲求问题的解决,行动的目的是一种认知结果。这与冯契先生与乃师讨论知识论与元学问题的讨论一致。金岳霖将知识论与元学作了区分,将裁判者归结为理智的是知识论的态度,又将裁判者归结为要求得到情感满足的整全的人的是元学的态度。对此冯先生将之进一步发展为广义的认识论,认为"在认识论研究中,也是不仅要求理智的了解,而且要求情感的满足"[②]。这一问题在后来发展为冯先生毕生追问的"知识与智慧的关系问题"[③]。

实然,作为整全的个体,人的本质力量在分化的过程中除却理性、情感、意志的具体化方向发展的同时,也在不断要求新的综合与平衡。就互相联系的部分联合体而言,冯契认为"理性与非理性的全面发展"[④] 成为整体之人的本质要求,也即是要求知、意、情的全面发展。人作为沟通天道与地道的媒介,既呈现出作为人的独特性,同时也表达着天道的运行。因此,向内对德性的自我培养要求以及向外对天道真理的认识把握成为整全人生的基本目标。内在自由德性的实现与天道真理的把握本然具有和谐一致的特点,当人的道德修养臻于完美畛域时便实现了天人合一。[⑤] 这在冯契看来建立于"理性与非理性、知情意、真善美融合会通成为一体"的基础之上,也即哲学"沟通天人"的根本任务之所在。也因此,冯先生才认为"一切真正的创作都是人的德性(本质力量和个性)的表现",而"哲学的根本意义在求穷通,要求把握天道,综合人的本质力量,贯通天人"。[⑥]

在对性与天道的把握中,冯先生提到张载"性与天道合一存乎诚"[⑦]"自诚明"与"自明诚"例子,认为只要具有真诚的德性,便可以体会到人与天道的相合,此时之性显现为情,以之于声色之中直观自身由诚以明;反过来,在实践活动中结合先验之情又可以使得德性结而凝之以明而诚。[⑧] 这一论说的前提也即冯契哲学的思想前提,他在

---

① 《梁漱溟全集》第三卷,山东人民出版社,2005 年,第 127—130 页。
② 《冯契文集》第 1 卷,华东师范大学出版社,2016 年,第 6 页。
③ 《冯契文集》第 1 卷,华东师范大学出版社,2016 年,第 7 页。
④ 《冯契文集》第 1 卷,华东师范大学出版社,2016 年,第 332 页。
⑤ 林毓生提出儒家道德与宗教心灵的核心莫基于道德动力及判断力与生俱来的观点,认为"天生的内在道德资源与天理是和谐一致的;道德修养达到最完美的境界时,便是天人合一"。见林毓生:《中国传统的创造性转化》,生活・读书・新知三联书店,1988 年,第 212 页。
⑥ 《冯契文集》第 1 卷,华东师范大学出版社,2016 年,第 333 页。
⑦ 张载:《正蒙・诚明》,《张载集》,第 20 页。
⑧ 《冯契文集》第 1 卷,华东师范大学出版社,2016 年,第 326 页。

"肯定实践给予客观实在感的基础上来论述认识过程的规律性"①。换句话说，冯先生对客观实在感的认识是建立在他肯定所谓的感性是立足于当前的理性认知感受的基础上，通过真诚以理性的直觉、德性的自证，实现情与性的交互统一，也即"凝道而成德、显性以弘道"，从而使得自我精神得以"自明、自主、自得"。冯契认为，"主体在反观中自知其明觉的理性，同时有自主而坚定的意志，而且还因情感的升华而有自得的情操。这样便有了知、意、情等本质力量的全面发展，在一定程度上达到了真、善、美的统一……"② 如此人们便能够具体而生动地体会到无限与绝对，从而实现天人合一、物我一统。

冯契的这种认识与梁漱溟对理性之情理的论述不谋而合。虽然分析方式有异，侧重也有所不同，但归本于传统文化、民族精神这点是相同的，其价值趋向也具有一致性。梁漱溟区分了理智与理性，理智即冯先生的"知"，是冯先生那里的"见闻之知""以物观之"，是人所具有的用于认识自我及世界的一种能力；而理性更多指向冯先生借用并将之扩充的"以我观之""德性之知"及"诚明所知"，是在感性实践活动中综合把握的结果，是"情"与"意"的综合。其通过"情态"表现，通过"觉悟的自我"传达，是一种"以理性为主导，要求知意情、真善美的全面发展"的"主体意识"。③ 在梁漱溟看来，它由情感与意志构成，"情感要求越直接，越有力量；情感要求越深细，越有味道"，而这无非是就畅快的生命而言。

客观而言，就理论层面分析，梁先生的史学功夫及辩证意味较之冯先生似略逊一筹，冯先生更多从哲学史的意义上加以辩证考察；而就实践层面来说，根据现实体验、实践之思而言，梁先生的论述更打动人心，颇具情感震慑与说服力。正如冯先生对中西古代哲学之异同所作的论述一样，"西方哲学较多考察了自愿原则和自由意志的问题；而中国以儒家为主体的传统伦理学说则着重考察了道德行为的自觉原则，强调道德行为与理性认识的关系，并热衷于讨论道德教育与修养方法等问题"④。冯先生如是，梁漱溟亦然。他正是在面向普罗大众时，选择了如此一条注重情感体验与行为自觉的道德实践之途，为了民族正气之养成、国家富强之未来而采取的一种称之为道德的"庸言庸行"⑤。

二、"和谐"作为"理性"的生命之境

梁漱溟认为，人类生命本是和谐的。就人与自身的和谐关系而言，似"无礼之礼，

---

① 《冯契文集》第 1 卷，华东师范大学出版社，2016 年，第 328 页。
② 《冯契文集》第 1 卷，华东师范大学出版社，2016 年，第 36 页。
③ 《冯契文集》第 1 卷，华东师范大学出版社，2016 年，第 327—328 页。
④ 《冯契文集》第 1 卷，华东师范大学出版社，2016 年，第 26 页。
⑤ 《梁漱溟全集》第二卷，山东人民出版社，2005 年，第 86 页。

无声之乐";人与人之间关系的和谐,当"能以天下为一家,中国为一人";而以人为中心的整个宇宙的和谐,正如"致中和,天地位焉,万物育焉""赞天地之化育,与天地参"一般。"和谐"在梁漱溟哲学中表达一种"清明安和之心"呈现的"清明安和"之态,是即人类借由"理性"从"有对"进于"无对"的超拔境界。这种和谐观在梁漱溟那里被称之为"道德"。

"道德就是生命的和谐",梁漱溟如是说。道德自然呈现、无须拘谨,它是"生命的精彩"、生活的"充实有力",在"生命动人的地方",在"让人看着很痛快、很舒服的地方"。道德由情感与意志构成,"情感要求越直接,越有力量;情感要求越深细,越有味道"。道德是有趣味的,其视生活中个体人格的修养而定,它是"最深最永的趣味""人生的艺术"。此外,道德要求人之生理与心理的同步,它是知、情、意的统一,亦是自我生命与他人生命的相通。道德不要求新奇,生活中被称为"庸言庸行"。就道德为人生的艺术来看,梁漱溟认为它可以从两个方面说明:一是社会,二是人生。社会方面,它指伦理纲常的社会性,不要求谨守规矩而是紧扣内里生命的和乐;人生的一面即自我生命的谐和,生活实践中提升自我生命的高度,与人、与己各得其所、各安其位,不分你我、无分外内,用梁漱溟的话说即是"会作人,作得痛快漂亮"[1]。

这里,梁漱溟承袭了西方古典与中国传统儒学的理性意涵,将之理解为人生而具有的一种认知与感受能力,即其所谓"人类所最优长的理智"。理性的优长运用在于心思之于生命。此"生命"是对"生活"的提升,是偶性生活中的必然如此[2],是"第一动"的,是"活的相续",是公而无私、无目的及意识的自然而然。"活"是自动地符合生命的"向上创造",多灵活而少机械地促进创造。这种创造在梁漱溟看来一是"向上翻高",二是"往广阔里开展",也即是奔赴理想与美好的幽隐之处,向生物进化史与人类文化史方向的扩展与提升。进一步言之,生命与生活本然为一,不过为了方便起见而勉强分作两截说,一个"表体",一个"表用"。也正是如此,梁氏将传统的"礼法"概念引入了进来。他在《谈生命与向上创造》一节时,首次提到了"人类社会中之有礼法制度"。

文化传承与社会继替中,传统的礼法制度始终以某种方式存在着,梁漱溟在当时旧有社会秩序遭遇破坏而新的秩序尚未建立之际果断选择了从伦理世界的整肃尤其是伦理世界的礼法入手这一举措为我们打开了思路,梁氏对社会组织结构及社会关系尤其是对人之情理的分析与重视给了我们启示:现代法制条件下如何做到不忘传统优长?优长者

---

① 《梁漱溟全集》第二卷,山东人民出版社,2005 年,第 88 页。

② 注:西方建构主义(Cartesian constructivism)者持一种"批判式的理性论",认为理性具有有限性,而历史中的一切皆出自偶然,并非借由理性构建而来。

何？如何肃清？如何坚守传统的同时不为之所累？"礼治"向"法治""隐性"之"礼"与"显性"之"法"的矛盾冲突如何解决？面对如此种种伦理失范的社会现实，我们应当做怎样的切实之思？梁漱溟与乃父（一个道德保守主义者）梁济不同，他认可礼法在社会实践中的道德力量，但对传统礼法的遵守无须完全按照礼俗规定，而是通过自己的道德判断力加以甄别。这点颇具大丈夫气质，与孟子"非礼之礼，非义之义，大人弗为"（《孟子·离娄下》）的观点一致。作为一个儒者，梁氏并非执意按照儒家规定的种种行事才成之为儒者，而是要根据自己对传统的理解有选择地执行，从而避免成为腐儒。梁漱溟自觉实践了这一点，其在努力完成自我人格的同时实践着对社会的关怀。

因此，梁漱溟谈礼法主要是还为了讲生命。生命的呆板、机械，要求生命的灵动与活泼，要求无目的、自然而然地"向前开展""向上创造"。它针对生命中机械、被动的习惯性特征而言，包括生理、习惯性本能与生命的本真两个方面。梁漱溟认为，人们若能去习惯化、生理性等自然习气而加以灵活地转换，则礼法不再，生命开显。① 这样的话，体即用，用即体，体用不二，即体即用。梁氏并未分别宗派与信仰，其融儒家与道家为一体，并佛家精义于一身，将体用范畴融入生命与生活的讨论中，将相续、相生结合到自己的生命阐释里，如此化三家理论为自己的思想来源，进而论证自己的理论观点。

事实上，在梁漱溟哲学理论中，他对"生命"的理解还是有所分别的。"生命"有大小之分，仅就人类一个个活生生的个体而言是为生命，而大的生命则关乎整个宇宙系统的运行。他认为"宇宙是一个大生命"。一切生物、自然无不是这一宇宙大生命的具体表现。介于自然生物界的呆板与机械，人类承担了"宇宙活泼创造之势"的"大生命"的代表，于是他认为人类生命的意义也即体现于创造。那为什么人类可以承担起如此大任呢？在梁漱溟看来，这是因为人类是唯一具有智慧的群体。所谓智慧，即是人类所能创造的"无所不能的那副聪明才质"。人类因具备如此才质而得以"创造"，内以"成己"，外则"成物"。"成己"与"成物"互为表里，皆由生命的创造力来。人因为主动学习而获得才识的积累，从而能为社会、国家出力，进而由内出发呈现在了外在；外部力量凭倚内里生命的开显，创造出代表人类文明的器物、社会制度等符号和价值系统，其因人类的日进无疆而需要内里的渐次开发，如此二者交互为用，互相成就。成者，乃成就内外之两面，而能够实现这一创造的途径在梁漱溟看来则是教育。通过教育，人类外部获得知识以为用，内里进益生命以为体。如此，又得以实现梁氏所谓的"理想社会"：

---

① 《梁漱溟全集》第二卷，山东人民出版社，2005年，第92—94页。

"第一，人与人没有生存竞争，而人与人合起来控制自然利用自然；第二，社会帮助人生向上，一切合于教育意义，形成一个完全教育化的环境，启人向学之诚，而萃力于创造自己；其结果，亦就是学术发明文化进步，而收效于社会。这样，才合于'人生在创造'那意义。"①

实然，生命的意义在于创造，创造的根本在人类，其中起主导作用的尚属精神。怀海德（A. N. Wite-head）曾就创造表达过他的看法，认为生命需要创造，这种创造性的要求源自人的冲动，需要社会文化的滋养得到实现："生命有要求原创的冲动，但社会与文化必须稳定到能够使追求原创的冒险得到滋养；如此，这种冒险才能开花结果而不至于变成没有导向的混乱。"中国文化、道德价值到了清末已全面僵腐甚至面目全非，人们的行动方式与道德理想已被破坏殆尽而无处展开，中华民族已然成为亟待反思、需要被救助的对象主体。此时中国实无精神可言，人类精神因为礼法的呆滞与僵化早已脱离生命而成为空壳，就外来文化而言也实因中国内里的失调而盲目信从，这在梁漱溟看来实在是"对于自己的真精神没有把握"而导致的"胸中无主"②，更遑论创造。

与一般看法不同，梁漱溟并未从市井繁街的城市入手，而是将眼光集中到了乡村，甚至此间还用批判的眼光指出了大城市的流弊。梁漱溟以上海为例，对上海生活的匆忙提出批评，认为上海对"'文化病'根本不了解"③。单从文化的流失来看，梁漱溟抓住了文化尚存的乡村，这点作为大城市的上海实无优势可言；但就文化的传播与形成来看，大城市无论在梁漱溟要求的"觉悟"方面还是在"天资"方面无不有所突出，他忽略了都市的带动力与创造力。梁氏虽笼统规定了"创造"指向"向上翻高"与"往广阔里开展"之意，但实践过程中他忽略了都市精神"翻高"的一面。这种顾此失彼、未能执两用中的僵固与不灵活，导致了其乡村运动的最终失败。

当然，仅凭梁氏一己之力不足以定成败，固然他采取了综合之判断，其领导下的乡村运动及其理想社会的愿景也必然会遭遇失败。他的精神要求与乡村整体的社会现实并不相符，甚至要相差很远，普遍低下的社会程度与当时代下梁氏对人的本质力量发展的关注存在较大差距。然而，教育、经济、政治以及文化需要多方面的配合才能逐步提高，进而渐次得以开发。虽然如此，我们仍然认为梁氏的眼光无疑是独到的，同时也是敏锐的。梁漱溟对文化的把握是准确的，无论是人类个体还是社会群体在长期形成的习惯、心理方面都倾向于固化、呆滞，也因此其欲从根本出发，以人心作为主体，促生、发展"内里的创造力"，就此精神而言是值得肯定的。

---

① 《梁漱溟全集》第二卷,山东人民出版社,2005 年,第 96 页。
② 《梁漱溟全集》第二卷,山东人民出版社,2005 年,第 96 页。
③ 《梁漱溟全集》第二卷,山东人民出版社,2005 年,第 96—97 页。

三、面向"理性"的乡村实践

那么，梁漱溟是如何通过理智与理性的区分来建构他的乡村建设理论并实践他乡村建设的社会活动的呢？梁漱溟认为，帮助理性开发的是经济。在这个问题的讨论中他反驳了他人对自己"反对物质文明""反对工业"的误解，提出其对"物质生产增加和生产技术改进，原是看得很重要的"观点。理由何在？因为梁漱溟认为，经济的解放可以实现人的自由。如果不发展经济，则不能拥有"更大的闲空"，"不能使文化更日进于高明"。在他看来，经济越是发达，社会越是进步，对出现的问题才可取得更为"细致的办法"。理性的实现，同样借由这一所谓"细致的办法"，通过增进"富力"、改善"教育"的方式，得到解决。因为富力的增进、教育的发达使得人们有时间、有余力思考生命，也只有这样人们才能使得生活更加合理化，理性也才能渐次得到开发。

梁漱溟认为："人类虽是理性动物，但理性之在人类，不论其在个体生命或社会生命中，其开发都是渐次的。人类社会的组织制度，也是要渐次的才能入于一种合理的安排，即渐次地把理性开发出来。而能帮助理性开发的，则是经济。"① 中国之所以散漫无组织，究其根本还是因为经济不曾被开发出来，经济在制度安排、政治组织、文化教育、国民习惯等方面起着基础性作用，而这一切的实现并非朝夕之间，代之以文化的传承渐次而来："人们自己创造自己的历史，但是他们并不是随心所欲地创造，并不是在他们自己选定的条件下创造。而是在直接碰到的、既定的、从过去承继下来的条件下创造。"② 马克思虽也强调历史的承递性，却也同样指出了创造的有限性，从而认为历史进程的发展受制于现实条件尤其是物质条件的制约，人类只有在基于现实条件的有限范围内成就自我、创造未来。梁漱溟于此坦白承认了中国社会之散漫、制度之缺失的特点，并将之归因于"经济上未进步到需要公共组织"③。

就公共组织的建立而言，梁漱溟提出了"从经济组织引入政治组织"④ 的观点。他认为，乡村破坏源于外来经济属性的侵略，也源自政治属性的兵祸、匪乱与苛捐杂税，同时也有因礼俗风尚的变化而引发的文化属性的破坏。这三者连环相扣、辗转影响，破坏性愈来愈大。这其中，以政治破坏力最大，而文化居先。基于这一社会现象，梁漱溟提出"从合作主义入手来谋经济上团结自卫；从合作组织来引发地方自治"⑤。在梁漱溟看来，农民与工商业者不同，农民需要合作，而工商业者容易走入竞争。在国际经济

---

① 《梁漱溟全集》第二卷,山东人民出版社,2005 年,第 102 页。
② 《马克思恩格斯选集》第 1 卷,人民出版社,1995 年,第 585 页。
③ 《梁漱溟全集》第二卷,山东人民出版社,2005 年,第 103 页。
④ 《梁漱溟全集》第二卷,山东人民出版社,2005 年,第 103 页。
⑤ 《梁漱溟全集》第二卷,山东人民出版社,2005 年,第 103 页。

形势的压迫下，人们不得不联合起来进行自卫，不得不实行自救以求其生存。通过考察，梁漱溟敏锐地发现，"中国社会组织构造已根本崩溃，法制礼俗悉被否认，夙昔治道已失"，"从农业引发工业，农业工业为适当的结合，以乡村为本而繁荣都市，乡村都市为自然均实的发展"才是可取之法。于是梁漱溟提出以农业引发工业的经济改革道路，并将原因归结于以下五点：一、农业有基础，工业没有；二、农业所需要件土地为我国现成，而工业条件必需的机器为我所不足；三、农业技术容许徒步进步；农业的前进可以援引工业；四、农业发达使得农民购买力增加，工业便随之刺激而来；五、生产力与购买力相互推动，交相叠用，促进工农业的发达。正如梁漱溟所赞成的孙中山的遗教："地方自治体不止为一政治组织，且亦为一经济组织。"[1] 可见，由经济引入政治不失为现实而又妥帖的救国之策，而历经"下层需要而发动的建设"才是真正合乎需要的建设，如此才可以"免却近代国家的一切危险毛病"，如此"新的行为习惯才能渐渐养成，而新的制度亦随之成立"[2]。

实际上，经济解放、政治革命与文化建设、伦理再造是统一的社会过程，其中以伦理再造为中心的文化建设是社会变迁和文化进步的历史动因。英国学者卡尔·波兰尼（K. Polanyi）曾描述过，社会变迁包括社会灾难，"首先是一种文化现象而不是经济现象"，而"导致退化和沦落的原因并非像通常假定的那样是由于经济上的剥削，而是被牺牲者文化环境的解体"。"经济过程可能为这种毁灭提供了工具，并且经济上的劣势几乎是不可避免地会使弱者一方屈服就范，但其毁灭的直接原因并不在于经济因素；而在于对体现其社会存在的制度设置的致命创伤。"[3] 可见，起于经济而非止于经济，以经济入手达到整体综合的改变，其最终目标归宗于人类文化现象。也可以说，起于人之物需而又归乎人之内里。"创新是一个民族进步的灵魂，是一个国家兴旺发达的不竭动力。"在梁漱溟那里，就民族建设、人本建设而言，他不仅要求器物层面上实现的现代化创新，同时要求制度层面、精神层面的多维立体创新，它辐射到民族整体的方方面面。严格意义上来说，创新实就一个民族的民族精神而言，指向一个民族的精神创新。

民族精神在梁漱溟文化哲学中，指在儒家文化引领下两千多年中国人养成的民族社会风尚。这种民族风尚指涉精神，有两大显在特征：一是"向上之心强"，一为"相与之情厚"[4]。这也即是梁氏著作中常提到的"人生向上""伦理情谊"。所谓"人生向上"，指人类拥有一颗觉醒了的、懂得反思并不甘错误的心，这颗心向自我内在用力，在"求了解自己"的过程中争求"驾驭自己""对自己有办法"，在减少内在生命"机

---

① 《梁漱溟全集》第二卷，山东人民出版社，2005 年，第 103 页。

② 《梁漱溟全集》第二卷，山东人民出版社，2005 年，第 103 页。

③ ［英］卡尔·波兰尼：《大转型：我们时代的政治与经济起源》，冯钢、刘阳译，浙江人民出版社，2007 年，第 134 页。

④ 《梁漱溟全集》第三卷，山东人民出版社，2005 年，第 132—133 页。

械性"的同时，常葆内里的"清明自觉"，培养"正源的力量"。① 就"正源力"而言，梁漱溟引用将白里的看法，认为中华民族因有此一正源之力而呈现出应有的形态特征：

一、虽不擅长武力，却于自卫见力量，常常因此而自发保卫国家、战胜强敌；二、整体中国散而无力，但就地方之力而言却常显现其生命光彩；三、中国人重视文化，种族上无狭隘偏见，但文化感甚强。②

由此，梁漱溟总结出中国之复兴、挺立，要发动地方的自卫力量，于文化上要求战斗的精神特征。通过比较，他同意蒋百里的看法，并认为中国人"对自卫亲切，对侵略不亲切；对地方亲切，对国家不亲切；对文化亲切，对种族不亲切"。所谓"亲切"，也即是就有无力量这点而言，这种力量的来源正是梁氏所言"向上之心强"的体现。梁漱溟眼中的中国"不像国家，而只是一个社会，是一个文化体"，因为理性发达、珍视理性之故，使得中国人"种族之见少，而天下一家之意多，从不与人作对，彼此间的疆画界限不严"③，也即是其所谓的"相与之情厚"。

哲学关乎时代精神，在冯先生那里亦然。冯契认为，"时代给哲学领域提出了各种需要解决的问题"，"真正的哲学都在回答时代的问题，要求表现时代精神"，而"时代精神不是抽象的，它通过思想家个人的遭遇和切身感受而体现出来"④，如此在回答当时代"中国向何处去"这一迫切问题时，将先进思想和优秀传统结合起来，"以回答现实问题和理论问题，从而作出创造性的贡献"，"这样的哲学因为回答了时代问题，就体现了时代精神"⑤。

于此，梁漱溟和冯契都是紧紧把握住了时代的脉搏，在紧扣时代精神的前提下展开各自的理论思考，通过对时代问题的讨论与把握解决了自我与他人、时代的关系问题，通过自己的理论思考实现了自我的精神创造与知识分子拯救国族的社会情怀。冯先生通过哲学理论实践理论创造与变革世界的愿望，梁漱溟通过思想与行动的结合展现人生与社会的价值，二者皆"化理论为方法，化理论为德性"⑥，通过贯彻于自己的思想研究与社会实践，将具身于一己的血肉之躯与人格养成凝聚为自我的德性，从而实现思想的创获、社会的变革。

---

① 《梁漱溟全集》第二卷，山东人民出版社，2005 年，第 46 页。
② 《梁漱溟全集》第二卷，山东人民出版社，2005 年，第 97 页。
③ 《梁漱溟全集》第二卷，山东人民出版社，2005 年，第 98 页。
④ 《冯契文集》第 1 卷，华东师范大学出版社，2016 年，第 3—4 页。
⑤ 《冯契文集》第 1 卷，华东师范大学出版社，2016 年，第 4—5 页。
⑥ 《冯契文集》第 1 卷，华东师范大学出版社，2016 年，第 16 页。

四、梁漱溟乡村建设理论
与当代乡村振兴战略

梁漱溟"乡村建设理论"与当代乡村振兴

颜炳罡（山东大学儒学高等研究院）

梁漱溟是现代一位为行动而思考，因思考而行动，终生践履知行合一、里表如一的思想家，20 世纪 30 年代，他在山东从事的乡村建设的理论探索与躬身实践就充分体现了这一特点。乡村建设运动虽然走进了历史，但他的乡村建设的理论慧果将永存人间。习近平同志在《中国共产党十九次全国代表大会上的报告》中提出了"实施乡村振兴战略"，指出农业农村农民问题是关系国计民生的根本性问题，确立坚持农业农村优先发展的方针，接着自上而下，不少省市相继出台了各种乡村振兴规划。中国的改革开放是从农村开始的，但改革开放四十年来中国建设的中心、重心都在都市。随着城市一座座高楼拔地而起，不少乡村却正在加速空心化、空巢化、荒芜化，振兴乡村，重建乡村文明，迫在眉睫，刻不容缓。在乡村振兴战略实施过程中，重温梁漱溟先生的乡村建设理论，对于我们推动乡村振兴，建设中国特色的乡村文明，不无借鉴意见。

一、从中国特殊的国情出发，走出自己的乡村建设道路，为人类文明提供新的模式

自 1840 年西方列强以炮舰强行轰开中国的国门始，中华民族的历史就是一部屈辱史，也是无数中华儿女奋起抗争的历史，更是志士仁人发奋图强，探索中国怎么办、向何处去的历史。在经历一次又一次的战败、屈辱中，先进的中国人意识到我们器物（船不坚，炮不利）不如人，制度不如人，乃至样样不如人，我们由师夷之长技、法夷之制度，到全盘西化，终于走向了新文化运动的彻底反传统和全盘西化。彻底反传统与全盘西化是中国文化近代走向的一体两面。

无论是彻底反传统，还是全盘西化，二者共同的哲学基础就是进化论或者称"线性进化"论。在反传统主义者和全盘西化论者看来，人类发展有着共同逻辑，中国文化是旧的，西方文化是新的；中国文化代表着西方的过去，而西方文化是代表着中国的未来；中国文化是低级的，而西方文化是高级的；人类社会由低级走向高级这一新陈代谢

规律是任何民族都无法抗拒的，因而，中国的今天是西方的昨天，而西方今天是中国的明天。这种将东西方不同空间的复杂文化问题还原为古今之辨的单一时间看法，是近代以来国人的主流认识。但这种评判只注意到中西文化的普遍性，而忽视了中西文化的特殊性，将复杂的中西文化问题简单化了。

梁漱溟一反当时这种普遍流行的观念，他认为，中西文化的不同是面对问题的不同，发展道路的不同，之所以有这些不同取决于其背后的根本精神的不同。他在《东西文化及其哲学》中指出：西方文化解决的是人与自然的关系问题，中国文化处理的是人与人的关系问题。西方文化的问题是人类发展过程中首先遇到的问题，而中国的文化问题是人类发展到一定阶段才遇到的问题。由于面对问题不同，因而解决问题的方法也不一样，西方人面对困境或者说"碍"是自然，是物质上的不满足，西方人要奋力克服这种碍，摆脱其困境，对自然采取征服的态度、奋斗的态度，由此发明了锐利迈往的科学方法与德谟克拉西精神。中国人面对是人的问题，是"他心"的问题，对"他心"的征服不是必然的，而是或然的，因而中国的人生态度就是随遇而安，其解决问题的方法是调和持中。中西文化的不同并非新旧之不同，也不是古今之别，而是各自所面对的问题不同，解决问题的方法不同，生活态度的不同，所有这些不同是其背后根本精神的不同，西方文化是意欲向前要求为其根本精神的，中国文化是意欲调和持中为其根本精神的。因而中西不是同一条道路上的发展快慢问题，而走的根本不是一条道。西方文化的道路是人类发展的第一条路向，中国文化的道路是人类发展的第二条路向。中国人是人类文化发展的第一条路向没有走完，由于中国古圣往贤太聪明就转向第二路向，因而，到了现在西方文化的路向行将走到尽头，西方人已由物质上的满足转向精神的上不安宁，由第一条路向转向第二条路向，世界的未来必然是中国文化的复兴成为世界文化的时代。梁先生由此判定西方文化是旧的，中国文化才是新的，西方文化代表着行将成为人类的过去式，而中国文化代表着人类的未来。

梁漱溟重新校正了中西文化的评判坐标，在他坐标体系里，中国文化不是旧的、没落的文化，而是"理性早启""文化早熟"。他的这一评判立即在学界引起广泛的注意，让杜亚泉等保守主义者相形见绌，更让反传统主义者和全盘西化论者瞠目结舌。梁先生以掀翻天地之手段，在积弱积贫，举国文化自卑的时代里，挺身而出，表现出高度的文化自信。

梁漱溟不仅从哲学与文化的角度分析中西文化根本精神的不同，而且他深入中国社会内在结构去印证他的中国社会特殊论。在他看来，中国社会与西方社会的内部结构不同，因而不能照搬西方的任何模式来解决中国现代化问题。他用八个字概括中国社会的特点：伦理本位，职业分殊。他说：

假若我们说西方近代社会为个人本位的社会，阶级对立的社会；那么中国旧社会可谓伦理本位，职业分殊。①

什么是伦理本位？梁漱溟先生解释："伦理关系，始于家庭，而不止于家庭。何为伦理？伦即伦偶之意，就是说：人与人都在相关系中。人一生下来就有与他相关系的人（父母兄弟等），人生将始终在与人相关系中而生活（不能离开社会）。既在相关系中而生活，彼此就发生情谊，亲切相关之情发乎天伦骨肉，乃至一切相关之人，莫不自然有其情，因情而有义。"父义当慈，子义当孝，兄义当友，弟义当恭，夫妇、朋友，一切相处相与之人，根据亲疏、厚薄，莫不有义。"故伦理关系彼此互以对方为重，一个人似不为自己而存在，仍仿佛互为他人而存在。这种社会可称伦理本位社会。"② 梁漱溟先生所说的"伦理本位"说到底是泛伦理主义，天下一家，四海之内皆兄弟，人与人之间的政治关系、经济关系，乃至人与自然的关系都可以伦理化、家庭化。这种关系重情谊，重义务，而轻理智，而不重视个人的权利。

中国社会的另一特点"职业分殊"，职业分殊是相对于西方社会阶级对立而言的。在梁先生看来，西方社会自中世纪开始就有农奴与贵族的阶级之分，到了近代进入工商社会，资本家与劳工更出现阶级对立，西方始终是以阶级对立为特点的。而中国社会士、农、工、商"各人作各人的工，各人吃各人的饭，只有一行一行不同的职业，而没有两面对立的阶级。所以中国社会可称为一种职业分立的社会"③。由于中国社会各阶层之间升沉不定，上下流转相通，"朝为田舍郎，暮定天子堂"，上下无定；"千年田地百易主，十年高下一般同"，贫富无定，由此，梁先生判定中国社会无阶级对立，更谈不上阶级斗争，只有职业分殊。伦理与职业分殊交互作用，导致中国社会只有周期性的一治一乱的改朝换代的治乱循环，而没有社会结构根本调整的革命。

梁漱溟认为，自晚清以来，中国抛弃自家精神，"跟着人家跑，不复知耻"。搞得邯郸学步，并失故步，最后是匍匐而归，忘记中国文化的自性，没有弄清中国社会与西方社会不同，一味生硬模仿，结果是中国愈弄愈糟，酿成祸害。他正告人们：中华民族必须觉悟，这个觉悟就是觉悟到西洋的路走不通，苏俄的路同样走不通。中国的乡村建设、中国问题的解决必须认取自家精神，走出自己独特的发展道路。他说：

呜呼！数十年间，颠倒迷执的可怜，亦可怜极矣！时至今日，其可以知返矣！

---

① 梁漱溟：《乡村建设理论》，见《梁漱溟全集》第二卷，山东人民出版社，1992年，第166—167页。
② 梁漱溟：《乡村建设理论》，见《梁漱溟全集》第二卷，山东人民出版社，1992年，第168页。
③ 梁漱溟：《乡村建设理论》，见《梁漱溟全集》第二卷，山东人民出版社，1992年，第171页。

一民族真生命之所寄，寄于其根本精神，抛开了自家根本精神，便断送了自家前途。……如不再赶紧回头，认取自家精神，寻取自家的路走，则真不知颠倒拢乱到何时为止矣。

由于中西民族生存方式不同，背后支撑这种生活方式的根本精神迥异，因而中国问题解决只能认取自家精神，寻找到解决自己问题的新路径，走自己的路。这个路就是"乡治"或称"乡村建设"。梁认为乡村建设可以解决中国政治、经济、教育等种种问题，真正将中国带入现代化。

二、"以乡村为重心，以都市为中心"——推进中国的现代化进程

梁漱溟先生认为，西方社会以发展工商业而牺牲农业，以都市的发展使乡村破产的文明形态是病态的、畸形的，而不同于西方现代化发展的另一条路，"便是从农业引发工业，农业工业为适当的结合，以乡村为本繁荣都市，乡村都市为自然均实的"，"中国的工业化要在农村复兴中兴起"[①]。在他看来，这是中国的工业化、现代化之路，也是人类文明发展的正常之路。

中国的工业化、现代化之路之所以不能走西方的路，而是要走出自己独特的由乡村振兴引领都市的发展道路，这是由中国特殊的国情决定的。他说：

中国原为乡村国家，以乡村为根基，以乡村为主体，发育蔚成高度的乡村文明，而近代西洋文明来了，逼着中国往资本主义工商业路上走。[②]

又说：

中国是一个乡村为本的社会，百分之八十以上的人口居住在乡村，过着乡村生活，中国就是由二三十万个乡村构成的中国。

中国的国命既然是寄托在农业，寄托在乡村，所以他的苦乐痛痒也就在这个地方了。乡下人的痛苦，就是全中国人的痛苦；乡下人的好处，也就是全中国人的好处。[③]

---

① 梁漱溟：《乡村建设旨趣》，《梁漱溟全集》第五卷，山东人民出版社,1992 年,第 579 页。

② 梁漱溟：《乡村建设旨趣》，《梁漱溟全集》第五卷，山东人民出版社,1992 年,第 578 页。

③ 梁漱溟：《乡村建设大意》，《梁漱溟全集》第一卷，山东人民出版社,1992 年,第 608 页。

在他看来，中国这个国家，仿佛是集家而成乡，集乡而成国，中国社会的这种特殊性，从而决定了中国"必走振兴农业以引发工业的路。换言之，必从复兴农村入手，以达于新社会建设的成功"①。

20世纪二三十年代的中国，积贫积弱，兵祸联结，广大民众生活于水深火热之中，外有列强的经济掠夺，内有官僚资本的剥削，国命之寄的乡村日益凋敝，"救济乡村"成为那个时代许多知识分子、仁人志士的共同呼声。山东、河南、河北、河南、江苏、山西、浙江、江西、四川、湖南、绥远、广东、福建、北平、上海等省市都有公私团体从事乡村改造、乡村救助、乡村教育等活动，形成声势浩大的乡村建设运动。梁漱溟在山东乡村建设实验有着独特的意义与价值：首先，他的乡村建设不是就乡村而言乡村，而是他整个建国运动、中国现代化运动的着手处、出发点，是其解决中国问题的有机组成部分；其次，他的乡村建设实验有理论，有实践，在理论的指导下实践，根据乡村实践而升华为理论；其三，他注重农业，但旨在引发工业，他重视乡村，没有忘记都市。他的"乡村为重心，都市为中心"的建设思路至今依然有指导意义。他说：

> 我们是在求正常形态的人类文明，那末，从乡村入手，由理性求组织，与创造正常形态的人类文明之意正相合。因为乡村是本，都市是末，乡村原来是人类的家，都市则是人类为某种目的而安设的。②

当然，梁先生并没有否认都市的重要性。他承认"都市固也不可少"，而且都市是广大乡村的中心。在他看来，众多的乡村需要行政中心、教育中心、文化中心、经济中心。"在政治的关系越是上级行政机关，越要设在一个中心点，非如下级行政机关之可以设于乡村，所以由政治中心而来的都市是必要的。再就经济上的联合组织说，也需要有一个中心。其他如教育、文化都要有一个中心。小图书馆，乡村可以设立，更大的图书馆则必设在县里或省里；小学可以设在乡村，大学必须设在都市。从政治、经济、教育各方面看，都需要一个中心，故都市为不可少。"③梁先生由此断定，都市源于乡村。都市因乡村而设，乡村是本，都市是末。失去了乡村，都市就无法安立。他说：都市来自在乡村，都市的下级也在乡村，都市作为中心本来是大家联合起来而有的，"先有本，后有末，末从本来就对了"。这是人类文明发展的常态。他充满忧心地说，现在都市发展不是这样的，完全颠倒了乡村与都市这种本末关系。他说：

---

①　梁漱溟：《乡村建设理论》，《梁漱溟全集》第二卷，山东人民出版社，1992年，第158页。
②　梁漱溟：《乡村建设理论》，《梁漱溟全集》第二卷，山东人民出版社，1992年，第317页。
③　梁漱溟：《乡村建设理论》，《梁漱溟全集》第二卷，山东人民出版社，1992年，第317页。

可是现在的都市不是如此，乃是一种倒置。现在的社会，都市不但是中心，而且是重心；以都市为重心就完全错误了！重心本应该普遍安放，不可在一处；中心可集中于一点，可以在一处。若重心在一处，则非常危险！如将这块黑板平放在地上，则凡是着地之点皆为重心，如此再平稳不过了；但若把它立起来使其一边着地，其重心只在着地的一边，则一定不稳，非倒不可。此刻的社会构造，即重心在一处——置重心于都市，这是顶不平稳的一种构造。①

世界各国的现代化进程，包括都市的崛起大都是以牺牲乡村为代价。一座大都会的形成是以百计乃至千计的乡村衰落、破败乃至彻底消亡为代偿的。梁漱溟充分意识到这一点，所以他一再提醒人们，以都市为本，以乡村为末的发展模式是一种病态的、畸形的发展模式。这种发展的结果最终会导致少数人用力量以统治多数人，不是常态。"我们讲从乡村入手，并不是不要都市，我们是要将社会的重心（无论是政治的、经济的等等）放在乡村。更明白地说：讲乡村建设就包含了都市，我们并不是不着意都市，因为着意于本，则自然有末；乡村越发达，都市也越发达。"② 乡村建设并不是牺牲都市，而是由乡村的振兴推动都市的发展，确立都市中心地位。

从历史源流上说，梁先生"乡村为本，都市为末"是有道理的。人类生活始于聚落，聚落就是最原始的乡村。有了乡村，才有由乡村演化出政治、经济、教育、商贸中心地位的都市。从源头上说，乡村是都市的源，但都市不仅仅是乡村的扩展，而是另一种文明形态。乡村文明说到底是农耕文明，都市文明则是工商文明。乡村文明的最大特点是聚族而居，大多数乡村由一姓或数姓为主体构成，由家庭到家族，血缘姻亲关系是联结乡村文明的重要纽带，都市文明是移民社会，大家来自五湖四海，法律体系是维系城市正常运转的保障。自都市出现以来，城市与乡村就是对立互补的关系。中国历史上对于居住都市人称为"国人"，而居于乡村里的人称为"野人""土人"。直到现在，在不少都市人心目中，乡村是落后、保守、脏、乱、差的代名词，是城市发展的阻碍、障碍，欲灭之而后快，而乡村人对都市充满着好奇与向往。

乡村振兴与都市发展二者主要是相互配合、相互协调的关系，也是相互依存、同生共长的关系。中国自改革开放以来，经过四十年的全体国民的共同奋斗，中国在经济总量上已成为世界第二大经济体，中国的国际地位也随之提高，这里既有都市做出的贡献，更有乡村的功劳。中国的改革是从农村开始，开放是从沿海都市开始的。20 世纪80 年代的农村改革，释放了乡村巨大的能量，为城市的改革与开放提供了物质保障与

---

① 梁漱溟:《乡村建设理论》,《梁漱溟全集》第二卷,山东人民出版社,1992 年,第 317 页。
② 梁漱溟:《乡村建设理论》,《梁漱溟全集》第二卷,山东人民出版社,1992 年,第 317—318 页。

人才基础。进入 20 世纪 90 年代，中国城市化运动一浪高过一浪，城市尤其是中心城市像滚雪球似的，越滚越大，而楼层越来越高。改革开放以来中国城市化运动同样是以牺牲乡村为代价的，开发区、高新区、实验区、大学城等大都是通过"灭村"实现，当某某区、某某城挂牌之时，就意味着几十村庄消失了。乡村为城市发展与扩张提供了耕地甚至贡献出了大量城市近郊的菜园子，为城市建设提供了大量低廉的劳动力，提供了人才，通过高考机制，乡村一批又一批精英进入了都市，永远离开乡土；乡村甚至提供了资金，许多乡村老人一辈子积累一点钱，最后为儿女在城里买了一套房子。进入 21 世纪，中国的城市化运动依然高歌猛进，而乡村普遍走向衰落，走向空巢化、荒芜化，不少农村成为"三八""九九""六一"部队。农村怎么办？十九大政治工作报告，明确提出了实施乡村振兴战略，为乡村的发展指明了道路。

梁先生的都市是中心，乡村是重心的说法对于我们今天实施乡村振兴还有启发意义。中国现代化的重心在乡村的现代化，小康不小康，关键看老乡。没有乡村的现代化，其都市建设得再漂亮，也不过是建立在沙漠中几片绿洲而已，农民不小康，中国全面小康就无从谈起。此时，我们重温梁先生的告诫，对我们有清醒镇静之功。他说：

> 只有乡村安定，乃可以安辑流亡；只有乡村产业兴起，可以广收过剩的劳力；只有农产增加，可以增进国富；只有乡自治当真树立，中国的政治才算有基础；只有乡村一般的文化能提高，才算中国社会有进步。总之，只有乡村有办法，中国才算有办法，无论在政治上、经济上、教育上都是如此。①

梁先生的这段话语，掷地有声，发人深省。放到今天，可以说，只有乡村振兴，中国才能振兴；只有乡村小康，中国才能小康；只有乡村现代化，中国才能现代化。乡村是中国现代化大厦的基础，是国家建设的重心所在。这个重心不稳，整个社会结构就会失衡，一个国家将建设的中心、重心都放在都市，这个国家的现代化是不会成功的，最终会带来社会长期的动荡不安。因为一个社会结构重心要低，重心不低整个社会结构就不稳，重心不能是一个或几个支撑点，而是面，面越大重点就越稳；而中心要高（姿态高、文明程度、发展水平高），中心不高示范效应就不能显现。发展城市，振兴乡村，中心与重心上下互动，本末一体发展，才能真正实现中国的全面小康，全面现代化，全面复兴。

---

① 梁漱溟：《山东乡村建设研究院设立旨趣及办法概要》，《梁漱溟全集》第五卷，山东人民出版社，1992 年，第225 页。

三、知识分子下乡，两层动力接气，助推乡村振兴战略的实施

知识分子传统社会称之为"士"，上通天意，下接地气，在社会阶层进而可以由"士"而"仕"，成就儒官、儒将，退可以由"士"而"农"，成就耕读之家，成为乡贤，士而商，成就儒商。在中国走向现代化进程中，在实施乡村振兴战略中，知识分子发挥着重要作用。

在梁先生看来，中国问题得不到解决在于上层动力与下层动力互不通气，精英知识分子代表了上层动力，民众代表了下层动力，两种动力没有形成合力，才是几十年来中国问题不得解决的关键。他指出：这两层动力如果不相衔接，中国问题就永远无法解决，两层动力一接气，中国问题的转机就来了。如何接气？"全在知识分子下乡。"①

在他看来，传统社会的"士"，在中国传统社会是四民之首，是读书明理之人，士"代表理性，主持教化，维持秩序"。士即今天的知识分子，他号召知识分子走出书斋，走出中心城市，到乡村中去，作农民之师，担当起教化之责，尽到时代的责任。如果不能尽其社会之责，放弃时代赋予的责任，就不再是"众人之师"，而是"社会之贼"，是作"师"，还是当"贼"，知识分子必须做出抉择。他说：

> 今之所谓知识分子，便是从前所谓念书人。如我们所讲，它是代表理性，维持社会的。其在社会中的地位是众人之师，负责着领导教化之责，很能超然照顾大局，不落一边。在辟建理想新社会的工作上，他是最合条件不过的。……如果不能尽其天职，只顾自己贪吃便宜饭，而且要吃好饭，那便是社会之贼。今之知识分子其将为师乎？其将为贼乎？于此二途，必当有所抉择。②

是作民众之师，还是作民众之贼？知识分子对于这一问题必须做出回答。在梁漱溟看来，一个知识分子如果只是在空气松和的都市里徘徊，这样知识分子不要希望他们起来革命。知识分子"只有下乡而且要到问题最多痛苦最烈的乡间，一定革命"③。知识分子下乡可以动员农民，教化百姓，让广大农民联合起来。梁先生这段话很容易让人联想到毛泽东1939年5月4日在《青年运动的方向》中所说的：

---

① 梁漱溟：《乡村建设理论》，《梁漱溟全集》第二卷，山东人民出版社，1992年，第473页。
② 梁漱溟：《乡村建设理论》，《梁漱溟全集》第二卷，山东人民出版社，1992年，第482页。
③ 梁漱溟：《乡村建设理论》，《梁漱溟全集》第二卷，山东人民出版社，1992年，第473页。

　　看一个青年是不是革命的，拿什么做标准呢？拿什么去辨别他呢？只有一个标准，这就是看他愿意不愿意、并且实行不实行和广大的工农群众结合在一块。愿意并且实行和工农结合的，是革命的，否则就是不革命的，或者是反革命的。他今天把自己结合于工农群众，他今天是革命的；但是如果他明天不去结合了，或者反过来压迫老百姓，那就是不革命的，或者是反革命的了。①

毛泽东与梁漱溟都将问题投向了乡村，投向了广大的基层社会。毛泽东是革命家，他组织农民革命，砸烂旧世界，建立新中国；梁先生是改良主义者，文化保守主义者，他要求在中国文化这棵老树上长出新芽。毛泽东走农村包围城市，武装夺取政权，彻底改造中国的路；梁漱溟主张通过对乡村这个中国文化有形的根的重建铸造新文化，实现中国社会的整全的现代化。二人所取采的手段不同，但同时看到广大的乡村才是中国问题症结之所在，中国社会发展的动力之所在；二人同样看到知识分子在中国社会改造中重要的作用，毛泽东所说的青年当然主要指知识青年，认为愿意还是不愿意，能否与工农群众相结合是衡量一个知识青年的革命与否的标准，而梁漱溟则将知识分子能否下乡，到农民中去，启发农民，成为农民中的一员作为考量一个知识分子对广大人民群众是有益，还是有害的标准。

　　知识分子是社会的重要力量，他们头脑敏锐，思想开放，勇于创新，掌握先进科学技术，过去是、现在是、未来依然是乡村振兴的重要支撑。没有文化的军队是愚蠢的军队，没有文化的乡村是愚昧的乡村，愚蠢的军队不能打胜仗，愚昧的乡村振兴就无从谈起，知识分子走出中心城市，侧身乡间，到农民中去，对于乡村振兴过去有效，今天有效，未来还是效的。

　　毋庸讳言，当代知识分子不少人已经丧失了传统士人的品格，或者转化为"精致的利己主义者"，或者走进学问的象牙塔，自我陶醉于断章残简之中，去"为往圣继绝学了"。当知识精英的洋洋大著只有自己读得懂，拒大众于千里之外时，大众对这种学问以及研究此种学问的学者已置于存而不论的六合之外了。乡村的振兴需要知识，需要人才，需要知识分子走出学问宫殿，到乡间去，到民众中去，化民成俗，为乡村振兴贡献力量。

四、创造新文化，成就新礼——乡村振兴与农耕文明现代性转化

　　乡村振兴是一项前无古人的事业，也是一场艰巨、复杂的工程，它包括乡村治理、经济、文化、教育等方方面面。乡村振兴说到底是乡村文化的振兴，是农耕文明的持守

---

　　① 毛泽东：《青年运动的方向》，《毛泽东选集》第二卷，人民出版社，1991年。

与现代性转进。对乡村文化建设，梁漱溟先生有许多精彩的论述。

梁先生视文化为一个民族的生活样法，他常以生命之树来类比文化，认为中国有形的文化是乡村，无形的文化是祖宗留下的老道理。中国文化这棵树老了，叶黄枝枯，只有根还是活的，从根上救起，老枝发新芽，重新生长新的枝干。"中国根干在乡村"，乡村建设就是要使这个老根上发出新芽。

梁漱溟认为中国与西方世界相遇以来，一败再败，而败的原因不是政治、经济上某一部分、某一层面上的问题，而"是整个文化不同的问题"。中国近代以来，无论是政治上、经济上的改良运动以及革命之所以不成功，问题的根源就在于"文化失调"，而且是极为严重的文化失调。中国是"伦理本位，职业分立"的社会，西方是"个人本位，阶级对立"的社会，西方文化传入后，旧的社会构造、价值观念被破坏了，但中国并没有由此走上西方工商社会的道路，弄得中国社会"其千年相沿袭之社会组织构造已崩溃，新者未立"①，邯郸学步，匍匐而行，失却自我，这就是文化失调。

既然中国问题本质上是"文化失调"问题，那么，解决中国问题的办法就是改造文化，创造新文化。"中国社会秩序所赖以维持者，不在武力统治而在教化；不在国家法律而宁在社会礼俗。质言之，不在他力而宁在自力。贯乎其中者，盖有一种自反的精神，或曰向里用力的人生。"②他总结中国传统社会秩序得以正常运转三要素：教化、礼俗、自力。

梁先生认为，教化、礼俗、自力三者都是属于理性，中国文化是理性早高，我们所讲的新建设，就是建设新礼俗。梁先生的文化创新不是对西方的模仿，更不是移植，而"要从中国旧文化里转变出一个新文化来"，这个新文化的根是中国的，是从中国文化这棵大树的老根上生长出来。但他并不排斥西方文明，而是实现中国文化与西方文化事实上的调和，调和成一个东西。他说：

> 我们讲新的建设，就是建设新礼俗。那末，所谓新礼俗是什么？就是中国固有精神与西洋文化的长处，二者为具体事实的沟通调和（完全沟通调和成一个事实，事实出现我们叫他新礼俗），不只是理论上的沟通，而要紧的是从根本上调和沟通成一个事实。此沟通调和之点有了，中国问题乃可解决。③

乡村建设在梁漱溟先生那里有两层意义：一是救济乡村，二是创造新文化，新礼俗就

---

① 梁漱溟：《乡村建设理论》，《梁漱溟全集》第二卷，山东人民出版社，1992 年，第 162 页。
② 梁漱溟：《乡村建设理论》，《梁漱溟全集》第二卷，山东人民出版社，1992 年，第 179 页。
③ 梁漱溟：《乡村建设理论》，《梁漱溟全集》第二卷，山东人民出版社，1992 年，第 278 页。

是他所创造的新文化，也是他从中国旧文化里转化出的新文化。中国文化的固有精神就是自反精神，向里面用力的精神，西洋文化的长处即科学技术与团队组织，将西洋人的长处即科学技术与团队组织融入中国人的固有精神即中国的人生态度时，即中国精神与西洋长处二者调和为一既成事实之时，"就是一个新社会的实现，也是人类的一个新生活。新社会、新生活、新礼俗、新组织构造，都是一回事，只是名词不同而已"①。

如何保证中国固有精神与西洋文化的长处实现真正的沟通、调和，梁先生想到了乡农学校。乡农学校有"学众"，由男女老幼一切村民组成；"学长"，由村中德高望重之人担当；"学董"，由村中办事能力强的人组成；"教员"，主要由乡村建设的积极分子担任。乡校主要是教育机构，也是行政机构，也是政教合一的机构。

如何由农耕文明转化为现代文明？如何实现乡村振兴？梁漱溟80多年前的思考仍然具有价值。乡村问题不仅仅是经济问题，梁先生告诉我们，是文化问题，是"文化极严重失调"问题。孟子有言"饱食、暖衣、逸居而无教，则近于禽兽"，乡村是然，都市是然，中国是然，世界也是然。乡村振兴首先是文化振兴，没有文化的振兴，大众教化跟不上，文化失调就不可能解决，乡村振兴就是没有灵魂的乡村振兴，没有价值观念作支撑的乡村振兴，这种振兴是不会持久。乡村儒学讲堂、孔子讲堂等在今天显得格外重要。

作为生于官宦之家，长于都市的学者，以九死不悔的毅力与恒心，倾其毕生念兹在兹：乡村建设，改变农民的生活状况，唯梁漱溟先生一人而已。乡村是本，都市是末；乡村是重心，都市是中心的论述至今仍然不失为客观、理性的判断；基于他对中西文化的不同、社会结构差异的认识，他主张根据中国国情，以中国固有精神为依托，走出一条以农业引发工业的独特现代化道路，为人类文明的发展探索新模式。虽然他以乡村建设为基点的整个建国方案失败了，"事"上可能会败，"理性的总会胜利"，他的许多主张对于今天从事乡村振兴战略依然具有启发意义。

中国共产党第十九次代表大会首次提出"实施乡村振兴战略"，明确提出"必须始终把解决好'三农'问题作为全党工作重中之重。要坚持农业农村优先发展，按照产业兴旺、生态宜居、乡风文明、治理有效、生活富裕的总要求，建立健全城乡融合发展体制机制和政策体系，加快推进农业农村现代化"。改革开放四十年，中国发生了翻天覆地的变化，城市的楼房越盖越高，马路越来越宽，立交桥越来越复杂，高铁越来越快，应当说改革开放是从农村开始的，但相对中国城市发展尤其是中心城市的发展，乡村已经远远落后了。乡村不振兴，任何城市的发展都是沙漠中几片绿洲。乡村振兴的出

---

① 梁漱溟:《乡村建设理论》,《梁漱溟全集》第二卷,山东人民出版社,1992年,第278页。

台显得特别及时。"小康不小康，主要看老乡"，"中国富不富，主要看农户"。在全面推进与实施乡村振兴的过程中，我们应当重温梁漱溟 80 多年前的教诲，走出中国自己独特的乡村振兴之路，牢记乡村问题是文化问题，紧紧抓住新礼俗建设这个重要抓手，重建乡村的儒风孝道、礼仪文明，为"健全自治、法治、德治相结合的乡村治理体系"服务。出台一系列政策，让懂科学技术和愿意为作民众之师的知识分子走到乡间去，使他们成为懂农业、爱农村、爱农民的三农队伍。当中国的乡村振兴实现之时，梁漱溟先生亦可以含笑九泉矣。

振兴乡村的关键是振兴中国精神

——梁漱溟新中国文化之路的当代意义

廖晓义

摘　要　"向上之心强，相与情谊厚"，这是梁漱溟先生对于中国精神的凝练概述和倡行，本文作者以二十年社区工作经验和十年乡村建设一线经历，从"西行东归发现中国精神、上山下乡践行中国精神、一站两会托起中国精神、三院六艺陶冶中国精神、薪火相传弘扬中国精神"五个方面，阐述了梁漱溟乡建思想与实践对于当今的意义，以及以振兴中国精神来振兴乡村的可能路径。

关键词　中国精神　乡村振兴　社会工作

梁漱溟先生的乡村建设，不只是建设乡村，更是为了在世界现代化冲击中探索新中国文化之路，或者说寻找现代性的中国方案。"以中国精神引进团体组织，以团体组织运用科学技术，此新中国文化之路，也就是世界文化转变之所趋向。"这个以中国精神、团体组织和科学技术这十二个字构成的实验方案以及因为日军侵华而中断的实验成果，对于我们今天思考现代性的困境，解决现代性的问题依然有重要的借鉴意义。以中国精神重建道德理性，解决现代人的工具化碎片化问题；以团体组织重建乡土社会，解决现代人的原子化沙粒化问题，在此两者的基础上运用科学技术，解决被物欲和私心引向歧途的科技异化问题，依然是我们今天面临的重大任务。本文作者以二十年社区工作经验和十年乡村建设一线经历，阐述了梁漱溟"新中国文化之路"的思想与实践对于当今乡村振兴的意义。

一、西行东归，发现中国精神

我的专业是哲学。1996 年创办了公益组织北京地球村环境教育中心，在北京和川渝湘鲁等地从事城乡生态社区建设的一线工作，推动了绿色社区、26 度空调节能行动、化学品安全、可持续能源记者论坛等公益行动和相关公共政策，作为北京奥组委环境顾问深度参与了绿色奥运，并致力于传统文化和社会工作的融合，形成了一套以天人合一为底蕴的乐和理念体系和乐和教育培训体系，协助川渝湘鲁等地的政府和民众创造了乐和家园的现实样本。2016 年我被《中国慈善家》评为中国十大社会推动者，评语是这样写的："2016，北京地球村诞生 20 周年。20 年里，廖晓义由西方工业文明与西方式环保的崇拜者蜕变为中国文化的信徒，拓出了一条中国式公益之路。"也许，这是对于我的西行东归路的一个概括，而这条路上有一位重要的精神导师，就是梁漱溟先生。

1979 年，我作为四川大学哲学系的青年教师参加了北京大学哲学系为期一年半的培训班，那个时候，梁漱溟先生作为北京大学哲学系的退休教授依然健在。但我热衷于西方哲学的概念体系，对于中国哲学毫无兴趣，除了应付考试，基本不读圣贤书，不去拜访中国哲学的大家，甚至不知道梁漱溟先生这位退休教授的大名！1983 年到 1990 年间，我在中山大学哲学系读研究生随后就职于中国社科院，则热衷于研究西方文明如何造福中国的现代化，即使发现了西方工业文明正在将人类引向毁灭，也是从造成这些问题的西式思维方式中去寻找解决这些问题的方案。我在迷恋西方哲学、追随西方文明，以及学习西式环保的路上走了很远，直到在这个过程中对其产生了怀疑和困惑，不得不重新寻找自己的文化根脉和安身立命之所。而十八年前所经历的一件事情，终于促使我东归。

那是在 2000 年，我去挪威接受国际环境大奖"苏菲奖"。这是被苏菲基金会称为"诺贝尔环境奖"的奖项，每年只颁发给一个组织或一个人，颁奖仪式非常隆重，挪威各界许多名士和政要出席，之后还安排我和挪威首相见面。他们对我的获奖讲演只有一个希望，就是讲讲中国文化，讲讲儒释道或者"阴"和"阳"，为此还专门请来北京京剧团的演员助兴。而那个时候我发现自己除了这张中国脸，实在不了解也讲不出中国文化。这件事对我的刺激很大，于是"知耻而后勇"，回国后发愤补习国学。这个时候读到了美国芝加哥大学历史系教授写的一本书《最后的儒家——梁漱溟与中国现代化的两难》，这本书深深地吸引了我，我从这本书认识了梁先生，又从梁先生那里重新认识了孔夫子，从孔夫子和梁先生那里真正认识了儒家，并由此决心走知行合一的儒家之路。

梁先生的思想成果极其丰富，也许是哲学专业背景的关系吧，最让我开启心智的，就是他关于新中国文化之路的思想脉络，以及这一思想脉络中关于中国精神的诠释与践行。梁先生从对中国社会的现实和文化分析两个层面入手，认为中国的问题不是别的问题，而是文化失调问题，文化失调才是中国一切问题的根源。要解决中国问题就必须复兴文化，复兴文化的关键又必须从乡村着手，进行"乡村建设"才能修复中国精神、重建社会秩序，最后解决中国所面临社会文化的断裂危机。他由此提出了"以中国精神引进团体组织，以团体组织运用科学技术，此新中国文化之路，也就是世界文化转变之所趋向"的解决方案并身体力行来实施这一方案。虽然他的治世理想因为诸多原因被中断，但是他留下了思想的种子，对于我们今天依然有着十分重要的启示。

在那个兵荒马乱的年代，当大家都在从不同的方面来看待和处理中国的政治问题、经济问题、军事问题的时候，梁先生从更本质的视角看到"中国问题并不是什么旁的问题，就是文化失调——极严重的文化失调"。一个民族对于自身的文化失去信心和信任、对自身的国情国性不去深究，就会对拿来主义失去准绳，西方工业文明的核心价值诸如物质主义、科学主义和资本主义等就会长驱直入，文化殖民，其现代化的方案就有可能出现偏差并承受太高的社会代价、环境代价和文化代价，与中国的世界观和价值体系产生激烈的冲突。毕竟，救国和治国良方都基于自身的文化。也许像我们这样被动地经历了过去的文化浩劫，又幸运地赶上了今天的文化复兴的人，会更深地体会到，在那样的自残自戕的年代，要怎样的洞见和勇气，才能在当时一片打倒孔家店的浪潮中，站出来为儒家为代表的传统文化说话。

梁先生的洞见和勇气来源于他对于中国文化的自知、自觉和自信。他说："中国之政治问题、经济问题，天然地不能外于其固有文化所演成之社会事实，所陶养之民族精神，而得解决。它必须是中国的一套，一定不会离开中国社会的事实及民族精神而得到一个办法，在政治上、经济上如果有办法，那一定是合乎中国文化的。"这套合乎中国文化的方法一定是根于中国精神并且能够激发中国精神的。

中国精神是什么？梁先生认为，不管是人类问题，还是人生问题，中国精神就是要从人本身的理性中间去找到解决自己和社会问题的办法。它是向内求的而不是向外取的。他说"儒家没有什么教条给人，有之，便是教人反省自求一条而已"，"中国自周孔以来，除以伦理情谊领导中国人外，便是发挥人生向上精神，一切以是非义理为准"。他也用更简明的话语来描述即"向上之心强，相与情谊厚"。向上之心是对于神圣性的向往和连接；相与情谊厚是亲亲仁民爱物的日用伦常和世俗生活，而世俗性和神圣性的结合以及反求诸己自明其德的生命自觉，就是中国文化最深刻最可贵的特点。

我将梁先生诠释的中国精神，理解为现代语境下的自立、互助、公益的精神，自立就是明明德即自明其德自省其心；互助就是亲民就是相与情谊厚。也是《吕氏乡约》"德业相劝、过失相规、礼俗相交、患难相随"，公益就是止于至善，以向上之心一步步朝向共同福祉的过程中实现个体和宇宙大生命的融合。更简明的话语，就是"乐和"，天地人和，乐在其中。我们所有的乡村建设和乡村振兴工作都是为了激发中国精神，这在今天的乡村建设领域正在形成共识。正如龙泉乡约的同仁所言"中国人的信仰是天与地，天与地的精神中心在乡村"；"乡村振兴的本质，就是要重塑中国人的终极人生观、价值观。不以此为目的的乡村振兴，都是短期行为伪命题，配不上乡村振兴这四个字"。

二、上山下乡，践行中国精神

梁先生不仅诠释了中国精神的根本，而且指出了中国精神的根基，"中国文化是以乡村为本，以乡村为重，所以中国文化的根就是乡村"。他认为道德文化是中国无形的根，而乡村社会是中国有形的根，因此要从乡村开始复兴中国文化。更可贵的是，他把这种认识化为行动，辞去北大教授的席位，举家来到山东邹平从事乡村建设。

受梁先生的影响，我的西行东归路，也是研究乡村文化、从事乡村建设之路。2001年我们在北京的延庆县碓臼石村进行了生态教育和乡村建设的最初尝试；2004 年，启动了综合考察乡土文化的"乡村长卷"项目，通过三年多的调研，以全国九个民族十个乡村的深入调研和影视制作，形成了一套基于本土文化解决乡村问题的方案，并完成出版了《乡土中国村民读本》，该书被送到全国的乡村图书馆。在这个过程中我发现一些乡村特别是贵州的许多非汉民族的乡村，还保存着自己的生态智慧、乡土文脉和自然养生，还有自己的知识体系、管理体系和信仰体系，这就是中国精神的根基。但是随着城市化的推进，这些乡村正在消逝，怎么办？2008 年汶川地震后灾后重建，让我看到了我们可以绵薄之力去干的契机。

2008 年 6 月 23 日，是梁先生逝世十周年的忌日，也是北京地球村和南都基金会在京举办"生态文明与灾后重建"论坛之后，我第二次来到四川地震灾区。这一天我做出了对于我的人生和地球村的走向都极其重要的决定：由我亲自率队驻扎参与当时的极重灾区成都彭州通济镇大坪村灾后重建。于是我成了名副其实的农妇"廖娘"，在红十字基金会、南都基金会、友成基金会等公益机构和生态建筑师刘加平这样的志愿者们的支持参与下，和村民一起盖生态民居、修路、建生态小农场，组织生态协会，复兴乡土文化，进行了以中国精神治理乡村的乐和家园的最初实验，该项目荣获民政部颁发的"中华慈善奖最具影响力奖"，我和其他获奖人一起，在颁奖大会上受到胡锦涛总书记的接见。

同年 9 月，我作为克林顿创新基金会"全球公民奖"四位获奖人之一，去纽约领奖，这时候的我不再惶恐于对于中国文化的无知，而是带着文化的自觉和自信，在颁奖仪式上发表感言。我谈到要解决人类面临的生态危机，需要从古老的东方智慧里面寻找出路，减少对于物质能源无限制的消费，而去发现作为健康来源的体能的意义和作为幸福来源的心能的意义，三能平衡才能实现地球的平衡。短短的三分钟讲演竟两次被掌声打断，克林顿本人三次向我表达他从我带来的中国精神中受到的启发和震撼，让我深感文化自信的力量。

一周后我从纽约回到了正在灾后重建的大坪村，那个家家都有天地祖先牌位和"祀先祖如在其上，佑后人焕乎维新"楹联的乡村，继续当村民眼中的农妇"廖娘"，和他们一起修山村路，建生态房，开协商会。整个过程中都对当地文化予以充分的尊重，尊重他们建房上梁的古老仪式、乡情宗脉的悠久传统、敬天法祖的堂屋香案、慎终追远的丧礼习俗，让这些无形的文化成为凝心聚力共享乐和的现代根脉。我和我的团队清楚地知道，在乡村建设中，不应该只着眼于有形的物质的方面，而要去发现发掘几千年乡土文化的无形遗产，不应该把一些虽然看不见但是延绵和维系了几千年，也许现代科学还没有能力破解与理解的习俗斥之为迷信而摈弃，而要用有形与无形的整体全息的世界观去看待和对待整体全息的乡村世界。中国精神的复兴首先需要找到一种通俗的理念和话语，与传统相通又与现代相连，为政府认可又为社会认同、百姓接受。乐和就是这样的话语之一。"乐和"源于"天地人和、乐在其中"的古老智慧，体现着"和而不同、天下为公"的大同理想，是社会主义核心价值、生态文明的绿色方向、中国文化的传统智慧的综合体现和通俗话语。用社会主义信念来诠释，是社会共治、经济共赢、生命共惜、文化共荣、环境共存；用生态文明的理想解读，是生态社会建制、生态经济发展、生态保健养生、生态伦理教化、生态环境管理；用梁漱溟先生的乡土文化来概括，是"向上之心强，相与情意厚"；用村民语言来理解，"乐和就是一家人""乐和就是一条心"。我们发现乐和作为共同体思想的通俗表达很受村民欢迎，乐和有两个关键点，一是和的重塑，要和不要分，激发乡村原来固有的共同体意识；二是利的重估，让大家意识到，这世上重要的不只是钱，亲情道义也很重要、社会关系家庭关系很重要、环境质量很重要、生命健康更重要。大坪村的一位乐和代表给《农民日报》的记者说："说别的我们听不懂，一说乐和，都晓得了，好事，搞！"

乐和不仅是一种理念，也是一种可落地的模式和可操作的流程，一套由"乐和治理、乐和生计、乐和人居、乐和礼义、乐和养生"五个乐和构成的整体方案，一个既保存村落、农场、医馆、书院、集市，同时又能够发展生态农业、养老产业、养生产业、创意手工业等的发展规划。这样的方案与模式可以理解为现代化语境下的一种发展道路，一条不是毁灭乡村，而是建设乡村、城乡共生的乡土型城市化道路；也可以理解为是一种新的文明，一种身心境和、天地人和的乡村生态文明。如果说"乐和"是一种精神，"家"则是一种社会关系，"园"就是现实的自然的和有形的空间，换言之，"乐和家园"四个字本身体现着万物共生天下一家的内涵。

2010年6月中旬，我受邀回到自己的祖籍、地处渝陕鄂交界的重庆巫溪县。自此以后，乐和家园成了政府主导的乡村治理模式，我和团队为之提供社工服务。2011年的6月23日，在重庆巫溪县的乐和书院，举行了一场肃穆庄严的祭奠梁漱溟先生的仪式。在场的有梁漱溟先生的次子梁培恕先生、嫡孙梁钦元先生和专程从美国来的艾恺先生，他们考察并高度评价了巫溪乡村的乐和家园建设，也为这里举办的"梁漱溟乡建思想与社会管理创新论坛"贡献了宝贵的思想。

　　两年后也就是 2013 年的 6 月 23 日，我和"重庆梁漱溟研究会"的部分骨干在重庆南岸区峡口镇的大石村，举办了"梁漱溟先生逝世 25 周年纪念日座谈会"。两天后，北京地球村与南岸区政府在这里签署了乐和家园项目协议。如今南岸乐和家园建设试点已经进入第五个年头，乐和家园的乡村建设试点也成为以"三社联动、三事分流、三治并举"为特色的南岸区社会治理与服务创新实验区的亮点工程之一，该项目孵化的"南岸区乐和社会工作服务中心"的专业社工团队正在成长。

　　说来也是巧合，在同年 6 月，北京地球村与湖南长沙县政府签署乐和乡村共建协议之后，长沙第一批社工走进乡村也是 6 月 23 日。社工们协同政府完成"一站两会三事分流投入改革"的乡村治理模式，培育了 218 个基于村民小组的互助会和 30 多个村的联席会，按照"大事政府办、小事村社办、私事自己办"的方法以及相应的投入机制改革，开展了一系列的乡村治理和文化复兴活动。这个过程中成立了拥有 40 多名全职社工的长沙县乐和社工协会，其牵头的"复礼兴乐，留住乡愁——乡村文化复兴项目"于 2016 年底在全国 530 多个项目中脱颖而出，获得"团中央中国青年志愿项目大赛金奖"，为长沙县唯一一个金奖项目。这个历时五年的乡村建设项目虽然告一段落，但是其播下的中国精神的种子依然在发芽生长。

　　在南岸乐和家园项目和长沙乐和乡村项目持续推进期间，2013 年至 2015 年的三年里，北京地球村与中国光彩事业基金会还联手实施了以关爱农村留守儿童为主题的"光彩爱心家园——乐和之家"。在重庆市的巫溪县、酉阳县和黔江区的十个试点村里，三十名社工不分寒冬酷暑，在个案、小组、社区、学校、工地的"五点"，提供"学业陪读、情感陪护、生活陪伴、能力培训、人格培养"的"五面"服务，我们多次邀请梁先生嫡孙梁钦元到一线给驻村社工讲述梁先生的思想和人格。历时三年的项目受到普遍好评，其理论和案例的专业报告，给以乡村建设为基础的留守儿童关爱事业留下了厚实的理论和实践成果。

　　2013 年的 9 月，我来到梁先生当年乡村建设的山东邹平县，在未曾谋面的偶像梁漱溟先生的墓前行了叩拜大礼。2014 年 1 月在山东大学高等儒学研究院讲演后，该学院的副院长、乡村儒学的倡导和践行者颜炳罡老师把我们引进了山东泗水县南仲都村开始乐和家园的试点。同年 10 月，地球村受山东曲阜市委市政府的邀请走进了孔子故里建设乐和家园。10 月 18 日，梁漱溟先生的诞辰，梁先生的长子、88 岁高龄的梁培宽先生也来到曲阜，参加了"学儒家文化、建乐和家园"最初的启动。

　　儒家精神强调实际践行，也强调与时偕行。毕竟乡建百年，历史条件有了很大的不同。今天的乡村建设是在整体的道德滑坡、文化断层、信仰缺失、乡村空巢、环境污染和生态恶化问题的背景下进行的，现代化带来的诸多挑战日益明显。所以今天的乡村建设有着与以往不大一样的任务。互助养老、乡童教育、养生常识、自然农法，用道德理性来评判和选择现行科学技术，构建生态文明，解决生态转型和食品安全问题等，都是这个时代乡村工作的重要内容；梁先生当年的历史条件下主要依靠乡村建设学院的知识分子和民间的力量，今天的乡村建设则是根据习近平新时代中国特色社会主义思想和大力弘扬传统优秀文化的国家战略，以党委政府为主导来组织群众，地球村的社工为党政主导的乡村振兴提供国学和社会工作服务。但其中的共同点都是注重乡村团体组织的建设，用重建自然社区组织的方式在乡村建设过程中振兴中国精神，实现自治、法治和德治，都是以改良的方式从乡村基层开始修复中国文化的道德根基，从而建立一个互补共生的共同体社会秩序。

地球村历时十年的乡村建设工作，得到了政府和社会越来越多的认可。2016 年，从北京地球村脱胎而来的专业社工组织北京乐和社会工作服务中心正式注册，并在第七届中国公益节上获"公益集体奖"；我被全国社会工作联合会评为"2016 全国十大社工人物"，《中华慈善家》将我与徐永光、马云、马化腾等齐名评为"2016 十大社会推动者"；2017 年 2 月，以我在 2000 年苏菲奖奖金为种子基金的非公募基金会"北京乐和公益基金会"在北京市民政局的支持以及敦和基金会、友成基金会的帮助下注册成功。

2018 年，清明时节，我再次来到四川彭州通济镇大坪村。十年过去了，地球村孵化的成都乐和社区服务中心的伙伴们依然守望在这里。北京地球村联手当地的公益伙伴四川尚明公益发展研究中心、成都云公益发展促进会、成都农禾之家公益发展中心以及北京大学《中国研究》参访团，在大坪村举办了"乡村振兴与生态文明建设暨汶川地震十周年纪念活动"。十年的岁月在脸上留下了皱纹，在心里写满了沧桑，大家彼此相望，彼此激励，继续前行。

三、一站两会，托起中国精神

2014 年 8 月，我和梁漱溟研究的第一人、芝加哥大学历史教授艾恺在山东卫视新杏坛栏目做了一期对话《乡村记忆的中国文化命脉》。当初我是读了他写的《最后的儒家》一书而认识了梁先生的，没有想到，如今能在梁先生当年从事乡村建设的山东进行这样的对话。两年后，也就是 2016 年的 8 月，艾恺先生再次来到曲阜。这次他不是来做学术对话的，他是来考察曲阜乐和家园建设成果的。时隔两年，地球村协同曲阜市委市政府和当地百姓，一起搭建了以"一站两会三院六艺"为基本要素、以中华优秀传统文化为内涵的城乡社区建设模式，即以党委政府为主导力量、以社工站为技术支撑、以互助会为自治基础、以联席会为共治平台、以文化大院为公共空间、以乐和书院为学习空间、以百姓庭院为生活空间，在此基础上开展经典教育、食育工坊、绿色时尚、节气养生、礼乐传习、乡村剧场的"六艺"活动，营造乐和治理、乐和礼义、乐和生计、乐和人居、乐和养生五位一体的城乡社区家园。

社工站是街镇在乡村的社会工作平台，引进专业社工提供社会工作的培训和服务。社工住在乡村，发挥方法提供、能力建设、教育辅导、精神感召和资源引进五个方面的功能，进行社会调研、社会组织、社会活动、社会教育、社会宣传、社会记录六个方面的服务。

互助会作为基于村民小组的公益性互助性组织，是落实三中全会"改进社会治理方式，激发社会组织活力，创新有效预防和化解社会矛盾体制"的要求，将村民自治落实落细落小的举措，是村支两委工作的有力补充。街镇和村支两委要在社工协助下，通过调研和宣导，成立互助会，发现和培养乡贤成为乐和代表，鼓励互助会分担村民小组的公共事务，如环境保护、矛盾化解、文艺活动、孤寡老人的照顾和留守儿童的关爱等。

联席会是村支两委主导、互助会、社工和共建单位等多方参与的共治平台，是十八大以来中央提出的"民主协商广泛多层制度化发展"的落地机制。通过培训交流等多种形式理解召开联席会议的方法和意义、流程，保证联席会定期召开，并通过联席会落实"大事政府办、小事村社办、私事自己办"的三事分流、责任共担的方法，学习用儒家思想和现代治理相结合的新方式来讨论和处理公共事务，从下至上形成"乐和乡约"的村规民约细则。

大事是什么呢？就是国家层面的公共事务，现在政府的大事多了，但是大量的"小事"也就是社区层面的公共事务缺少自然村层面的社会组织来处理。现有的村支两委是建立在行政村层面的，例如湖南长沙县有一个行政村就包括了63个自然村，三五个人的村支两委怎么有能力有精力去处理63个自然村的公共事务呢？所以小事村社办，就是在村民小组层面成立互助会来处理公共事务，来处理矛盾化解、环境保护、生产协作等事务。私事当然自己办，是自己处理私事的责任和能力。中华民族如果对自己对社区乃至对国家如果没有责任意识，这个民族就毁掉了。责任共担的同时是利益共享，建立社区基金会并推动投入机制改革来实现共同的利益。

激发中国精神是为了建设一个社会共治、责任共担、利益共享的共同体社会，而重建自然社区组织和基层社会协商机制又是中国精神不可或缺的条件。从某种意义上说，乡村建设本质上是乡村社会的建设，乡村社会的建设本质上是乡村社会组织的建设。

以生态民居和节能建筑的推广为例，在很多乡村难以实施，而在四川彭州的大坪村却得到了良好的解决。2008年7月，当地政府引进地球村作为社工组织成为社工站的技术力量，支持村民组成大坪山生态协会，建立了该协会和村支两委以及地球村组成的联席会，通过联席会邀请到由刘加平院士和他的生态建筑师团队作为义工来到大坪山设计生态民居。经过联席会组织村民与义工团队协商，探索出了一套非常适合乡村的"乡野生态屋""乡情小聚落"的低碳建房操作模式，并由专业总工程师对每一户被称为"乡土工程师"的村民进行系统教学、现场督导和工程评估。最终，形成生态民居系统，较一般的乡村砖混建筑至少节能减排 50%。

再以乡村垃圾管理为例，在乐和试点村，通常互助会成立之后第一件自动去做的事情就是垃圾管理，通过联席会讨论各自的责任，互助会负责组织和管理村民们义务分片管理垃圾和定期清扫，村支两委负责协调垃圾转运的事务。很快，乡村垃圾事务就得到了解决。在双冲村，简东源组互助会成立环保小队，疏通沟渠，除草保洁；金鼎山村的互助会把公共环境卫生划分到户，全方位开展村民室内室外、房前屋后、村道社道及公共场所的卫生整治，并定期组织评比；巫溪羊桥村互助会还组织村民义务清理羊桥河的三十多年的垃圾。曲阜的一些互助会组织推广用厨余垃圾做环保酵素，用实际行动给村民证明环保酵素的功效，减少化学洗涤剂对于农田和水源的污染，环保又省钱。

农村环境整治的"双控"始终是难题。所谓"双控"指的是控制违规建房，禁止私搭乱建和控制违法用地。通常情况下，"双控"的解决方式是花钱雇看护员或者交给村支两委监管，但解决效果一般。为此，很多地方对于违规行为采取强行压制，结果引致执法冲突，干群关系进一步恶化。而在南岸峡口镇，政府把"双控"作为社区公共事务交给了互助会。通过联席会由村支两委、互助会、社员代表大会共同商议建立双控协管机制，由互助会在村民中选出 11 人的协管专员工作，并讨论形成了协管专员的基本工作模式："一天一电话，一周一总结，一月一汇报。"在社工站的配合下，向村支两委反映具体情况，向镇政府汇报总体情况。由此，本来由外来力量监管的事情，成为村民自己要承担的自己的事情，双控取得了良好效果。

在长沙县，以前经常出现政府为村民做"湿地工程""生态路""小水利"而村民不配合的情况，为工钱讨价还价，为一棵白菜的赔偿叫板也司空见惯。其中重要的原因是村民由始至终没有参与到项目的立项、执行和实施中。乐和乡村建设后，政府组织了两次县级层面乐和乡村建设投入机制改革调研会，启动了投入机制改革的整体设计和单体实践，探索投入机制的新模式。无一例外都取得了成本低、质量高、参与度高的效果。葛家山村，其罗家组互助会用两公里的指标通过义务投工等方式独立完成四公里的生态路的铺设，而荷家组完成三口总面积八亩的标准塘建设，修通了 400 米的连村公路，让村民们几十年来首次能便捷地到邻镇赶集。

以前环境管理问题属于乡村治理中的难题，很容易引发干群矛盾。乐和理念进入乡村之后，基于互助会的成立，分散的村民重新获得了相互之间的认可，并密切了人际往来，由此而激发了公共意识和集体责任感，曾经的环境管理的公共事务难题也就不再是难题了。这正是基于社会建设和文化建设所带来的生态建设效果，它让村民在这个过程中学会理性地表达和积极地参与而真正成为家园环境的主人。

以前村里的低保评选是非常敏感的话题。镇政府分配名额给村，村再分给组，组长或有所侧重或"撒胡椒面"选出低保户，时常引起村民不满。互助会成立后，村民们学习用乐和的方法来处理村里的低保评选，乐和代表在了解村民的经济情况和意见的基础上，参加到低保评选中，实现了低保分配的公平公正。2010 年在巫溪白鹿镇大坪村，这种乐和模式化解了 400 人因为低保问题的集体上访危机；2013 年长沙县木鱼神组的乐和代表集体讨论低保标准后认为该组村民皆不合乎低保标准，而愿意将低保名额让给邻村更需要的人。这些事例说明，乐和治理不仅恢复了乡土文脉对人际关系的协调，也唤醒传统文化对人心欲望的引领。不公正的利益分配不仅会引发村民纠纷，而且会助长人们的私心贪欲、争斗抱怨以及进一步的不公正。乐和互助会参与到惠民政策的知情、参议和监督过程中，让农民自己公正地分配公共资源和社会资源，同时进行向上之心和公共精神的培育，很大程度上避免了上述弊端。

在乐和家园的社区治理实践中，无论是基层政府村支两委，还是社工和社区社会组织，还是家庭都需要修身。中国文化最基本最重要的大概就是修身了。"自天子以至于庶人，壹是皆以修身为本。""自立、互助、公益"的乐和精神，体现着"和而不同、天下为公"的元价值，修身就是要修出人的自主性、互助性和公益性，这就是大道之行的"道"。仁义礼智信，是我们要遵守的行为规范是德，在家庭里孝悌慈俭勤就是齐家，参与社区治理、社区事务就是治国，因为村是小国，国是大村，走出社区就是平天下，这就是通过修齐治平实现天人合一的治理之道。

因为有着中国精神的坚定方向，我们把所有的乡村治理和乡村建设都看成是中国精神的培育。中国精神用今天的语言可以表述为修身的精神、互助的精神、公益的精神，一句话就是共同体精神，也就是乐和精神。乐和家园作为一种社区治理模式和一种多方参与的传习模式，其核心就是培育中国精神，培养个人的共同体意识，以构建家一样的共同体社会，包括文化共同体、经济共同体、环境共同体和生命共同体。乐和家园也可以理解为政府、学界、社会组织和村居民作为一个整体对于中华民族共同体文化的传承与创新。而这样的传承和创新，除了需要组织机制来栽培和托举，还需要空间载体及活动来陶冶和养育。

四、三院六艺，陶冶中国精神

中国精神在哪里安放？中国精神的载体是什么？梁漱溟先生的乡村建设探索了一种乡学村学的模式，我以为这样的模式是基于对于中国精神的乡村传习机制的认同和再造。中国精神如何能够传承？乡村的共同体社会结构本身就是一种传习结构。每个个人生下来之后的家教和蒙学、小学、大学，学会通过格物、致知、诚意、正心在共同体生活，并且通过修身、齐家、治国、平天下为营造共同体尽力。从乡村走出去的人功成名就之后大多数会回归乡里，成为参与公共事务的乡绅和继续教育乡童、教化乡民的先生。中华民族共同体文化曾经历了太多的苦难，却顽强地由一代代的身体、一个个的娘胎一脉相承五千年，从教育的视角来看，是因为她有着基于修身的整体传习机制，这个不断传承和创新的过程就是集话语体系、学术体系、治理体系、操作体系和复制体系为一体的传习。在乡村建设的实践中，我们发现，这个传习机制的载体就是三堂，即祠堂、中堂和学堂。

中国古代社会的精神体系、知识体系乃至管理体系的整体文化延续主要是在"三堂"中完成，祠堂作为公共空间，处理公共事务和组织公共活动；学堂作为学习空间，成为为社会输出人才的地方；中堂作为家庭的精神空间和生活空间，成为家庭教育与家庭文化的载体，天地良心的信仰支撑了生活，天地人和的生活留住了信仰。由于五四和"文革"砸烂了祠堂，改造了继而拆并了学堂，打倒"封建迷信"撤掉了中堂。今天的中国精神从哪里振兴？对于三堂为载体的全人教育和终身教育的遗产，我们如何来重估、礼敬和学习？很多乡村建设团队都在进行积极的有益的探索。乐和家园从中国精神得以存在的空间和载体入手，探索了以"三院六艺"为特色的乡村文化复兴之路。

其一，以书院为学习空间，开展耕、读、居、养、礼、乐的"六艺"教化：食育坊，以食物教育守护田野；国学堂，以传统文化安顿人心；绿色风，以生态人居回归自然；节气行，以生命智慧唤醒真情；乐和礼，以感恩之心淳化社区；小剧场，以礼乐文明陶冶生活。这个过程中，大家共同探讨摸索出一些适合乡村教育的方法。乐和家园的很多课程内容被变成朗朗上口的歌谣，教给村民，容易理解也便于记忆，村民把乐和谣变成快板、联宵等文艺节目，社工在经过专业的戏剧教育培育后教授给村民，特别是乡村儿童，让孩子在戏剧表演中提高自己的表现力和理解力，有利于技能和性格的全面发展。为了解决乡村教育的痛点，满足乡村家庭的教育刚需，南岸区和曲阜市正在尝试村校合作，让大学生在周末和暑期走进乡村书院，为乡村儿童提供学业陪读、人格培养、能力培训的三陪服务，大学生也从了解乡村社会、补习传统文化、锻炼服务技能，到乃至成为乡村创客。

其二，以庭院为生活空间，进行家训家谱为内容的家风建设。在很长历史时期里，每个中国人家里有一个中堂，既是生活空间也是精神空间，信仰支撑了生活，生活留住了信仰。彭州大坪山的社工团队申请了民政局的文化传承项目，帮助村民留住自家的中堂香案和法天敬祖的传统。而传统生日礼和互助养老餐，则是让村民弘扬孝道文化的具体举措。曲阜书院村还通过互助会评选乐和人家来开展家规家训教育。乐和人家评选流程由社工和互助会联席会议讨论并且实施，包括：乐和标准公示、自愿报名乐和代表推荐、评委进户初选、集中培训、社工定期入户辅导、评委入户终选、名单公示、家庭挂牌几个环节。从一星级标准：家庭和睦，儿女孝顺；卫生整洁，参加公共活动；到邻里和谐，上慈下孝；卫生整洁、养身保健、家庭中布置有中堂画、家规家训，家庭成员自觉实行常礼、参加公共活动能够帮忙组织协调等二星三星级标准，由社工和书院村互助会讨论、联席会通过乐和人家的标准并逐步实施。

其三，以大院为公共空间，开展公共活动培育公共精神。文化大院基本配置包括活动院坝、音响和投影设备。墙上可张贴互助会联络图、联席会流程及会议制度、乡贤榜、三事分流清单、活动历程照片、小组成员全家福等。村里的乐和墙，是村民时时可见的宣传栏；村头的乐和榜，是熟人社会里大家很在意的评价和表彰平台。文化大院的主要功能包括开会议事。互助会定期在大院开会讨论村里公共事务；组织孝道节与节气行等共同活动，学做节气操，老人妇女儿童端着碗一起喝节气羹等。开展文艺活动，读唱《礼运大同篇》，村民在姚庄的小剧场中观看婆媳关系剧；舞蹈队在文化大院跳舞、排练农具秀等。文化大院的活动和管理，由村委会和互助会协商值班，社工提供技术支持。

共同体意识是中国精神的核心内容，也可以说中国精神就是天地人和的共同体精神，一个乡村的共同体意识，是在构建共同体的实践中形成的，通过互助会联席会处理公共事务、制定公共规则的过程就是对于共同体意识的培养和共同体的能力建设；通过大院的公共空间和书院的学习空间是营造公共生活和精神生活的重要载体；通过义务大扫除、一起做酵素、节气行聚在一起的养生和环保活动，增强共同体意识的活动方式；同时，作为礼乐教化的方法，将《礼运大同篇》作为人人可以吟唱可以表演的手语音乐，对于强化一家人一条心的共同体意识，也是很有意义的。这些具有思想性又有着操作性的传习方法，是社工协同政府和协助村民，在知行合一的共同实践中逐步形成并继续完善的。

在乐和家园的试点村，节气行是一种养生的活动，包括节气健康知识、节气农耕常识以及各种守望相助的乡村传统。在曲阜的书院村，互助餐则是互助养老的一种有效形式。这是每周一次由老人或者其儿孙出钱的老人 AA 午餐，互助会的阿姨们轮流值日给老人做饭，让老人们每周一次集体改善伙食，创造了老人之间的交流互助，并且也给儿孙们一个表达孝心的机会。既体现家里人的"亲其亲"的传统孝道，又体现了村里人"不独亲其亲"的公共精神和互助精神。

在重庆巫溪大河乡的大河村，长时间人心涣散、自私自利，一辆黄豆车掉到河里，全村人蜂拥而上，不是去救人而是去抢黄豆；在成为乐和家园试点村、成立了互助会联席会以后，又遇到一辆车掉到河里，这一次，当年见死不救的村民又蜂拥而上，但不是去抢东西，而是在乐和代表的带动下有组织地救人，体弱的照看从客车上转移的物品。同样一个村，有了组织，有了理念，面貌发生了天翻地覆的变化，守望相助生命意识的复苏也推己及人地惠泽到陌生人。

长沙县的村民们将"乐和"理念总结为："困难邻里众人帮，公共事务众人管，社会正气众人扶，乡村文化众人兴。"邻里守望相助，相互扶持，一时间蔚然成风。谁得了重病，常常会得到互助会组织的村内的慰问和捐款；孤寡老人、留守儿童因为守望相助的文化复苏而得到乡亲的照顾。抗旱期间，长沙县金坑桥村棉花坡组一对夫妇因交通事故双双住院，不能收割自家稻谷，乐和代表自发组成一支队伍，在他们最困难的时候伸出援助之手，帮助该户收好稻谷和芝麻，喂好猪。开慧镇葛家山村桥上组的一位村民突发重病，这个并不富裕的乡村全组一次性捐款加起来竟有45000多元。全组乡亲的这份恩情不仅令病人家庭感动不已，也让参与的村民感佩于心。而在杭州上虞永和镇项家村乐和家园，公共基金捐款已经成了常规性的活动和机制，公共基金的一个重要用途就是经过基金管理委员会充分讨论后用于村民的大病救助。

每一个乡村曾经都是一个生命共同体，这种共同体的意识和要求虽受到现代化的冲击但还没有最后消失。乡村还有着未被钢筋水泥全覆盖的生态系统，还有着没有最终凋敝的乡土文化，还有着建立从民居到养生乡土文化产业到乡村社会自洽的生态系统的可能。那些生活在乡村之中，曾经守望相助的人们，通过乐和家园有了自觉和自信，来重构一家人的理念和家一样的社会，维护一家人的根文化。以乡村社会之有形的根培养乡土文化之无形的根，以乡土文化之无形的根培育乡村社会之有形的根，固本培根是乐和家园的核心工作，也是乡村振兴的地基工程。而乐和书院就是乡村的学习空间和载体。

第一座乐和书院由中国红十字基金会和李连杰壹基金支持，于2009年耸立在四川彭州大坪山。乐和社工团队在川渝湘鲁10年的社区建设过程中看到，复兴中国文化需要从中国文化的传统载体书院做起，而现在绝大多数城乡社区并没有建立社区书院，一些既有的公共文化空间，缺乏以传统文化为内涵的文化服务，因此，乐和社区书院项目得到中华社会文化发展基金会的支持，总结曲阜乐和家园的三个村社的实践样本以及乐和社工团队在过去10年里的操作经验，形成《乐和社区书院项目操作手册》和《乐和社区书院新六艺教材》。该项目旨在恢复激活以书院为载体的社区文化教育，为中华文化复兴的社区模式找到一条深化和可持续的路径。2017年11月15日，由北京乐和公益基金会和北京乐和社会工作服务中心主办、中华社会文化发展基金会和当地政府支持的乐和社区书院项目在洙泗书院启动，开启了将文人书院和社区书院教育相得益彰相互融合的先河。与其说它是一个项目，毋宁说它是对近十年来地球村国学传承和乡村建设的一次升华。

目前乐和社工团队的主要工作就是城乡社区书院的深化和培训，以书院的文化建设带动庭院的家风建设和大院的社区建设。一方面以文化提升村民的素质，以调和经济发展的五脏失调，一方面促进社会的发育，以解决政府和社会的阴阳失调。而社会发育就是要做家风建设和社区组织建设，让村民在家风建设和公共事务的参与和处理过程中真正体验和领悟到乡村文化的现实价值，并将文化内化为行为的理念，最终推动文化建设。让国学成为老百姓"心中愿认的理儿、手上爱做的事儿、身边会布的景儿、嘴里会说的词儿、戏里能演的角儿、群里能冒的星儿！"

乡村振兴从文化复兴开始，已是许多同仁的共识；而文化复兴须从乡村文化的传习载体开始，则有待于更多的共鸣。我们呼吁和期待每个从乡村走出去的人士，回望乡村回报乡村，为养育了自己的乡村办一个书院，以书院的修身，带动庭院的齐家和大院的治村，让修齐治平的古老传统从我们手中成为生活，让家国天下的大同理想从我们的脚下成为现实！

五、继往开来，弘扬中国精神

2010 年的一个冬天，我正在巫溪县的乐和书院忙碌，接到了一个来自北京的电话，是梁漱溟先生的长子梁培宽先生打来的，他代表梁家把梁漱溟先生的稿费共约 10 万元人民币捐给我，这无疑是对我这样骨灰级的"梁粉"最大的褒奖。激动不已的我把这笔钱捐给地球村，并征得梁家人的同意，建立了"梁漱溟教育奖"，主要用于乡建人才的培养和乡村书院的建设，以培养和激励更多的行动的儒者。

2016 年的岁末，"公益天下——中华民族共同体文化的传承与创新高端论坛暨北京地球村成立 20 周年庆"在北京举行，来自公益慈善、环境保护、国学传承、社区治理、健康养生和社会价值投资领域的名家云集。2016 年似乎是一个转折，20 岁的地球村推出了未来 20 年的最重要的战略计划：以中华民族共同体文化的传承和创新为核心的书院教育。梁漱溟先生与费孝通先生的后人和陶行知研究会的负责人共同见证这一办学计划的启动。著名书法家都本基先生为乐和书院贡献墨宝，上联是"教育为公以达天下为公也"，下联是"知行合一必能天人合一焉"。

在这次盛会上，孔子第 79 代嫡孙、至圣孔子基金会会长、中国孔子研究院名誉院长孔垂长先生发来了贺信，他曾在 2016 年的 7 月专程从台湾来到曲阜，出席地球村和至圣孔子基金会联合举办的"儒行天下——儒学实践公益研修班"，并走进书院村授牌"至圣孔子基金会儒学社会实践基地"。站在孔垂长先生身边的，有来自全国的乡村建设的同仁和国学社工，还有梁漱溟先生的长孙，中国孔子基金会梁漱溟研究中心主任梁钦元。从孔夫子到梁漱溟，再到今天的学者和行者，儒家的血脉犹存，乡建的文脉未断。

2017 年 3 月 22 日，在著名的曲阜洙泗书院，孔夫子当年周游列国回来授徒讲学的儒家祖庭，首期国学社工培训班开班仪式在这里隆重举行。市委常委、宣传部部长艾国在致辞中将孔夫子称为中国最早和最伟大的国学社工。我作为洙泗书院的秘书长，与洙泗书院院长杨朝明先生、理事长颜炳罡先生、学术委员会主任姚中秋先生等院委会成员一起，给国学社工研修班开班和授课。鉴于社工界缺乏经典教育，而国学界不熟悉社会工作的现状，我们的课程是以圣贤书为核心内容的修齐治平＋六艺，即自我修身课、家庭教育课、社会工作课、对外交流课，以及耕、读、居、养、礼、乐六个方面的技艺；教学形式是庙学一体，祭讲合一，耕读并重，礼乐传习。学员们就住在洙泗书院旁边的书院村的农家小院。在书院读书，在乡村生活，在田间耕种，在河边散步。儒家文化的一套以仁为根本、以礼为准则、以乐为方法的教育体系；一个从家教、乡学、到书院的教育机制；一种以君子人格为内涵的教育目标，为今天的素质教育和学习型乡村提供了不竭的源头活水。

2017年5月20日，由中国孔子研究院、曲阜师范大学和洙泗书院院委会联合举办的"洙泗书院重启仪式暨首届洙泗论坛"在这里隆重举行，论坛主题是"梁漱溟思想与儒学重光"。来自全国十几所高校的研究梁漱溟的青年学者与来自十几个省市的乡建社工一起，探索和传承着从孔夫子到梁漱溟的儒家文脉。曲阜市市长彭照辉出席致辞，对于洙泗书院的工作给予高度评价。论坛之后，参会一行人来到洙泗书院旁边的书院村，参与乐和家园迎小满节气活动，参观社工站、豆工坊、小剧场，观看手语《礼运大同篇》，和村民一起面对面拉家常聊生产，融入乡村儒学生活。

乐和家园作为一种社区模式，需要遵循社会建设规律、培育自然社区组织、运用社会工作方法、建设社会工作队伍。需要政府通过购买服务的方式引进社工组织，并建立乡村的社会工作平台。显然，这样一支以弘扬中华民族共同体文化为使命、以社会工作专业训练为技能、以燃发共同体意识构建共同体社会为职业的专业社工队伍的建设是十分必要的。这支队伍的脚要扎下来，人要聚起来，课要讲起来，事要做起来，美要秀出来，史要记下来。当人们为一些学院派社工下不去、留不住、用不上而发愁的时候，我们摸出了一种在本地招募社工在实践中培养社工的路径。

社工不仅参与社会建设，也进行生态农业的实践，并在这个过程中传播生态意识，用道德理性来评判和选择现行科学技术，自觉抵制转基因作物流入乡村。我们建立了第一个小农场，用开耕仪式播下了这个生态黄豆的种子，摸索一产、二产加三产的六产五链模式，这里有农业，加工业的豆腐作坊，以及旅游业，并在资本链、产业链、销售链"三链"上加了"两链"，即乡村社会链和社工服务链，这些村民互助会代表和社工们在地里干活的时候好像过节气庙会一样有说有笑，收成的季节发现有人在偷豆子，就开会决定凌晨四点起床去轮流到地里巡逻，然后是集体突击收割，多长时间没有见过这样共同生产的气氛了。如今，社工们和互助会共同经营和耕种的生态黄豆已经收获了两茬。

社工还要求有一种本事，就是会演戏。戏剧教育成为社工的必修课，然后和村民一起演戏。一般说来，乐和家园的试点村要求有一个乡村小剧场，这样的小剧场通常由村委大院里的会议室或者堆放杂物的大屋子改装而成。一个村里出现媳妇打婆婆了，社工就帮助互助会编了一个剧，把它演出来，演的时候上下都哭，最后这个问题就解决了，我们叫无剧本剧。还有村里的孩子经过社工培训后演生态农场的故事，讲大白菜怎么受污染，都演出来。还有乐和春晚，每年有一次，各村的小剧场节目在这里会演。我们把"一站、两会、三院、六艺"做成了 12 条，对于社会治理来讲是 12 个要点，对于社区教育来讲是 12 门课程，对于社工来讲是 12 门技艺。

当然，参与乡村振兴的路径不只是成为社工。我们正在与同伴同仁联手推动"共享农园"行动，希望每个城里人都可以通过参与共享农园、成为乡村创客，来回望乡村、回报乡村和回归乡村。比如参与"一分田行动"，促成农田的生态转型，通过互联网＋互助会的机制众筹联营共享办有机农场，"分一分田回归乡村做良心小地主，担一担责修复国土做爱心大丈夫"！参与"一个院"行动，通过互联网＋互助会的机制，与村民众筹联营共享，把闲置院用来办养老院、小客栈；参与"一窝蜂"活动，保护正在濒危的中华蜜蜂以及购买生态农产品；参与"一个园"在乡村建立创意园；参与"一群娃"活动让城乡的孩子贴近自然家园学习传统文化，如此让城市资源回流来重建城乡阴阳调和：社会投资旱涝平衡；全民参与食品安全、社会力量城乡统筹、万众携手保种救土、乡村认证信用重建、妈妈回家告别孤独、精英回流凤凰筑窝、告老还乡归根复命！

乐和家园是由政府和民间共同探索的一种乡村振兴的模式，它不只是理念和模式，而且是从川黔湘鲁浙上百个村庄曾经有过或正在进行的样本和故事。各个地区有着不同的特点和过程，但也有着一些共同的经验，这就是"以党委政府为主导、村民居民为主体、传统文化为主脉、社工服务为助力"。乐和家园又是一场尚未完成的乡村振兴实验。其中有许许多多的曲折、波折、挫折，以及某些地方因人事变动而出现的夭折。但它是一场仍在进行的实验。一个胎儿需要十月怀胎，百年之变后的中国乡村建设可能需要十年或者几十年的怀胎，可能需要若干代人的努力。乡村振兴的成败，取决于能否调整政府和社会、城市和乡村的阴阳失衡；取决于能否从单向的扶贫与硬件建设，转向社会、经济、文化、环境和健康五行生克相辅相成的中医思维和整体发展，取决于能否将中国精神的振兴作为乡村振兴的关键。梁漱溟先生关于"以中国精神引进团体组织，以团体组织运用科学技术"的"新中国文化之路"的思想与实践对于当今乡村振兴依然有着重要的意义。

2017 年 6 月 23 日，值梁漱溟先生逝世 29 周年之际，在山东邹平县，梁先生当年从事乡村建设的地方来了一群年轻人，他们是地球村从事乡村建设多年的社工以及国学社工培训班的学员。他们希望以梁先生的事迹和思想激励自己，成为具有社会担当之德与能的当代士君子，以承儒家真精神。梁钦元老师欣然前往做实地辅导。对梁漱溟先生这位民国大儒和乡建前辈，是祭奠，又何尝不是汇报呢？

今年的 6 月 23 日，梁漱溟先生 30 周年的忌日，我和艾恺先生在成都大邑县，出席"这个世界会好的——梁漱溟先生生平图片展"；次日，我和艾恺先生在上海，参加互联网墨尔大学组织的线下论坛"榜样的力量"。我谈到梁先生的人格与足迹始终是我和团队的榜样，而之前的古圣先贤也会是梁先生的榜样，中国的圣贤文化就这样一代代地顽强地传递和延绵。

令人欣慰的是，我们的身边已经有了这样一批传习国学经典、致力乡村振兴的年轻人。在此，谨以在乡建一线工作了五年的地球村社工王政伟和他小伙伴去年在邹平梁漱溟先生墓前的一段告文作为本文的结语，其文曰：

> 梁公在上，后学来兹，祭拜先生，承蒙恩照。民国乱世，军阀混战，帝国列强，欺我不肖。泱泱中华，抛师蔑祖，打倒孔店，西学如潮。梁公举旗，北大开坛，尊儒讲孔，独立思考。弃职舍禄，建乡设校，身心大愿，英才感召。团体组织，科学技术，于农与教，于教与劳。邹平乡学，政教合为，棉农联社，自卫自保。向上之心，相与情谊，中华精神，全球昭昭。乐和团队，仰师已久，知其所行，知行合道。川渝湘鲁，九年奋斗，乐和家园，西行东耀。国学社工，当代君子，四书熟诵，六艺熏陶。筑建三堂，复兴三统，政社合一，城乡友好。先生遗愿，后继有人，乡建情怀，岂敢忘消。圣贤在前，先生在上，谨此祭拜，伏惟尚飨！

尼山乡村儒学实验

赵法生（中国社会科学院）

从 2013 年 1 月份开始，尼山圣源书院的同仁们，从尼山周围的乡村开始，发起乡村儒学实验。到目前为止，乡村儒学在山东已经开展了五年多时间，并自发地波及北京、河南、湖北、江苏、黑龙江等省市。山东省的乡村儒学已经实现了全覆盖，并在省内形成了三种发展模式：一种是以尼山为代表的学者主导的模式，依托于书院，学者主持，发动和组织志愿者开展工作，基本特征是民办公助；第二种是由政府推动的乡村儒学模式，山东省政府将乡村儒学和社区儒学纳入公共服务体系，省文化厅在山东百余家图书馆设立尼山书院，推进乡村儒学；第三是纯粹民间发起的乡村儒学，教学、人员与资金完全由民办，往往与佛教或者民间信仰结合在一起。这三种模式各有所长，到底哪一种能够长期坚持下去，逐步体系化，能在当地扎下根来，还需要时间的检验。将来能够有所成就的，必然是能够将乡村儒学变成一种群众自身的文化组织，完成儒学在乡村的内生化、体系化和专业化，这样才能最终扎下根来并传之后世。目前，基督教已经在乡村扎下根了，因为有了家庭教会和教堂，有了大批的富有牺牲精神的传道者，有完备的传播体系。与基督教比较，乡村儒学还处于发育的初期，如果说基督教是正规军的话，乡村儒学游击队都算不上，处于体系化过程的开端，缺乏资金、场所和专业化儒学志愿者队伍。乡村儒学的前途首先在于有没有可能形成一批有素质、有奉献精神的职业化的志愿者队伍，以传道授业为志业，这也是乡村儒学目前面临的最大挑战。

一、发起乡村儒学实验的动因

我们发起乡村儒学实验，主要是基于以下几个方面的原因：

1. 乡村文化的沙漠化。传统中国的乡村可以说是文化的蓄水池，遍布乡村的私塾培养了乡村的文化人，孕育了数千年耕读传家的传统；村里的祠堂、土地庙、关帝庙、河神庙、火神庙以及其他异彩纷呈的民间信仰，满足了普通村民的超验追求，提供了对于人生终极意义的答案，是乡下人的安身立命之地。不仅如此，乡村私塾培养了大多数的读书人，他们在科举考试中金榜题名，晋身到士大夫阶层，但是到了退休的时候依然返回到乡村，成为乡绅，在那里搞教化、做慈善，反哺乡村的文化。做官做到参知政事的范仲淹，退休之后就苏州老家，在那里办了义学，义庄，兴一方教化。近代以来，中国社会结构发生了重大变化，尤其是城乡关系发生了重大变化，其中最大的变化是文化人离开乡村之后就一去不返。不单是高学历的文化人，现在来看即使是高中生，也不会安分在农村继续生活下去。目前，那些没有文化的年轻人也在逃离农村，到城里去寻找自己的乐土。所以，现在农村成了留守妇女、儿童和老人的世界。那么，这种情况，在中国三千多年的历史上从未出现过的。梁漱溟曾经把中国近代以来的历史看作是破坏乡村文化的历史，从文化人一批批离开乡村不再复返的现实看，也可以称之为乡村逐渐失血的历史。知识分子离开乡村一去不返，将乡村隔绝于现代文明；近代以来对于儒家文化各种社会载体的有组织的肆意摧残，这种摧残到"文化大革命"期间达到了顶峰，则将乡下的传统文化破坏殆尽。目前的乡村不仅在经济上面临着过大的城乡差距的挑战，在文化上与城市的差距更大。

最近十多年，全国范围内撤并乡村小学之举，使得乡村的文化生态失衡更加严重。教育部门为此寻找到的理由是乡下学生生源减少，多少有点文化史常识的人都知道，传统的私塾一般也就十来个学生，有的只有几个学生，为什么那么贫穷的时代，这样少的学生，村庄里都有一个私塾呢？难道当代中国人对于乡村教育重要性的认识还不及传统国人？乡村小学的大规模撤并，使得城乡之间的差距，不仅是在经济上越拉越大，在文化和教育上也越拉越大，促使年轻人加速逃离乡村，即使为了下一代他们也不得不这样做。人们眼下时常讲留守的乡村，三八、六一、九九（妇女、儿童、老人）部队的乡村，其实，最可怕的没有了文化人的乡村，没有了人生信仰的乡村，沙漠化的乡村。起码的文化水准建立文明社会的必要条件，目前乡村中秩序的紊乱部分原因在于乡村治理结构，部分原因则在于文化沙漠化。

2. 乡村面临比较严重的家庭伦理问题。大家知道，儒家一向重视儒家伦理，而家庭伦理的根本在于孝道。《论语》上说："孝悌，其为仁之本欤！"由于缺乏公共空间和公共理性，传统中国人公德不彰，但是私德相对较好，这首先归功于中国悠久的家教文化，包括家谱、家礼、家训、家族祠堂等。但是，近代以来，特别是到了"文革"，家教文化传统被全面打倒，人伦底线坍塌，维系家庭组织的一些基本人伦价值被解构，使家庭面临一系列严峻问题，尤其是孝道方面。目前，乡村老人和城市老人一个最大的差别在于前者没有退休金，尼山一带六十岁以上的老人每人每月有七十元补贴，数量太小，对于维系老人日常开支作用不大。所以，乡村老人一旦失去劳动能力，他的生活与生命就完全交托给了子女，至于子女是否愿意承担这份儿义务，就完全他们的心态了。所以，对于农民而言，儿女的孝心就是他们的退休金。如果没有孝心了，乡村老人就没有活路可言。根据我们的调查，在各地乡村，不孝敬老人的情况很多，不孝者并不感到脸上无光，其他人也并不谴责他们，表明维系乡村孝道的舆论氛围已经淡化。乡村孝道的式微是对于传统文化进行大批判和改革以来一切向钱看这双重因素作用的结果。孔子当年曾经感叹：养老人不是养牲口。但是，一旦孝道的观念沦落，一旦金钱至上的观念占了上风，农民们就宁愿养牲口不养老人，因为前者可以挣钱而后者只能赔钱。我们在调查一个村子时，村主任告诉我们，前不久一位儿媳妇公然在大街上打他婆婆的耳光，他认为这是村民的家务事，不好管，况且这样的事情又很多，管不过来。实际上，在唐律中有规定，子女殴打自己的父母的罪过等于谋逆。按照传统礼法的理路，一个人殴打别人的父母是个法律问题，殴打自己的父母却是人性问题，是人伦底线问题。

我们调查中发现这里老人房十分普遍。儿女一结婚，老人就要搬离出来，搬到远处一个又矮又小的房子里，单独在那里生活。居住条件差还不是最为关键的，更重要的问题，大多数老人房离儿女很远，如果老人半夜突发疾病，后果就不堪设想。有的甚至去亲戚家报丧时，连老人几点去世的都说不清楚。老人似乎也已经习惯了此种待遇，有的在儿子谈女朋友时就已经主动表态，一旦他们结婚，自己就主动地搬出。这在很大程度上是子女放弃了子女对老人日常照顾和赡养的义务，与遗弃老人很接近了。另外，乡村老人自杀问题也引起了学者的注意，华中科技大学乡村治理研究中心的四位教授花了几年时间，调查乡村老人自杀问题，写了一篇长篇报告，已经在中国青年报刊登了。他们发现的事实令人吃惊，在湖北京山县等地方，农村老人自杀率接近30%。我曾经与参与调查的桂华博士交谈过，他告诉我，他们的调查都是用严格的统计学调查，调查的覆盖面涉及十个省，出现较高乡村老人自杀现象的不只是一个省。中国历史上有非常贫穷的时代，有战乱频仍的时代，但是老人出现这么多自杀的，恐怕历史上没有过。正如著名社会学家涂尔干的研究所表明的，自杀主要是一种精神现象，物质的贫穷或者工作的压力都不足以使一个人自杀，自杀的主要原因是心理绝望。社会学者对于乡村老人自杀的调查也证实了此种观点，老人自杀的主要原因在于老无所养，老无尊严。这说明乡村的文化生态出现了严重的问题。

3. 乡村的传统文化体系被摧毁之后，外来宗教在乡村快速传播。这几年，基督教及其一些变种在乡村传播很快。基督教是合法的宗教，公民也有信仰自由。但是如果某种宗教在基层社会传播过快，导致乡村文化结构的失衡，就是一个值得注意的问题。据专家统计，到1949年为止，中国基督徒总量约七十万人左右，但是，"文革"结束后，中国基督徒的数量以每年七十万人的速度增长，至今已经是一个十分庞大的数字。在孔子的故里也不例外。我们在调查中还发现了基督教的而一些异化变种。因为现在农村基本上是一些没有文化的老弱妇幼，在这种没有文化的环境当中，宗教的传播容易发生异化。有一次，我到一个村子里去做调查，碰上一个老大娘，到老大娘家里去做了一个家访，发现她家里墙上贴满了耶稣像，我问她："大娘，看来你是信主的？"她说："是，我信主啊。"我问她："那你现在去不去做祷告啊？你多长时间去参加一次聚会啊？"她说："我原来是每周都去的，我现在这段时间不去了。""为什么呢？"她说："去就打人。"我说："怎么打人呀？耶稣主张爱人，不会打人。"她说："去了，先打你一顿，然后再讲道，因为打我的人说主耶稣要考验你。"这显然是乡下传歪了的基督教。我就劝她："大娘，你以后不能再去了，这个教已经传歪了，这不是正宗的基督教了。"从媒体报道的情形看，这些异化的"教门"（当地农民的说法）在乡村并非个别现象。

目前乡村的文化沙漠化，乡村老人自杀等问题表明，乡土文明在一些方面已经突破了文明的底线，乡村文化与乡土文明需要输血式急救，需要那些关心乡村的人城里人返回来重建乡土文明。基于以上考虑，我们开始着手乡村儒学实验。这些人多是"文革"后从农村考出来的大学生，也属于前面所说走出乡村后就一去不返的人，我们和后代都已经变身为城里人，我们这些曾经的乡下孩子也不可能再回农村生活了，但是农村依然是我们魂牵梦绕的故乡。作为一个儒家学者，别无所长，如果能够为乡村的文化重建做一些工作，对于自己或许是一种心灵的安慰。另外，当时选择尼山的乡村，也有这样一个考量，现在许多人都在谈儒学复兴，如果儒学在它的发源地都无法再有效地发挥其教化作用，所谓的儒学复兴也就只能是口号了。

二、重新认识乡土文明的意义

中国人近代以来逐渐形成了一种根深蒂固的观念，认为现代化就是城市化，而农村这两个字就意味着落后和愚昧。所以，现代化就是要消灭乡村。其实，这是一种十分片面的观点，近代以来，中国人遗弃了为孔子所珍视的中道智慧，在思想方式陷于二元对立的窠臼，我们一定要彻底打倒孔子才能实现现代化，我们一定要拆掉北京的古城才算是新北京，我们必须消灭乡村才能完成工业化，我们只有打碎旧世界才能建设一个新世界，诸如此类，不一而足，其实是一种思想文化领域的"阶级斗争"理论，比政治领域的阶级斗争说更加可怕。就现代化过程中的城乡关系而言，它远非消灭乡村这样简单。发达国家近期出现的逆城市化现象说明，现代化绝不能简单地等同于非农化，发达国家依然有大量的乡村区域，乡村本身并没有随着现代化进程而凋敝，反而生机盎然，透露着富庶和谐的气象。在现代社会，尽管乡村在 GDP 中所占的比重已经显著降低，但是，文明不等于 GDP，反之亦然。从人类文明本身的结构看，工业文明代表了人类征服利用大自然的一面，农耕文明则更代表了人类与自然和天道之间的和谐，文明的维系和存续，依赖与这两方面的平衡，也就是天人之际的平衡。因此，乡土文明与工商文明构成了阴阳互补的两极，二者不是单纯的一分为二，而是合二而一。

另外，从文明史的角度看，乡土社会中隐藏着人类文明更为本原性的精神力量。尽管工商文明在制度建构和科学知识方面成就斐然，但是，农耕文明却为迄今的人类提供了最主要的宗教信仰和哲学思想，正如大自然才是人类永恒的家园一样，这些来自农耕文明中的伟大宗教与哲学，迄今依然为现代人类提供着必不可少的精神滋养。如果说，工商文明代表着人类在制度建构与理性推进方面的巨大成就，则发达的理性与知识，依然需要古老的农耕文明所孕育的宗教信仰情怀来引导。正如人不仅有理性，还要有情怀，不仅要有知识，还要有信仰。在前不久召开的乡村儒学会议上，著名学者李存山先生指出，乡村是城市的根，乡村儒学是城市儒学的根，乡土文明是城市文明的根。从文明史的源流来看，人类最早的文明发源于乡村，乡村文明是孕育人类文明的文化母体，就像天地是孕育了万物的自然一样。正因为如此，尽管英国是一个现代国家，但是，英国人却说他们的精神在乡村。从再生产的方式而言，农业文明以对大自然最低程度的破坏来展开其物质生产活动，维系人类自身的再生产，这比工业文明要集约得多，合理得多。现代工业文明是物质主义的，它仅仅将宇宙天地万物看作是自己的消费对象，不惜任何代价满足自己欲望的需求，这种文明中的人实际上已经将自己降低到腔肠动物的水平，对于他们而言，肠胃的满足和感官的舒服就是一切，这是人性的蜕化，更将文明置于一种危险的境地。

但是，在现代中国，农业与现代化不能两立的思想是这样的深入人心，不仅决策者们这样认为，知识界这样认为，社会大众这样认为，甚至农民本身也这么认为，连农民自己都认为做农民是没有出息的，是愚昧落后的，仿佛那是一种天生的原罪。社会学家张玉林教授把这种观念称为贱农主义。这种观念，既是我国长期以来城乡二元政策的产物，又反过来加剧了城乡失衡，对现代中国社会产生了极大的影响。

因此，儒学的根在乡村，梁漱溟、费孝通等近代学者都对于乡土社会与儒学的内在联系作为深入的考察，北宋吕氏乡约、明代泰州学派以及梁漱溟的乡村建设等也为乡村儒学的发展做了有意义的探索。今天，在儒学遭受到了空前的历史摧残之后，它的复兴也必须遵循归根复命的规律，从最为荒漠化的乡野开始进行灵根再植。儒学的一切民间传播体系被摧毁，儒学根部的生机殆绝的情境下，试图将其变为政治意识形态，走所谓的上行路线，不但有违现代社会政教分离的基本法则，窒息儒家的思想活力，而且是颠倒本末之举，打个未必完全妥当的比方，它好比是想让一个棵树倒着生长，先栽花朵，次栽枝叶，再栽树干，最后去栽种树根，世界上有这样栽种成功的树木吗？

三、重建儒学在乡村的教化体系

乡村儒学实验的目的，是要重建儒学在乡村的教化体系，重建乡村的人生信仰，以解决当代儒学魂不附体的时代难题，为此，我们主要做了以下几方面的工作：

1. 建立固定化的乡村儒学讲堂。在乡村弘扬儒学，任何教化首先要有一个固定的场所，就像佛教需要寺庙，基督教需要教堂一样。乡村儒学讲堂的发展，经历了一个农民进书院和书院下乡村的过程。第一个讲堂设在书院里，因为书院附近就有三个村庄。后来，我们就把讲堂设到村庄里。开始是一个，后来到三个，第二年在整个圣水域镇共建了七个村级讲堂，另外还在县城建立了一个社区儒学乡镇法庭。我们的乡村儒学讲堂形成了一套常态化的学习制度，每半个月一次。中国传统古代的乡村儒学会讲，是初一和十五，也是两次。我们是每个月的中间和最后一个礼拜六。乡村儒学讲堂是给村民讲儒学的地方，也是村庄的公共文化场所，有没有这一个场所对乡村至关重要。华中科技大学参加调查乡村老人自杀的桂华博士告诉我，他们在调查中发现，某一个村庄因为有一棵老槐树，老人的自杀率就降低下来。为什么呢，因为这个老槐树就是一个公共空间，为农村老人提供了一个说心里话的地方，心里的苦水一旦可以倾倒出来，也就不再那么苦了，自杀率因此而降低。一开始，村民并不知道这个乡村儒学讲堂是干什么的，甚至抱着几分警觉，以为又是来骗钱的。另外，虽然是在孔子的老家，村民们对孔子其人其学也是一问三不知，不知道学习孔夫子有什么一意义。农民是没有礼拜天的，他们没有闲暇，为把他们吸引进来听课，头几次讲课时，对坚持听课到底的村民发一点礼物，说来都是微不足道的生活品，第一次每人一袋洗衣粉，第二次是一块肥皂，第三次每人就发一个塑料盆，也算是教化的方便法门吧，体现了对于听课村民的体谅和鼓励。因为发了头两次礼物，加以讲课效果还不错，第三次就来了一百二十多人，结果买得塑料盆不够了，多亏村主任喊了一声："村干部同志们就发扬风格不要了！"发了三次之后，村民感听课到有收获，不用再发奖品，农民依然前来听讲。

乡村儒学讲堂的听众主要有老人、中年妇女和儿童三部分，其中老人和中年妇女占百分之七八十。初期我们曾经担心这样的听众结构是否有意义，因为基本没有青壮年，而孝道教育又是乡村儒学的重点，那么，教化的对象究竟是谁？谁来落实孝道呢？但是，实践证明这种担心是多余的，因为文化如同空气，是可以传播的。只要一个人来听，就可以影响全家；只要部分人来听，就可以影响全村。影响力的主要来源是榜样的示范。这一点，其他各地的乡村儒学也提供了相似的经验。比如调查福建省涵江县霞浦村时，我也给村民提出了同样的问题，他们的讲堂最多可以坐一百多人，可是，这却是一个5000多人的巨型村庄，一百人如何能够影响五千人呢？一个姓周的村民回答："人少，可是影响不小，就以我来说，我过去是村里有名的赌徒，家徒四壁，无可救药了，我都改了，在村里引起很大反响。我们村的另一个儿媳妇，原来以不孝公婆著称，经过学习像是换了一个人一样，家庭和谐幸福，她的事迹传遍了全村。另外，讲堂的义工们无私奉献，扫街修路，村民们看在眼里，记在心里，自然会受到影响的。"他的话，基本上道出了乡村儒学讲堂何以有效的原因所在。

2. 形成一支专业化的乡村儒学志愿者队伍。就像基督教要有牧师，就像佛教要有僧人一样，儒学的重建要有专门的传道者。一开始，是我们几个学者到农村去传播儒学，后来点多了，我们就在本地发动了一批志愿者。这些志愿者，有的是退休的干部，有的是退休的老师，也有在职的老师，也有做企业的老板等。那么，这些都是无偿地尽义务来为农民传授国学。有的志愿者表现了很高的奉献精神，他们不但免费去给农民讲课，还要给听课的群众孩子们买一些小礼物，有的要给孩子买一些文具，有的给义工村民买录音机，还有的八月十五前后做调查的时候还要给农民买月饼。这支志愿者队伍，对乡村儒学的开展发挥了关键的作用。

3. 建立一套乡村儒学的传播体系。这套体系包括课堂和课外两方面。课堂教学要有包括教师、教材、教法等，它不同于学历教育，目的不是考试升学，它是修身做人的教育，信仰的教育，这正是目前国民教育中所空缺的。这就决定了讲课的方式不是满堂灌，不是知识传授，尤其不能讲抽象的大道理，村民是不客气的，如果听不懂，他们搬起板凳就回家去了，因为家里还有一大堆儿活儿要干呢。这不是说大道理不重要，而是说你要把大道理讲得村民愿意听。其实，给村民讲课并不是没有道理可言，不过，你要给抽象的义理涂上形象的奶油，村民就能接受。这就涉及理与事之关系。华严宗认为理事相即，理在事中，全理即事，理逐事彰，因此，讲故事谈体会是让村民明理的最好方法。我们在课堂上讲乡村里一些感人的家庭故事，以及祖祖辈辈流传下来教人的老道理，村民最愿听。尤其是要让村民们知道和家要从我做起，不仁不孝对谁都没有好处，我们在乡村儒学活动中发现了一个真实的案例。炎热夏天，一对夫妇正在挥汗如雨地建房子，五岁的孩子在一旁喊饿，闹着回家吃饭，母亲训斥道："你就知道饿，还不到十一点半呢！没看见我和你爸爸正在盖房子吗？"孩子问："妈妈，我们不是有房子吗？为什么还要盖新的？"妈妈说："孩子，没看见你爷爷奶奶吗，年纪大了，又聋又脏，还常生病，以后就放到这里来，咱们好省心！"孩子一听明白了，说："妈妈，我不饿了，你们好好盖吧，盖得结实一些。"妈妈问："盖得太结实干什么？"儿子回答："等你们老了，我把你们也送过来"。孩子的回答不仅让他的妈妈心惊肉跳，而且也让每一个听故事的村民心里咯噔一下。儒家虽然不太讲报应，但是，正如《诗经》所说："慎乎慎乎，出乎尔者，反乎尔也。"那些不孝亲敬老者，已经为他们的子女树立了最好的反面教材，他们的一切行为，将来都会反作用到他们自己身上。

除了课堂之外，还有不少课外活动，课内课外、家内家外的活动结合起来，构成了乡村儒学传播体系的内容。这个体系包括以下几方面：

第一，行孝道。孝道是现在农村最为突出的问题，也是农村的老年人、中年人包括青年人都关心的问题。所以，一开始我们就决定，给农村讲什么呢，先讲孝道，结果效果非常好，村主任说今天来听的老人有好几位都掉泪了，听完课了回家还在掉泪。什么原因呢，我说肯定是老人在家受委屈了，我们讲课的内容触动了他的心弦。不单是讲孝道，最重要的是要践行孝道。所以，我们不断从村里找一些孝道的典型，让他们也介绍他们行孝的经验，来表彰先进，带动落后，从这里开始，还给前来听课的孩子布置孝道作业。第二，学经典。读的经典不能是很复杂的，必须是浅显易懂的，我们一开始讲的就是《弟子规》，后来也讲一些《孝经》《三字经》，有时候也讲一点《了凡四训》，或者是《土凤仪讲道录》。讲读的经典，我给它总结的模式就是圣书加善书，圣书就是儒家经典，善书就是中国传统的劝善经典。现在，民间自发的乡村儒学以善书为主，缺乏圣书的引导，学界主导的教学又以圣书为主，很少涉及善书。其实，将两者结合起来才是乡村儒学所需要的。但是不管是善书还是圣书，讲法与学校的应试教育大不一样，这里讲经典应该故事化、生活化、体验化，而且要注意和村民的互动沟通。有的志愿讲师非常善于和村民沟通，他讲着讲着就走到村民中间，让这个大嫂回答一个问题，让那个大嫂背诵几句，还会随机地请人上讲台唱歌，活跃课堂气氛。第三，习礼乐。中国文化叫作礼乐文明，但是我们现在可以说是礼坏乐崩，这个问题已经引起了全社会的广泛注意。而我们乡村儒学课堂就从最基本的生活礼仪教起，我们每次上课之前，都要播放一点孝道歌曲，儒家的教化歌曲。另外，每次上课之前，让孩子都走到前面，给在座的长辈鞠两个躬，然后所有人站起来给孔老夫子鞠四个躬。另外，我们也请一些专家给老百姓讲一些生活礼仪，像婚礼、冠礼、丧礼，讲一些传统礼仪和他们本地的礼仪结合起来。第四，救孤寡。有些老人生活十分困难，我们就帮助他们；有些儿童因为家庭困难失学了，就帮助他们恢复上学。我们发现这个村子里，高血压病人特别多，三高的病人特别多，我们从城里从济南请来了心内科的大夫给他们治疗三高、讲解一些防治三高的知识，受到村民热烈欢迎。每逢过年，对村里困难家庭进行救济。我们在村里还搞起了一个"安怀基金"，"安怀"之名来自孔子的一句话"老者安之，少者怀之"。目前，就是在孔子的老家，老者不得安，少者不得怀的现象也不少，此一基金就是为了解决这一问题。除了我们自身募捐外，还组织村民捐款，一个外地来村里买地瓜的商贩，一听到有这个事情，也主动掏出了二百元捐款。我们希望这几个基金能够做起来，让更多的老人孩子受益。第五，营氛围。人是环境的产物，氛围的营造非常重要。在试点村子里，每天早晨七点就要播放《弟子规》，孝道歌曲，像《跪羊图》、像《感恩一切》《婆婆也是妈》等，天长日久，日积月累，对村里文化氛围的改善很有意义。另外，我们也搞了一些评比活动，让农民自己来投票，评选他们的好媳妇、好婆婆、好家庭，另外还根据农民的要求，请县里的剧团来村里表演一些文化节目，尤其是一些孝道、传统文化、家庭伦理的节目，非常受农民的欢迎。第六，立乡约。乡约是中国传统乡村自治的主要依据。近代以来，这个传统实际上也被丢弃了。根据我们调查目前有些村子也有乡规民约，但是这些乡规民约基本上都是硬性的具有法律法规性的规定，只是单方面要求村民做什么做什么，比如不许偷东西、不许超生、不许乱到垃圾、不许打架等。只有这么多不许，没有心性的启发，人心的唤醒，它就成了法家，而不是儒家。儒家的乡约是建立在自我省察的基础上，建立在农民自觉自愿的基础上。现在的乡约实际上已经变形，因为儒家的传统没有了，所谓的乡约也就名存实亡了。

不管是讲课，还是进行各种教化活动，最重要的是你本身的言行。儒家是知行合一的学问，是重视身教的学问，你的口才再好，还不如你真心对村民好，不如你做得好。乡村儒学志愿讲师中，成效最好的不一定是那些讲得最好的人，但一定是那些做得最好的人。你口中所说的，只有你做到了，村民才会信服。否则，你讲得全是真理，村民也不相信。就其现实形态看，儒学的本质是学儒，是出则孝入则悌的德性修养，如果把它当成了只说不做的知识，心口不一，知行为二，那就变成了口头禅，既不能修己，更不能安人。

头半年的效果并不是很明显，村民有时候嫌讲课的次数太多。到了2013年的八月份，讲了大半年了，管不管用呢？老百姓能听进多少去呢？我们心里没底。所以，8月份组织了一个背诵《弟子规》比赛，由山东省建委王晓瑜先生资助了三千块钱，给村民买各种奖品，村民的积极性非常高。那天背诵《弟子规》比赛，一共有200多村民到场，整个教室挤满了人，从老年组、中年组到少年组，既有团队更有个人，尤其是少年儿童纷纷上台背诵《弟子规》，一直到十二点半。在即将结束时，一对刚结婚的青年夫妻跑到台上，主动要求背诵《弟子规》，说他们两个结婚之前已经将《弟子规》全文背过了。村里青年人很少，村民当然欢迎他俩上来背诵。教室了熙熙攘攘，诵读声此起彼伏，有一种过年般的感觉。村主任讲，村里已经十几年不开群众大会了。在《弟子规》比赛期间，还出现了一个小插曲，就是把奖品发错了。村里评选了五个孝心媳妇，结果有六个人上台来领奖，因为当时人很多，奖品也足够，我们没有搞清楚，就颁奖了。但是，其中一个大娘来领奖时，我发现正在台上服务的小学退休老师朱老师对她喊了一句："你上来干什么？"我心想，人家上来领奖，你大呼小叫干什么？那位大娘也不吭声，领了奖品随队下去了，奖品是一件不错的服装。但是，比赛结束后，马上就有村民前来告状，说某某某她为什么上台领奖，为什么把她评为孝心媳妇？她要成了孝心媳妇，我们村就没有不孝顺的了。原来，这个村里有两个重名的妇女，年轻一些的是个孝道模范，年龄大一些的是个不孝的模范。此人非常不孝顺，她公公得了癌症了，她还跑到门口骂，把公公气死了，而且还不参加送殡。村民质问，这样的人，你们还奖励她？你们到底怎么评的奖？要求我们把奖品要回来。我们自然没有这样做，否则她就太难堪了，因为农村人都很讲究面子的，我们但愿这个错发的奖品能够对她有一点歪打正着的作用。后来据说此人的为人处事有了很大改变，虽然公婆都已经去世，但与邻居们的关系大有改善。山东人民日报分社的主任徐锦庚先生自己一人跑到村里调查，听了这事很感兴趣，写成了一篇报告文学，题目叫作《颁错奖》。

真正的教化效果显现出来，是到了年底，到了过春节的时候，因为过春节是我们中国人最隆重的节日，也是一个孝亲敬老的节日。平时，村民各忙各的，但是这个时候再忙，也要关注一下老人，走亲访友等。所以，村子里到了年底，很多农民告诉我们，村子里变了，尤其是孝道的正气被树立起来了。不管在家里怎么样，现在在村子里没有人敢公开不孝敬老人。有些原来非常不孝的人，也有了很大的转变。那个打婆婆的儿媳妇，到了年底就给她婆婆买了一身新衣服送过去了，这是以前从来没有过的事情，她的婆婆自然非常激动，后来这个儿媳妇还经常用三轮车带婆婆赶集。还有位老大娘三个儿子，因为是山区，生活水平比较低，每个儿子每年的赡养费只有二百元，但是二儿子从来都不给，二儿媳妇还经常挑老人家的毛病。经过一年的学习，二儿媳妇到腊月二十八就主动送来二百元，还请婆婆回家过年，因为她婆婆也是住在一个又破又旧的老人房里，结果婆婆不敢去。到了第二天，二儿子又来请她，这老婆婆才放心地回去过年，回去发现，这回变了，全家人待她若上宾。除了孝道的改善之外，村里的社会风气也有较为明显改善，这是我们没有料到的，因为我们一开始目标就定位在家庭伦理。经过一年学习，偷东西的明显减少，原来一到秋天就有几个人到坡里偷东西，村民称之为"秋里忙"，尤其是收花生的时候，得抢收，收下来赶紧运到家里，不注意就让别人拉走了，现在没事了，村民在大街上晒花生都不要紧。村里骂街的明显减少，骂街曾经是村里的一道风景，有些人与他人有矛盾，平时不好说，喝了酒就到街上叫骂，骂的话又特别难听，对村里的文明影响很坏。经过一年的学习，骂街的消失了。其中有一个村庄叫作小官庄，讲堂开了五个月，村主任要请我们吃饭，他说："讲堂管用了，邻里关系有了改善，骂街的也收敛了。前几天我到街上碰见一个老大爷，此人经常骂街。我看他披着棉袄，像是刚喝过了酒，鼻子红红的，正在开骂，正巧让我碰见了，便他说了一句：你也学了五个月的《弟子规》了，还好意思骂街吗？一听这句话，他转身跑进家里，把大门闭起来，不出来了。要是原来的话，我越批评他，他骂得越厉害。从前，碰上骂街的，我只能赶紧跑回家里去，将高音喇叭放开，与他比个高低，别无良策啊！"另外，村里的卫生也有显著改善，原来要打扫五车子、六车子垃圾，现在一车子两车子就可以了，因为村民自觉了，往前走几步将垃圾放进垃圾箱里了。根据我在福建、河北、山东各地所做的调查，乡村儒学只要扎实开展，坚持一年左右，都会有以上各种效果。这说明，乡村伦理问题具有相似的症状。

四、重建乡土信仰

在乡村儒学初见成效之后，它将如何深化和巩固，成为乡村内生性的文化力量？这是当前必须回答的问题。儒学不仅仅一种哲学理论，而且是一套人生信仰，具有安身立命的功效，乡村儒学实验证明这一生命的学问在今天的基层社会仍然具有其现实意义。

乡村儒学只有真正变成了乡村群众的人生信仰，重新具备了安顿生死的意义，它才能够真正在乡村扎下根来，这也是我国乡村的文化建设亟待解决的问题。

（一）常规性教化场所的缺失是目前乡村与社区亟待解决的问题

放眼世界，现有各大文明的乡村社区都为其具有本民族文化特色的教化场所覆盖，基督教文明、印度教文明和伊斯兰教文明都是如此。中国传统文化儒释道三教为内涵，以儒家为主体，儒家虽非建制性宗教，但千百年来形成了包括宗族、祠堂、私塾以及民间道堂在内的诸种教化组织，遍布于广大城乡，发挥着基本的道德教化功能。近代以来，由于基层社会的儒家教化组织载体被摧毁，导致了广大乡村和城市社区就道德教化功能的缺失，也导致了乡村和社区出现了严重的道德空心化。乡村不用说，即使北京和上海这样的大都市里，那些看上去流光溢彩的社区也缺乏传统的教化场所，甚至没有一个祭祀祖先的公共场所，以至于每到清明节和春节等重大节日，繁华的都市街道变成了焚烧冥纸的香烟缭绕之地。一个拥有五千年文明史的古老民族，一个最重视孝道的礼乐之邦，竟然连给祖先焚香烧纸钱的地方都没有了，这不能说是这个文明古国在现代转型中所遭遇的文化尴尬。

孔子早就告诫"慎终追远，民德归厚矣"，但慎终追远的礼仪，需要一个相对庄严肃穆的实施的空间；对于大众的道德教化，也需要一个常规性的教化场所。因此，社会基层道德与信仰的缺失，首先是因为缺少公共教化场所。武汉华中科技大学乡村治理研究中心的教授发现，在那些乡村老人子自杀率较高的地区，如果某村有一颗千年古槐，老人自杀率就会降下来，这是因为古槐发挥了乡村公共文化空间的作用。因此，随着传统文化复兴的深入，借鉴传统社会经验，结合现代社会的需要，重建乡村和社区教化场所的任务，已经提上议事日程。

（二）三堂是传统中国乡村和社区的重要教化资源

传统中国的乡村并非文化沙漠，而是民族文化的蓄水池，涵养了整个国家的文化，这是因为有三种文化载体作为支撑：第一是私塾学堂，主要教育儒家经典和做人之道。私塾对中国传统社会的作用极大，我们在一些古典小说所看到的私塾先生多半是一幅寒酸固陋的形象，这种形象反映了私塾先生的生存状态，却不足以反映他们的历史贡献。相比较而言，私塾先生在传统中国所起的作用，要远大于牧师在西方社会所起的作用，因为私塾先生在传播文化的同时，培养了两个重要阶层：第一是国家文官阶层也就是士大夫阶层；第二是乡绅阶层，也就是承担民间自治的阶层，这两个阶层担负着整个国家的治理责任。这两个至关重要的社会管理阶层，就是由不起眼私塾先生们培养起来的。从特定历史境遇看，私塾先生们自身的寒酸潦倒是必然，如果说基督教牧师们手中有一把打开天国的钥匙，私塾先生的手中也有一把打开仕途利禄之门的钥匙，但是，这把钥匙却在命中注定无法将他们自己的仕途之门打开，因为他们基本都是科举考试最终的失败者，至多考中秀才，注定无缘于"春风得意马蹄疾，一日看尽长安花"的功名成就。近代以来私塾被强制取缔，留下了一个巨大的文化空间，由谁来教导农村人做人，谁来教给普通人最基本的人生观价值观？这是一个亟待解决的问题。

第二是宗族祠堂。祠堂是传统中国最为普及的教化和信仰场所，里面摆放着列祖列宗的牌位，供人们按时祭祀，它是慎终追远的教化场所，也是儒家教化的根本所系，传统中国人的一切人生礼仪，像冠礼、婚礼、丧礼、祭礼都是以祠堂为中心来进行的。此外，祠堂也是乡村自治和慈善救助的重要载体，如果有祠堂存在和宗族的保护，乡村老人就不会沦落到自杀的地步，依然有一个共同体在庇护着这些已经没有生存能力的老者。所以，祠堂是传统儒家教化的灵魂所系，是儒家文化的根，祠堂亡则礼乐亡，文明衰。江北的祠堂在"文革"当中大多被当作四旧捣毁，改革开放以来，福建广东等地又复建了一些，但是它目前的功能也与历史上的功能不可同日而语。

第三是民间道堂。传统中国几乎所有的村庄都有像土地庙、五道庙或者关帝庙等民间道堂，还有一些与儒释道三教相关的民间信仰场所。这些场所对于学堂和祠堂是很好的补充，比如五道庙或土地庙，人在死后要先来这里报到，让人生百年后有一个去处。这些道堂多与传统文化中的劝善思想相关，既能安顿生命，又能劝善惩恶，使人会有所敬畏，不能简单视之为封建迷信。

传统民间社会的人生道德信仰，主要是通过以上三堂来塑造，如果说学堂和祠堂教导了做人之道，道堂则回答了人生死后的去向这一终极关怀，三者合起来使生死得以安顿。当它们被当作四旧统统捣毁之后，村庄和社区便陷入了无意义的空白之中，活着没有价值，死后不知去向，人生失去意义。于是，活着没有敬畏，肆无忌惮；死后没有去向，一片虚无。

（三）在城乡社区建设三堂合一的新型教化场所

传统学堂、祠堂和道堂三堂是分散的，分属于教育、宗族和民间信仰三个不同系统，而且与宗法社会形态密切结合在一起，祠堂不用说，私塾也多为家族所设，恢复这种宗族性和离散性的传统乡村文化形态既没有可能，也不合时宜。在新的历史条件下，乡土文明的重建需要提升公共性，通过三堂合一，将讲学、祭祖和地方性的神灵祭祀集合为一个公共性的文化空间，使传统三堂的文化功能加以整合提升，成为具有现代性的乡村和社区教化中心，完成社会基层道德教化体系的重构。

首先是建立乡村社区儒学讲堂。根据我们在尼山进行乡村儒学的经验，可以在乡村社区建立儒学讲堂，替代传统私塾的教化作用。儒学讲堂是一种定期化和常规性的讲堂，有儒学志愿讲师给村民或者社区居民授课，每半个月讲课一次，主要讲解《弟子规》《孝经》《三字经》等基本儒家经典，以通俗易懂和生动活泼的形式向民众传播儒家做人之道，同时也教给村民一些人生礼仪和孝道歌曲，它还是村里的留守老人聚会和交流的文化场所。只要持之以恒，儒学讲堂会收到良好教化效果，是在基层传播传统文化的良好载体。

其次是建立乡村社区公共祠堂，作为乡村社区公共祭祖场所。传统祠堂多因宗族而建，随着中国由农业文明进入了工业文明，由熟人社会进入陌生人社会，现代乡村和社区需要一个具有更高公共理性和包容性的祭祖场所即公共祠堂，作为当代人的慎终追远之地。所有公共祠堂都设立中华文化人文始祖轩辕黄帝的牌位进行公祭，同时设有赵钱孙李各个姓氏的祖先牌位，供各姓氏祭祖时使用。在乡村公共祠堂中，各个姓氏摆放祖先牌位的神柜分列大堂两侧，正堂的主神龛平日空缺，哪一家祭祖时可以使用主神龛。这就将民族始祖的祭祀与各个姓氏家族的祖先祭祀相结合，在接续传统姓氏祭祖礼仪的同时，提升了祠堂的公共性，也促进了不同民族与不同姓氏的交流和友谊，更能体现中华民族多元一体、根枝相连、血脉相通的同胞情谊，是对于传统祠堂形态的一种超越。同时，乡村与社区公共祠堂的建立，将使得儒家最为重视的祭礼得以恢复，也为其他重要人生礼仪的实施创造了空间条件，对于重建乡村与社区礼乐具有重要意义。

最后，在有条件的地方，尤其是在闽南、皖南和广东等一些传统文化保留较好的地区，乡村社区儒学讲堂也可以和民间信仰相结合，这些民间信仰根植于中华传统文化，具有数千年的历史，比如土地神崇拜起源于殷商时期的社神，与天地崇拜密切相关；关公崇拜则是尊崇儒家忠义之道。这些源远流长的民间信仰对于民众的精神安顿和心灵健康具有重要意义。扫清它们，只会导致基层民众信仰的真空，为外来宗教在基层的大规模传播扫清道路。在中国南方部分地区比如皖南、闽南和广东省一些地区，传统的庙观和祠堂保留相对较好，为村民提供重要的信仰支撑，外来宗教的传播速度也远低于北方。在这方面，福建霞浦县的儒家道坛较为典型。该县乡村设有十多家儒家道坛，道坛由村民集资兴建，一般为二层或者三层，第一层是儒学讲堂，供奉孔子像和四配，是村民日常学习传统文化经典的场所；第二层供奉当地民间信仰的道坛神灵，有太上老君、关帝、土地神、观世音菩萨等。讲堂每天晚上六点半都有学习活动，主要学习《弟子规》《三字经》和《孝经》等儒家经典，大家齐声背诵后交流心得体会，其中的积极分子成了村里的道德楷模。其中一个村子在"文革"之后祠堂被拆毁，族谱被销毁，年轻一代辈分混乱，还发现了一起同姓结婚，女方为男方远房姑婆的情况。自此儒教道坛在该村设立后，义工们在道坛宣扬儒家伦理，重新修订了族谱，重新建立祠堂，理顺了村里人的辈分，村里的道德风尚也大为改观。还有一个村子，地处交通要道，原来，村里六合彩盛行，车匪路霸横行，犯罪者多为本村年轻人，为此还枪毙过两个青年人，但依然无效，后来经过道坛的教化，变成了远近闻名的道德模范村。本地原来的派出所所长，曾经负责枪毙过两个犯罪青年的，目睹村里的变化，也成为儒学讲堂的志愿者。

　　关于三堂合一的形式，根据各地经济条件的不同，既可以三堂合于一院，即三堂分设，但集中建在一个院内，分别承担讲学、祭祖和民间信仰功能；也可以将三堂的功能合并于一室，即设立一个村庄或者社区学堂，在正堂供奉圣象和祖先神位即可。新形式的三堂合一，旨在整合与替代传统中国乡村与社区中的学堂、祠堂和道堂的功能，提升它们的公共性，使之与现代社会相衔接，实现三位一体，彼此补充，共同担负起乡村社区教化的职责，使得传统文化在基层的传承获得现实的载体。三堂合一的建构，使得乡村和社区居民得以再度与圣人同在，与祖先同在，与数千年来护佑着我们的乡村和社区的民间信仰的神灵同在，我们荒芜的精神家园将因此而得以重建，我们的心灵将从此有所皈依，不再流浪。乡村和社区的民众，将能够再一次从圣贤、祖先和神灵那里重新汲取智慧和力量，这对于乡村社区传统文化的复兴和道德重建具有重要意义。

梁漱溟的"团体组织"思想在当代的实践

张兰英[①]　汪维行[②]　王　茜[③]

摘　要　早在二十世纪初，梁漱溟先生就分析了中国乡村缺乏"团体组织"的原因，强调建立乡村组织的重要性，总结了乡村组织成立的基本要义。二十一世纪以来，以梁漱溟命名的梁漱溟乡村建设中心，基于梁漱溟先生"团体组织"的思想，积极培育和发展综合性农民合作社，服务小农，提升农村组织化的程度。在"十九大"进一步强调基层组织建设在乡村振兴中的作用的当下，对梁漱溟乡村建设中心过去十几年的合作社工作进行梳理和总结，在反思的基础上继续前行，就显得非常必要和重要。

关键词　团体组织　综合性合作社　乡村组织化　乡村振兴

一、乡村组织化的必要性

今天中国的乡村在百年现代化的过程当中被极大地改造，尤其是在过去三十年快速工业化和城市化发展进程中，造成了农村三要素——土地、资本和劳动力不断从乡村流出，成就了中国成为唯一一个能够完成工业化的发展中国家。与此同时，城乡二元结构体制下的城乡差异越来越显现，具体则体现在成了国家工业化原始积累的主要来源，承载了历次经济危机的代价转移（温铁军，2009）。

20世纪90年代末，作为中国数千年传统文明主要载体的乡村，却要承受着这一过程带来的一系列变化，包括农业面源污染严重、农业不可持续；地方政府退出农村公共服务，增加了农民的负担；农村劳动力大量流出，在城市里形成打工热潮，农村却缺乏

---

① 张兰英:曾任西南大学中国乡村建设学院副院长、梁漱溟乡村建设中心主任、中国国际行动援助主要创始人之一,长期从事民间组织人力资源发展和环境治理—垃圾综合治理等工作。同时,推动了合作社南北和区域间的联动,开拓了培养合作社骨干的"头雁计划"。

② 汪维行:梁漱溟乡村建设中心合作社网络负责人,头雁计划的项目负责人。

③ 王茜:曾是梁漱溟乡村建设中心青年项目协调员,西南大学历史学系研究生。

活力，村庄日益凋敝，三农问题空前严重。大部分地区主要由老人、妇女和孩子边缘化群体组成乡土社会，面临着如何进行调整治理模式、创新催生内生动力的有效组织机制的挑战。

面对现实，三农问题专家学者们呼吁农民组织起来以抵御外部资本市场的冲击。在民间，学者和大学生联合起来，指导、培训了很多高校不同专业的青年志愿者，发起了一股推动农民合作社的热潮，大学生下乡支农，组织农民开办合作社，并开展了体现社会渐进改良思想的、内容广泛的"新乡村建设"试验。这些高校青年广泛参与的社会工作被国内媒体称为继 20 世纪 20 年代梁漱溟、晏阳初、卢作孚等人发起的"乡村建设"运动之后的第二次"新乡村建设"运动。梁漱溟乡村建设中心便是其中之一。

截止到今天，梁漱溟乡村建设中心已经走到了第 15 个年头，也从最初组织大学生志愿者参与支农调研到践行可持续生活，与农民一起推动新乡村建设行动，他们以梁漱溟先生等前辈乡村建设理论为基础，农民合作组织建设为核心，运用乡村建设试验示范实践和行动研究的创新方法，不断助推农民合作组织的发育、成长和壮大，促进农民为主体的集体合作来实现乡村振兴的目标。同时，梁漱溟乡村建设中心始终坚持以"为农民服务，为理想奋斗"的宗旨，持续推动青年人深入农村基层，推动大学生实践教育与新文化建设，通过新青年绿色公社来引领青年人投入可持续生活的新时尚。这些工作内容主张与 2005 年 10 月十六届五中全会把"新农村建设"明确为国家战略、2006 年的《农民经济合作组织法》的颁布，2007 年 10 月第十七次全国代表大会明确强调"生态文明"理念的指导思想，以及当下的乡村振兴战略完全一致。

二、梁漱溟"团体组织"思想

1840 年以降，鸦片战争和列强帝国的入侵使得中国社会经济结构受到重大的冲击，传统乡土序列格局被逐步瓦解，小农村社中的传统信用关系逐渐被资本雄厚的国外银行金融挤垮。面对十九世纪末二十世纪初中国被卷入世界资本市场所需面对的国际竞争格局，处于世界资本主义经济链条中低端和被动的一环，不得不接受世界经济危机爆发时西方列强国家所转嫁的沉重的包袱，中国传统社会的生产生活方式以及政治文化已经无法适应这种变化。正是在这种内外交困、乡村被毁，中国面对"救亡图存"的形势下，国内精英志士民族情怀被激发，他们怀揣着救亡图存的志向而引进西学。这一时期社会思潮风起云涌，百家争鸣。合作社、农会等新词就是在变法与改革的大潮中进入了人们的视野。

梁漱溟在这种环境下，认真地学习和比较了东西方文化的差异和中国当时所面对的现实环境，指出中国需要强化"团体组织和科学上的知识技能，才能形成合力，才能变得一切外患，都可以抵御，一切内乱，都可以克服"。

梁漱溟之所以提出建立"团体组织，科学技术"，是"把散漫、各自谋生的农民组织起来，培养他们的团体精神"，是不断"向上"提升自己的道德礼俗修养，不断学习生产技术"求进步"。他提出这个乡村建设的指导思想是基于他对中国传统社会的政治经济文化的充分认识和深刻分析。

梁漱溟认为，中国传统社会是没有团体组织的。在中国文化当中，对人的潜能寄予了无限的期待。人可以通过求道，认识世界的真相和运作规律，通过彰显内在的明德，达到德合天地的生命境界。而几千年来的中国信仰，也一直信奉孔子的学说道理，既让人"自信，让人信你自己心里的是非，不把标准放在外头"，所以常有"反求诸己""汝安则为之"等话。而西方的宗教则正好相反：宗教是让人"信他，让人信从教条"。换句话说，教会则是落实让人"信从这一外部标准，信从偶像来统摄大家，拘束大家"的宗教组织，也可以算是一个团体组织，团体权则体现在团体里面每个人都是一分子，也真愿意接受约束管理。因此宗教教会就训练成西洋人的团体生活了。

从中国的经济生活看，中国是农耕社会，多是自给自足的小农经济和乡村手工业，"大家可以安安稳稳地各自过各自的日子，生活用不着靠团体。无论种地或经商，顶多只是一家人合起来去经营就够了，都用不着组织大团体"。但在中国农村面对内忧外患、自毁胜于他毁的情况下，从分散的小农生产方式转变为合作为基础的团体组织则显得迫切，才能应对外部性（温铁军，2013）。

从中国的政治生活上看，中国历史上大多数时间是大一统的统一局面；所谓"天下一统""普天之下，莫非王土"。在治理上，素有皇权不下县之治理模式，而且这种治理模式延续了数千年，形成了中国历代帝王所奉行的治道原则，以"消极无为"至尚。如吕新吾《治道篇》所说："为政之道，以不扰为安，以不取为与，以不害为利，以行所无事为兴废起弊。"这与西方社会的政治生活有很大的不同，欧洲国家的观念明确，虽然欧洲面积不如中国，但却有大大小小上百个小国，国家间的激烈竞争需要依靠人民来抗敌，人民靠国家来保护。而且这种竞争越厉害，就会让一国的团结越加坚固严密；团结越坚固严密，则团体（国家）的权力就越大，进而形成了二者比较密切和相互依存的互惠关系。

梁漱溟在东西方文化比较中看到了中国社会之不同。中国以小农为主的比较分散的广大农村，在面对强大的外敌与内患，急切需要有团体组织，构建可以消解外部冲击所带来的诸多负面影响，应对外部环境变化所带来的村庄内部变革。同时，他始终抱着"故我以为中国问题的内涵虽包括有政治问题、经济问题，而实则是一个文化问题"，之所以从农村着手，则因为"中国原来是不像国家的国家，没有政治的政治，国家权力是收起来不用的，政治是消极无为的"。所以中国建设不能走自上而下的路，只能从下面做起，从社会运动做起，最直接的则是从乡村建设开始。正是在这样的认识中，梁漱溟在 1931 年出版了《乡村建设理论》一书，将这些思想理论化，并开启了山东邹平的乡村建设试验，通过"村学乡学"的文化培育平台，合作社的团体组织形式，推动乡村建设，实现经济的普慧性和可持续性，文化的自觉性，但更重要的是探索更为宏大的目标，那就是他在《乡村建设要义》写道："乡村建设，实非建设乡村，而意在整个中国社会之建设，实乃吾民族社会重建一新组织构造之运动。"

三、梁漱溟推动团体组织建设的基本理论要义和实践

梁漱溟倾其一生一直探索的两个问题，一个是人生问题，一个是中国问题。他既看到培育文化自觉的重要性，同时，他还看到了团体组织对培育"大家齐心学好向上求进步"的组织建设的重要性。所以，梁漱溟在邹平通过建立"村学乡学"机制唤醒文化自觉，通过合作社以实现团体组织的目标。

梁漱溟认为："任何社会都会有很多的组织。人类的生活必是社会生活，而社会生活又须靠有秩序，没有秩序则社会生活不能进行。"在稳定的传统社会，秩序是通过组织而实现的。而中国的组织建设，必须发挥伦理关系，发挥义务观念。换句话说，就是必须以中国的老道理为根本精神。恰巧现在西洋的团体组织之道也正在那里变：由"权利观念"变为"义务观念"。由此，他提出任何组织应该具备四个条件：（1）许多人合起来；（2）为了一个共同目标；（3）有秩序；（4）向前进行。

梁漱溟在培育乡村团体组织文化时特别强调，第一要义是"培养组织能力，实现团体生活"。第二要义是"内地乡村社会与外面世界相交通"。"要往团体组织里去变；而求得团体组织之道"。变，就是通过团体组织，形成一定的"纪律和秩序"；道，就是学会在尊重每个人的意见基础上，通过协商讨论，达成共识，形成一致行动，共同面对和解决问题。

梁漱溟带领山东乡村建设研究院也在邹平先后成立了美棉运销合作社、蚕业产销合作社、林业生产合作社、信用庄仓合作社和购买合作社。虽然梁漱溟在推动合作社运动和地方自治时，也要面对中国乡村建设最难之处的"农民不动"，难以动员农民参与"合作社"这样的团体组织。但邹平的美棉运销合作社还是比较成功的案例。该社 1932 年在成立，1934 年在全县共发展了 213 个分社，社员 5975 人；棉田 41283 亩。合作社初期的指导机关是研究院农场，后期变为院县两方面组成的合作事业指导委员会。总社的领导，由各村社务 1 人，共计 13 人，成立了运销合作社联合会，为美棉运销的统一机构。棉农在播种前两个月将所需量报告给合作社，由总社统一发给棉农。合作社提供贷款和货棉籽给困难的农户。经研究院和银行交涉，合作社借款，月息为 8 厘，比银行平时贷款要低 4 厘，比社会上一般私人贷款利息降低一半多还多。在收购价格方面，平均 2 元每斤，比市场价高出 0.5 元每斤。

要实现团体组织的目标,更重要的是构建互助合作的文化。互助合作一直是中国社会的文化传统,由民众自发创造的合会和换工就是小农村社最普遍的互助互惠形式。中华传统文化的本源解释——《大学》,给人生价值的指引,即明明德于天下;对人生意义的说明,即明明德、亲民、止于至善,一直渗透在乡土的传统文化中,形成了多样的、在地化的乡规民约。梁漱溟认为解决文化问题,可以与乡约结合,具体包含四大项:一,德业相劝;二,过失相规;三,礼俗相交;四,患难相恤。所谓"德业相劝"说指大家要相勉为善,大家都要向上学好;"过失相规"是指对于游手好闲、好赌博、好喝酒、好斗殴等事情,大家都要互相劝诫;"礼俗相交"是指乡党之间要有长幼之序,相亲相敬之礼;"患难相恤"是指对于水火之灾、防御盗贼、疾病、死丧、孤弱、诬枉、贫乏等都要互相帮助,互相顾恤。

20世纪梁漱溟所形成的乡村建设思想,以及在邹平推动团体组织建设、文化自觉方面的尝试,与我们当今所提倡的社区工作方法,培养具有领导力的带头人,建立基本的组织原则和组织架构,通过多样的参与式的机制,助推大家参与讨论,共同面对问题,共同决策解决问题的过程,成为当今乡村振兴20字方针"产业兴旺、乡村文明、环境宜居、治理有效、生活富裕"可以借鉴和学习的地方。

四、梁漱溟乡村建设中心在推动合作文化的当代实践

在经历了三十年的农村变革、农民在2006年重新获得了"组织"的权力。2007年7月1日《中华人民共和国农民专业合作社法》正式施行以来,新型农民合作社的发展步入快车道。截至2018年12月底,全国农民专业合作社的数量已达到近三百万个。但是,农民专业合作社的发展质量却难以令人满意。实践中的多数合作社存在着股权过于集中、民主管理机制薄弱、盈余返还制度不健全等现象。还有很多合作社或是有名无实的假冒、套牌空壳,或者被种植大户垄断,被龙头企业利用,或成为充当地方政府政绩的工具等。

梁漱溟乡村建设中心(以下简称"梁中心")从2003年开始做农民组织培训及合作社的推动,旨在推动服务农民的乡村组织,提高农民组织化的程度来应对外部冲击。多年来的实践和努力,我们可以看到各农村地区都成长出一些具有促进乡村人文发展、复兴乡土文化、承载生态修复等多种功能、发展比较成熟的合作社。梁漱溟乡村建设中心在培养乡村组织的实践中,主要主张推动合作社组织的团体自管理、自运营的规范与自律,合作社成员的合作文化与社员参与,乡村合作人才培养,以实现社员的文化自觉和团体精神。

(一)合作社的规范与自律

在当今全球化造成的经济社会不平等愈演愈烈的背景下,合作社在应对这种不平等

问题中得到了不断的发展壮大,这种团体经济成了地方社区经济发展的一种模式而在世界很多国家和地区被民众接受,成为一种最重要的保护农民的生产、生计、生活的力量。而在中国,伴随着乡村逐渐衰败的状况,合作社成为农民组织化的重要载体,集体经济发展的一个重要平台,不仅能够保护合作社社员的生计,同时是乡村复兴的一支重要力量。

自 2006 年农民经济合作法颁布以来,由于中国农村的社会环境和乡土文化因地域、气候和历史而呈现出各自的特点,遵循这些差异而发展起来的合作社组织也呈现出多元的局面,不同主体的合作社层出不穷。梁中心遵循梁漱溟先生的"团体组织"的目标和基本要义,结合国际合作社七原则所规定的言行、准则和规范,推动合作社原则的在地化和内生化,改变了合作社原则机械被动接受的局面,而这些条件潜移默化地影响着每个社员,规范每个人的行为态度,并转化为培养每个社员文化自觉的有效手段。

首先,在合作社的目标定位上,合作社自诞生以来,其定位就是相对弱小的大众联合起来应对外部对弱者的利益侵害。由此,合作社不仅仅要立足社区,成为扎实为社员和社区服务的组织,同时还要放眼整个行业,了解合作社发展的大政方针和行业发展趋势,充分行使保护农民社员利益这一使命,确保通过提高农民的组织化程度、带领乡村真正的主人合作共赢。

其次,对合作社的规范要求需要从合作社的发展方向、发展业务、内部管理以及承担的社会责任方面进行推动。2013 年,梁中心与众多合作社一起发起了合作社行业自律十六条。具体内容如下:

1. 坚持综合性农民合作社的发展方向。综合性合作社强调"人的合作",是以农民为主体,在自愿、联合的基础上,为满足社员共同的经济、社会、文化、生活等需求而发起成立的自治组织。

2. 综合性合作社强调经济业务与社会服务的结合,倡导用合作社盈余发展社会事业,以经济发展促进社会进步。

3. 坚持入社自愿、退社自由的原则,同时合作社可以讨论设定社员的基本入社条件,促进个体社员和合作组织协同发展。

4. 秉持民主控制的原则,正式社员享有一人一票的投票权,充分保护每个社员正当合理的民主管理权。

5. 设立准社员制度,吸纳非农民社员,允许准社员入股但不参与合作社日常运作,保证准社员享有合作社提供的充分且有保障的社会服务。

6. 遵守资本报酬有限,坚持按交易额返还、合作社可分配盈余的原则,但盈余返还的方式可以多样化。

7. 培育诚实、守信的合作文化，增强合作组织的凝聚力、向心力。

8. 秉持合作社独立自主发展，培育社员的合作自治能力，推动合作社可持续发展。

9. 培养社员学习能力，倡导参与式教育理念，发挥社员的潜能，提升人的全面发展能力。

10. 坚持合作社的发展以农民家庭经营为基础，为社员提供全方位、社会化的服务。

11. 慎推生产环节的农民合作，在条件具备的情况下可以开展资金互助，积极开展联合购销等低风险的经济业务，不断增强合作社的盈利能力。

12. 引导社员逐步减少乃至完全杜绝农药、化肥、除草剂、激素等化学投入品的使用，发展生态农业，走可持续的农业发展道路。

13. 服务社区发展，兴办居家养老、儿童教育、文化建设、社区环境等社会事业，培养社区认同，增进社会资本，推进和谐农村建设。

14. 推进合作社与村委会及其他农村社区组织协同发展，积极推动农民合作社成为创新社会管理体制的重要载体。

15. 积极构建"重义兼利"的市场交易机制，培育公平合理的市场文化，实现生产者、消费者和合作社的多方共赢。

16. 积极参与合作社之间再合作新机制构建，共同搭建合作网络平台，推动各地合作社协同发展。

全国合作社代表在 2013 年郑州会议上商议产生，并在 2013 年全国农业合作社论坛上讨论后发布

第三，进一步规范社员入社的条件，提出不良行为。例如：在社员入社的条件要求上，合作社是自愿的组织，对所有能够利用合作社服务愿意承担社员义务的人开放，无性别、社会、种族、政治和宗教信仰的限制。但实际上，合作社并不是无条件的加入和退出。对于合作社来说，需要对申请加入合作社的成员从多个方面来考察，对于有一定陋习的人，需要先教育观察，改正后才可以加入。在很多发育比较好的合作社，都建立了各项规定，规范了每个个体的行为准则和态度。这样，入社的条件不仅是作为一种社员的规定和义务，同时还是一种社区生活向上的引导，充分体现了梁漱溟先生提出的"大家齐心学好向上求进步"的组织目标。例如，山西永济蒲韩社区的一个合作社规定农户参加合作社的十一条入社条件就充分地体现了这个组织目标。

山西永济蒲韩社区入社要求：

1. 户籍在本地居住3年以上的居民，且有自耕土地者。

2. 土壤生态转化1—5亩，且严格遵守土壤转化标准。

3. 1亩土地须有500元的现金配套方位1股（股金享受分红不计利息），每户社员的股数不超过5股。

4. 家庭生活垃圾需积极缴费并且认真分类。

5. 孝敬老人，确保老人能够健康快乐地生活（生病除外）。

6. 正确引导孩子成长，保证不打骂孩子且能积极鼓励并培养孩子的良好习惯。

7. 不赌博、不偷窃、不上访并能邻里和睦相处。

8. 自觉自愿自费参加农业技术培训（1年4次，一次5元）。

9. 自觉参与乡村公益活动。

10. 社员入社退社自愿，退社后3年退还股金，退社与重新入社之间需要间隔2年。

11. 社员遵守国家法律，追求生活真善美，尊重生态自然。

归纳汇总以上的内容，社员入社需要具备以下三个方面的条件。

1. 在人格和品质上，需要自律。在乡村社区中经常参与赌博、不孝顺、打骂老婆以及酗酒等身上具有不良品质的人不同意加入合作社。

2. 在外部关系上，根据合作社的具体业务，开展资金互助的，需要考虑人与人之间的信任关系；参与推动生态农业合作社的，需要考虑更高一些诚信的品质。

3. 在经济上，需要有一定数量的资金入股。可以以现金、土地以及农机械等多种方式入股，但是必须有，而且还要在一定的范围内。

（二）合作文化和社员参与

自2003年至今，梁漱溟中心依托高校支农社团在全国14个省50多个村庄推动建立以农民合作组织为载体与内容的当代乡村建设试验基地。这些乡村建设的试验基地遵循以人民生计为本、互助合作为纲、多元文化为根的理念，坚持社区资源主权、民众合作联合与生态安全的原则，通过培育农村各种协会、公益性组织以及综合性合作社；挖掘和培养社区骨干以及开展社区环境治理等内容，组织城乡劳动者自主利用本地资源，创造在地化经济基础，实现村庄社区的可持续发展。同时，以中国乡村建设的社会公信力为核心，以农业回报自然和回嵌社会为认证原则，构建中国乡村建设参与式保障体系。

文化建设在乡村建设工作中是非常重要的内容。过去三十年的飞速发展，让我们对自己的传统文化越来越生疏。当我们面对当下的众多危机和社会问题，我们发现传统农耕社会所传承下来的文明对我们应对这些问题的启示和意义，对这个地球可持续发展的重要性。我们如何重新认识我们的文化，进行一种怎样的认知过程来反思我们的文化价值，传统文化在乡村振兴中的位置和作用是非常有必要的。

合作文化应该是一种价值传承，在合作社、集体经济等多样的团体组织建设过程中，强调乡村本身的主体性、乡村传统文化与智慧的传承，构建人人为我、我为人人的、自立与互助、个人和他人的信任关系，形成社区内部成员之间作为生命共同体的价值观，营造具有凝聚力的一个集体，是我们推动合作的主要内涵。

这种合作文化需要建构在农民实际需求基础上，循序渐进地培育和生发的。正如梁漱溟先生所说，乡村合作运动，不是由农民自觉地发动，而是出自外界力量的推动，但乡村问题的解决，一定要农民自身。在团队组织中，每一个团体分子对团体生活要有力参加。团体生活的训练远比课程学习，比如对农业、乡村的理解，能力提升、管理经验和技术提升等实践经验，更为重要，也更难。由此，梁漱溟乡村建设中心通过不断推进合作社内部的有效参与和外部的参与互动，来培育这种合作文化，团体精神。

在合作社内部，社员可以参加经济活动，同时还应该参加合作社的管理，合作社的教育和培训等活动。这些活动采用了很多参与式的方法来促进大家的参与，建构团体生活。如针对相关的问题进行分组讨论。分组也有其中的道理，如一般每个小组不超过6—7人，这是为了能够确保每个小组成员能够在小组讨论中充分发表自己的意见，聆听别人的建议，最后形成小组的共同建议和成果。各小组讨论的结果再和大家分享，各个小组的问题、反馈和建议就在不知不觉中进行了全面地交流，增长了认知，也形成了相对全面的认识，达成了共识，进而调动农户继续参与的积极性。例如，在对乡村垃圾问题的看法上，重要与不重要，可能每个人看到的不尽相同。外部人员可以组织大家在村中漫步，发现垃圾死角，通过拍照等视觉冲击，让大家意识到这个现象，进而对垃圾带来的危害进行讨论，从而实现村民在自我认知和交流中形成比较全面认识的过程。在这些认知基础上，进一步讨论问题的根源，进而能够调动大家共同解决垃圾问题的办法，激发改变现状的动力来源。同时，在这个过程中，还能培育出具有潜力的带头人，并给予支持。

与外部的交流也是一个很好的推动社区合作的手段。只有在顺应现实变化的过程中构建团体精神，形成一定的"纪律和秩序"。在城市消费者希望购买到安全的农产品和文创产品，还希望进行乡土游学，体验乡村民宿等乡村生活的大量需求前提下，梁中心很注重作为第三方的协作角色。

梁中心通过建立合作社，推动社区支持农业，建立参与式保障体系等路径，来协助市民和村民的"变"，同时构建共同遵守的"道"。村民需要改变以往的化肥农药的生产方式，转型为发展具有生态效果的、种养结合的、生产生活和生态三生融合的生态循环系统，同时，推动小农朝着良性的互助合作，而不是走向恶性竞争的方向发展，来回应消费者对安全食品、文创产品等在数量和种类上多元化的需求。针对消费者，通过消费者教育，促进他们理解生产过程与消费需求间的关系，尊重农民所付出的劳动，对生态的贡献等，而不只是产品。双方可以在公平平等的基础上，在公开透明的机制下，共同探讨生产与消费的关系，协商产品价格，共同承担生产风险，培育当地生态产品的消费市场。在这个过程中，城乡融合已经在发生了。

（三）培养乡村合作人才

梁漱溟在《乡村建设理论》一书中提到的"乡村教育"的概念是十分宽泛的，它不是狭义的学校教育，而是作为社会改造的动力与手段。因此它往往可以与中国传统的"教化"一词相替代。所谓教化，乃是一种无所不包的文化陶养，主要是指引导人们适应实际生产与生活方式能力的全面训练，即教导人们如何利用人类文化知识成果积极适应社会环境和文化环境，在实际社会的人际关系中如何自觉自立地发挥自己的聪明才智，规范自己的行为，正确地处理个人与个人、个人与团体、个人与社会之间的各种复杂关系，以致形成新的习俗，并通过新习俗的形成来建立新的社会秩序。

在培养乡土人才参与乡村振兴工作的目标前提下，团体组织的训练是很重要的一部分，团体组织训练的目的是共同创造一种人生积极向上的生活，梁漱溟对这种生活所涵盖的内容归纳为三个方面，梁漱溟中心一直围绕着这三个方面，致力于挖掘和培养社区有公益心、有想法的农民骨干，让他们在交流互动中建立继续学习和相互支持的体系，不断地提升他们积极进取、开拓创新的能力，为他们在自己所在的社区乃至社会发展发挥积极作用。

第一，遵守纪律。有秩序地进行，每一个人练习着把自己收敛约束，要用自己的耳目心思去注意听从团体的命令。大家都能这样，养成习惯，遇到集合开会，自然秩序好。为此，在每次培训前，我们都会和大家一起制定"公约"，这套公约简单，不烦琐，技能也不可太简单，发挥大家创造力的同时也要照顾周边的人。每天的拉练和早操，也是培养大家自我约束、遵守纪律的有效机制。

第二，培育组织能力。即学会商量着办事。梁漱溟关于"商量着办事"曾有一段很有意思的论述：商量着办事与独断独行不一样，与单是听着随着做事也不一样。真正有组织能力的人，是会商量着办事的人。他遇事便抱着一个商量的态度。对于团体的事情，自己肯用心思，肯出主意；但同时也知道尊重别人的意见，参酌别人的意思。他既不是漠不关心；也不是揽到自己身上。大家对于团体的事，彼此都要用心思，出主意。在磋商讨论的时候，一方面不肯随便牺牲自己的意见，而同时也要知道尊重别人的意见。大家总是彼此迁就，彼此让步，末了自会商量出一个都首肯的办法来。

第三，人人都要参与劳动，歌颂劳动，以劳动为美，以劳动为荣。我们的祖祖辈辈就是凭着辛勤的劳动创造了辉煌的历史，给予了我们无数的惊喜，也给我们留下了取之不尽，用之不竭的财富。"以辛勤劳动为荣、以好逸恶劳为耻"，同时还要体脑并重，倡导参加体力劳动。在梁中心建构的新青年公社的公约，首先所有入驻公社的人，都需要自助生活，自助住宿。所有的人都需要参与劳动，分工协作，或种地除草，打扫办公楼，或协助后勤、清理生态厕所等。来到公社的人，都可以自己动手、丰衣足食。

为了更好地培养乡村建设人才，经过数十年多方面的推动，梁漱溟乡村建设中心搭建了一个大约500家的全国农民合作社网络。网络成员分布全国20多个省、市。涉及种养殖、社区服务、农村金融等多个领域。在这个网络平台上每年举办一期全国性的合作社论坛，学者、农民和返乡青年齐聚一堂，共同探讨乡村建设与文化复兴的重点领域，交流分享最佳实践，促进地方的、全国的、区域的和国际的合作社间的合作。合作社在这样的交流中也会意识到，如果要充分发挥自己的优势，必须加强合作社之间的合作，也非常有必要与不同的合作社联合起来。

五、经验教训与展望

梁漱溟乡村建设中心基于十余年来的探索和实践，从人才培养入手推动合作社的发展，迄今已有1000多家农民合作社参与其中，并形成全国交流和互动最为活跃的合作社网络。梁中心几十年能够坚持推动乡村合作文化和合作社组织的培养和发展，与梁漱溟先生乡村建设"团体组织、科学技术"的指导思想密不可分。年轻人在不同的社会变革过程中不忘"为农民服务，为理想奋斗"的初心，坚守自己的信念，而这种坚定的信念来自对现实的感悟，最重要的是在当代乡村建设思想引领下，对农业农村农民的深刻分析，了解我们实质性的问题在什么地方，能够坚定地一直走下去，努力去解决这些社会问题。

在推动多年的合作社发展和农民合作的实践中，梁漱溟乡村建设中心共同认识到：

合作社的团体组织基础是为社员的利益而存在的，分散的小农户能够联合起来，走合作化道路，从而把握自我发展、自我管理的主动权，抓住发展机遇，在合作社基础上发展集体经济，增强团体组织应对外部变化所带来的冲击。这也符合2019年2月，中共中央办公厅、国务院办公厅印发的《关于促进小农户和现代农业发展有机衔接的意见》，进一步推动"提高小农户组织化程度，创新合作社组织小农户机制；坚持农户成员在合作社中的主体地位，让农户成员切实受益"。

合作社的团体精神培养，需要从社员所在的社区文化基础着手，尤其是要在传统的乡规民约基础上来生发推进农民自主意识的觉醒。以乡村生活为出发点，以提高农民生活品质为目标，在做好合作社提供多功能的服务基础上，加强人与人之间的互助关系，培养社员的乡村合作文化，促进人与社区的责任关系，培养社员的公益心和责任感。这样，服务做好了，合作社的经济也就因为合作的基础而具有了发展的势头，农民自主意识与团体组织的互助合作精神才能更好地发扬。

合作社的带头人至关重要，是将合作社为载体的团体精神强化的关键，是乡村振兴的人才支撑。党的十九大报告也提出实施乡村振兴战略，要培养造就一支懂农业、爱农村、爱农民的"三农"工作队伍。梁中心在不断总结乡村建设和社会发展经验的基础上，开发了培养合作社带头人的"头雁计划"，对乡村振兴人才四个阶梯的培养发展计划，这些带头人正在不断地尝试互助合作和团体组织文化的培育，创新组织机制，构建与乡村社区共同培养乡村振兴所需要的人才模式。

总之，不论是乡村合作社的推动，还是乡村人才的培养，团体组织、合作精神都是非常重要的。在城乡关系不断变化的今天，构建互助合作、共享共赢、城乡融合的和谐社会，需要进一步培养合作精神和团体组织。梁漱溟乡村建设中心愿意在以往的经验教训基础上，不断学习提升自己在"培养组织能力，实现团体生活"以及促进城乡融合过程中的能力，贡献于乡村振兴这一伟大目标。

从家庭到社群建设看北美阿米什人社区
对乡村儒学建设的启示[*]

刘甜甜（青岛大学）

摘 要 北美阿米什人是十六世纪宗教改革运动的分支再洗礼运动的产物，作为宗教改革激进派的后裔，他们坚守着原初时期对于信仰的虔诚、对传统的珍视和对家庭友爱和社群和谐的重视。直到今天，阿米什人依然保留着十七世纪的服饰和生活方式，与世隔绝的同时也在缓慢地适应现代化社会。今天，阿米什人对于传统信条的持守、对社群集体生活的强调和朴素谦卑的生活态度或许可以启发我国的乡村儒学建设。

关键词 阿米什人社区　社群建设　乡村儒学建设

北美阿米什人社区自 20 世纪末 21 世纪初开始受到国内学者的关注，他们坚持非暴力的和平主义、反对现代化设施、注重社区集体力量、对于信仰虔诚的持守吸引了国内外学者和市民的目光。对于一个一直保有十七世纪欧洲传统的少数派社区，三百年来的政局动荡和社会变迁并没有改变他们固有的和平生活方式，而他们对于自身传统习俗和道德伦理的传承和发展，正是活生生的阿米什人信仰生活的见证。

一

阿米什人的源头可以追溯到十六世纪欧洲宗教改革时期的再洗礼派。再洗礼派最初与主流改革派一同反对天主教会的威权统治，同天主教会决裂后，由于在洗礼问题上无法同主流改革派达成一致，走上了一条既反对天主教会，又反对主流新教改革派的激进改革道路。路德和茨温利等主流改革派的领袖，早期都曾经与再洗礼派的领袖一同参加论战，反对天主教会的教义信条和仪礼。应当说，欧洲的再洗礼运动脱胎于宗教改革运动。1517 年 10 月 31 日，路德在德国维滕贝格的万圣教堂大门上张贴出《九十五条论

---

* 本文受 2018 年度山东省高校科研计划项目（人文社科类）A 类项目（项目号：J18RA224）资助。

纲》，宣告了宗教改革运动的开始。1518 年，路德陆续发表了《致德意志民族的基督教贵族书》《论教会被囚巴比伦》《论基督徒的自由》等论文，主张"因信称义"的神学教义，肯定基督徒可以凭借"恩典"得救赎，这就破坏了天主教会在欧洲宗教统治的根基，同时树立起《圣经》的权威地位。1522 年，路德将德文版的《圣经》翻译出版。自此，《圣经》的解释权不再为教士阶层所垄断，平民也可以阅读《圣经》，这为宗教改革运动向平民深入开展铺平了道路，同时也因对《圣经》诠释的差异而造成了改革派内部长久的分裂。

宗教改革运动中的激进趋向首先表现在路德与其在维滕贝格大学的同事、神学教授卡尔施塔特（Andreas Karlstadt）的思想分歧上。卡尔施塔特主张破除偶像和改革教会的仪礼，而路德认为卡尔施塔特过激的改革带来了维滕贝格的骚动，因之与其决裂，但卡尔施塔特的思想精神后来被再洗礼派继承和发展。同一时期的闵采尔（Thomas Müntzer）则深受神秘主义的影响，认同路德"人人皆祭司"的思想，并逐渐偏离路德的温和改良方向，主张暴力的方式推翻贵族王侯的统治，领导了 1524 年至 1525 年的德国农民战争。

德国的宗教改革运动很快传播到瑞士的苏黎世，苏黎世的改革是在"民众教士"茨温利（Ulrich Zwingli）的带领下开展的。在同市政厅进行的第一次苏黎世辩论后，茨温利奠定了瑞士宗教改革的领袖地位。第二次苏黎世辩论之后，茨温利争取到苏黎世市政厅的支持，与罗马天主教分裂。同时开始逐步改革圣礼圣像的问题。

早先追随茨温利改革的大都是研习《圣经》、倡导改革的年轻人。在两次辩论之后，由于茨温利与市政厅的多次妥协，以格里贝尔（Conrad Grebel）为首的激进青年认为茨温利改革的不彻底性已经违背了最初的改革方向，于 1525 年 1 月 21 日成立了瑞士兄弟会，标志着欧洲再洗礼运动的正式兴起。

虽然深受天主教会和路德领导的改革教会的双重打击和压迫，但是再洗礼派在欧洲大陆多地都引领了重要的运动并产生了深远的影响。在德国南部有胡伯迈尔（Balthasar Hubmaier）、顿克（Hans Denck）和马派克（Pilgram Marpeck）领导的再洗礼运动，在摩拉维亚有胡特尔兄弟会（Hutterites），在荷兰有霍夫曼（Melchior Hoffmann）发起的明斯特革命（Münster Reformation），还有门诺（Simon Menno）领导的门诺会。

1693 年，在瑞士阿尔萨斯地区的瑞士兄弟会中，由于再洗礼派内部的分裂，阿米什人的创始人阿曼（Jacob Amann）带领一部分再洗礼信徒分离出了瑞士兄弟会，建立了以阿曼为首的再洗礼教会。阿曼反对瑞士兄弟会中不严格执行教会纪律的做法，主张回避所有犯错的教会信徒，即使是夫妻，也要拒绝同犯错的配偶吃住。对于教会纪律的严格执行，造成了阿曼派从主流再洗礼教会的分离，形成以阿米什人自居的一派再洗礼派。

18 世纪中期，为了逃避宗教迫害，寻求更宽容的生存环境，阿米什人开始移居北美，大部分阿米什人移居到美国的宾夕法尼亚州兰开斯特县，其他的部分阿米什人移居到伊利诺伊州、印第安纳州、艾奥瓦州、肯塔基州、密歇根州、明尼苏达州、密西西比州、密苏里州、内布拉斯加州、纽约州、俄亥俄州、马里兰州、田纳西州、威斯康星州、缅因州和加拿大。阿米什人现在人口约 200000 人，平均每个家庭的儿童数为 7 人，人口增长迅速，并且不断开拓新的定居点和耕地，坚持旧信条的阿米什人社区现在分布于 21 个州，主要分布在美国俄亥俄州、宾州、印第安纳州和加拿大境内。

阿米什人创造出一种有别于美国主流文化的独特文化形式：他们的成员"对上帝和社区顺从、实行自给自足的生活方式，同时坚信非暴力"① 的社区原则。阿米什人除了继承了 16 世纪再洗礼派的教义观点之外，还形成了农业生产自给自足的生活方式。这种集体性农业生产方式一方面将自身的封闭社群同北美社会主流分离开来，另一方面也保障了传统的教义观点得以继承和发展。

阿米什人社区有别于其他美国少数派族群的突出特点是其严格坚守传统的信条、以社群团队为核心的工作生活态度、简朴的着装和对现代化设施的抵制。阿米什人社区这种以传统信仰为依托、以农业生产为经济基础、依靠全体社区成员集体劳动的模式，对于我国的儒家乡村建设，还是有着诸多有益的启发的。

二

阿米什人社区几个世纪以来以严苛的信条（Ordnung）规则来约束社区会众，阿米什人的文化之所以得以保存至今，与其严谨有效的执行社区内的纪律有密切的关系。阿米什人的纪律分为两个等级，第一等级的纪律是由阿米什人教会的领袖在有关制订信条的大会上或者是一般的普通会议上写就的，制订信条的大会通常要由训练有素的教会成员参与讨论信条的制度的建立，通常是为了满足社群成员更好地适应时代变化的需要。第二等级的纪律是社区成员长期遵守的规条，也是比较重要的规条，通常是被社区大体默认的规条。这些规条是信条大会上已经通过的信条，并且经过长久缓慢的社区实践渐渐形成阿米什人社区的风俗②。坚持旧信条的阿米什人社区会严苛的惩罚不遵守信条的会众，由于纪律的严明也导致了旧信条阿米什人社区的进一步分裂，很多会众会融入更为宽松环境的门诺会社区，而这也会导致传统社区的逐渐萎缩。

各个阿米什人社区的信条都不尽相同，并没有可以在全国范围内施行的信条来约束

---

① David Holmes & Walter E. Block，"Amish in the 21st Century"，*Religion 7 Theology*，20（2013），p. 372.

② David Holmes & Walter E. Block，"Amish in the 21st Century"，*Religion 7 Theology*，20（2013），p. 373.

所有的阿米什人。这些社区之间因不同的信条并没有积极交流的需求，实际上造成阿米什人社区在美国整体的隔绝下各个社区之间松散联系的这样一个局面。

阿米什人的教会多采用公理制，各个教会自治，没有全国性或者地区性的统一组织。各个教会的领导人由四个职位来界定：主教（Völlinger Diener）、牧师（Diener zum Buch）、执事长（Völlinger Armendiener）、执事（Armendiener）。社区的领袖一般是由全体会众选出来，并不定时进行改选。公理制的教会政体有别于主教制和长老制，教会基本的行政权力在堂会，牧师或者执事的传道也都在堂会进行，教会内部事务的讨论也都在堂会中集体讨论来确定最终方案。持守旧信条的阿米什人不主张传教，因此很少有外人皈依转变为阿米什人。可以说，阿米什人的教会是仅仅针对其本族人群的特定封闭的社区群体。

相对于梁漱溟提到的要在中国的农村实现乡村自治或者乡村建设来看，二者在社区建设方面有一些类似的地方。首先，当时中国的农村与城市相比是相对封闭的社区，梁漱溟所要进行的乡村自治也是要在一个相对封闭的社区内进行。其次，梁漱溟反对南京国民政府自上而下的编制形态的自治，认为当时那种被动的、忽略经济因素单纯以行政方式来进行的区划自治是无效的。[①]

同时，梁漱溟主张在乡村建设中走合作的道路，以合作社的制度形式振兴乡村凋敝的经济，也给农民带来自足温饱的生活。但由于缺乏一个核心的伦理道德观来统辖合作社，导致了像 1935 年山东邹平美棉远销合作社的权力中心掌握在了"豪强、恶霸、地痞、流氓之辈"中。[②]

合作社的实行没有起到教化乡民的初衷，也对保卫家国作用甚微，这与梁漱溟所提到的要对乡村自治团体进行道德教化的最终目的是相悖的。梁漱溟认为中国与西方个人主义为中心的民主主义和法治主义不同，中国传统社会还是注重"以伦理为本、以对方为重"的"义理"道德观。梁漱溟主张以"伦理为本、人生向上"的原则来进行乡村社区的建设，在组织农村社会的结构过程中，虽然农村的农业经济发展是作为首要的问题，但是要在重经济的同时侧重以中国传统的道德观教化乡民，并逐渐形成风气。因此，在梁漱溟的乡村自治或者乡村建设中，强调的是用中国的"礼"治为中心来治理乡村，如果失去了最核心的民族精神的"礼"，乡村建设也就失去了其精神依托。

这与阿米什人社区在追求社区的核心精神建设层面的目标是一致的。作为一支在欧洲宗教改革时期从主流改革派分化出的再洗礼派，之后又与瑞士兄弟会分裂而诞生

---

① 《梁漱溟全集》第五卷，山东人民出版社，1992 年，第 324 页。

② 唐贤兴、唐丽萍：《南京国民政府时期国家整合的失败与现代化计划的受挫》，载《江苏社会科学》1998 年第 5 期。

的少数派社区，如果不是单纯依靠着对上帝执着的信仰、社区内部严明的纪律和全体社区成员的团结友爱、相互扶持，是很难将自身从十七世纪开始就坚定持守的信念保留到二十一世纪的。而阿米什人社区在这近四百年的迁徙、流亡过程中，经历了欧洲大陆的宗教迫害和针对异端的残酷镇压，转而在美洲大陆幸存到今天、生根发芽已经属于异常难得。社区艰苦卓绝的历史也让每个阿米什人更坚定了自己要谦卑为上帝的信念，而这样的信念又激励着一代又一代的阿米什人在新大陆过着敬虔劳作、平静感恩的农耕生活。

欧洲的阿米什人在礼拜堂里做礼拜，但后来更普遍的是在会众的家里或者谷仓里做礼拜。阿米什人反对用于专门进行礼拜的教堂、礼拜堂等特有的建筑。这与他们所理解的谦卑是相悖的。1844 年茨韦布吕肯附件的伊克塞姆（Ixheim）社区修建了一所教堂，但这引发了当地教会的分裂。① 很多有变革思想的阿米什人在伊利诺伊州、俄亥俄州、印第安纳州建造了教会。他们的教堂都很朴素，其崇拜仪式也非常简单。平均每个教区有 168 名信徒，因此通常要坐在好几个房间里，男女分坐两边。崇拜仪式由一个传道人或主教的简短布道开始，接着是读经和默祷，读经通常是用古日耳曼语朗读。然后是一个较长的布道。崇拜过程中有赞美诗，没有钢琴或者管风琴伴奏，也没有和声，全体成员低声吟唱，通常一首诗歌要持续 15 分钟之久。崇拜仪式和诗歌均使用德语。根据《圣经·使徒行传》第一章 23 至 26 节，传道人和执事从会众推举的名单中抽签选出。他们都没有受到过专业的训练，通常都是由主教观察会众，从成员的日常行为的敬虔程度上判断谁是合适的传道人和执事。阿米什人的主教从传道人中选出。

这与梁漱溟所设想的贤人治理是有着相似之处的。梁漱溟所要进行的乡村建设是要以学校的形式来教化乡民，这种学校被称为"乡农学校"，或者说"乡学"和"村学"。乡学和村学中的学长要由德高望重的人推选出来。学长负责乡村的日常农耕、教学及各项事务，在教育乡民、处理纠纷方面起到主要的作用。在这里可以看到梁漱溟认为学长是担负着教化乡民的重任，虽然中国的伦理文化在乡村也会有一定的浸润，但是道德品质的教育在乡民中间得到普遍认同并得以实施并非一件易事。因此，学长在乡民的教化方面是起着同阿米什人中的主教相当的作用。

三

相比较美国社会个人主义至上的价值观，阿米什人更注重团体福祉和团队合作。19世纪后期俄亥俄州霍尔姆斯县的主教大卫·特耶（David Troyer）的观点代表了相当多数的旧信条阿米什人社区的观念。特耶由于自身疾病一直虔诚信教，对于当时社会上盛

---

① ［美］史蒂文·M.诺尔特著：《阿米什人的历史》，毕其玉译，湖北人民出版社，2015 年，第 91 页。

行的个人主义价值观非常警惕和反感。当时美国社会中有许多人认为，只要内在的心灵指向正确，不需要外在的实际行动。他认为这种态度是错误的，需要阿米什人社区警惕和反省。同时，被当时主流社会认同为美国政治和世俗文化"珠宝"的"自由精神"，在他看来只会将美国带入"毁灭"。[①]

正如像特耶这样持旧信条阿米什人主教一样，他们看重的是每个社区所遵循的自宗教改革之后就沿袭下来的传统和习俗，这种古老的生活方式历经了无数殉教的再洗礼信徒的鲜血和漫长岁月的检验，而他们作为后继人有责任将先辈对于上帝的至诚信仰和传统习俗以社区纪律和规范的形式延续下去。这样他们才可以算是一个完全的基督徒，而他们的社区也才得以保有最初的基督精神。

对于旧信条阿米什人社区来说，传统和习俗并不意味着形式主义，这些传统是活生生的存在于阿米什人的历史之中的。即便是在美国倡导个人主义至上的自由主义大环境下，对于这个忠诚于自己的边缘化社区来说，依靠着《圣经》和纪律，他们依然活在他们所信仰的上帝的旨意之中。

而梁漱溟等人所追寻的要在中国乡村进行的建设也是要在农村实现中国传统的复兴。为了对农村的村民进行扫盲教育工作，晏阳初倡导推行了《千字课》这一乡学教本的普及，其中引自陶行知的《自立》篇里明确提到了作为整个乡村大集体中的个人"贵自立，又贵合群。个人的事个人去管，大家的事大家来干"（《市民千字课》第1册，第39页）。这说明在当时梁漱溟、晏阳初所推行的乡村建设中，个人既要做一名独立自主的个体，也要做集体当中的一名合作者，要有团队合作的意识，而不是个人只顾个人家。

梁漱溟在二十世纪二三十年代的中国主张在农村建立合作社，一方面是出于发展农村经济，通过合作社的形式可以推广农业种植方面的技术、实现村民的农业生产增收。另一方面，梁漱溟也寄希望于通过合作社的组织培养中国农民的合作意识，1932年成立于邹平县的梁邹美棉运销合作社就是在这种情势下诞生的。这种实验性的合作社组织正反映了梁漱溟对于中国农民的团队合作意识淡漠的关切，合作社的诞生注重培养乡民的集体感和团队感的意识，这同阿米什人社区的集体精神也有异曲同工之处。

阿米什人社区注重团队合作的精神在美国崇尚个人主义的时代和以个人为中心的主流思想下无疑是一个异数，他们的团体意识和集体意识是长时间地对组织的心甘情愿地服从和对社区内部的纪律规条的尊重下培养起来的。这与阿米什人与再洗礼派的先人们所坚守的安静的顺从（Gelassenheit）原则是有着密切关系的。阿米什人认为，通过对上

---

① ［美］史蒂文·M.诺尔特著：《阿米什人的历史》，毕其玉译，湖北人民出版社，2015年，第209页。

帝意志的安静的顺从，个人委身于上帝，个人的意志委身于社区的意志，个人才可能达到简朴、宁静和谦卑，同时摈弃虚荣、自私和懒惰。而阿米什人对现代技术所持守的否定态度也与他们认为技术会导致虚荣、自私和懒惰有关。①

阿米什人社区看待技术的消极态度使得他们长期被排斥于主流社会之外，而他们否定现代科技的主要原因在于他们对于团体或者说社区大家庭生活的极端重视。例如有的社区，如果有人推或马拉，那么汽油动力的剪草机就是不被许可的。他们认为如果使用汽油动力的剪草机，就会减少对邻居帮助的需要，对邻居帮助的减少就会导致社区成员之间的关系松散。

还有很多旧信条阿米什人坚持不购买汽车。他们认为使用汽车会减少家庭成员之前的交流时间，并且使得他们不依赖邻居的帮助，会减少对于社区大家庭的融入感。由此可见，不管是对剪草机的否定，还是对汽车的态度，都可以看出他们对于社区成员之间关系的看重远远超过了对于技术的渴望。也就是说，他们哪怕通过邻居的帮助一起割草，或者驾驶马车迟一些到达目的地，也坚持不使用割草机和汽车，因为他们认定技术会导致人际关系的疏离，进而造成社区生命的衰落。这在十九世纪技术革命的时代和全球一体化的今天同样无法让人理解。

旧信条阿米什人拒绝使用以电力驱使的工具。他们认为使用电力会导致使用家用电器，家电的使用不仅会令阿米什人简朴的生活方式复杂化，还会引发人们为了提高物质生活水平而导致的个人竞争，进而影响到整个社区系统的稳定和谐。在非旧信条阿米什人社区，电力可以有限制地使用。例如，没有电力就无法从事劳作，那么12伏特的电池就是可接受的。发电机仅允许用于金属焊接、电池充电、驱动牛奶搅拌机等。大多数12伏特电源不足以驱动"世俗的"现代电器，如电视机、电灯泡或电风扇等。而对12伏特电源的规定也意味着仅以维持最低的社会生产生活，不能造成电力的广泛普及的使用，不会造成对电力的滥用，也就不会使得技术过多地影响到社区成员之间的亲密度。

由于阿米什人对于现代技术的排斥，也导致了很多人对于阿米什人社区的不信任甚至迷信的说法。很多人不能理解阿米什人对于现代技术会对家庭和社区生活的负面的间接性影响的看法。在个人主义盛行的美国，技术正日益为个体在社会中的工作、生活带来日新月异的便捷体验，而这些便捷并非阿米什人社区所看重和需要的，他们看到的是这些新事物提供便捷服务的背后会影响家庭成员和社区成员之间的团聚，还会使本来简单的社区生活变得非常复杂。一般来说，接不接受新事物或者新技术是由每个教区自行决定。人们可以请求社区接纳技术。在一些社区，领袖定期召开会议审理这类请求，在

---

① David Holmes & Walter E. Block, "Amish in the 21st Century", *Religion 7 Theology*, 20(2013), p.373.

某些社区可以随时召开这样的会议。

虽然他们技术上明显落后于同地区的其他农户，在农业生产上也不追求产量和效益，但是，他们在今天依然能够保有自己文化的特质，将家庭和社群紧密联系在一起，放弃了对于科学技术的痴迷，珍视社区大家庭中的各个小家庭之间的和谐关系，看重人与人之间的互助、感情、关系，这些对于我们的乡村儒学建设还是有着一定启发作用的。

阿米什人的社群文化中有两个方面是相辅相成的。一方面，在以社群利益至上的社区生活中，每个阿米什人从小就被教育要服从上帝的旨意，"顺从"社区大集体的制度规范，将自己"交托"出来，成为整个社区中的一分子。阿米什人通常都很谦卑，他们对于"谦卑"的推崇来源于历史上再洗礼派对于信仰的坚守。谦卑是再洗礼思想中非常重要的一个特点，有些再洗礼派会把对于上帝的虔诚进一步理解为"弃绝自我"，也就是要放弃自我的意志和主张，活在上帝的旨意中，而这样谦卑顺从的人组成的社区体现在大多数的再洗礼教会中，其中旧信条阿米什人是最为显著也最严格的保留下来了这些再洗礼派的传统习俗。

像阿米什人社区这样以社区的集体利益为重，看重团队合作的边缘派别，在美国社会以个人主义为中心的大气候下是格格不入的。他们重视团队力量的同时并非轻视个人利益，而是以集体的社区大家庭为出发点。比如，他们拒绝使用汽车和电力工具，他们也不照相，以免造成个人或家庭虚荣心的增长，进而造成社区成员间无谓的攀比。部分旧信条阿米什人社区还拒绝子女接受八年级以上的教育，特别是理论学习。他们认为过多的教育对日常的农场生活毫无帮助，只会引发个人对于物质方面的野心，进而对于整个社群的生存和稳定都产生不利的影响，并且这些都与阿米什人社区的谦卑精神完全相悖。美国高中生教育基本上是围绕在社会鼓励个人个性发展、培养自立意识、鼓励批判精神这些要素下进行的，而这些在阿米什人社区都被看作是完全不利于社区存在的因素。对于阿米什儿童接受教育的有争议的态度，也是阿米什人被北美主流社会边缘化的重要原因之一。

四

宾夕法尼亚州的兰开斯特县是阿米什人历史和文化的中心，阿米什人与世隔绝的一面和与时代相调试的一面在这里也展露无遗。相较于过去自给自足的农耕文化传统，兰开斯特县的阿米什人已经开始慢慢转向制造业和商业，并且逐渐接受奢侈品和互联网世界。但在美国社会周期性的经济波动和衰退中，阿米什人可以相对较少的受到经济滑坡的影响。

根据《基督教科学观察报》1995年的报道称："根据宾夕法尼亚州立大学针对阿米

什人微型企业的研究，在 1980 年之后，60% 的兰开斯特县的阿米什人微型企业开始创业，超过 20% 的企业年收入在 5 万到 10 万美元之间。就研究来看，最令人惊奇的是，全国的平均失败率在 65% 的情况下，阿米什人企业却只有 5% 的失败率。阿米什人不接受政府的补贴金或者福利金，但是事实上社区里也的确没有失业情况。"①

在某种程度上可以说，北美阿米什人既将自身孤绝于北美的主流环境中，又在时代的变化中缓慢地跟随着、适应着社会的风潮。他们运作的小型企业模式内包含着阿米什人宗教性的工作伦理观，同时社区成员之间的彼此合作加上阿米什人勤俭、谦卑的文化性格，从这几点上来看，阿米什人小型企业的成功并不意外。

2002 年的《华尔街日报》形容阿米什人仍然以古旧的方式"回避电力，但是他们的资金在增长"，而且他们虽然不拥有自己的汽车，但是会在冬天坐温尼贝格人的汽车去佛罗里达度假。② 这说明部分阿米什人开始接受现代社会的奢侈品，很多富有的阿米什人还拥有土地。很多阿米什人还做工厂的工人或者建筑工人，这说明阿米什人以农业为传统的生活方式开始缓慢的转向制造业和工商业。不过，也并非所有的阿米什人都在与时代共进退，很多阿米什人依然过着自给自足的家庭—社区生活，在社区内实现封闭环境下的家庭互助，有意与主流社会相分离。

旧信条阿米什人依然保有简朴的生活方式，他们的马车是敞开式的，没有多余的装饰。阿米什人的衣着多延续了十七世纪以来的传统服装样式，着装的统一标准就是要简单、朴素、低调。男人头戴宽边草帽，穿吊带长裤。女人穿单色长裙外加围巾，头上则戴无边白色小帽。不管男人女人都只穿亚麻或者粗布的衣服，他们服装的颜色也只有黑、白、蓝这三种颜色。由于他们朴素的着装，可以使人很容易将他们同其他再洗礼派信徒区分开来。

阿米什人从服饰、家居用品到对现代技术的抵制等各个方面都实力践行了他们对于上帝的单纯朴素的信仰。无论是从社区自治制度，还是到注重团体精神的集体制度，都无一例外地证实了这一脱胎于欧洲宗教改革时期的异端派别，依靠着坚定的信仰，执着地过着传统的农耕生活，建立了一个有别于任何一个宗派组织的高度纪律化和道德化的社群。他们从家庭内注重高尚品德的教育，到在大社区内注重培养整个团队之间的协作意识，阿米什人在美国社会中不仅因为外表的原因而易辨识，更因为他们没有任何的外在炫耀，只有虔诚、谦卑、诚实、坦率和正直。也正因为此，对于我国的儒家建设，不论是在乡村的儒家建设，还是城市里的伦理道德建设，我认为都有很多可以借鉴的地方。

---

① David Holmes & Walter E. Block，"Amish in the 21st Century"，*Religion 7 Theology*，20（2013），p. 376.

② David Holmes & Walter E. Block，"Amish in the 21st Century"，*Religion 7 Theology*，20（2013），p. 375.

　　阿米什人社区经历十六世纪宗教改革的洗礼，进入到二十一世纪的现代世界，历尽四百多年，在美国社会生根发芽。而这四百多年也见证了阿米什人社区在美国个人主义盛行的主流文化下顽强的保守自身传统、不向主流社会妥协的艰难历程。纵观阿米什人社区在北美建设的曲折经历，或许可以激发我们思索如何在今天继承和发扬传统的中华儒家思想，同时深入到我国的乡村建设实践中去，实际发挥传统文化对现代社会和乡村的潜移默化的内化作用。

五、梁漱溟与当代新儒学的兴起

梁漱溟的儒家哲学理解和孝悌伦理

金德均（韩国成均馆大学）

摘　要　梁漱溟被称之为"最后的儒家"，是在儒家思想研究十分困难的时期拥护儒家的学者。在全盘西化论占据了主流的时期，通过儒家思想试图让中国发生变革的意志让其成了现代新儒家的中心。本文暂不去探讨作为现代新儒家的"梁漱溟思想"，而是着重对他的儒家理论核心，以及他对人类基本情感的孝悌的认知进行了整理。梁漱溟认为孝悌是人类的基本情感，礼乐思想就是在此基础上得以开展的，他认为这是可以把儒教看作为宗教的一个线索。在 21 世纪的今天，这仍然具有十分重要的意义并发挥着作用。

关键词　梁漱溟　孝悌　礼乐

一、绪论

就像中国现代史发展过程中相当一部分人具有西方倾向一样，梁漱溟也深受西方文化和哲学的影响。同时，他还对佛教很感兴趣，深深的沉寂在佛学的世界里。但是，自从他的父亲1918 年去世以后，他也随之开始一点点地发生改变①。他开始看不惯周围沉浸在西方学问和佛学里的人，从而开始批判西方文化和佛教。对于沉迷于佛教的态度，他也觉得不妥当。他感叹有人提倡西方文化，有人提倡佛教，却唯独没有人去提倡和宣传孔子。他要亲自倡导和弘扬孔子的真正形象。就这样，梁漱溟一边实践儒家生活，一边编写了《东西文化及哲学》，内容主要整理了在山东进行讲学的内容。② 这是 1920 年以后的事情，从那以后他开始走向"内圣外王，知行合一，自强不息"的儒家道路。

这样的梁漱溟被称为"最后的儒家"，将其称为"最后的儒家"的是美国的艾恺。

---

① 颜炳罡:《当代新儒学引论》,北京图书馆出版社,1998 年,第118—123 页。

② 颜炳罡:《当代新儒学引论》,北京图书馆出版社,1998 年,第123 页。

艾恺 1980 年访问中国见到了梁漱溟后，评价其"表里如一"。遭受了无数的苦难和批判，却一直没有放弃儒家道路的梁漱溟被艾恺评价为"中国近现代史上维持着儒者的传统和气概的唯一一人"①。

梁漱溟把儒家思想看作是中国文化的中心。如果说西方社会以基督教为中心，那么中国社会则是以儒教为根本。他认为，以基督教为中心的西方社会依靠的是法律和宗教，但是中国社会则用道德和伦理来代替宗教，用礼俗来代替法律。梁漱溟称："这前后差不多的文化，似乎中间以孔子作为枢纽，孔子以前的中国文化差不多都收在孔子手里，孔子以后中国文化又差不多都由孔子那里出来。"（《梁漱溟全集》第一卷，山东人民出版社，1994 年，第 472 页。）

和西欧化派相比，梁漱溟这种思想的方向和内容被学者们归为了东方文化派。和受英美实证主义影响的西欧化派的反传统主义相反，虽然他也受到西欧人本主义的影响，但是梁漱溟的中心思想里包含有中国传统主义，这也让他能够走出一条"新现代儒家"的道路。他认为中国文化是世界上最优秀的文化，用不了多久世界将成为中国文化的天下，可见他对儒家思想的期待。这也是因为儒家文化本身就是一个重视自然和人类生命的思想。

今天中国政府正在推进"一带一路"，我想这不仅是一个经济层面的项目，这里应该还包含着中国精神文化方面的要素。从这点上来看，以梁漱溟儒家哲学为中心的中国文化论正在成为现实化。同时在今天急速发展的老龄化社会里，梁漱溟强调的孝悌伦理是我们社会所追求的共同体的重要价值。国家主导的福祉社会在解决个人和家庭问题上有它的局限性。因此，以家庭和个人为基础的孝悌伦理在实现福祉社会上可以某种程度地发挥自己的作用。如果以国家社会为基础的福祉伦理和以家庭和社会为基础的孝悌伦理可以相互补充，那么一个成熟的福祉社会模型将会成为可能。

二、儒家的礼乐理论和荀子批判

梁漱溟将孔子思想的核心看作为生命，也就是说儒家思想的核心只能是生命。锤炼孔子思想就是要寻找具有生命力的孔子精神。问题是有很多人总是误解和曲解孔子的生命精神，这主要指的是汉代以后的训诂学者们。

"六经并非孔子创作，皆古代传留下来之陈迹，若用孔子之精神贯注起来便通是活的，否则都是死物，而当时传经者实不得孔子精神，他们汉人治经只算研究古物，于孔子的人生生活并不着意，只有外面的研究而没有内心的研究。"（《东西文化及其哲学》473 页）

---

① 艾恺:《最后的儒家·中文版序》,江苏人民出版社,2003 年,第 4 页。

这段话指出了汉代训诂学者们错误看待孔子思想的核心。梁漱溟认为这些汉代学者们受到了荀子的影响。荀子对于孔子的误解，让汉代训诂学者们只研究死物和古物。其中荀子的性恶说影响到了后来的汉沽学者们，让他们无法准确找到孔子思想的内心和本质。

"荀卿虽为儒家，但得于外面者多，得于内心者少。他之说性恶，于儒家为独异，此固由孔子不谈性与天道，所以他不妨与孟子两样，但实由其未得孔子根本意思，而其所传在礼—外面—所致也。"（《东西文化及其哲学》473 页）

他认为荀子的性恶说看到不到孔子思想的核心，批判其称不上是儒家思想。指出他认识不到本质，只用外在的"礼"来看待孔子。梁漱溟认为作为儒家思想核心的礼虽然也很重要，但是最根本的还是乐。乐能够很自然地唤起人们内心善良的心理，所以重点强调了乐。

"所谓'礼主其减，乐主其盈。'大概礼是起于肃静收敛人的暴慢浮动种种不好脾气。而乐则主于启发导诱人的美善心理。传礼的自容易看人的不好一面。你看荀卿说性恶的原故，不外举些好利之心，耳目之欲，若不以礼去节制，就不能好，即可见矣。"（《东西文化及其哲学》473 页）

以上内容是说如果人类的"好利之心"和"耳目之欲"用礼都无法调节的话，那就没有其他的办法了。这正是性恶说的局限性所在。之所以这样认为，是因为他判断用"礼"这样外在的、形式性的方法无法解决人类内心本质性的心性。主张应该通过诱导内心本质心性来解决外面的问题。这里提到的便是"乐"。主张"乐"可以唤起人类的本心，能够解决人生的问题。并指出如果用"礼"来解决人类的本心问题，在伦理上是不合适的。

"其实我们看好利之心，耳目之欲，并不足为成立性恶论之根据。好利之心，耳目之欲，是我们本来生活，无所谓善，无所谓恶。"（《东西文化及其哲学》473 页）

这段话是说荀子所指的恶的根据是不妥当的，主张在生活本来的面貌里来判断善恶是勉强的，指出荀子的这些误论都是源于对孔子的错误理解。

"孔子那形而上学而来之人生观察，彻头彻尾有性善的意思在内，纵然孔子不言，而荀卿苟得孔子之意者，亦必不为性恶之言矣。"（《东西文化及其哲学》473 页）

梁漱溟指出荀子误解和歪曲了孔子，汉代学者们则继承了这种错误的汉学，从而无法准确地继承孔子的人生思想。这种被错误传承的孔子精神经过汉代以后，长时间在中国作为统治理念根深蒂固地存在。这其中又掺入了很多杂乱的东西，以"黄老学"最为严重。汉唐代的儒学受荀子的影响最大，一些不纯粹的非儒学的多种要素严重损坏了儒家的本质。特别是魏晋时期的玄学精神受到了杨朱和佛教的影响，有很多地方和孔子精神相去甚远。但是梁漱溟认为在汉代和魏晋时期遭到了曲解的孔子精神到了宋明代终于得到了拨乱反正。对于胡适认为宋代朱子"仁者无私心而合天理之谓"是朱子的臆说而不是孔子的本意这一观点，称"不晓得胡先生有什么真知灼见，说这样一笔抹煞的话。朱子实不如今人的逞臆见，他的话全从那一个根本点出来，与孔子本意一丝不差，只要一讲清楚就明白了"。(《东西文化及其哲学》453 页) 不过，梁漱溟也还是认为虽然宋代继承了孔子精神，但依旧是只集中于外在的问题，无法像明代儒学那样准确理解孔子思想。实际上是指出了宋代儒学仍然具有的局限性。

梁漱溟对于荀子和后来儒学的评价，事实上在康有为的《新学伪经考》和《孔子改制考》里都已经提到过。[①] 当然梁漱溟和康有为对于儒学真假的评价无论是目的还是时期都是不一样的，很难单纯一概而论。康有为试图把这当作是维新变法的理论依据，而梁漱溟则是针对新文化运动对于孔子和儒家批判运动的。康有为认为汉代儒家在"天不变，道亦不变"的立场上对经进行了歪曲。梁漱溟则是为了强调新文化运动中对于孔子和儒家的批判部分其实不是孔子的本来精神，是歪曲和错误继承了孔子精神的荀子以后汉代儒家们的学说。事实上，梁漱溟也不喜欢康有为。他批判康有为提倡的儒教即孔教会是"虚假"的。[②] 他认为康有为追求的"大同思想"是"虚假"的，是一种"幻想"。这实际上是在儒教的真假评价问题上，梁漱溟自己划清了界限，表明他和康有为是在不同的层面来讨论的。新文化运动时期对于孔子及儒教的批判焦点在于"纲常名教"。梁漱溟的观点是受到批判的这种"纲常名教"并非真正的儒教，而是从汉代到宋代被歪曲的儒教。梁漱溟巧妙地避开了批判的锋芒，强调应该正确继承真正的儒学以及孔子的本来精神。

从对康有为的批判里就可以看出来，梁漱溟并不认为儒教是一种绝对的宗教。这一点在他和印度的诗人及思想家的泰戈尔的问答里也能体现出来。泰戈尔认为，从一般宗教的概念上来看，儒教不能看作是一种宗教，梁漱溟回答虽然儒教不能称为一种宗教，但是从对人类生命的重视和对人类社会的影响来看，儒教不亚于任何一个宗教。特别是伦理道德还拥有能够济度人类社会的强大力量。[③]

梁漱溟当时并不认可将儒教绝对化和宗教化。对于为了能够扩大儒教的力量，而试图让儒教宗教化的手段，梁漱溟借助"乡原"[④] 伦理进行了回应。"乡原，德之贼也"(《论语·阳货》)，梁漱溟借助"世上阿谀奉承的人就是乡原"孟子的说明进行了批判。

---

① 郑大华:《梁漱溟与现代新儒学》,方克立主编:《现代新儒学研究论集》(二),中国社会科学出版社,1991 年,第 61 页。

② 《梁漱溟全集》第八卷《附录》,山东人民出版社,1993 年,第 1160 页。

③ 汪东林:《梁漱溟问答录》,湖南出版社,1992 年,第 45、46 页。

④ 《孟子·尽心下》:"孔子曰,过我门而不入我室,我不憾焉者,其惟乡原乎。乡原德之贼也。曰何以是谓之乡原矣。曰何以是嘐嘐也,言不顾行,行不顾言,则曰古之人,古之人,行何为踽踽凉凉。生斯世也,为斯世也,善斯可矣。阉然媚于世也者,是乡原也。"

这些批判是针对康有为的孔子教运动及以前的儒教现状而发的。

另一方面，梁漱溟还对新文化运动的代表人物胡适进行了强烈批判。他批判胡适误导儒教本质，没有理解孔子思想的根本。和孔子相比，胡适给予了墨子更高的评价。梁漱溟认为这是因为胡适没有正确理解孔子导致的。胡适在说明孔子和墨子对待义利问题的态度时，认为墨子强调的标准是"为什么"，而孔子只是单纯地强调"什么"①。认为墨子用更为理智的判断对万物的用处进行了方方面面的分析，而孔子对此却视而不见。胡适认为墨子的这种长于分析，善于计算的态度跟西方的风格较为类似。梁漱溟则指出胡适的这种理解是错误的。梁漱溟给出的理由便是直觉论。

"这彻底的理智把直觉情趣斩杀得干干净净。其实我们生活中处处受直觉的支配，实在说不上来'为什么'的。你一笑一哭，都有一个'为什么'，都有一个'用处'吗？这都是随感而应的直觉而已。那孝也不过是儿女对其父母所有的一直觉而已，胡先生一定要责孔家说出'为什么'。这实在难得很。"（《东西文化及其哲学》461页）

梁漱溟眼中的孔子并不存在于以理智判断为依据的"为什么""用处"，而是依存于人类本性的自发性，即人类的直觉。这就是"仁"。用数字计算过的生活反而损害了"仁"的价值。梁漱溟断定胡适之所以没有正确理解孔子是因为没有领悟孔子思想的本质，即直觉（仁）。也有种倾向认为梁漱溟的这种直觉意义受到了以"直观"为基础的泰州学派和阳明左派的影响。②

三、儒家的宗教理论和孝悌伦理

梁漱溟把儒教所说的宗教看作是一种情感和意志，是生活中自然而然的一部分。这和严格区分圣俗的基督教、伊斯兰教、佛教、印度教等宗教是不一样的。儒教的情感和意志比任何东西都要重要。学问和知识不管怎样强调，都没有情感和意志重要，所以把儒教称作是宗教是具有一定局限性的。

但是，从儒教也是在追求最好的一面来看，它也算是宗教的一种。这其中的核心要素便是梁漱溟所说的孝悌和礼乐。他认为如果把孝悌和礼乐合在一起就可以看作是宗教。虽然梁漱溟说孔子不具备一般宗教的属性和内容，却指出孝悌和礼乐是把儒教可以看作为宗教的一个根据。

"不过一般宗教所有的一二条件，在孔子又不具有，本不宜唤作宗教，因为我们见他与其他大宗教对于人生有同样伟大作用，所以姑且这样说。我们可以把他分作两条，

---

① 《东西文化及其哲学》，《梁漱溟全集》第一卷，山东人民出版社，1994年，第459—462页。
② 金正坤：《梁漱溟の文化理解に见える儒学观——〈东西文化及其哲学〉を中心に－》东洋哲学研究会，《东洋哲学研究》第81集，2015年2月，第358页。

一是孝悌的提倡，二是礼乐的实施。二者合起来就是他的宗教。孝悌实在是孔教唯一重要的提倡。"（《东西文化及其哲学》467 页）

特别是孝悌，是以孔子为首的儒家思想的核心理论，是只有儒教才具备的特征。梁漱溟把这种孝悌看作了人类自然而然的情感。举个例子，小时候最能够感受到情感的对象就是父母兄弟姐妹，这是最原始的孝悌。因为情感的基本源泉是孝悌，所以没有这种家庭里的情感也就感受不到其他人的情感。对于父母兄弟姐妹的最初情感是孝悌，这种孝悌又会成为对待周围人们的情感。也就说，如果没有孝悌之心，也就不会有为周边人着想之心。

"自然要从情感发端的地方下手罢了。人当孩提时最初有情自然是对他父母，和他的哥哥姊姊，这时候的一点情，是长大以后一切用情的源泉，绝不能对于他父母家人无情而反先同旁的人有情。"（《东西文化及其哲学》467 页）

这是让人自然想起了孟子所说的"老吾老，以及人之老，幼吾幼，以及人之幼"（《孟子·梁惠王》）的内容。人类的情感来自孝悌，这种孝悌之心还可以扩散到周围的人身上。梁漱溟所说的孝悌不是单纯指对自己父母兄弟的热爱之心，还指扩散到周围人身上的爱心源泉。这实际上说了孔子的"孝悌也者，其为仁之本欤"。（《论语·学而》）如果孝悌是实践仁的根本，仁概念的多样性即是和孝悌链接相通的。仁概念的多样性已经众所周知，在这里没有必要再去提及，它也是尊重和谦让关系论的核心。

"只须培养得这一点孝悌的本能，则其对于社会世界人类，都不必教他什么规矩，自然没有不好的了。"（《东西文化及其哲学》467 页）

也就说，如果从自身正确的心态出发，把和别人的关系设定为谦让、尊重、热爱和恭敬，或者说这就是孝悌的话，那么孝悌的本质可以说就是社会、世界、人类的一种规范。梁漱溟更进一步说，如果传递孝悌的话那么不好的事情都会自然消失。他说："要想使社会没有那种暴慢乖戾之气，人人都有一种温情的态度，自不能不先从家庭做起。"（《东西文化及其哲学》467 页），强调了孝悌的重要性。并将孔子"君子笃于亲，则民兴于仁"（《论语·泰伯》）的言说当作了根据。

虽然梁漱溟看起来也不信任《孝经》，却对《开宗明义》章的"夫孝，德之本也，教之所由生也"给予了极大的称赞。

人类自然的情感表现方式是礼乐。特别礼的部分和梁漱溟的孝思想非常一致。梁漱溟讲："父母在可以尽孝，父母死则送死为大事，既死之后则又有祭祀，使这种宗教的作用还是不断。"（《东西文化及其哲学》467 页），依次阐述了孝的内容。这时候，宗教层面的孝就是祭礼。梁漱溟自己也认为祭礼最重要。这些内容是以《论语·为政》的"生，事之以礼；死，葬之以礼，祭之以礼"的内容为依据的。如果进一步追溯根源的话，则是《论语·学而》篇的"慎终追远，民德归厚矣"。这和从实际利益角度出发主张薄葬的墨子理论是相反的。在孔子的立场上，丧祭礼是一种对父母的自然情感的表现。在这里，不能有虚礼、过礼。反而是墨子追求实利性的薄葬论损害了正常的人情。梁漱溟认为如果损害了人情，就将会招来善恶。梁漱溟所说的礼乐秩序是人类情感的一种表达方式。

梁漱溟的孝悌、礼乐论是人类自然流露的情感，强调儒教的宗教性特征，或许为以后的儒教发展提供了一个方向。特别是在儒教理论强化的层面上来强调孝悌伦理，这一点在梁漱溟的理论里就早已经提到过。在今天，这更是显得具有特殊的意义。

四、结论

梁漱溟对儒家哲学的执着和坚持，经受了世上各种苦难的洗练从而显得更加具有意义。他选择儒学的时期正是五四新文化运动的高潮时期。这时候出刊的《新青年》的内容都是以严厉批判儒学和传统文化为主流的。当时的普遍认识是儒学和传统文化是阻碍社会发展的重要障碍物，不进行清算就没有社会的进步。儒教文化是中国传统文化的代表性产物，它的仁义道德和孝悌伦理支撑着宗法社会和封建社会，是必须要消灭的存在物。

在这种社会氛围里，梁漱溟还是堂堂正正地宣扬了儒家文化和孝悌伦理。当时的梁漱溟尽管遭受着知识分子阶层的指责和侮辱，也坚守着自己的情操，展现了"最后的儒家"的真正风范。他坚守着孔子的精神和儒家思想，称"此种形而上学的道理与此种人生的道理，是天下之公物，岂能禁人之探讨，又岂能不许人之探讨有得者与古人有合耶"（《东西文化及其哲学》475页），隐约透露出了一种悲壮。

梁漱溟坚守的儒家哲学和孝悌伦理最终为21世纪的现代中国社会指明了方向。特别是在急速高龄化的社会环境里，儒家哲学和孝悌原理含有能够克服西方福祉社会局限性的要素更是放大了其存在的意义。在西方的福祉社会里，国家处在福祉制度的中心位置上，人类的自然情感都被忽略掉了。但是儒家的孝悌伦理却是以家族为中心的，家庭温暖的情感拥有能够向社会扩散的力量。那些灵活融入了孝悌伦理的福祉模式的最大特征和优点就是能够尊重人类的情感。今天寄希望国家来承担福祉的所有东西是不可能的，而且人类的情感还被忽略，人类被疏远的现象成了一个严重的社会问题。尊重人类的自然情感，以及进一步扩大化的儒教孝悌伦理，在解决当今时代人类、家庭、社会的疏远问题上能成为重要的钥匙。如果福祉社会的模式能够通过人类自然情感的孝悌原理来实现的话，那就更加完美了。梁漱溟的儒家哲学和孝悌伦理在今天就会具有更加深刻的意义。

略论梁漱溟心学思想的主要特征

——兼论早期现代新儒家①的心学情结

柴文华（黑龙江大学哲学学院）

摘　要　梁漱溟是现代新儒家的开山，建构了以生命本体论为起点的心学体系，表现出祖述陆王又超越陆王、哲学人学的指向、人类中心主义的视野等特征。早期现代新儒家的代表人物有着浓郁的心学情结，其原因主要是伴随着中国现代化进程而产生的塑造现代性的需求以及内含于陆王心学深层的个性自由意识的伸展等。探讨这一问题，有助于我们进一步思考现代新儒家的特征，深入把握陆王心学的内在价值。

关键词　梁漱溟　心学　早期现代新儒家

特征有两种意义：一是他人所无，我所独有；二是他人也有，我更突出。对梁漱溟心学特征的探讨兼具上述两种意义。

梁漱溟是现代新儒家的开山，一生致力于心学的研究和建构，他以生命本体论为起点，建立了一个心学体系，表现出祖述陆王又超越陆王、哲学人学的指向、人类中心主义的视野等特征。

值得进一步思考的问题是，服膺宋明道学是现代新儒学的显要特征，但为什么绝大多数早期现代新儒家的代表人物如梁漱溟、熊十力、贺麟乃至后来的牟宗三、唐君毅、徐复观等都在传扬陆王心学，而只有冯友兰等极少数哲学家才接着程朱理学讲？他们心学情结的原因究竟是什么？总体而言，其原因主要有外缘和内缘两大方面：外缘即时代情境，伴随着中国现代化进程而产生的塑造现代性的需求；内缘即心学自身，内含于陆王心学深层的个性自由意识的伸展。外缘与内缘相互结合，使得中国的心学传统在近现代产生了广泛而深远的影响。探讨这一问题，对于进一步思考现代新儒家的特征，深入把握陆王心学的内在价值具有重要的启发意义。

---

① 早期现代新儒家指第一代现代新儒家，主要代表人物有梁漱溟、熊十力、冯友兰、贺麟等。

一、梁漱溟的心学体系

中国现代哲学有一个显要特征，即在以消解形上学为主旨的西方实证主义思潮蓬勃发展的背景下，绝大多数哲学家如熊十力、冯友兰、金岳霖、贺麟等却热衷于建构形上学[①]，梁漱溟亦是如此，他以生命本体论为起点，建立了系统的心学体系，强调了创造性的重要和人在宇宙中的优越地位。

1. 起点

梁漱溟的心学是以生命本体论为起点的。他在《东西文化及其哲学》《朝话》《人心与人生》等著述中，吸取了陆王心学、泰州学派、唯识学、柏格森生命哲学等思想资源，设置了一个超验和先验的生命本体。他说："尽宇宙是一生活，只是生活，初无宇宙。由生活相续，故而宇宙似乎恒在。其实宇宙是多的相续，不是一的宛在，宇宙实成于生活之上，托乎生活而存者也。"[②] 这段话表达了这样几层意思：一是生活充满宇宙，二是生活先于宇宙，三是宇宙是生活的相续，生成并依托于生活。梁漱溟在这里使用的是"生活"这一概念，实际上和"生命"这一概念差别不大，正如梁漱溟在《朝话》中所说："生命与生活，在我说实际上是纯然一回事……生命与生活只是字样不同，只不过是为了说话方便，一个表体，一个表用。"[③] 梁漱溟设立的本体是宇宙大生命，类似于唯识学的"阿赖耶识"、柏格森的"生命冲动"。宇宙大生命首先是指生命的一体性，即生物虽多种多样，千差万别，但实出一源，彼此贯通，"说宇宙大生命者，是说生命通乎宇宙万有而为一体也"[④]。其次，宇宙大生命是一种无休无止、翻新向上、不可遏止的创造性趋势，"宇宙大生命是富有创造性的，是创造不已的，是不断向上翻新的"[⑤]。"生命本性可以说就是莫知其所以然的无止境的向上奋进，不断翻新。"[⑥] 再次，宇宙大生命的活动工具是眼、耳、鼻、舌、身、意，它问不已答不已，就使得一事一事涌现不已，从而构成了"事的相续"。另外，宇宙大生命贯穿于生物和人类社会的发展过程中，并且"还将发展去，继续奋进，继续翻新"[⑦]。在梁漱溟看来，人类生命是宇宙大生命的唯一代表，二者可以说是一体的，之所以如此，就是因为人类生命的核心是"心"。这就从宇宙大生命这个本体中逻辑地伸展出"心"，也可以说，梁漱溟的心学思想是以宇宙大生命这个本体为基础的。

① 柴文华：《论中国现代哲学家的形上学情结》，《哲学研究》2010年第5期。
② 梁漱溟：《梁漱溟全集》第一卷，山东人民出版社，1989年，第376页。
③ 梁漱溟：《梁漱溟全集》第二卷，山东人民出版社，1990年，第92页。
④ 梁漱溟：《梁漱溟全集》第三卷，山东人民出版社，1990年，第571页。
⑤ 梁漱溟：《梁漱溟全集》第五卷，山东人民出版社，1992年，第889页。
⑥ 梁漱溟：《梁漱溟全集》第三卷，山东人民出版社，1990年，第544页。
⑦ 梁漱溟：《梁漱溟全集》第三卷，山东人民出版社，1990年，第544页。

2. 结构

梁漱溟运用现代哲学概念，从内容与形式的统一上建构了一个逻辑化的心学思想体系。如上所说，梁漱溟心学思想的逻辑起点是生活（生命），亦即宇宙大生命，接下来依次推出了人类生命——人心（智慧）——理智——理性等。在梁漱溟看来，人类生命与宇宙大生命是一体的，只有人类生命才能体现宇宙大生命的本质，反过来也可以说，人类生命的特质是宇宙大生命给定的。"唯一能代表此生命本性者，今唯人类耳。"① 接下来的问题是，为什么只有人类生命能够代表生命本性？梁漱溟由此追寻到人心。"人心正是宇宙生命本原的最大透露。"② "人心"与"心"名称不同，但意涵相同，因为二者相互依赖，"说人，必于心见之；说心，必于人见之。……人之所以为人，独在此心。"③ 梁漱溟所说的"人心""心"是可以与"智慧"互换的概念。人类之所以能禀赋并代表生命的本性，就在于人有智慧，而其他生命没有。智慧就是会用心思，会用心思的就能创造。也可以说智慧是一种聪明才智，它使得人无所不能。那么，"人心"有哪些特点呢？梁漱溟在《人心与人生》一书中，直接吸收了毛泽东哲学中的一些观点，认为毛泽东所讲的"自觉的能动性"就是指主动性，同时包含有灵活性和计划性，这三性恰恰是人心的重要特征。"主动性、灵活性、计划性虽然是人心的重要特征，但不是最根本的特征。人心的最根本特征是自觉，人之为人在于心，而心之为心在于自觉。非人类的生物也有主动性、灵活性、计划性，但是本能的、自发的、无意识的，人心的主动性、灵活性、计划性则是以自觉为基础的，所以，自觉是心之为心、人之为人的根本特征，也是人类能够征服自然的内在依据。"④ 在梁漱溟的话语体系中，"人心"又可以分解为"理智"和"理性"两个方面。"知的一面曰理智，情的一面曰理性。"⑤ "理智"就是知识理性或科学理性，"理性"就是道德理性或价值理性。在二者的地位上，理性为体，理智为用，继承了他在《东西文化及其哲学》中重直觉（仁、良知良能）轻理智（计较）的传统，体现出一种道德优先论的倾向。

3. 重点

梁漱溟心学思想的重点是强调创造性的意义，彰显了人类在宇宙中的优越地位。如上所述，梁漱溟认为宇宙大生命是一种无限的创造性趋势，而"只有人类尚能代表宇宙大生命创造不已的精神，所以人类也最富于创造性，不断的向上翻新"⑥。又说："人类

---

① 梁漱溟：《梁漱溟全集》第三卷,山东人民出版社,1989 年,第 569 页。
② 梁漱溟：《梁漱溟全集》第三卷,山东人民出版社,1989 年,第 634 页。
③ 梁漱溟：《梁漱溟全集》第三卷,山东人民出版社,1989 年,第 527 页。
④ 柴文华：《论梁漱溟的人哲学》,《哲学研究》2001 年第 10 期。
⑤ 梁漱溟：《梁漱溟全集》第三卷,山东人民出版社,1989 年,第 125 页。
⑥ 梁漱溟：《梁漱溟全集》第五卷,山东人民出版社,1992 年,第 889 页。

是富有创造性的。因为只有人类能代表宇宙大生命创造不已的精神，所以人类就成了宇宙的中心，作了宇宙大自然的主宰。"① 为什么这样说呢？因为非人类的生命都陷入以个体生存和种族繁衍为中心的本能生活中，按照现代生物人类学的概念即是被特定化了，特定化的生命就失去了生命的创造本性。人类生命在某些方面尤其是在生理本能方面如嗅觉、听觉、触觉等远远不如其他生命，但未特定化的人类生命却能超越本能的限制而奋进不已，从而使生命本性得到继续发扬，这样，人类生命就成了生命本性的唯一代表。梁漱溟还特别强调了创造在人生中的意义，他说：人生假如有目的的话，"那就是创造，无尽的创造"。② "人生的意义在哪里？人生的意义在创造。"③

二、梁漱溟的心学特征

梁漱溟心学思想有自己明显的特征，主要是祖述陆王又超越陆王、哲学人学的指向、人类中心主义的视野等。

1. 祖述陆王又超越陆王

祖述陆王又超越陆王是早期现代新儒家的一般特征，而梁漱溟在这方面有自己的独特之处。冯友兰曾说："熊十力对于阳明极为推崇。"④ 贺麟也说过："熊十力对陆、王本心之学做了多方面的发挥和提升。"⑤ 贺麟学生时代就选修过"王阳明哲学"，他"新心学"的哲学体系虽然借鉴了现代心理学以及西方近现代哲学的理念和方法，但陆王心学作为其立足之基毋庸置疑。谈到梁漱溟，贺麟在《五十年来的中国哲学》中多有褒扬。冯友兰明确指出："梁漱溟的哲学思想是陆王派所本有的，但梁漱溟是'接着'陆王讲的，不是'照着'陆王讲的。"⑥ 梁漱溟在祖述陆王又超越陆王方面的独特之处在于，他不仅吸取和改造了唯识学的某些理论，而且吸收和发挥了柏格森生命哲学的一些思想。梁漱溟概括了柏格森生命哲学的主要观点："宇宙的本体不是固定的静体，是'生命'、是'绵延'……要认识本体非感觉理智所能办，必方生活的直觉才行，直觉时即生活时，浑融为一个。"⑦ 梁漱溟虽然对柏格森的方法有所质疑，但对他的学说总体上是推崇的："他这话是从来没人说过的，迈越古人，独辟蹊径，叫人很难批评。"⑧ 梁漱溟的心学思想有不少柏格森生命哲学的印记，但他并没有止步于此，而是运用柏格

① 梁漱溟：《梁漱溟全集》第五卷，山东人民出版社，1992年，第886页。
② 梁漱溟：《梁漱溟全集》第三卷，山东人民出版社，1989年，第420页。
③ 梁漱溟：《梁漱溟全集》第六卷，山东人民出版社，1993年，第400页。
④ 冯友兰：《中国现代哲学史》，广东人民出版社，1999年，第232页。
⑤ 张学智编：《贺麟选集》，吉林人民出版社，2005年，第336页。
⑥ 冯友兰：《中国现代哲学史》，广东人民出版社，1999年，第84页。
⑦ 梁漱溟：《梁漱溟全集》第一卷，山东人民出版社，1989年，第406页。
⑧ 梁漱溟：《梁漱溟全集》第一卷，山东人民出版社，1989年，第406页。

森生命哲学的某些理念重新建构了孔子的仁学、孟子的良知良能说以及儒家的孝悌、礼义等价值理念，从而使他成为少有争议的现代新儒家的开山。

祖述陆王又超越陆王主要的就是以西学转化心学，因此梁漱溟的心学是一种"新心学"。学界有人把梁漱溟的学说称作"新孔学"，这从儒学发展史的角度而言无可厚非，因为梁漱溟由佛归儒之后，一直对孔子非常推崇，即使在外力高压下，也没有放弃"匹夫不可夺志"的学术操守。在《东西文化及其哲学》中，梁漱溟吸取唯识学和柏格森生命哲学的资源，结合自己的生存感受，对孔学进行了新的铸造，可以说是在现代场景下对孔学进行了创造性转化和创新性发展。但从哲学的维度看，把梁漱溟的学说称作"新心学"更为恰当，"新心学"本于陆王心学但又超越了陆王心学，是在现代化的背景下对陆王心学的创造性转化和创新性发展。提到"新心学"，我们想到更多的是贺麟，因为贺麟结合西方心理学和近现代哲学的理念，对心学进行了逻辑解析，并且以心为主线，建构了一个物统一于心、行统一于知、经济统一于道德、文化统一于精神的心学系统。梁漱溟与之不同的主要是思想资源，如唯识学、柏格森哲学等，而贺麟主要是德国古典哲学以及基督教哲学等。可以这样说，尽管他们用来攻玉的他山之石不一样，但都是对陆王心学的现代转化，均可称之为"新心学"。但无论"老心学"还是"新心学"，其本质都在于强调宇宙即是吾心，吾心即是宇宙，这在唯物主义者看来是荒谬的，但仔细体会他们的用意，其所说的宇宙不可能是物理学或天文学意义上的宇宙，而是主体化或价值化意义上的宇宙，其理论目的是要确立人之为人的本体，挺立人的主体性。

2. 哲学人学指向

梁漱溟的心学具有明显的哲学人学指向。人学是个泛化的概念或领域，总体上可以分为科学人学和哲学人学：科学人学是对人的某些方面的实证化研究，如体质人类学、考古人类学等；而哲学人学与西方的哲学人类学相通，是对人的本质的理论把握，也可以说是对人的总体把握。黑格尔认为以孔子为代表的儒学缺乏思辨性，其学说只是道德教训而非哲学，这实际上忽视了儒家对道德形上学和人之所以为人的追问和探索。儒学是一种人文主义，但同时也是一种哲学人学。梁漱溟的新心学继承和发扬了儒家的哲学人学理念，建构了一个以创造为起点，以理性为归宿的综合性的哲学人学系统，内含有创造人类学、理性人类学、道德人类学等哲学人学的多重元素，尤其是对自觉性的强调抓住了人的本质所在。人实际上就是一种具有自觉性并能够不断使之内化和外化的生物，内化和外化的结果就是逐步接近自身和环境的真善美合一的理想状态。人曾经以其自觉性把人与自然、个体与群体分裂开来，也一定能以其自觉性把人与自然、个体与群体统一起来。

3. 人类中心主义视野

在梁漱溟看来，人有心，故能创造，能创造的人类优于其他生物。这是儒家一贯的观点，像"天地之性人为贵""人为万物之灵"等就是这种观点的典型表述。这种观点并不新鲜，也有偏颇，但在现代场景下依然需要进一步的思索。工业革命以来，人对环境的破坏有目共睹。随着生态学、生态哲学的发展，人类中心主义似乎成了过街老鼠，自然中心主义甚嚣尘上，这在理论上也走向了另一种极端。我们认为，人类中心主义不会也不可能过时，人永远是目的这一点无须争辩。过去我们利用自然、改造自然、征服自然甚至破坏自然是为了人，今天我们保护自然、净化环境、维护生态平衡也是为了人，如果离开了人这个中心和目的，一切都变得毫无意义。因此，梁漱溟对人类优越地位的认可仍有价值。当然我们应该清醒地看到，人在宇宙中的力量是非常有限的，这更需要我们提高人的自信，为不断提升自身在宇宙中的地位而不懈努力。

三、早期现代新儒家心学情结的缘由

从梁漱溟开始，早期现代新儒家的代表人物多传扬了陆王心学，以熊十力、贺麟为突出代表，并深刻影响到后来现代新儒学的发展，究其原因主要在于中国现代性塑造的要求和陆王心学内含的现代性元素。

1. 早期现代新儒家的心学情结

与梁漱溟一样，以熊十力、贺麟为代表的早期现代新儒家也是以传扬陆王心学为主，表现出浓郁的心学情结。熊十力建构了一个内容和形式相统一的哲学体系，包括体用不二的本体论、翕辟成变的宇宙论、心境不二的量论、性习不二的人生论等。熊十力在本体的层面上虽然使用了心、性、天这些不同的概念，但又指出了其间的统一之处。《新唯识论·明宗》云："以其主乎身，曰心；以其为吾人所以生之理，曰性；以其为万有之大原，曰天。故'尽心则知性知天'，以三名所表，实是一事，但取义不一而名有三耳。"[1] 熊十力承接陆王心学的主流观点，更加强调心的地位和作用，把性和天统一于心，如云："唯吾人的本心，才是吾身与天地万物所同具的本体。"[2] 贺麟对心进行了解析，推出了一个"逻辑意义的心"，认为它是一种超验的理想的原则，所有的物、意义、条理、价值等都统一于心，这是在新的历史情境中对陆王心学的复归。后来以牟宗三、唐君毅、徐复观为代表港台新儒家也都承袭了这一基本理路。

2. 心学情结的外缘因素

外缘因素即时代情境，是伴随着中国现代化进程而产生的塑造现代性的需求。中国的现代化根芽可以追溯到明清之际。随着新生产方式萌芽的出现，在古老的中华大地上出现了波澜壮阔的早期启蒙思潮，以李贽、黄宗羲、方以智等为代表的思想家以他们初

---

① 熊十力:《新唯识论》,中华书局,1985 年,第 252 页。
② 熊十力:《新唯识论》,中华书局,1985 年,第 251 页。

步的批判意识、个性意识、民主意识、科学意识，铺垫了中国自身的现代性元素。由于政权的更迭，使得这一启蒙思潮中途夭折。1840 年之后，随着西方列强的入侵，中国被迫走上了现代化之路，其中的千曲百折自不待言。尽管是被迫的，但从整个人类发展的途程来看，又是不得不然的，否则将会失去立足世界的资格。随着步履蹒跚的现代化历程的展开，中国开始了经济、社会、文化等多方面的艰难转型。所有这些转型的根基在于人的转型，人的转型亦即现代性的生成，为此，从戊戌维新到五四新文化运动，一批思想先驱付出了艰辛的努力，他们批判奴性，挺立个性，张扬自由，尽管有偏激之处，但顺应和引领了时代的潮流。早期现代新儒家学者尽管属于文化保守主义阵营，但他们不排斥西学，真诚地拥护科学与民主，以"掘井及泉"的理论方式，挖掘具有本土特色的现代性元素，参与到中国人现代性生成的过程之中，选择了包含多种发展可能的陆王心学作为理论支撑，表现出他们对现代性的认可。

3. 心学情结的内缘因素

内缘因素即心学自身，内含于陆王心学深层的个性自由意识的伸展。传统心学发源于孟子，到陆王而蔚为大观。心学中所隐含的对个性、自由的追求是多数早期现代新儒家学者所心仪的，所以他们主动选择传承心学是情理中事。关于心学的历史价值和所内含的现代性元素，现代学人多有论述。梁漱溟说："其后继承孟子精神的，是王阳明；就说'只好恶便尽了是非'，他们径直以人生行为的准则，交托给人们的情感要求，真大胆之极！我说他'完全信赖人类自己'，就在此。这在古代中国，除了儒家，没有谁敢公然言这样主张。"[1] 梁漱溟在这里是在谈儒家的理性主义，认为其发端于孔子，孟子、王阳明皆继承了孔子的理性主义并发扬光大，强调了人对自身的信心。熊十力在《读经示要》中说："宋学传至阳明，乃别开生面。"[2] "阳明先生发明良知，令人反己，自发其内在无尽宝藏，与固有无穷力用，廓然坚穷横遍，纵横自在。"[3] "宋学至阳明，确为极大进步……明世如无阳明学，则吾人之理性，犹不得解放"。[4] 《十力语要》中说："儒者之学，唯阳明善继孔、孟。阳明以天也、命也、性也、心也、理也、知也、（良知之知，非知识之知）物也打成一片，此宜深究。"[5] 熊十力在《略论新论要旨》中说："逮有阳明先生兴，始揭出良知。令人发掘其内在宝藏，一直扩充去。自本自根，自信自肯，自发自辟，大洒脱，大自由，可谓理性大解放时期。"[6] 熊十力在这里着重

---

[1] 梁漱溟：《梁漱溟全集》第六卷，山东人民出版社，1993 年，第 409—410 页。
[2] 萧萐父等编：《熊十力全集》第三卷，湖北教育出版社，2001 年，第 831 页。
[3] 萧萐父等编：《熊十力全集》第三卷，湖北教育出版社，2001 年，第 833 页。
[4] 萧萐父等编：《熊十力全集》第三卷，湖北教育出版社，2001 年，第 845 页。
[5] 萧萐父等编：《熊十力全集》第四卷，湖北教育出版社，2001 年，第 296 页。
[6] 萧萐父等编：《熊十力全集》第八卷，湖北教育出版社，2001 年，第 357 页。

肯定了阳明学的历史价值，并揭示了其"大洒脱""大自由"等内在特征。嵇文甫在《晚明思想史论》中说："我们分析阳明的学说，处处是打破道学的陈旧格调，处处表现一种活动自由的精神，对于当时思想界实尽了很大的解放作用。"① 这也是对阳明学历史价值的肯定，认为其充满活动自由精神，在当时起到了打破陈规、解放思想的作用。贺麟说："陆、王注重自我意识，于个人自觉、民族自觉的新时代，较为契合。"② 认为孙中山是"本陆、王之学，发为事功者"的代表人物。③ 这是对阳明学现代价值的肯定，认为其与时代精神相一致，具有较为强大的现实生命力。杜维明在《阳明心学的时代涵义》中指出："阳明心学为现代知识分子———一群关切政治，参与社会，究心文化，而且学有所栖，业有所专的职业人士，提供了丰富的自我认识及社会功能的精神资源。来自学术、媒体、政府及各种民间社团的现代知识分子，可以在阳明心学中获得安身立命的人生价值和服务社会、造福人群的实践哲学。因此，我们必须一反'抛却自家无尽藏，沿门托钵效贫儿'的丧心病狂，重新体知阳明心学的现代涵义。"④ 张锡勤站在历史唯物论的立场，对陆王心学持批判态度，但也涉及陆王心学的历史价值和现实意义问题，认为陆王学的"自作主宰""自信自立""知行合一"等符合时代精神，所以受到了近代思想家的重视，产生了重要影响。⑤

---

① 张立文：《王阳明全集·知行录》，红旗出版社，第53—54页。

② 张学智编：《贺麟选集》，吉林人民出版社，2005年，第340页。

③ 张学智编：《贺麟选集》，吉林人民出版社，2005年，第341页。

④ 张立文：《王阳明全集·知行录》，红旗出版社，第84页。

⑤ 张锡勤：《陆王心学初探》，黑龙江人民出版社，1982年，第125页。

梁漱溟的"生活"儒学观及其当代启示

傅永聚　郑治文（曲阜师范大学）

摘　要　面向"生活的本身"是梁漱溟提出的理解儒学的独特视域。在此视野下，梁漱溟不仅揭示了"儒学"作为切合生活之"理"、人伦之"情"而建构的"生活的学问"的精神特质；还为我们指明了"生活上去理会实践"的"学儒"的基本态度和方法。梁氏这种面向"生活的本身"而论"儒学"与"学儒"的"生活"儒学观，对我们当代人了解（知）儒学、实践（行）儒学极具借鉴意义。接着梁漱溟来讲，面向"生活的本身"，重建儒家思想与当代社会生活的关联，需要当代儒家学者依"生活化"的要求来"说"儒学、"做"儒学；需要社会大众以涵养德性、修身立德为要来读经学儒。

关键词　梁漱溟"生活"儒学观　当代启示

梁漱溟是现代新儒学的开创性人物之一，是现代新儒家的重要代表。与现代新儒家的主流熊、牟、唐等以形上化、哲学化的路径来建构其哲学体系不同，梁氏另辟蹊径循生命、生活的方向来开显儒学传统的现代意义。他提出"返回到事实"、面向"生活的本身"来理解儒学。在此视野下，梁漱溟不仅揭示了"儒学"作为切合生活之"理"、人伦之"情"而建构的"生活的学问"的精神特质；还为我们指明了"生活上去理会实践"的"学儒"的基本态度和方法。梁漱溟这种面向"生活的本身"而论"儒学"与"学儒"的"生活"儒学观，对我们当代人发现孔子、走近孔子、了解儒学、实践儒学极具借鉴意义。"接着梁漱溟来讲"，面向"生活的本身"，重建儒家思想与当代社会生活的关联，需要当代儒家学者依"生活化"的要求来"说"儒学、"做"儒学，最终使社会大众亦可"与知能行"；此外，当代人读经学儒也应以涵养德性、修身立德为要，而不以增长"知识"、提升"技能"为功。

一、"生活的学问"——梁漱溟论"儒学"

"返回到事实"是梁漱溟提出的诠释、理解儒学的独特视域和方法。什么是"事实"？梁漱溟明确地说，"我所谓事实者，即是生活"①。其所谓"返回到事实"，就是要求回到生活世界，面向"生活的本身"去诠释儒学、理解儒学。何以如此？梁漱溟指出，那是因为"中国的问题不是向外看，是注意在'生活的本身'，讲的是变化，是生活"②；孔子的东西不是一种思想，而是一种生活；儒学亦不是一种纯粹的哲学，而是一种生活的学问。"从孔子起以到宋、明，在那一条路极有受用的，如程明道、王阳明等决不是想出许多道理来告诉人，他们传给人的只是他们的生活。如谓生活谓思想、为哲学，自然非是。所谓思想或哲学者，不过是他的副产物。……盖生活亦学问也，我们不能离开生活而空谈学问。"③ 因此，若本着思想、哲学的意思去讲孔子、说儒学，那是难于得其真义的。他说：

> 在孔子主要的，只有老老实实的生活，没有别的学问。……所以本着哲学的意思去讲孔子，准讲不到孔子的真面目上去。因为他的道理是在他的生活上。不了解他的生活，怎能了解他的道理。④

唯有"返回到事实"、面向"生活的本身"去理解儒学，才能充分开显儒学作为一种生活的学问的全副意义。如何回到生活去理解儒学？梁漱溟提出了两个具体的路径：将儒学从符号形式还原为现实生活；从道德规范还原为人的心理情感⑤。经此"还原"，梁氏为我们清楚分明地点出了儒之为儒的深层意涵：儒家讲的是生活之"理"、人伦之"情"；儒学就是切中生活之"理"、人伦之"情"而建构的生活、生命的学问。

其一，将儒家的符号形式还原为现实生活，方可知儒家所言不过生活之"理"。梁漱溟认为，儒家虽有自身的一套符号形式和思想哲理，然而都是在生活上讲、在事实上说的。要真正理解儒学就不能对此做一种客观的研究和逻辑的说明，而是要将其还原到事实上、回归到生活中去体认琢磨。唯有"从生活入手"去体证，舍弃那种求事物之"理"（事理）的逻辑推演方法，方可真切把握儒家的生活之"理"、人伦之"理"（伦

---

① 梁漱溟著，李渊庭、阎秉华整理：《梁漱溟先生讲孔孟》，商务印书馆，2011年，第11页。

② 《梁漱溟先生讲孔孟》，商务印书馆，2011年，第4页。

③ 《梁漱溟先生讲孔孟》，商务印书馆，2011年，第4页。

④ 《梁漱溟先生讲孔孟》，商务印书馆，2011年，第17页。

⑤ 刘子阳、朱寰：《以生命之学达宗教之用——梁漱溟儒学思想简析》，载《聊城大学学报》（社会科学版）2006年第1期。

理）。梁漱溟说：

> 我们说凡是符号，都要返回到事实去，才能研究这种东西。……要是我们从事实（生活）入手，虽不能了解古人真正的意义，却可以扫除这一切依稀仿佛的假观念。要知道他们本来是简单的，痛快的。所以总要切近事实研究，不要用那形而上学推演辩证的方法。①

其二，把儒家的道德规范还原为人的心理情感，自能明儒家所讲不外人伦之"情"。梁漱溟认为，儒家讲的礼乐孝悌并非仅是一套外加于人、形式僵化的道德规范。礼乐孝悌皆有内在于人的根据，这个根据正在于它们皆能合乎人之情理。他指出，孔子虽重视礼文，但礼文却以情理为其内容。礼文的本质在情理，情不足而装饰以繁文缛节是最有害不过的。孔子说："礼与其奢也，宁俭；丧与其易也，宁戚。"又说："为礼不敬，临丧不哀，吾何以观之哉！"由此来看，孔子是认真在情理上，而断不执着于任何徒有其表的礼貌仪文②。梁漱溟还进一步分析说："孔子学说原是从他对人类心理的一种认识而来。孔子认识了人，才讲出许多关于人的道理。他说了许多话都是关于人事的，或人类行为的；那些话，如果里面有道理，一定包含对于人类心理的认识。对于人类心理的认识，是他一切话与一切道理的最后根据。"③

除此之外，梁氏还特标出儒家"因情而有义"之说，简而明地说明了儒家因情理而设礼义的真精神。所谓"因情而有义"，就是强调礼乐因人之情理而制作，人与人相处莫不有情，有情因而有义。对此，梁还有一番极其精彩动人的论说：

> 人一生下来就有与他相关系的人（父母兄弟等），人生将始终在与人相关系中而生活（不能离社会）。既在相关系中而生活，彼此就发生情谊。亲切相关之情发乎天伦骨肉，乃至一切相关之人，莫不自然有其情。因情而有义。父义当慈，子义当孝，兄之义友，弟之义恭，夫妇、朋友乃至一切相关之人，随其亲疏、厚薄，莫不自然互有应尽之义。④

若孔子教人所行之礼，则是人行其自己应行之事，斟酌于人情之所宜，有如礼

---

① 《梁漱溟先生讲孔孟》，商务印书馆，2011 年，第 10 页。
② 《梁漱溟先生讲孔孟》，商务印书馆，2011 年，第 218 页。
③ 梁漱溟：《重新认识孔子的学说》，原载于《乡村建设》旬刊，第 4 卷第 5 期，1934 年 9 月 16 日。或如牟宗三说的："在只是典章制度风俗习惯之传统的窒息与僵化下，他（梁漱溟）独能生命化了孔子，使吾人可以与孔子的真实生命及智慧相照面。"（牟宗三：《生命的学问》，三民书局，1984 年，第 112 页。）
④ 梁漱溟：《乡村建设理论》，上海人民出版社，2011 年，第 26 页。

记所说"非从天降，非从地出，人情而已矣"。其标准不在外而在内，不是呆定的而是活动的。①

这里梁漱溟特别提出，要将儒家礼乐孝悌的道德规范"还原"到人的情理上去理解，唯有如此，才可以深明圣人"制礼作乐"的真正用心。从"生活"入手，由"情理"切入，梁漱溟把儒家的符号形式还原为现实生活，道德规范还原为人的心理情感。由此，在"返回到事实"、面向"生活的本身"的视野下去理解儒学，梁氏为我们深刻揭示出了儒学作为切合生活之"理"、人伦之"情"而建构的生活的学问的精神特质。如何"学习"儒学这样一种生活的学问？梁漱溟指出，学孔子、习儒学要在"生活上去理会实践"，断不可做"知解"上的讲求。

二、"生活上去理会实践"——梁漱溟论"学儒"

"生活上去理会实践"是梁漱溟开出的学孔子、习儒学的基本态度和方法。其所谓"生活上去理会实践"儒学，就是教人在"生活"上去"理会"孔子儒家的精神，又在"生活"中如是这般地"实践"这种精神。梁漱溟讲"生活上去理会"是强调：既要"设身处地"回到古人的生活世界，又要"将心比心"结合自身当下的生活经验去理解和把握儒家的经典文本和义理精神。这里，梁漱溟特以"学孔学"为例进行了详细说明。他认为，孔子所讲的"实在是自己的一个生活"，孔子的道理都是在他的生活上说，不了解孔子的生活也就不能理解他讲的道理。他说："寻孔子不向生活这个方向去寻，绝对寻不着。我们对于他的生活如果彻底了解，对于他的真面目就容易认识了。"②正是基于这种立场，梁氏不喜汉代经学家那种"丢下孔子的生活"去"学孔学"的做法。他对此批评道：

> 汉代经学家要划在孔学范围以外，因为他们不在生活上去学孔学，将孔子生活丢下，只是去研究孔子的书籍、孔子的思想，他们的方向不是孔子的方向，当然要被划在范围之外。③

除了回归孔子的生活世界去了解他的道理外，梁漱溟还教人在个体自我的现实生活中去"验证"这些道理。"验证"这些道理，就是要在"工夫上去验证""事实上去说

---

① 梁漱溟：《中国文化的命运》，中信出版社，2013年，第48页。
② 《梁漱溟先生讲孔孟》，商务印书馆，2011年，第17页。
③ 《梁漱溟先生讲孔孟》，商务印书馆，2011年，第18页。

话"，并"实地去作这种生活"。他说："不在工夫上去验证，事实上去说话，只从符号上去讲求，终无头绪。最要紧的方法，是要把符号用事实去验证出来。除此之外，都不成功。换言之，即是要实地去作这种生活，方可以讲这个东西。要把他当作思想或哲学家客观的研究，完全不能讲。"① 其所谓"实地去作这种生活"正是教吾人要在"生活上去实践"儒学。

梁漱溟讲"生活上去实践"儒学，是教人在生活上"理会"了儒家礼乐孝悌的"理"（情理）后，又在自家的生活中去表现、落实此"理"，这也就是儒家所说的"工夫"。在梁看来，儒家所谓工夫不外是教人在生活日用中去"行"这个礼乐孝悌的"理"，去"做"合乎此"理"的生活。其言如是：

> "人要不断自觉地向上实践他所看到的理"，大致不外是看到此情义，实践此情义。其间"向上之心"，"相与之情"，有不可分析言之者已。不断有所看到，不断地实践，则卒成所谓圣贤。
>
> 所谓工夫，不是在我们生活是如此之外，格外用力。我们先要了解人心本来如是，本来是人心，本来是仁。一刹那，两刹那，十年百年，莫不如是。所谓工夫，就是让他接连着如是，这就是不懈。一懈就间断了，一用力就是孟子所谓助长了。常常如是"我们本来如是"，就是仁，常常如是生活，就是仁者的生活。②

按照梁氏的说法，学儒的"工夫"无非是在生活中表现和落实我们所"理会"到的孔子、儒家的"理"（本心、仁），欲表现和落实此仁此心主要就是要人实地去行礼乐孝悌、过仁者的生活。梁漱溟特别强调，礼乐孝悌是"孔家所有的工夫"，像宋明人那样舍弃礼乐孝悌而讲的性命工夫并非"真工夫"。他说："然舍孝弟而言仁者事功，实无真事功。……宋明人喜讲性命的工夫，若舍孝弟而言性命的工夫，实无真功夫。离此而言事功，亦实无真事功。……儒家工夫的开端完全在此一点。《中庸》所谓参赞化育也就在这一点，这点就是全部孝弟的道理，就是孔家所有的道理。这种功夫就是孔家所有的功夫，一了百当的话，如此即是。"③

可见，梁漱溟所谓"生活上去理会实践"儒学，就是教人在"生活"上理解儒家讲的礼乐孝悌的"理"（情理），又在"生活"中"验证"此"理"，也即自己去行礼乐孝悌。概言之，梁氏提出的"学儒"的基本态度和方法，在于真切理会礼乐孝悌背后那

---

① 《梁漱溟先生讲孔孟》，商务印书馆，2011 年，第 10 页。
② 《梁漱溟先生讲孔孟》，商务印书馆，2011 年，第 112 页。
③ 《梁漱溟先生讲孔孟》，商务印书馆，2011 年，第 109 页。

个"柔和的心理"（仁、本心），并使此心此仁自然形诸外面成为"克己复礼"的道德实践。"礼乐的根本地方是无声之乐，无体之礼，即生命中之优美文雅。孝悌之根本还是这一个柔和的心理，亦即生命深处之优美文雅。可以说礼乐孝悌是同样的情形，就是由里面灵活的，自然的心理，到后来形诸外面，成为许多事为（规范的东西）……此即由个人生活本体问题而落入社会生活应用问题。"① 这里梁漱溟意在强调"儒家所为种种的礼，皆在自尽其心，成其所以为人"②，也即是通过实践礼乐孝悌以"践行尽性"、立德成圣，从而使生命成为智慧。他还说：

> 从本质上说，它（儒家）不是宗教，而是人生实践之学，正如他们所说"践行尽性"就是了。践人之形，尽人之性，这是什么？这是道德。③

> 儒家之所谓圣人，就是最能了解自己，使生命成为智慧的。普通人之所以异于圣人者，就在于对自己不了解，对自己没办法，只往前盲目机械地生活，走到哪里是哪里。儒家所谓"从心所欲不逾矩"，便是表示生命已成为智慧的——仿佛通体透明似的。④

"生活上去理会实践"儒学，梁漱溟是那样说，他当然也是那样去做。他不仅结合自己的生命生活体验在"说"儒学，也在自己的生命生活中去"做"儒学。以"返回到事实"、面向"生活的本身"为要求，梁氏除了在理论上初创了"生活化"的新儒学体系，开显儒学传统作为一种生命、生活的学问的现代意义外，还试图通过乡村建设的社会运动，在实践上推动儒学的生活化。他服膺泰州王学，坦言自己因读王艮而由佛转儒，对儒家精神有所"理会"⑤。他自述说："我曾有一个时期致力过佛学，然后转到儒家。于初转入儒家，给我启发最大，使我得门而入的，是明儒王心斋先生；他最称颂自然，我便是由此而对儒家的意思有所理会。"⑥ 正因为如此，梁氏的新儒学思想也多有取法心斋之处，具有浓重的行动主义色彩。⑦ 作为一种学说，梁漱溟的新儒学具有贵行动、重实践的理论特质；作为一位儒者，梁漱溟本人又在本着自己的儒学思想去行动、去实践。他本人自谦说："我不是学问家而是实干家"，别人则称赞他是"独立思考，表里如一"的"最后的儒家"。

---

① 《梁漱溟先生讲孔孟》，商务印书馆，2011 年，第 107 页。

② 《中国文化的命运》，中信出版社，2013 年，第 17 页。

③ 《梁漱溟先生讲孔孟》，商务印书馆，2011 年，第 204 页。

④ 《中国文化的命运》，中信出版社，2013 年，第 17—18 页。

⑤ 郑治文、傅永聚：《明代"生活儒学"从阳明学向泰州学的展开》，载《中国哲学史》2016 年第 1 期。

⑥ 《中国文化的命运》，中信出版社，2013 年，第 13 页。

⑦ ［美］艾恺：《最后的儒家》，王宗昱、冀建中译，江苏人民出版社，2003 年，第 79 页。

为什么称梁漱溟为"最后的儒家"？艾恺对此专门解释，那是因为梁漱溟是表里如一的人，其思想和道德是一致的。他说："在近代中国，只有他一个人保持了儒者的传统和骨气。他一生的为人处事，大有孔孟之风；他四处寻求理解和支持，以实现他心目中的为人之道和改进社会之道。"① 应该说，梁漱溟无愧是"一个有思想，又且本着他的思想而行动的人"②，他是本着其生活化的儒学思想来从事儒学生活化"行动"的实干家，是继承传统儒者立身行道的优良传统，将自己的文化理念转化为入世之积极实践，体现出强烈实践精神的真儒者。③ 韦政通评价说："他（梁漱溟）是一个行动的人物，他为了行动而思考。在行重于智这一点上，他是现代新儒家中最能相应原始儒家精神的人。"④ 无论是从开显儒学作为一种生命、生活的学问的意义来说，还是就回应"儒学传统如何关联现代生活"的时代课题而言，梁漱溟都为当代重建儒学⑤提供了有益借鉴，为当代人"说"儒学、"做"儒学做出了成功示范。

三、梁漱溟"生活"儒学观的当代启示

在"返回到事实"、面向"生活的本身"的视野下，梁漱溟将儒学"定义"为切合生活之"理"、人伦之"情"而建构的生命生活的学问，对于这样一种生命生活的学问，梁氏强调"学儒"须在"生活上理会实践"。梁漱溟这种对儒家精神特质的论定以及开出的"学儒"的基本态度和方法，对我们当代人发展儒学、学习儒学无疑是极具借鉴意义的。这里，我们所谓"发展儒学"指的是儒学的理论创新，它主要是针对当代儒家学者提出的诉求，也即是说：鉴于儒学作为生活生命的学问的精神特质，当代儒家学者应在牟宗三等现代新儒家主流那种套用西方形而上学来展现儒学传统的现代意义的方法之外，循"生命""生活"的方向来实现儒学的范式转换和理论创新。"学习儒学"主要针对当代社会大众来说，即当代人"学儒"当如梁漱溟所提出的在"生活上理会实践"。需要特别说明的是，"生活上理会实践"或应成为当代人"学儒"的普遍态度，普通民众是这样，儒家学者更是如此。当代儒家学者作为对儒家精神"先知先觉"的人物，理应反躬修己、以身作则，不仅在"生活"上去"说"儒学，更要在生活中去"做"儒学。具体地说，"接着梁漱溟来讲"，重建儒家思想与当代社会生活的

---

① 艾恺：《最后的儒家·序言》，江苏人民出版社，2003 年，第 3 页。

② 梁漱溟反复声明"我无意乎学问""我不是学问家""以哲学家看我非知我者"。他期望别人这样评价他："他是一个有思想的人""他是一个有思想，又且本着他的思想而行动的人""他是一个思想家，同时又是一社会改造运动者"。（梁漱溟：《中国文化要义》，上海人民出版社，2011 年，《自序》第 6 页。）

③ 许宁：《儒学的社会化与社会化的儒学——梁漱溟文化哲学简论》，载《齐鲁学刊》2007 年第 5 期。

④ 韦政通：《梁漱溟——一个为行动而思考的儒者》，《儒与现代中国》，东大图书公司，1984 年，第 219 页。

⑤ 我们所期许的"儒学重建"，并非只是重建一种当代儒学的理论范式，更主要的是要实现儒家思想与当代社会生活的关联。

关联，需要当代儒家学者依"生活化"的要求来"说"儒学、"做"儒学，最终使社会大众亦可"与知能行"；当代人读经学儒也应以涵养德性、修身立德为要，而不以增长"知识"、提升"技能"为功。

其一，儒家学人当依"生活化"的方向和要求来"说"儒学、"做"儒学，最终使社会人众亦可"与知能行"。首先，以"生活化"为要求来"说"儒学，需要当代儒家学人对儒学进行"生活化"的解读和研究，实现现代儒学由哲学化、精英化的现代新儒学（主流）向生活化、大众化的"后新儒学"转轨。就建构生活化、大众化的儒学新范式来说，当代儒家学者要坚持面向传统、面向当代两个定向，通过"返本"与"开新"实现儒学的创造性转化和创新性发展。所谓"面向传统"（返本），就是将较能开显儒学作为一种生命生活的学问的意义的历代儒者及其思想关联起来做系统研究。所谓"面向当代"（开新），就是在整合这些"生活化"的思想资源的基础上以面向当代为要求，努力思考和回应"儒家思想如何关联当代社会生活"的时代课题。坚持面向传统、面向当代，返其"本"又开其"新"，从而建构既充分尊重儒学传统之思想性格又能切入当代社会生活的新的儒学理论体系——"生活儒学"（大众儒学、民间儒学）①。

就面向传统"确认"儒学"生活化"的思想性格、开显儒学"生活化"的精神特质而言，现代新儒家的梁漱溟无疑已开始了这样的理论探索，为我们做出了示范。梁氏"说"儒强调先明孔孟儒学真义，在此基础上把能接续孔孟精神的儒者专门提出来讲，从而可以使儒家的意思"痛快淋漓"地表现出来。他说：

> 我们先讲明孔孟之真意之后，再把程明道、王阳明提出来讲，意在把孔家的意思说个痛快淋漓，使大家知道。②

> 我们要本着事实（生活）去讲，比较能了解清楚一些，确实一些，切切不要说那种包揽笼统的话。……宋明人不问问题发生的地方，就是宋人形而上学的色彩较多一些。而阳明差不多完全是在生活上讲话，不取玄学上的说法。我的意思也是

---

① "生活儒学"（大众儒学、民间儒学）总需要一定的理论化、体系化，然它的根本基调应该是"生活化""大众化""民间化"的。"生活化"的基调决定了"生活儒学"应区别于目前知识精英对儒学经学化、哲学化的系统研究。当然，这并不意味着"生活儒学"排斥经典诠释和哲理论证，而是说"生活儒学"要以"生活化"为要求对儒家经典进行解读，对儒家哲理进行说明。在"生活儒学"（民间儒学）中，"生活化"（民间化）应是置于经学化、政治化、哲学化等之前的"第一序"的思考。或如景海峰所说："所谓的民间儒学，或民间社会的接受形态，与正统的学理派、与义理层面的精英传递方式是有很大差别的，它的特点是所谓的接地气，或者跟日常生活有着非常密切的关系，是一种应用型的'活学活用'，有非常强的切己感和现实关怀。"（转引自魏沛娜：《"儒学在民间"的重新定位与思考——"深圳学人·南书房夜话"第九期探讨儒学与民间社会的关系》，载《深圳商报》2015 年 4 月 21 日第 3 版。）

② 《梁漱溟先生讲孔孟》，商务印书馆，2011 年，第 12 页。

要抱明儒那种态度去讲，则许多问题都可依此解决。①

    绕开汉唐经学家，从孔孟直接跳到明道、阳明、心斋来讲儒学，梁漱溟似乎为我们编织了一个"生活儒学"的道统谱系。这种哲学诠释（内在诠释）②的理论后果是整合了儒家"生活化"的思想资源，极大地透显了儒学作为一种生命生活的学问的精神特质。当代儒家学者可以"接着梁漱溟"讲，在面向传统确认儒学"生活化"的思想性格后，坚持面向当代的定向，进一步思考如何将儒学传统中那些"生活化"的价值理念表现、落实于当代人的生活世界中，从而在构创生活化的儒学体系的同时又能使这种儒学充分地生活化。当然，欲使生活化儒学的理论变为儒学生活化的实践，首先需要当代儒者能够率先垂范来"做"儒学，然后面向大众去"说"儒学，最终使社会大众亦可"与知能行"。

    其次，以"生活化"的要求来"做"儒学，就是要求当代儒家学者能自觉践履儒家的价值规范，把儒家的义理精神化作自己生命生活的真实体验，实现从"研究儒学"到"做个儒家"的转变。"做个儒家"可以没有高深的学养，亦不需要等身的著述，重要的只是依照梁漱溟所说的"实地去作儒家的生活"。诚如杜维明所说："作为儒者要在行为上得到表现。……如果一个人能够在家庭关系、邻里关系、上下级关系上处理得和睦，能够符合仁、义、礼、智、信的标准，那么我们可以认为他就是一个儒者。毫无疑问，这样的人虽然没有学过儒学的传统，也可以认为他是儒者。而另外一种人格形态，可能口头上讲得天花乱坠，没有实际的体现和检验，那只不过是自我标榜的儒家，仍然是不具备儒者的基本资格的。"③

    现代儒学发展的一个重要困境是现代社会生活中鲜有真正的儒者典范，能让广大民众受到儒家精神的感召，对儒家产生虔诚向往。须要承认，以儒学为研究对象的专家学者自是一个庞大的社会群体，然带着生命生活体验去"做"儒学的儒者却不多见。如果当代中国没有一大批儒家典范人物的出现，儒学这一精神传统恐怕是难有复兴与重建的光明前景的。孔子之所以被世人尊为"万世师表"，儒学之所以能传承千年、泽被东方，其中一个不可忽略的原因在于孔子本人首先就是一位活的儒者典范。我们很难想象，一个言行不一、人格卑劣的人能开创儒学这样一种富有深层历史文化底蕴的生命生

---

    ① 《梁漱溟先生讲孔孟》，商务印书馆，2011年，第11页。

    ② 一般来说，思想诠释可以分为哲学诠释（内在诠释）和历史诠释（外在诠释）两种路径：哲学诠释（内在诠释）注重"哲学概念与义理之间的演变与迁延"，历史诠释（外在诠释）强调"时代背景与哲学思想之间的互动关系"。"'内在诠释'一般要求研究者对思想对象系统有深切的体认和细致深刻的理解，抛开外来的框架和外在的对照而使解释和叙述自成一系统。"（程志华：《中国哲学史研究的诠释理路》，载《西南民族大学学报》（人文社科版）2008年第9期。）

    ③ 杜维明：《二十一世纪的儒学》，中华书局，2014年，第12页。

活的学问。孔子说："其身正，不令则行；其身不正，虽令不从"；又"君子耻其言而过其行"①，他教导我们要先"修己"方可"安人安百姓"。确实如此，己身不正如正人何？当代儒家学者若不能先"做个儒家"，又岂能有资格去面向大众宣扬儒学？苟勉力为之，非但不能让人信服和接受，反有强迫认同之嫌。

作为"最后的儒家"，梁漱溟"表里如一"，能本着儒家的精神去行动，始终保持着孔孟的气节与风骨，保持着儒者的情怀与担当。当代学人要"做个儒家"当以梁漱溟为典范，先以儒学来修己立身，然后还要敢于担当为儒家去行道。"行道"就是要走出书斋、走出高校、深入民间、面向大众去宣扬儒学。正如梁漱溟指出的，儒学不能成为少数人的高深学业，应当多致力于普及，可以把孔子的路放得极宽泛，极通常。他说："照我的意思是要如宋明人那样再创讲学之风，以孔颜的人生为现在的青年解决他烦闷的人生问题，一个个替他开出一条路来去走。"②"再创讲学之风"，要求当代儒家学人能够积极投身民间宣讲儒学，以简易通俗、生动传神的"生活化"的语言为老百姓"讲清楚"儒家的价值追求和生命智慧，令"愚夫愚妇"不仅能"知"儒学，亦能"行"儒学。通过"觉民"以"行道"，在民间儒学的伟大实践中，推动儒学的重建与复兴。

于此，受梁漱溟"乡村建设"理论和实践的启发，赵法生、颜炳罡等依托山东泗水尼山圣源书院而发起推动的"乡村儒学"运动颇可称道③。作为"乡村儒学"的亲身实践者，颜炳罡以夫子自道的口吻说过："我并不因为看到农村的诸多凋敝和不良现象才下乡讲儒学，而是出于一种知识分子的社会担当。今天的知识分子，不应仅做社会的看客和批判者，而应做建设者；学界不缺我那几篇论文，但乡村真缺伦常秩序，乡亲们真缺听得懂用得上的文化向导。"④ 在我们看来，走向民间、面向大众去宣扬儒学，不仅是出于儒者"为往圣继绝学"的责任担当，更是使儒学摆脱"博物馆化"存在和"游魂"命运，实现灵根再植、附体新生的现实要求。当代儒家学者唯有依"生活化"的要求来"说"儒学、"做"儒学，使社会大众亦可"与知能行"，从而在当代中国涌现一大批儒家思想的见证者，儒学复兴与重建才有现实意义可言。⑤

其二，当代人读经学儒应以涵养德性、修身立德为要，而不以增长"知识"、提升

---

① 杨伯峻：《论语译注》，中华书局，1980年，第136、155页。

② 梁漱溟：《东西文化及其哲学》，商务印书馆，2010年，第234页。

③ 陈菁霞：《赵法生：乡村儒学才是儒家的根》，载《中华读书报》2014年8月20日第7版。

④ 转引自赵亮：《在乡土人情的寻常中唤起文化良俗——山东泗水"乡村儒学现象"探寻》，载《工人日报》2014年10月20日第5版。

⑤ 杜维明认为，儒学复兴的关键决定于儒家的学术思想到底有无见证者，即在儒学的传统中能否出现一些像样的哲学家、文学家、艺术家，甚至政治家、企业家。（杜维明：《儒学第三期发展的前景问题——大陆讲学、答疑和讨论》，生活·读书·新知三联书店，2013年，第24页。）

"技能"为功。毋庸置疑，读经是"学儒"的基本路径，在一定意义上，"学儒"即是读经，读经即是"学儒"。当代人要走近孔子、"学习"儒学也应从阅读儒家经典开始。在我们看来，当代人（包括孩子）要不要读经、要不要"学儒"这根本不成其为问题，真正的问题在于如何读经？如何学儒？对此，梁漱溟开出的"生活上去理会实践"的"学儒"之路或可为我们提供正确指引。"生活上去理会实践"，梁漱溟告诉我们，"学儒"当把儒家经典中的思想、话语（符号形式）放到"生活"（包括古人的生活世界和自己的生活体验）上去理解，深明古人缘何这样立说的"道理"和"用心"（知）；然后在自己的生活世界实地去实践这个"道理"，"验证"这个"用心"（行）。他说："我是先自己有一套思想再来看孔家的诸经的；看了孔经，先有自己意见再来看宋明人书的；始终拿自己思想作主。"①

在梁氏这里，"读经"绝非仅是停留于经典文本之上的纯粹的认知活动，其终极目的是，要使经典文本中的生命智慧关联个体自身的生命生活，化作自己处世立身、待人接物的准则和依循。按照这个要求，当代人学儒读经或许可以参照宋儒朱熹的"朱子读书法"来具体进行。朱熹教人读经，强调"读书只是要见得许多道理"，而"以心体之，以身践之"。他说："自秦汉以来，士之所求乎书者，类以记诵剽窃为功，而不及穷理修身之要。"② 以穷理修身为要，不以记诵剽窃为功，用心去体会，以身去实践所见的"道理"，这构成了"朱子读书法"的主要内容。朱熹围绕这个中心而提出的许多深刻洞见，值得今人反复地学习、玩味。其言如是：

> 或问读书工夫。曰：这事如今似难说。如世上一等人说道不须就书册上理会，此固是不得。然一向就书册上理会，不曾体认着自家身已，也不济事。
> 读书，不可只专就纸上求义理，须反来就自家身上（以手自指）推究。
> 读书，须要切己体验，不可只作文字看，又不可助长。③
> 读书须将圣贤言语就自家身上做工夫，方见字字是实用。④
> 今学者皆是就册子上钻，却不就本原处理会，只成讲论文字，与自家身心都无干涉，须是将身心做根柢。⑤

读经不能"一向就书册上理会""专就纸上求义理""只讲论文字"，须要"切己

---

① 《东西文化及其哲学》，商务印书馆，2010 年，第 235 页。
② 朱杰人、严佐之、刘永翔主编：《朱子全书》（第 24 册），上海古籍出版社、安徽教育出版社，2010 年，第 3734 页。
③ 《朱子全书》（第 14 册），上海古籍出版社、安徽教育出版社，2010 年，第 338、337、337 页。
④ 《朱子全书》（第 15 册），上海古籍出版社、安徽教育出版社，2010 年，第 1221 页。
⑤ 《朱子全书》（第 18 册），上海古籍出版社、安徽教育出版社，2010 年，第 3588 页。

体验""将身心做根柢""就自家身上推究"。在朱子看来,"读书或经典诠释活动本身即是一种身心修炼的工夫。……作为身心修炼的经典诠释活动既有迁善改过之功,又具有身心治疗的意义和效果。也正是由于这一点,使得读书在朱子那里不仅具有一套认识论意义上的诠释学意义,更具有一种价值实践的宗教学意涵。"[1] 与朱熹完全一致,梁漱溟所谓"生活上去理会实践"儒学的深层意涵恐怕也正在于此,即教人将读经学儒化为具有价值实践的宗教学意涵的身心修炼工夫。

由此,当代人以朱熹"以心体之,以身践之"、梁漱溟"生活上去理会实践"的思想为方法论指引去读经,就不能以增长"知识"、提升"技能"为功,而应以涵养德性、修身立德为要。读经若只停留在能句读、会背诵、详训诂、明义理的"技能"或"知识"的层面,这种读经本身是不值得提倡的。因为这既背离儒家教人读经的初衷,更何况这种所谓的"知识"或"技能"对当代人也没有多少益处可言。多读多看、能背能记固然甚好,然儒家并不以此为能,而是以精神的洗礼、良知(善心)的唤醒为要。比如,我们读《论语》,不能只会哇哇背诵"学而时习之""有朋自远方来"等几句简单的话语,重要的是要尝试去"理会实践"其中贯穿的礼乐孝悌的"道理"。就像梁漱溟所指出的那样:

> 把《论语》零碎的东西,弄成个整个的东西,把其中极昭著的态度,极鲜明的色彩的地方,先提出来,再去确定他。把他的许多态度一一列出,然后在生活上理会,去证实那种生活,看他最重要的观念是什么?是否可以贯穿全部于此,通通都可以得一解释。[2]

当读到"今之孝者,是谓能养。至于犬马,皆能有养;不敬,何以别乎?""礼,与其奢也,宁俭;丧,与其易也,宁戚。""居上不宽,为礼不敬,临丧不哀,吾何以观之哉?"[3] 等话语时,我们或许无须刻意去背记,关键是切己自省回到自家生活上去"理会"这种"敬""戚""哀"的情感和心理(仁),然后能够正视自己的过往,带着此"仁"的情感和心理去为礼尽孝,最终能够成德成圣,做个仁人君子。这就是孔子所深刻揭示的中华文明仁礼互含的底蕴。[4] 因此,读《论语》最重要的就是先"确定"孔子仁礼合一的这种"极昭著的态度","然后在生活上理会,去证实那种生活"。孔子

---

① 彭国翔:《儒家传统——宗教与人文主义之间》,北京大学出版社,2007 年,第 55 页。

② 《梁漱溟先生讲孔孟》,商务印书馆,2011 年,第 20 页。

③ 《论语译注》,中华书局,1980 年,第 14、24、34 页。

④ 牟钟鉴:《新仁学构想——爱的追寻》,人民出版社,2013 年,第 85 页。

讲:"人而不仁,如礼何?人而不仁,如乐何?"又"克己复礼为仁"①,他教导我们一方面要依德性(仁)以实践礼仪(礼),一方面又要以礼仪实践来涵养德性。在生活上理会孔学仁礼合一的真义,实践儒家礼乐孝悌的道理,这是我们读《论语》的基本态度,也应作为我们"读"儒家经典的一贯立场。梁漱溟所谓"生活上去理会实践"儒学,对于当代人读经学儒的启示也正在于此。

面向"生活的本身",梁漱溟揭示了儒学作为生命生活的学问的精神特质,开出了"生活上去理会实践"的"学儒"之路。当代重建儒学,实现儒学传统与现代社会生活的关联,需要当代儒家学人"接着梁漱溟讲",不仅要切中儒学传统本身的思想性格,努力建构生活化的儒学理论体系,而且还要积极投身民间参与儒学生活化的社会实践②。除此之外,当代人读经学儒也应借鉴梁氏"生活上去理会实践"的睿识,把"读经"由句读训诂、"记诵剽窃"的认知活动转化提升为具有价值实践的宗教学意涵的身心修炼工夫。

---

① 《论语译注》,中华书局,1980 年,第 24、123 页。

② 郑治文:《生活儒学——"后新儒学"时代儒学重建的路径抉择》,曲阜师范大学博士学位论文 2016 年,第 137 页。

中道形而上学：梁漱溟的中道思想探要

——中道形而上学的思想渊源

王兴国（深圳大学）

摘 要 梁漱溟中道思想的来源是相当纯粹与简单的，主要源自中国的《周易》的形而上学的中道观，和孔子对于这一形而上学中道观的继承，以及在其人生哲学中的发挥，从而形成梁漱溟的中道思想。梁漱溟先生对于孔子所代表的形而上学和人生哲学为一中道形而上学与一中道人生哲学的观点，既是对于易学中道形而上学的继承和发展，同时也是对于宋明儒学有关孔子形而上学和人生哲学的基本方向和原则的继承和发展。梁漱溟先生所持的中道形而上学与人生哲学，即是本于这一来源和观点而形成的。质而言之，梁漱溟的中道思想得自于孔子及其所代表的儒家中道智慧。因此，梁漱溟的中道思想，实际上是对于中国孔家中道思想的继承与发展。

关键词 形而上学的中道观 中道人生哲学 孔子 中道智慧 继承与发展

作者附言 本拟撰成《中道形而上学：梁漱溟的中道思想探要》一文，但因文章篇幅较长（计有六个部分：一、引言，二、中道形而上学的思想渊源：《周易》和孔子所代表的中道，三、中道宇宙形上学：宇宙大生命观，四、中道方法论：理智与直觉的中道，五、中道实践论：中道人生论和中道孔教论，六、结语：东方中道与世界未来），迄今未能写完，只得将其中完稿的前两个部分提供会议交流。其他部分待会后续写。故文章标题改为：梁漱溟的中道思想探要（之一）——中道形而上学的思想渊源。敬祈见谅！

一、引言

中道思想是中国文化的悠久智慧，并形成中国思想与文化的根本精神。以孔子为代表的儒家大力发扬了中国的中道思想智慧，使中道思想智慧达到了中国古代的巅峰；当代新儒家继承与发展了传统儒家的中道精神，在中西融合的宏阔大道上把中道思想智慧推进到一个新的高峰。梁漱溟先生作为当代新儒家的先驱，具有丰富的中道思想，在继往开来的过程中，比较旷观中国、印度和西方哲学与文化路向的不同，提出和阐发了一种以中道形而上学为代表的观点，并贯彻在他的全部思想中，身体力行，初步建立了一种现代的以中道思想为准则和实践范导的典范，直接开启了当代新儒家对于中国中道思想的重视和研究，而成为当代新儒学富有成果的重要内容之一。这不仅对于我们重新认识和继承中国传统的中道智慧，复兴中国文化，重建中国人的精神—价值世界，重塑中国人的文化自信心，具有不可低估的重要意义，而且对于我们今天的社会和人生纠正与防范"极左"和"极右"的极端道路，迈向积极的康庄中正之道，均大有裨益。

梁漱溟中道思想最为集中地在其《东西文化及其哲学》一书中表现出来，探研梁漱溟先生的中道思想，自当以此书为主。此书在梁漱溟思想中所占的分量与重要性，可以梁漱溟先生在其《唯实述义·初版自序》中所说的一段话作为说明与见证，他说：

> 我久想作《孔家哲学》《唯识述义》两书，而以《东西文化及其哲学》作个引子……那引子的重要百倍于原书。作《东西文化及其哲学》而没作《孔家哲学》《唯识述义》倒可以的，绝不应作这两个书而没作《东西文化及其哲学》。①

笔者曾经断言：梁漱溟先生的《东西文化及其哲学》一书为其一生的思想做了不可更易的定位②，二十余年以来，笔者所持的这一看法一直没有改变。不难断定，无论在何种意义上看，研究梁漱溟先生的中道思想，皆当以此书的中道思想为主，而以他其他的相关著作为辅。本文遵循这一原则，视之为不二法门，以之探寻梁漱溟先生以中道形而上学为代表的中道思想，愿求验证，并敬祈各位方家和同仁指教！

二、中道形而上学的思想渊源：《周易》和孔子所代表的中道

梁漱溟先生的中道思想可以中道形而上学为代表，因为中道形而上学代表了梁漱溟先生对于中国中道思想智慧的根本看法，同时也最为充分地表现了梁漱溟先生的中道思想的典型特征。在梁漱溟先生看来，中国的中道思想是以中国的形而上学来表现的。正是在这一意义上，我们可以将梁漱溟先生的中道思想，以中道形而上学来概括和代表。从梁漱溟先生来说，中道形而上学，也可以名为"调和"的形而上学。为了阐明和理解梁漱溟先生的中道形而上学或"调和"的形而上学，必须厘清其来龙去脉，因此有

---

① 《梁漱溟全集》第一卷，山东人民出版社，1989年，第251页。
② 见王兴国：《梁漱溟与儒学现代化》，《现代中国哲学之回顾与前瞻：中国现代哲学与文化思潮第三集》，华中理工大学出版社，1996年，第182页。

必要首先弄清楚其中道形而上学或"调和"的形而上学的思想渊源。

　　无疑地说，梁漱溟先生的中道思想渊源于孔子和《周易》，即是说，梁漱溟先生的中道形而上学或"调和"的形而上学的思想分别是由《周易》和孔子的中道思想整合与发展而来的。梁漱溟先生认为，中国的中道思想最早源出于《周易》的形而上学，然后由孔子继承和发挥出来，表现为孔子的中道形而上学和中道人生哲学以及孔教论，同时也在直觉和理智的关系以及中西方文化的关系中得到表现。诚然，梁漱溟的中道思想与中医以及道家的中道观和佛学的中道观也不是完全无关，但是中医以及道家的中道观和佛学的中道观并不直接构成梁漱溟中道思想的渊源，至多是其中道思想形成和展开的不同文化背景。以下分别略加梳理和叙述。

　　众所周知，梁漱溟先生比较旷观与论衡中国、印度和西方三大文化传统体系及其哲学，尤其是为了突显与指出中国形而上学与印度、西方的形而上学均不同路而精神异质，梁漱溟先生考察和追溯中国形而上学旨趣的渊源，断定中国的形而上学大约具于《周易》，并"足可以周易为代表"[1]，其中心意思为"调和"。因此，可以断定梁漱溟先生所说的《周易》的形而上学，是一种"调和"的形而上学。而所谓"调和"的形而上学，也即是中道形而上学。梁漱溟先生指出，在《周易》以前有《归藏》和《连山》，在《周易》之后有广泛流布的阴阳五行学说，尽管它们之间不可能完全一般而没有差别，但是它们之间的基本精神大致上是一致的，这种在精神上的一致性，最后都像百川归大海一般地汇归于《周易》之中，因此可以《周易》来代表。迄今看来，这一看法大致上是不错的。传统以来就一直流行着夏有《连山》、商有《归藏》，周有《周易》的说法，尽管至今无法证实与否证，但是《连山》和《归藏》不会晚于《周易》而出现和流行，则是无疑的。至于"阴阳"的观念则见之于《周易》，据《阜阳汉简周易》《上海博物馆藏战国楚竹书（三）·周易》（或称《楚竹书周易》）和清华简《筮法》和《别卦》（见《清华大学藏战国竹简（肆）》上册）等出土文献推断，阴阳爻画线（或称图画亦可）和阴阳观念的起源应当早于《周易》。事实上，《周易》恰恰是建立在阴阳爻画线和阴阳观念的基石上的。《易之义》说："《易》之义，唯阴与阳。"（见于《上海博物馆藏战国楚竹书（三）·周易》）这是最有力的证明。而五行学说的流行自当是在阴阳和《周易》之后。可见，梁漱溟先生当年对于易学的把握，还是相当到位。这在知识和见识上看，是不足为奇的！因为《庄子·天下篇》也说过："《易》以道阴阳。"但是，梁漱溟先生所说"三易"和阴阳五行精神旨趣的一致性就是"调和"，则不能不说是一个了不起的洞见。笔者曾经指出，"调和"是梁漱溟先生早期哲学思想中的一个重要概念，犹如他的"生命""意欲""直觉"等概念一样。其实，

---

① 见《梁漱溟全集》第一卷，山东人民出版社，1989 年，第 444 页。

"调和"与梁漱溟先生所讲的"中庸""平衡"等是一样的意思，指宇宙大生命之内在的生化力、整合力与张力。此外，"调和"还指宇宙中事物万象之间的"和谐"关系。① 简言之，梁漱溟先生的"调和"就是宇宙的中道。这一观点在他对《周易》的理解和解释中一露无遗。梁漱溟先生说："卦盖即悬象以示人之意，每一个卦都是表示一个不调和，他是拿这些样的不调和来代表宇宙所有的不调和。"② 梁漱溟先生以《周易》64卦的第一卦即乾卦为例，来加以说明。他指出：乾卦的最下面的一阳爻即"初九——因为阳伏藏在下就用'潜龙'两字表示那意味，在这种意味上最好是勿用，勿用其占得的意味也；如是象，如是占，为一调和。"③ 而所谓的"调和"，从易卦卦画所表示的意旨来说，无非就是中或中道。中或中道是《周易》意旨的根本，这根本就在"调和"上表示出来。在梁漱溟先生的眼目里，《周易》的宗旨不在占卦或卜筮，而是在讲形而上学，它以卦象所占得的意旨最终都是"调和"，因此《周易》的形而上学就是一套"调和"的形而上学或中道的形而上学。这颇有孔子解《易》的遗风。从这一意义上看，当然是"调和就好，极端及偏就要失败"④ 这一看法的形成，显然受到李光地《周易折中》和王船山《周易外传》解释乾卦⑤的启发和影响，尤其是梁漱溟先生从李光地转引南宋理学家饶鲁（1193—1264）对乾卦的论述，表明他同时直接受到饶鲁的影响。饶鲁的话的确重要而富有启示，不妨再为梁漱溟先生援引如次：

> 一爻有一爻之中；如初九潜龙勿用，就以潜而勿用为中；九二见龙在田利见大人，就以见为中；九三君子终日乾乾，就以乾惕为中；九四或跃在渊，就以或跃为中；卦有才有时有位不同，圣人使之无不和乎中。⑥

当然，我们说梁漱溟先生对《周易》的这一理解，实际上是与饶鲁、李光地和王船山的解释正相吻合，因此饶鲁、李光地和王船山对于乾卦之意旨的解释，只不过是充当了梁漱溟先生理解和解释《周易》意旨的注脚，亦无不可。

总而言之，梁漱溟先生以为中国的形而上学是一中道的形而上学，而这一中道形而上学源自中国最为古老的经典之一的《周易》，则是无可怀疑的不争之论。

---

① 王兴国：《生命观念与直觉方法：梁漱溟的非实体主义哲学思想探要》，刊于《场与有——中外哲学的比较与融通》第5辑，中国社会科学出版社1998年11月版，第78页。

② 《梁漱溟全集》第一卷，山东人民出版社，1989年，第446页。

③ 《梁漱溟全集》第一卷，山东人民出版社，1989年，第447—448页。

④ 《梁漱溟全集》第一卷，山东人民出版社，1989年，第447页。

⑤ 梁漱溟先生说："我仿佛记得王船山讲这乾卦说，有一完全坤卦隐于其后，颇为别家所未及，要算是善于讲调和的。"（《梁漱溟全集》第一卷，山东人民出版社，1989年，第447页。）

⑥ 见《梁漱溟全集》第一卷，山东人民出版社，1989年，第447页。

然而，《周易》本经主要为卜筮，并非哲学，因此不可能有一套形而上学，而所谓《周易》或易学的形而上学，其实是后人解释和发挥出来的成就，确切地说，这是从孔子对《周易》的理解和解释开始的，一般地说，那就是《易传》的形成。因此，可以说，梁漱溟的中道思想在实际上是源自孔子及其所代表的儒家对于《周易》的哲学地理解与发展。

孔子作为中国古代文化的集大成者，不仅是《周易》的整理者和保护者，而且非常喜欢读《易》，乃至韦编三绝，成为精通易学的大学者和大思想家，在解释《恒》卦的九三爻辞时指出："南人有言曰：'人而无恒，不可以作巫医。'善夫。不恒其德，或承之羞，不占而已矣。"（《论语·子路》）孔子又说："假我数年，五十以学《易》，可以无大过矣。"（《论语·述而》）① 首开从道德义理解释《周易》思想之先河，（虽然《易传》非成于一时和一人之手，但是）至今不能否定孔子为《易传》的第一作者。事实上，孔子作为《周易》的自觉的研究者和传承者业已由出土文献《帛书周易》所证实，更为重要的是，《帛书周易》进一步证明了孔子对于《周易》的重视和喜好并非出于占筮，而是在于其道德义理。孔子说："《易》，吾后其祝卜矣，吾观其德义耳也。吾求其德而已，吾与史巫同涂而殊归者也。"（《帛书周易·要》篇）。这与《论语》中所谓"不恒其德，或承之羞，不占而已矣"与追求"无大过"的有关记载若合符节。孔子对于《周易》的态度和目的，是"观其德义"而"求其德"，确实如其所说，早已超越了史官和巫者，也超越了他的时代。这当然是孔子大智慧的表现。可以肯定的是，孔子对于易学的研究与他的思想很可能是交互作用和影响的。那么，孔子的哲学思想就难免要受到他研究易学的影响。梁漱溟先生就是如此这般地认为的，他非常坚信和直接地肯定断言孔子及其学派的人生哲学是从《周易》的形而上学中产生出来的。他说：

　　……我很看得明孔子这派的人生哲学完全是从这种形而上学产生出来的。孔子的话没有一句不是说这个的。始终只是这一个意思，并无别的好多意思。大概凡是一个有系统思想的人都只有一个意思，若不只一个，必是他的思想尚无系统，尚未到家。孔子说的"一以贯之"恐怕即在此形而上学的一点意思。胡适之先生以为是讲知识方法，似乎不对。因为不但是孔子，就是所有东方人都不喜欢讲求静的知识，而况儒家尽用直觉，绝少来讲理智。②

---

　　① 对于这句话，司马迁在《史记·孔子世家》中改为："假我数年，若是，我于《易》则彬彬矣。"实际上，是对于孔子原话的一种注释，表明孔子将《易》看作完善人格修养的道德之书来对待。这似乎更易于理解。

　　② 《梁漱溟全集》第一卷，山东人民出版社，1989年，第447—448页。

梁漱溟先生把孔子的"一以贯之"之道总概为《周易》的形而上学之旨，也就是中道形而上学，那么这一中道形而上学贯彻在孔子的人生哲学中，则一定是一种中道的人生哲学，或中庸之道的人生哲学。因此，梁漱溟先生不能认同胡适先生把孔子的"一以贯之"之道理解和解释为一种讲知识的方法，即是说，孔子的"一以贯之"之道不是一个方法论原则，而是一个形而上学即中道形而上学的原则。梁漱溟先生指出：

> 孔子形而上学和其人生的道理都不是知识方法可以去一贯的，胡先生没有把孔子的一贯懂得，所以他底下说了好多的"又一根本观念"，其实那里有这许多的根本观念呢！不过孔子中心的意思虽只一点，却演为种种方面的道理，我们要去讲他，自然不能不一一分讲，但虽分讲，合之固一也。①

无疑，胡适先生基于其"实验主义"哲学的立场上，"大胆假设，小心求证"，断定孔子这一原则为一知识论上的方法论原则，确实令人不无疑问而有商榷的余地，因为拘泥于知识论而言，则不仅把孔子思想西方哲学化，而且成为一种拘限；如果在广义上，将这一原则视为一种哲学方法论的原则，则未尝不可，至少为多元论的理解与解释孔子哲学多添了一种视角与进路，仍有其不可抹杀的意义。如此说来，也许梁漱溟先生对于胡适先生的同情地理解显得不足。但是，不可否认，梁漱溟先生从中看到了问题，并且梁漱溟先生的见解较之于胡适的看法更为深刻与到位，更接近于孔子思想的宗趣，从而更能见中国哲学的本色。显然，在一定的意义上说，孔子对于《周易》之"德义"的理解和解释，恰恰是立足于中道的智慧立场，才能说出"五十以学《易》可以无大过矣"这样的话。换言之，孔子的人生哲学的宗旨与《周易》的宗旨，是一而不二的。因此，二者是完全相应和相通的。实际上，这恰恰是孔子哲学地理解、总结、提升和诠释《周易》的结果。我们必须透过梁漱溟先生的论述，看到事情的真相与历史的本来面目。当历史进入20世纪以后，孔子对《周易》的理解与诠释，与梁漱溟先生的视域相遇而融合，由此而得到了一种在继承和发展中的有力的再诠释。这是不可不察与不能不指出的！

饶有趣味的是，梁漱溟先生别具慧眼地抓住一个"生"字，就把《周易》的形而上学与孔子的人生哲学完全贯通和联系起来了。他指出：

> 我们先说孔子的人生哲学出于这种形而上学之初一步，就是以生活为对，为好的态度。这种形而上学本来就是讲"宇宙之生"的，所以说"生生之谓易"。由此

---

① 《梁漱溟全集》第一卷,山东人民出版社,1989年,第448页。

孔子赞美欣赏"生"的话很多，像是："天地之大德曰生"；"天何言哉，四时行焉，百物生焉，天何言哉"；"致中和天地位焉，万物育焉"；"唯天下至诚为能尽其性，能尽其性则能尽人之性，能尽人之性则能尽物之性，能尽物之性则可以赞天地之化育，可以赞天地之化育则可以与天地参矣"；"天地变化，圣人效之"；"大哉圣人之道洋洋乎发育万物，峻极于天"；如此之类总是赞叹不（置）〔止〕。这一个"生"字是最重要的观念，知道这个就可以知道孔家的话。孔子没有别的，就是要顺着自然道理，顶活泼顶流畅的去生发。他以为宇宙总是向前生发的，万物欲生，即任其生，不加造作必能与宇宙契合，是宇宙充满了生意春气。①

不难看出，在梁漱溟先生的眼目里，"生生之谓易"所象征与表示的就是"宇宙之生"，也就是宇宙万物之生，因此他看"宇宙充满了生意春气"，这与孔子所说的"天何言哉，四时行焉，百物生焉，天何言哉"的旨趣如出一辙，与《中庸》所说的"致中和天地位焉，万物育焉"以及"唯天下至诚为能尽其性，能尽其性则能尽人之性……可以赞天地之化育则可以与天地参矣"的宗旨亦正相契合。由此可知，天地"致中和"，得中位，与万物之生、"宇宙之生"是一致的。简约地说，"中"即"生"。因此，"生生之谓易"的精神乃得自宇宙形而上学的中道。只有在中道与生生一致统一的基础和前提下，参赞天地之化育而"与天地同流"的"天人合一"境界才是可能的。在梁漱溟先生看来，孔子早已悟透了这个道理，并形成了一套贯通宇宙和人生的哲学思想，所以孔子总能顺从"宇宙总是向前生发的"的道理，一任万物之生，"顺着自然道理，顶活泼顶流畅的去生发"，不加造作，就一定能与宇宙相契合。其中的关键，当然就是贯穿在宇宙和人生之中的中道。对梁漱溟先生来说，孔子无疑代表了这一中道，并在中国文化中成为中道之大成的人格典范。那么，在孔子的身上，把表现中道的调和、仁与直觉（仁即直觉）、不认定、无表示、无所为而为完全打成一片，融为一体。因此，孔子就成了中道的化身了。梁漱溟先生说：

> 孔子有一个很重要的态度就是一切不认定……又不但对于其实不如何的而认定其如何，是错，并且一认定，一计算，在我就失中而倾敧于外了。平常人都是求一条客观呆定的道理而秉持之，孔子全不这样。②

在梁漱溟先生看来，孔子这种一切不认定的人生态度，与释迦牟尼佛是一般无异的。这

---

① 《梁漱溟全集》第一卷，山东人民出版社,1989 年,第448 页。
② 《梁漱溟全集》第一卷，山东人民出版社,1989 年,第450 页。

是两位东方圣人所共有的态度，也是二圣仅有的一点相同。也可以说，这是儒佛仅有的一个相同点。至于其他方面，则全非为一事。他说：

> 孔子的这种不认定，有似佛家的"不着有"，但全非一事，不过孔子这种空洞无主张，只是述而不作，则与佛陀一般一样。我只看见世上仅此两人是此态度，外此无有已；我只看见他两人仅此一点相同，外此无有已。①

对梁漱溟先生来说，孔子这种一切不认定、无可无不可的人生态度，乃是出于孔子的直觉。梁漱溟先生说：

> 盖孔子总任他的直觉，没有自己打架，而一般人念念讲理，事实上只讲一半，要用理智推理，结果仍得凭直觉。我们的行为动作，实际上都是直觉支配我们的，理智支配他不动；一边自己要用理智，一边自己实不听他，临时直觉叫我们往那边去，我们就往那边去。这种自己矛盾打架，不过人自己不觉罢了，其实是无时无刻不这样的，留心细省就知道了。②

梁漱溟先生所讲的直觉，其实就是孔子的"仁"，他说："此敏锐的直觉，就是孔子所谓仁。"③ 他认为孔子的这个"仁"，虽然在学术上有种种理解和讲法，仁智互见，不易讲，却是跃然可见而确乎可指的。他从考察孔子答宰我问三年之丧礼而指出：

> 这个"仁"就完全要在那"安"字上求之。宰我他于这桩事心安，孔子就说他不仁，那么，不安就是仁喽。所谓安，不是情感薄直觉钝吗？而所谓不安，不是情感厚直觉敏锐是什么？象所谓恻隐、羞恶之心，其为直觉是很明的；为什么对于一桩事情，有人就恻隐，有人就不恻隐，有人就羞恶，有人就不羞恶？不过都是一个安然不觉，一个就觉得不安的分别罢了。这个安不安，不又是直觉锐纯的分别吗？儒家完全要听凭直觉，所以唯一重要的就在直觉敏锐明利；而唯一怕的就在直觉迟钝麻疲。所有的恶，都由于直觉麻疲，更无别的原故，所以孔子教人就是"求仁"。人类所有的一切诸德，本无不出自此直觉，即无不出自孔子所谓"仁"，所以一个"仁"就将种种美德都可代表了。④

---

① 《梁漱溟全集》第一卷,山东人民出版社,1989 年,第 451 页。
② 《梁漱溟全集》第一卷,山东人民出版社,1989 年,第 451 页。
③ 《梁漱溟全集》第一卷,山东人民出版社,1989 年,第 453 页。
④ 《梁漱溟全集》第一卷,山东人民出版社,1989 年,第 453—454 页。

梁漱溟先生非常敏锐地发现，孔子指点学生完全要在那一个"安"字上"求仁"，而"安"与"不安"则是情感薄厚与直觉迟钝敏锐的不同之表现；由此梁漱溟先生又把孔子的"仁"与孟子的"恻隐之心"和"羞恶之心"联系与通贯起来，并指出在人性上率性而尽仁之道，是夫妇之愚可以与知与能的。而"这个知和能，也就是孟子所说的不虑而知的良知，不学而能的良能，在今日我们谓之直觉。这种求对求善的本能、直觉，是人人都有的；这种直觉人所本有，并且原非常敏锐，除非有了杂染习惯的时节。你怎样能复他本然敏锐，他就可以活动自如，不失规矩"[1]。梁漱溟先生把表现为情感和直觉的恻隐之心、羞恶之心，也就是孔子的"仁"，视为人类道德的根本源泉，强调人类所有的一切道德都不能不出自此直觉，亦即无不出自孔子的"仁"，所以他说"一个'仁'就将种种美德都可代表了"。梁漱溟先生从直觉、情感和本能来解释孔子的"仁"，指出："'仁'就是本能、情感、直觉"[2]，这显然受到了宋明儒家的影响，梁漱溟先生说：

> 我们觉得宋明学家算是能把孔子的人生重新提出的，大体上没有十分的不对，所有的不对，只在认定外面而成了极端的态度和固执（明人稍好一点）。他们把一个道理认成天经地义，像孔子那无可无不可的话不敢出口，认定一条道理顺着往下去推就成了极端，就不合乎中。事实像是圆的，若认定一点，拿理智往下去推，则为一条直线，不能圆，结果就是走不通。[3]

梁漱溟先生大体上认同宋明儒家对于孔子人生哲学的重新研究和理解，尤其是对于胡适的朱子评论甚为不满而为朱子提出有力的辩护，指出："朱子以'无私心''合天理'释'仁'，原从儒家根本的那形而上学而来，实在大有来历，胡先生不曾懂得，就指为臆说了。"[4] 因此，牟宗三先生说他由此而"开启了宋明儒学复兴之门，使吾人能接上宋明儒者之生命与智慧"[5]。这的确是非常中肯之言。但是，梁漱溟先生同时又对宋明儒家提出了批评，以为宋明儒家终不免一极端而走不通，关键就在于他们没有充分地把握孔子形而上学和人生哲学的中道原则。所以，在梁漱溟先生看来，孔子所代表的儒家完全听凭直觉行事，就是因为他们深得孔子形而上学和人生哲学的中道之真谛。由此出发，梁漱溟先生认为本于中道的人类的生活是无所为的，他写道：

---

① 《梁漱溟全集》第一卷,山东人民出版社,1989 年,第 452 页。

② 《梁漱溟全集》第一卷,山东人民出版社,1989 年,第 455 页。

③ 《梁漱溟全集》第一卷,山东人民出版社,1989 年,第 450 页。

④ 《梁漱溟全集》第一卷,山东人民出版社,1989 年,第 455 页。

⑤ 牟宗三:《生命的学问》,三民书局股份有限公司 2007 年 1 月第三版,第 125 页。

不以生活之意味在生活，而把生活算作为别的事而生活了。其实生活是无所为的，不但全整人生无所为，就是那一时一时的生活亦非为别一时生活而生活的。……计算始于认定前面，认定已失中，进而算计更失中；甚至像前面所说：计算到极处则整个人生都倾敧于外。孔家为保持其中又不能不排斥计算。旁人之生活时不免动摇，以其重心在外；而孔家情志安定都为其生活之重心在内故也。这是说明孔家不计较利害由于失中的一个意思。违仁失中都是伤害生机。①

同时并特别强调说："'无所为而为'是儒家最注重用力去主张去教人的。"② 对梁漱溟先生来说，立于中道原则的人类生活即是发自"仁"而不违背仁的生活，因为一切违反仁的生活必然有失中道而伤害生机。安于"仁"而不违背"仁"，诚如上文所言，自然能顺从自然之道，"致中和"，参赞天地之化育而"与天地同流"。从这个意义上说，安于"仁"而不违背"仁"就是安于中道而不违背中道，这是人类生活的最高智慧和境界，源自孔家重心在内的情志安定、心理平衡的生活状态。可见，"仁"即是"中道"，"中道"亦即是"仁"。"仁"与"中道"其实是一个东西的不同说法而已。对此，梁漱溟先生说得非常明确，他说：

> "仁"与"中"异名同实，都是指那心理的平衡状态。中即平衡、归寂，即以求平衡，惟其平衡则有不合此平衡者就不安，而求其安，于是又得一平衡。此不安在直觉，既已说过，而我们所说敏锐直觉即双江所谓通天下之感也。③

在梁漱溟先生的眼里，"仁"与"中"异名同实，都是指人的心理平衡状态，也就是心安的状态。对他来说，中即是平衡，即是归寂，即是追求平衡，即是追求心安，而这些追求都是凭借直觉。那么，仁、中、平衡、心安、归寂与直觉以及本能（或意欲）、情感也都是异名同实的，所有这些名词统统都是对于孔子形而上学和人生哲学之中道的描述。梁漱溟先生所形成的对于孔子形而上学和人生哲学之中道的看法，也就是说，孔子的形而上学是中道形而上学，孔子的人生哲学是中道的人生哲学，这一观点不仅受到朱子以"无私心"即"合天理"释"仁"的启示，更直接受到王学或所谓阳明后学，尤其是王心斋"天理"即"天然自有之理"之说和聂双江"通天下之感"④（即寂感、归寂）的启迪和影响。这其中，对他开启和影响最大的当数王心斋。梁漱溟先生

---

① 《梁漱溟全集》第一卷,山东人民出版社,1989 年,第460—662 页。
② 《梁漱溟全集》第一卷,山东人民出版社,1989 年,第461 页。
③ 《梁漱溟全集》第一卷,山东人民出版社,1989 年,第456 页。
④ 见《梁漱溟全集》第一卷,山东人民出版社,1989 年,第454、456 页。

说："于初转入儒家，给我启发最大，使我得门而入的，是明儒王心斋先生；他最称颂自然，我便是如此对儒家的意思有所理会。"[①] 实际上，对梁漱溟先生来说，尽管宋明儒家对于孔子思想的理解和解释或许难以全尽人意，但是他们——无论朱子学一派或阳明学一派，都在相当大的程度上领悟与体会到孔家形而上学和人生哲学的中道之旨趣。正是在此基础上，梁漱溟先生把易学中道形而上学与宋明儒学同冶一炉，在中道智慧的立场上，完全贯通了易学形而上学和宋明儒学，冶炼和提取出孔子的中道形而上学和中道人生哲学思想，这成为梁漱溟先生的一大创获。因此，梁漱溟先生把孔子的形而上学和人生哲学视为一种中道形而上学和一种中道人生哲学，并且二者是统一和一贯相连的一体的观点，不仅具有厚重的历史文化和哲学史为支撑，而且更有梁漱溟先生的切身体证与慧解在内为真宰。

在此，必须指出，梁漱溟先生无论畅发易学形而上学的中道之旨，抑或掘发孔家形而上学和人生哲学的中道之旨，都不免标举直觉至上的大旗，并且极力排斥理智，似乎是把直觉与理智彻底地对立起来，成为一个地地道道的反理智主义者。实际上，这是一种只看表面现象的误解。诚如笔者所指出过的那样，在梁漱溟先生的思想中，的确是存在着"直觉与理智的疏离"[②]，但是梁漱溟先生并非一个真的反理智主义者。因为他认为中国形而上学与人生哲学的中道智慧不是一般的认识论可以把握的对象，因此不在理智可以算计的范围之内，唯有直觉与其在本性上一致而相应相宜，因此也唯有直觉才可以把握中国的形而上学和人生哲学。从这个意义上来讲，直觉与理智分别属于仁的两种不同的精神心智形态，而且显然直觉的形态高于理智的形态，这就是佛学所谓"性智"与"量智"，或"般若知"与"分别智"的关系，对于中国的形而上学和人生哲学来说，二者确实不可同日而语，因而是有抵牾的。若说是反对理智，那不是梁漱溟先生要反对理智，而是中国的形而上学和人生哲学"反对"理智，其实是理智与中国形而上学和人生哲学沾不上关系；以理智来讲形而上学和人生哲学，那是印度和西方的形而上学以及人生哲学之所为与特征，而非中国形而上学与人生哲学的本相与旨趣；梁漱溟先生只不过是以自己的体悟指出了这一事实罢了！这一观点事关重大，直接开启与影响了当代新儒家对于中国形而上学的见解和建树，下文中还将论述。

总而言之，梁漱溟先生对于孔子所代表的形而上学和人生哲学为一中道形而上学和一中道人生哲学的观点，既是对于易学中道形而上学的继承和发展，同时也是对于宋明儒学有关孔子形而上学和人生哲学的基本方向和原则的继承和发展。梁漱溟先生所持的

---

① 《梁漱溟全集》第二卷，山东人民出版社，1989 年，第 126 页。

② 参见王兴国：《梁漱溟与儒学现代化》（《现代中国哲学之回顾与前瞻中国现代哲学与文化思潮第三集》，华中理工大学出版社 1996 年 1 月版。）一文中的有关论述。

中道形而上学与人生哲学，即是本于这一来源和观点而形成的。

与此同时，梁漱溟先生这一观点的形成，似乎与中医、道家哲学和佛学以及柏格森的生命哲学也有着一定的关系。因为在中医、道家哲学和佛学中，均有丰富的中道思想，况且梁漱溟先生是佛学家且终生信仰佛教，对于中医和道家哲学也不外行。但是，在事实上，中医、道家哲学和佛学的中道思想并没有构成梁漱溟中道思想的直接来源，它们至多具有间接的辅助的文化背景作用。至于柏格森的生命哲学与梁漱溟的中道思想之间确有某种密切的关系，这就是表现在其对于直觉的态度上，但是梁漱溟先生并不认为他所主张的直觉就是柏格森的直觉且源自柏氏，那么柏氏的直觉说不过是刺激与加强了他在中道思想中对于不同于柏氏的中国直觉之地位和重要性的注重与强调。

在此，最为值得关注的是中医与梁漱溟先生中道思想的关系。梁漱溟先生说："中国儒家、西洋生命派哲学和医学三者，是我思想所从来之根柢。"① 原因在于读医书让梁漱溟先生懂得了生命的本质。梁漱溟先生说："对于我用思想作学问之有帮助者，厥为读医书……医书所启发我者仍为生命。我对医学所明白的，就是明白了生命，知道生病时要多靠自己，不要过信医生，药物的力量原是有限的。"② 在梁漱溟先生的学思生涯中，他学佛也学医，对于中医达到了一定程度的了解后，便形成了他自己的一套中医观。显然，这与当时的中西医之争也不无关系。因为梁漱溟先生研习中医的时代，适逢20 世纪的一场中西医的争论。这自然引起了梁漱溟先生的注意。这场中西医之争虽然只是中西文化之争的一个部分和一种表现与反映，但是完全有可能促进了梁漱溟先生对于中西医的比较与思考。结果是梁漱溟先生明白了"中西医竟是无法可以沟通的"，"因其是彻头彻尾不同的两套方法。"③ "在中西医上的不同，实可以代表中西一切学术的不同：西医是走科学的路，中医是走玄学的路。"④ "中西两方思路根本不同，在某些末节上虽可互有所取，终不能融合为一。"⑤ 在他看来，中医是以人为单位，从人的整个生命的变化消长上来看待疾病的，这固然是对的，但是中医并未能认识到，有时候人的生命却不是一个单位，而是有两个能变化消长的力量：一则是身体的强弱虚实，一则是病菌（且病菌是活的，能繁殖变化消长），贯穿于其间。中医既不能认识这两种不同的力量，尤其是完全没有看到病菌，自然也就不能区分开它们；西医则恰好相反，同时看到了这两个重要的因素，且偏重于病菌的认识上。所以，对病菌的发现是西医最伟大

---

① 《梁漱溟全集》第二卷,山东人民出版社,1989 年,第 126—127 页。
② 《梁漱溟全集》第二卷,山东人民出版社,1989 年,第 126 页。
③ 《梁漱溟全集》第二卷,山东人民出版社,1989 年,第 127 页。
④ 《梁漱溟全集》第二卷,山东人民出版社,1989 年,第 129 页。
⑤ 《梁漱溟全集》第二卷,山东人民出版社,1989 年,第 693 页。

的贡献。① 这当然也是中西医不能融合的原因了。从这个意义上看，尽管中医主张"阴平阳秘"而具有阴阳平衡的中道思想，却并未引起梁漱溟先生的重视。

不过，梁漱溟先生对于中医的看法是与道家哲学密切地联系在一起的。他认为中国的学术，尤其是中医和拳术，在根本方法和眼光上，都是归根于道家的。他说："道家完全是以养生术为根本。中国拳术亦必于道家相通……这种养生术很接近玄学，或可谓之为玄学的初步，或差不多就是玄学。"② 而大凡古代的名医都是神仙家之流，诸如葛洪、陶弘景、华佗等，他们不单是有一些零零碎碎的技巧和法子而已，而是确有其根本的所在，这就是能与道相通，通乎道，即是与宇宙的大生命相通，犹如庄子所谓"技而近乎道矣"。③ 同时，他也指出道家对于呼吸、消化、血液循环等人体活动的认识、了解和操纵运用，虽然在医学上具有了不起的贡献，但是呼吸、消化、血液循环等人体活动并非生命的本体。在他看来，人的生命与宇宙大生命本为一个统一的整体，它们契合无间，没有彼此与相对，没有"能观"和"所观"，只有到了这一境界，才是真的玄学，玄学才说得上到家。然而，道家对于人的生命所体察到的只是一种"反观"而非是一种"反省"，有"能知"与"所知"的两面，仍未达到一体之统一。所以说道家还是两面，虽然最后可能消除，但是开头却不免两面。④ 这是道家与儒家的一个很大的区别。显然，对于梁漱溟先生来说，"反省"高于"反观"。因此，儒家是高于道家的。梁漱溟先生说：

> 道家与儒家，本是同样地要求了解自己，其分别处，在儒家是用全副力量求能了解自己的心理，如所谓反省等。(……) 道家则是要求能了解自己的生理，其主要的工夫是静坐，静坐就是收视返听，不用眼看耳听外面，而看听内里，——看听乃是譬喻，真意指了解认识。⑤

不能不说，这一看法颇为奇特，尽管不无所见，但是也只能说是一偏之见。因为儒家同样重视人体的生理活动，如孟子讲"士庶人不仁，不保四体"(《孟子·离娄上》)，"君子所性，仁义礼智根于心，其生色也，睟然见于面，盎于背，施于四体，四体不言而喻"(《孟子·尽心上》) 等，而道家亦同样关注人的心理活动，如庄子讲"吾丧我"(《庄子·齐物论》)、"心斋"(《庄子·人间世》)、"坐忘"(《庄子·大宗师》) 等。实

---

① 见《梁漱溟全集》第二卷,山东人民出版社,1989 年,第 132 页。

② 《梁漱溟全集》第二卷,山东人民出版社,1989 年,第 130 页。

③ 见《梁漱溟全集》第二卷,山东人民出版社,1989 年,第 129、130—131 页。

④ 见《梁漱溟全集》第二卷,山东人民出版社,1989 年,第 131 页。

⑤ 《梁漱溟全集》第二卷,山东人民出版社,1989 年,第 130 页。

际上，心理活动与生理活动是互相联系为一体的，不可能只讲心理而不求生理，也不可能只要生理而不讲心理，这对儒道都是概莫能外的。只是在这一前提下，有时候更强调和突出生理一面，有时候则多突出与强调心理一面。因此，如果梁漱溟先生的这一看法成立，那么就不免要在一定的程度上与上文所述的儒家的中道观相抵牾了，而且与他对中医整体观的了解也不吻合。不过，由于生理与心理即身与心是互补的，因此这一讲法对于理解儒道的互补关系，或许能有所帮助。

至于梁漱溟的中道思想与佛学的关系，也确实是一个问题。梁漱溟先生是佛学家，并且在其佛学著作中对于佛教的中道观做出过明确的论述与解释，这最为突出地表现在他对于佛学中观的评论中，他指出：

> 又世谛生灭，是无生灭生灭。第一义谛无生灭，是生灭无生灭。不动真际建立诸法，故无宛然而有。不坏假名而说实相，故有宛然而无。会兹二谛是为中道正观，即此宗义也。小乘四谛十二因缘，大乘八识三能变，是善说生灭。斯论则善说无生灭，而以空假中一偈直显中道。此偈是般若一宗骨髓①。

所谓空假中一偈，即为：

> 众因缘生法，我说即是空，亦为是假名，亦是中道义。未曾有一法，不从因缘生。是故一切法，无不是空者。

梁漱溟先生又说：

> 中道者何？中道者，得无所得。
> 夫显正而正显于破邪，即得而得于无所得也。无所得即离言。自空、假、中道，以讫无所得、离言，为一贯相融。②

无疑地说，梁漱溟先生对于中观宗的中道观的理解与把握是相当到位和准确的，尤其是他指出"空假中一偈直显中道。此偈是般若一宗骨髓"，真是画龙点睛之论，直将中观一派的中道思想全幅道出，揭示无遗。然而，严格地说，佛学的中道思想并没有进入他对于中国中道思想的思考之中，虽然他也在某种程度上认可并指出了孔子与佛陀

---

① 《梁漱溟全集》第一卷，山东人民出版社，1989年，第136—137页。
② 《梁漱溟全集》第一卷，山东人民出版社，1989年，第137页。

（释迦牟尼）二圣在"一切不认定"的态度上的一致相同，但他更愿意强调二者"全非一事"的区别，更由于他比较中国、印度和西方三大文化路向的不同，预言20世纪将是中国文化的复兴，也就是儒学所代表的文化的复兴，而遥远的未来才能走到以佛教为代表的印度文化，因此佛学的中道观并没有成为他中道思想的来源。这不能不说是一个不小的遗憾！这一遗憾要到多年以后的唐君毅先生和牟宗三先生的中道思想出来后，才能得于弥补。

必须指出的是，相对来说，唯实论较之于中观宗对梁漱溟思想的影响可能更大些，尤其是从他的中道形而上学与佛学之间的关系而论。梁漱溟先生在其中道形而上学的宇宙论中引入唯实论的"根身""器界""正报""依报"和"真熟异果"等名相或概念来描述宇宙大生命的活动，从这个意义上看，似乎不能说佛学对于梁漱溟的中道形而上学毫无影响。但是，对梁漱溟先生来说，这些源自唯实论的概念只是为了述说方便的一种借用而已，在实际上并未进入梁漱溟中道思想之内，尤其是其中道思想的核心之内。因此，就梁漱溟中道思想的渊源而论，唯实论对他的影响可谓无足轻重，几乎可以忽略不计。因此，可以肯定地说，梁漱溟的中道思想，尤其是其中道形而上学，主要是出自中国固有的本土思想的生成物。由此可以看出，梁漱溟的中道形而上学乃是儒家的形而上学，而非佛家的形而上学，当然亦非西方的形而上学。

综上所言，梁漱溟中道思想的来源是相当纯粹与简单的，主要源自中国的《周易》的形而上学的中道观和孔子对于这一形而上学中道观的继承以及在其人生哲学中的发挥，从而形成梁漱溟的中道思想。质而言之，梁漱溟的中道思想得自于孔子及其所代表的儒家中道智慧。因此，梁漱溟的中道思想，实际上是对于中国孔家中道思想的继承与发展。

推动儒学

陈启生（山东大学）

前 言

乡村和城市向来都存在着很大的差距，文化、政治、教育，乃至个人的生活态度，都有不小分野，特别是经济的问题。年轻一代受到较好的教育，都会到"城市"去找工作机会；一些较富裕的家庭，也会移民到城市去，乡村有被淘空的现象。这是恶性循环，国家的乡村发展投入缓慢，甚至被忽略，造成人员流出更大，城市乡村越趋两极。

本来悠哉的乡村，出现失望的累积，慢慢变成懒散的生活；脚步紧张的城市，物化了人生，慢慢变成无情的争夺。两者都使人性失去"阳光"！进入 21 世纪，交通和资讯发达，空间距离是缩小，现实的发展，却让人更加被动，生活的丁丁点点都被科技所左右，因此有副作用，体会到心灵更加缥缈虚弱。

科技改变生活，闲暇时间长了，追求精神的"踏实"成为一种欲望，因此社会供求促进了新"行业"，提供"心灵充实"——安顿空虚。许多凑合辅导、激励、心理慰藉、相似宗教信仰的方法，可以成为取利的"课程"，如雨后春笋。若没有更正确的传授，弄得不好，会形成一伙一伙的"异思"者。

最安全不会脱轨的方法，唯有重新振兴几千年的传统文化。

马来西亚华人

马来西亚人口有三千一百万，华人约为七百多万，分布在 330 万平方公里的国土上，每一个乡村城镇的华人不多，分布不平均。经历过百年西方殖民统治，加上一甲子的种族主义，华人的政治、经济、文化、教育是在惊涛骇浪之下发展的。马来西亚华人得天独厚，至今有留下一千二百多所华文小学，六十一所华文中学，两所华文学院及两所华文大学。孩子有受华文系统教育，对承继传统文化，发扬华夏经典，具备了条件。

在英国殖民统治时代，英文教育是工作生计的需要，许多华人子弟都受西式教育，后来国家独立了，民族主义抬头，世界政治主义猖獗。学习"国语"的压力很大，英文被排斥，反而促使华人回过去念中文。经过华文学校数十年的图强努力，今天有96％的华人子弟，最少接受六年的母语教育，现在还吸引了六万非华人念华文学校。

华文学校是被挤在国家教育体系之外，所以硬件软件设施开支，全由"华社"负担，形成另一种教育"没有一个华人没有捐钱给华教"的现象，视支助华文教育为第二个所得税。在种族主义打压之下，在政客摆弄煽情下，华人坚持母语教育被描绘为不爱国，华人投资中国或赞助民生被安名叛徒，华人有钱被说成掠夺土著财富，困境不言而喻。幸喜受过英殖民长期影响，基本的人权、自由结社、自由信仰的法律观，都被保留下来。所以"华教"受到八万多个华人民间团体的支援，不仅生存下来，而且能够发展到有一套"统考制度"，受世界各地大学承认。

在非常弱势的情况之下，能保留中华文化，主要原因是没有放弃华夏传统的节日、风俗、习惯。

文化的根

有一位外族领袖实行了几十年同化华人的政策，用行政命令，用明文规定的法律，乃至用暴力，都不能得逞。最后只能说"华人的文化是流淌在血液之中，是不能同化"，不得不接受华人、保持"华人"。

百年来华文学校的政策是多变，在英殖民时期，华文课本内容很多是有四书五经章节。民族主义抬头之后改为"老师好、小朋友好"。中国重回到世界，近十多年来，课本也有变，多了"子曰""诗云"。

无论课本如何变化，传统的节日庆典：新年、元宵、清明、端午、中元、中秋、重阳、冬至……在华人生活中从来没有中断过。不仅是家庭中举行祭祀，团体也会办大型的社会活动。改变宗教的人，也没有放弃过节过年。

风俗礼仪更是根深蒂固，方式上会出现多样化的内容，但本质上还是保留不移。譬如孩子弥月，庆祝生命的新生，送亲友红鸡蛋、红糕。成童礼，如潮州人为孩子办"出花园"礼。入学礼，虽然不很普及，但在祭孔拜师时有为学子赐"字"，讲终身学习的习惯。成年礼，是社会责任承担，经常以穿起汉服集体举办。婚礼的保持非常传统，古代的"六礼"，还保持着大部分，纳采为男女方父母相见，纳吉则选择吉日，纳证为过大礼，亲迎则送嫁妆、摆嫁妆、铺床，迎亲等。

这些习俗都保留得很好！无论是节日庆典，"祭祖""敬神"是必然的仪式。

能够如此细腻保留，是因为中国人"家"观念的根深蒂固所致。

经典文化

一个民族如果只是停留在生活习俗、饮食文化不变，如吃饭用筷子，舞龙舞狮，穿汉服，拿灯笼，扎粽子——始终不能提升文明，必须吸取古人留下的智慧——读经典。

华夏经典是世界文化最为特出者，七千年延续，未曾中断过。"中华经典形成是朴素的。孔子之前二千五百年，圣哲们观察自然道法积累的智慧，解决人民的生活问题，一代教导一代，一代代相传承继；孔子之后二千五百年也是用同样的方式延续下来，形成一套永恒的生命学问，这就是经典，这就是儒教。"——后人用"读经教育"学习这一套学问。三百年之前，中国是世界上文化、经济、政治最强的国家。

我们能够吸收祖先的经典，并为今用，等于是站在巨人肩膀上看天下，人生起步在高处。西洋学者不断寻求困境的突破：1988 年 1 月当代三分之二的诺贝尔奖得主，共七十五人聚会巴黎，召开第一届"面向二十一世纪"诺贝尔奖获得者国际大会，会议为人类面向毁灭的灾难，提出十六个范围的拯救论述，其中结论之一写着："人类要生存下去，就必须回到二十四个世纪之前，去汲取孔子的智慧。"我们还继续去华夏化，不久的将来洋博士可以来教授"中华经典"的学问。

文化振兴有基础

世界第二次大战时华人移来马来西亚的数量最多，在四五十年代，华人人口的比例约有三分之一，"去中国化"的影响不大。那时候英国管辖，文化及教育政策宽松，所以传统习俗乃至经典文化都被延续下来，还有许多学子前往台湾留学，儒学本科生不少，成为华人文化发展的支柱。当时的报纸、刊物，都保留大量的儒家思想。

独立后政治上也相对温和，没有像印尼那种暴力屠华事件，也没有其他亚细安国家采取极端的同化政策。华巫印的文化虽然各个不同，重视"家"的文化，"孝"文化非常相似，不孝行为是社会不能接受的，形成巨大压力。

马来西亚的华夏文化承传，因为华文教育的坚持；华夏文化促进仔工作者，是以华人团体为主角。马来西亚的人口分布，数量上恐怕都是"乡村"。真正能称得上城市的也只是几个，如吉隆坡、新山、槟城。城市的形成是吸引"许多乡村的人来这儿工作"或"许多年轻家庭移民到这儿居住"。"城市"人与"乡村"人差别，城市人大家特别忙碌，容易暴躁，人与人相处疏离，防备心很重，彼此的感情不容易亲近。虽然说今天大多数的城市人是由乡村移民过来，但吸收了不少城市习气。在城市办文化活动，参加的多数来自乡村人，在乡村办文化活动，参与的人比较热情，可惜是适龄的人离开了不少！

读经教育，在一些团体之中（宗教团体如一贯道）就未曾中断过，在自己的道场断断续续教读《三字经》《千字文》《论语》《大学》《中庸》等。直到二十世纪九十年代，才有组织性、有计划性地在民间展开。

这样的国家制度，主流教育是不可能接受中华文化的。要发扬中华文化，就要依靠热心热血的华人；推展中华文化工作，都是民间团体。客观也提供了条件，许多华人为了生计，一世人学习西方文化，结果没有被西洋人接受过去。从痛中思痛觉悟了：没有自己本身的文化，就算学深别人的文化，也不会被尊重。

马来西亚华人发扬华人文化有条件：一、人口比例较高，选票受到重视；二、受到"去中国化"的运动相对轻微；三、排华环境没那么严峻；四、有大量的民间华人团体；五、有环境压迫感，唯恐失去，所以更加自爱，珍惜自己的文化。因此有发展的空间。

马来西亚孔学研究会的实践为例

马来西亚孔学研究会成立于一九九四年，以发扬儒家文化为宗旨，所以"读经教育"是主要的活动内容。是时有宗教团体所推动儿童读经的课本《三字经》，被有心人投诉，说是"传教"，内容教材不适合本国国情，因此造成小学不允许"读经"。本会为此寻求突破，改选《弟子规》为第一课，并以译为三语（华语、英语、国语）出版，也以三语教读。（本国的华人孩子入学之后，都要学三语）。《弟子规》的内容与回教道德课程，有多处吻合，儿童读经活动重新启动！

《三字经》是中国传统上儿童启蒙的经典课本，其取材广泛，包括中华五千年传统文学文化、朝代历史、哲理典故、天文地理、人伦义理、忠孝节义故事，等等。诵读《三字经》，从传统哲理、历史故事、做人处事的道理内涵中，吸收全面化的教育，改变一个人的气质，而《弟子规》则着重于"礼貌"。读《弟子规》十年后，弊病终于显露出来。教育的成效，必须全面性提升，才能筑下良好品质，只是以"礼貌"教道，小的时候肯实践，稍微长大了，接触到自由散漫、放纵任性的环境，小时学的行为会给忘记了！这种现象和妈妈天天叫孩子做功课、冲凉、吃饭、睡觉一样没效果，和学校把道德教育当知识传授一样不成功。

也有推动读经教育的异议者。让小孩背下多部经典，认为"大量读经"可以有成就。是有获得成就的人，但是不多，反而大多数人在"大量读经"之下，生起反感，进而否定了读经。

经过失败的经验，回过头来看看古人的《学记》教育方法。在几年前终于放弃《弟子规》班，恢复《三字经》为基本课本；教育不可以简单化，会误人子弟，又伤害了"读经教育"体系。应把"学习思考"作为训练孩子的学业重点，"博学、审问、慎思、明辨、笃行"作为教学的基本要求。

马来西亚孔学研究会"读经教育"的系统

以下是二十多年来逐步形成的"读经教育"系统。

1. 幼时教育

儿童读经班，小年班，四、五、六岁；大年班，七、八岁；高年班，九、十岁。

21 天经典生活营，在每年年终举行，已办了九年了，效果非常好！

少年班，青年班，十一岁以上学生，除了读经典，更重视室外课程穿插其间，有：救火局、天文台、医院救伤学习、警察局、兵营、海军、老人院残障院、国会观摩、海边渔村捕鱼、农业大自然、工厂、大露营，安排在年终假期，行军、背包 20 kg、露营。

2. 读经教育

儿童读经班老师培训：当老师者要不断进修，深入经典，最低限度可以成为"经师"！

成年读经班，每周一课。

父母亲子班，每周上课，"再穷也不能穷教育，再富也要穷孩子"。内容包括：胎教、幼教、家教、吃得健康、教子有方等课程。提升父母的家教水平。

本会选择的课本

（1）《礼运大同篇》：凡是入门者，无论大小年纪，第一课是讲《礼运大同》，并以它为学的理想目标。《大同》亦成为共同的"会歌"！

（2）《三字经》：吸收六项学习内容。

（3）《大学》：学会三提纲、六法、八目。建立"诚心"！

（4）《学记》：这是孔研会的读经教育系统本源。

（5）《儒行》：做一个君子，读书是为了做个有德行的人。

（6）《论语》：做孔子的学生。

（7）《孝经》《中庸》《孟子》《周易》。

我们的课程是"正业""居学"兼顾。

3. 修身教育

读经百遍，其义自现；以此为心灵课程，修习定静安。凡有活动都先行读经。

太极班，每周上课，是武当太极拳，据以壮身静心。

捐血运动：一年两次，贡献社会。

探访孤儿院、老人院，一年多次，长养慈悲心，青少年——"老吾老以及人之老，幼吾幼以及人之幼"教育。

4. 亲子活动

田野步行。一年两次，大自然的调适，实地了解历史民情。

家庭营。一年两次，一家郊游，一家生活营，打破两代隔膜。

5. 精神生活

琴、棋、书、画，每周各一堂课。学习古琴、围棋、书法、山水画，跳出匠气，放开胜负心，"游"于悠然恬愉。

6. 节日，庆祝，就如前面所提。华人人人都非常热衷举行这类庆祝会，可以吸引到很多人参加。

孔研会只办四项。

（1）元宵节，新年团拜。

（2）中秋节，文化活动。

（3）孔子圣诞，拜师赐字，三献礼。

（4）孟母节，举行敬茶礼。

四项活动都是由青少年安排，儿童班同学表演。

7. 游学则有：

北京冬令营

东南亚儒学曲阜学经营。（12天）

8. 除了以上的活动，还有：国内常儒学研讨会，学者专家为将来思考。有：读经邮刊、儒教邮刊、家园邮刊，及寿终关怀，等等。

一个民间团体一年办多项活动，是需要很多人忙碌参与。以过去几十多年的经验，越是忙碌的人越肯献身社会工作。孔研会办公室中只有一个全职的职员，所有的人都是义务人员，肯奉献社会的人，工作更仔细具体。

因为我们都有一个理念，服务人是大福报，教育是"成人"的工作，是大功德，可以福延子子孙孙！

梁漱溟与梁启超的交游及学术批评

翟奎凤（山东大学儒学高等研究院）

摘　要　由于父亲梁济的影响，梁漱溟早年对梁启超的态度经历了由崇敬到批评再到感恩三个阶段。在情感上，梁漱溟非常敬重梁启超的为人及其人格魅力，对梁启超于自己的知遇之恩也终生感念在心。但在理智上，梁漱溟始终对梁启超的学术持一种过于严厉与苛刻的批评立场，他认为任公先生一生成就不在学术、不在事功，独在他能迎接新世运，开出新潮流，撼动全国人心，达成历史上中国社会应有之一段转变；认为任公一生学问除文学方面外，都无大价值。梁漱溟对任公的学术评价有些偏激，但从中我们也能看到真正的思想家总是以批评的方式来致敬。

关键词　梁漱溟　梁启超　应用佛学　文化三路向

一、早年梁漱溟对梁启超态度的变化：崇敬、批判、感恩

1. 中学时期对梁启超的崇敬

梁漱溟早在中学时就受到梁启超很深的影响。1906 年夏，14 岁的梁漱溟考入顺天中学堂读书，这时的梁漱溟因父亲的熏陶就已经形成功利主义的人生观，凡事都要看于群于己有没有好处。梁漱溟认为自己之所以能有后来的成就基本上是靠自己自学，无论在人生问题上还是在中国问题上，他在中学时已能取得住在中国北方内地的人所可能有的最好自学资料，这些资料包括梁启超主编的《新民丛报》壬寅、癸卯、甲辰三整年六巨册、梁启超编的《新小说》（杂志月刊）全年一巨册（以上共约五六百万字），以及立宪派的《国风报》、革命派的《民主报》，这都是当时内地普通中学生所不可能有的丰富资材。梁漱溟后来坦陈，无论是在人生问题上，还是在社会问题上，他都受到梁启超的《新民丛报》以及《德育鉴》的很大影响，他在作于 1942 年的《我的自学小史》中说：

《新民丛报》一开头有任公先生著的《新民说》，他自署即曰"中国之新民"。这是一面提示了新人生观，又一面指出中国社会应该如何改造的；恰恰关系到人生问题中国问题的双方，切合我的需要，得益甚大。任公先生同时在报上有许多介绍外国某家某家学说的著作，使我得以领会不少近代西洋思想。他还有关于古时周秦诸子以至近世明清大儒的许多论述，意趣新而笔调健，皆足以感发人。

此外有《德育鉴》一书，以立志、省察、克己、涵养等分门别类，辑录先儒格言（以宋明为多），而任公自加按语跋识。我对于中国古人学问之最初接触，实资于此。虽然现在看来，这书是无足取的，然而在当年却给我的助益很大。这助益，是在生活上，不徒在思想上。①

1911 年冬，19 岁的梁漱溟结束了五年半的中学学习生涯，从顺天中学堂毕业。此后的一些年，梁漱溟开始大量翻阅佛教典籍，沉溺于印度佛教出世思想，认为人生惟苦，只有佛教出世思想才能从根本上解除人生的苦痛与烦恼。

2. 青年梁漱溟论佛，痛批梁启超

到了 1914 年，22 岁的梁漱溟对佛学已经有了自己独特的理解，现在能看到他最早讨论佛学的文字正是作于此年的《谈佛》一文，这篇文章本来是一封写给舅舅张蓉溪的家信，但通篇谈论的都是他近年来研习佛学的心得和主见。在这篇文章中，他说一年多来自己的所思所想唯有佛，而今后的志趣就是出家为僧。然后笔锋一转大谈自己对佛的理解，对苏轼、白居易等文人论佛大批一通，他认为宋明理学的很多主张与佛学很相似，实际上是受佛学影响的结果，认为不明佛学，就不足以论理学。

梁启超曾以佛教《起信论》中的"真如"来比附宋明理学的义理之性和良知，梁漱溟对此深不以为然地批判道："梁启超指义理为真如，大谬。"② 接着梁漱溟又对梁启超等人所倡导的所谓"不主出世"的"应用佛学"展开了批评，提出了他对佛教的独特理解，即"以出世间法救拔一切众生者也"，认为主出世间而不救拔众生者非佛教，主救众生而不以出世间法者也不是佛教，前者是声闻独觉，后者是孔仁耶爱、社会主义等，只有出世间法（觉而返于法界而为法身，名曰涅槃）与救拔众生（范围不止于人类，一切有情皆为众生）的圆融，才是真正的佛教。梁漱溟在这篇文章中不止一次明确表达了他对梁启超佛学思想的不满，他说："迫乎近世欧风东渐，平等博爱之说以昌，谭、唐、梁摘拾经句，割裂佛说，专阐大悲，不主出世。不学之辈，率相附和，是则晚

---

① 《梁漱溟全集》第二卷，山东人民出版社，2005 年，第 681—682 页。
② 《谈佛》，见《梁漱溟全集》第四卷，山东人民出版社，2005 年，第 492 页。

近一般人心目中之佛所从来也。稽其造诣，又远在濂、洛、姚江之下矣!"① 年轻气盛的梁漱溟接着又更加猛烈地批判梁启超的佛学观，他说：

> 谭颇有造诣，不敢一概抹煞。然不甚明出世法，亦不能为其讳。梁则徒有谭之缺点，而无其长处，不足道矣!《佛学杂志》出版必欲得其文冠之首；去岁来京，缁素欢迎，均可笑之极。熊希龄亦号称讲佛，恐亦与梁等耳。大约聪明人、有学问人无论从那方面均可入于佛，但只明一义，出不了权教范围耳。真讲佛者首推章太炎，次则雷西楞，山东教育司长。②

梁漱溟这里流露出对佛学界欢迎梁启超的反感情绪，他认为梁只是聪明的学问人，仅明佛教"权"（方便）的一面，而不明其"实"（究竟）的一面。

终其一生，梁漱溟对梁启超的佛学研究及其佛学观基本都保持了批评的态度，前后无大的变化，但是对梁启超本人的态度则反差很大。从上面《谈佛》一文针对梁启超的批评话语，如"大谬""梁则徒有谭之缺点，而无其长处，不足道矣""可笑之极"等刺眼语句，可以感觉到青年梁漱溟对梁启超其人其学的某种蔑视、鄙夷和不屑。这与他后来一提起梁启超所充满感激和感恩的心态几乎完全相反。这其中的微妙变化，不得不让我们从梁漱溟的父亲梁济说起。

梁济曾任晚清内阁中书，后由内阁侍读署民政部主事，升员外郎。他虽只是朝廷小吏，但忧国忧民心切，思想开明，一直拥护、支持维新变法，他说自己"真心倾慕梁任公，积仰数十年，以为救中国之第一人"③，曾于1913年五次去信表达仰慕之情，并希望任公能为他写幅扇联，但泥牛入海，毫无音讯。后来他看到任公常与一些骚人墨客诗酒唱和，与达官富贵周旋往来，甚至为京剧演员盖叫天题词，就是没空来理他，于是梁济不免对任公大为失望，怀疑任公是否真心救国、为国求才，他抱怨地说道：

> 至其对于人才，他人吾不知，而吾则躬逢鄙弃。与余未见一面，未接一谈，安知余一钱不值？彼日日唱和之文人又何尝真以民事为心？绝不计寒俭中有人才否，亦不问我来历何如，并扇头写字小事亦永久杳然，是否与滥官僚同一为构造恶空气之人，而一生之痛哭救亡，求真才行实事，亦不过言焉而已耶？
>
> 而任公有暇为叫天题诗，无暇为我写字，何其无气类之观念至于如此。或者以

---

① 《谈佛》，见《梁漱溟全集》第四卷，山东人民出版社，2005年，第492页。
② 《谈佛》，见《梁漱溟全集》第四卷，山东人民出版社，2005年，第492页下注。
③ 《梁巨川遗书》之五《伏卵录》，华东师范大学出版社，2008年，第207、208页。

叫天为有名之人，而我之卑微无闻不足以动之耶？①

梁济厌恶文人的浮华和轻薄，在他看来，任公也难免此习。任公能为盖叫天（梁济似甚厌恶叫天）题词，却不理他这真心为国的寒士的热情来信，这在自尊心特强的梁济看来，无疑是一种莫大的侮辱和耻辱。可以理解的是，1912 年任公回国后一直处于政治的漩涡，周旋于各种政治事务中，他的所作所为政治目的都很强，无暇顾及或没注意到梁济的请求也是可以想象和理解的。但是可以想见，非常有个性的梁济肯定曾不止一次和儿子梁漱溟聊过自己的这种非常憋屈、受辱的心情，他对任公的这种复杂心情影响了梁漱溟。这样我们就会明白青年梁漱溟为什么会在《谈佛》一文中如此尖刻地批评梁启超。

然而，不久便发生戏剧性变化。

3. 梁启超登门拜会，梁漱溟感念终生

1920 年之后，梁漱溟与梁启超可以说成了"忘年交"。

1917 年底，梁启超的政治生涯彻底结束。1918 年，梁启超一行赴欧洲考察战后情况，一战的残破景象让梁启超对东西文化的优缺点有了更深的感悟，对中国文化于未来世界发展的重要性充满了自信。1920 年回国后，梁启超专心致力于研究和弘扬中国文化，并注意发现和培养中国文化方面的人才。1920 年夏，在林宰平的介绍下，名满天下的梁启超（时年 48 岁）亲自登门看望年仅 28 岁尚未成名的梁漱溟，这让梁漱溟大为感动，终生感怀在心。在晚年与艾恺的谈话中，他还时常激动地说起任公当年看望他时的每一个细节：

> 我是很不喜欢康；我佩服梁任公，喜欢梁任公，刚好跟梁任公也有来往、亲近，并且这个亲近呢是，我嘛比他是后辈啦，小学生啊，他来我家先看我，很虚心，这点我很佩服他。他大我 20 岁，他从办《新民丛报》那个时候，我就爱读他的文章，后来就跟他认识了。像刚才所说的，民国九年（1920 年），他居然一个老前辈，很有名望的，先到我家里来看我，我那时候还没有名，我心里头很佩服他。那么他为什么来看我呢？原来他这个时候注意佛学，人家告诉他，说我讲佛学，所以他来看我。在佛学方面他很虚心，尽管我们是后辈，他很虚心。可惜他给我很多信，我都损失了，没有保留（指在"文革"中被毁——整理者）。②

> 年纪很小的时候，我还不够 30 岁，28 岁，梁任公先生就到我家里来看我，他

---

① 《梁巨川遗书》之五《伏卵录》，华东师范大学出版社，2008 年，第 207、208 页。
② ［美］艾恺采访，梁漱溟口述，一耽学堂整理：《这个世界会好吗》，天津教育出版社，2011 年，第 124、125 页。

是个大有名的人，我还没有出名那个时候。他们老前辈虚心，爱护有前途的青年，帮助青年，他们的意思好得很。

刚才我不是说我28岁那年，梁任公到我家看我吗？就是林先生同他来的。同他来的时候梁先生还带着他的儿子，他儿子叫梁思成，是建筑学家，还有一位有名的人，叫蒋方震。那一次，他们梁任公、蒋方震、林宰平跟梁思成，他们四个人坐一辆汽车来我家看我的，那个时候我28岁。①

从下面梁启超给梁漱溟的信中，我们可以得知梁启超这次拜访梁漱溟的因缘。梁济的自杀对当时社会震动很大，梁启超读到梁济的遗言也"感涕至不可仰，深自懊恨并世有此人，而我乃不获一见"②，可见梁启超原先根本就没看到或没注意到梁济的来信，绝非有意怠慢。此后不久，梁启超就读到梁漱溟佛学与中国传统文化方面的著述③，大为欢喜，但当时还并不知梁漱溟即梁济之子。正是由于林宰平的相告④，梁启超才明白梁漱溟即梁济之子，一方面出于对梁济的景仰，一方面是爱才心切，梁启超这才急迫想认识梁漱溟，这样在林宰平的引导下，才有上面梁启超拜会梁漱溟的一幕。

1925年春，梁漱溟客居清华园整理父亲遗稿，《桂林梁先生遗集》编成后送给任公一套，梁启超读到其中的《伏卯录》一文才知道自己原来如此怠慢过梁济，于是非常惭愧痛悔，他在给梁漱溟的回信中深自痛责地说：

读简后，更检《伏卯录》中一段敬读，乃知先生所以相期许者如此其厚，而启超之所以遇先生者，乃如彼其无状。今前事浑不省记，而断不敢有他辞自讳饰其罪。一言蔽之，学不鞭辟近里，不能以至诚负天下之重，以致虚骄慢士，日侪于流俗人而不自觉，岂唯昔者，今犹是也。……岂知先生固尝辱教至四五，而我乃僵塞自绝如此耶！《伏卯录》中相教之语虽不多，正如晦翁所谓一棒一条痕，一掴一掌血，其所以嘉惠启超者实至大；未数语，盖犹不以启超为不可教，终不忍绝之；先生德量益使我知勉矣！⑤愿兄于春秋祭祀时，得间为我昭告，为言：启超没齿不敢忘先生之教，力求以先生之精神拯天下溺，斯即所以报先生也。遗书尚未全部精

---

① ［美］艾恺采访，梁漱溟口述，一耽学堂整理：《这个世界会好吗》，天津教育出版社，2011年，第137页。

② 载《梁漱溟全集》第四卷，山东人民出版社，2005年，第809页。

③ 可能主要是《究元决疑论》《吾曹不出如苍生何》，也可能包括《印度哲学概论》和《唯识述义》。

④ 林宰平读到《究元决疑论》不久就主动与梁漱溟联系做朋友，大概1917年两人就熟悉了。林宰平大梁漱溟14岁，梁漱溟晚年在与艾恺的谈话中说"林先生是我很佩服的，在思想上，乃至为人都是我很敬、很佩服也是对我有影响的一个人"，并反复感叹说"他人品最高了，他人品最高""我很佩服他，我很佩服林先生。我不能算是他的学生，但是我应当是对他自称后学"，载《这个世界会好吗》，第137页。

⑤ 梁济虽对梁启超大为失望，但内心对任公仍有很高的期望。

读，但此种俊伟坚卓的人格感化，吾敢信其片纸只字皆关世道。其效力不见于今，亦必见于后。吾漱溟其益思所以继述而光大之，即先生固不死也！①

梁漱溟对任公这封回信非常珍视，还专门写下跋记，把此信影印收入《桂林梁先生遗集》卷首。梁启超这封深自痛责的回信让梁漱溟倍感欣慰，觉得可以告慰亡父的在天之灵。梁漱溟在作于1926年《梁启超复书跋记》中说：

> 昨岁《遗书》辑印既成，欲以奉呈先生，而不无迟回，继复思之，漱溟不肖，既辱获侍教于先生，而顾闷此情不以陈白，使先君子菀结之衷终不为申，殆无以慰先灵，而以微嫌，辄不敢举《遗书》奉览，是何其以细人之怀度大君子也。不独不可以待先生，抑非所以自待之道，用终举《遗书》奉先生，且陈其情。先生时掌教清华研究院，院事草创，又适为李夫人营葬西山之麓，仓卒为此覆。坦怀讼过，辞意沉挚，迥异恒泛，伏读流涕感激，弥仰日月之明。方兹祸乱相寻，而士习转以日偷，求所谓以至诚负天下之重者渺不见其人，得先生出而提振之，誓拯天下溺，则先民坠绪之存，斯民水火之救，将为一世所利赖。漱溟讵敢以是为其一己衔感之私，而先公在天之灵固有益深凤日之敬者已。手书五纸既敬于家祭日奉陈先灵之前，再拜以告，更影存以人《遗书》卷首，以示当世云。②

这里让我们了解到，到底该不该把刚编订的父亲遗书特别是其中对梁启超抱怨的文章送给梁启超过目，梁漱溟最初心理是很矛盾的；跋文最后表达了对任公胸襟、气度的无限崇敬之情以及对任公"誓拯天下之溺"精神的高度推许。1942年梁漱溟在所作《纪念梁启超》一文中又满怀深情地说："民国十四年（1925年）我编印先父遗书既成，送他一部。书中有先父自记屡访不遇、投书不答之事，而深致其慨叹。我写信特指出这段话，请他看。他回信痛哭流涕数百言，深自咎责。嘱我于春秋上祭时，为他昭告说'启超没齿不敢忘先生（指我父）之教'。盖先父于慨叹其慢士之余，仍以救国大任期望于他也。此事在先父若有知，当为心快。而在我为人子者，当然十分感激他。"③

从此以后，二梁往来密切，梁启超非常赏识梁漱溟的学问和思想，常把自己写出的文章寄给梁漱溟看，让他提意见。梁漱溟对梁启超的知遇之恩也终生感怀在心，尽管他后来对梁启超的学术依然不大恭维，但一提起梁启超必满怀深情地称任公或任公先生，

---

① 《梁漱溟全集》第四卷，山东人民出版社，2005年，第809页。
② 《梁漱溟全集》第四卷，山东人民出版社，2005年，第808页。
③ 《梁漱溟全集》第六卷，山东人民出版社，2005年，第447页。

对任公的人格恭敬之至。

二、《东西文化及其哲学》论梁启超

《东西文化及其哲学》是梁漱溟的成名作，也是他一生最富创见、影响最大的一部传世名作，该书所提出的最为重要、最为著名的思想观点——中西印文化三路向的说法——是他一生都坚持的思想，也是他整个学术体系最为重要的思想基石。

1920 年秋，梁漱溟开始在北京大学作关于"东西文化及其哲学"的讲演，1921 年应邀到山东作同一主题的讲演，《东西文化及其哲学》一书也于此年由商务印书馆出版。由于该书作于梁启超看望他之后，所以此书也一改《谈佛》中对"梁启超"直呼其名的不敬，全书九次论及梁启超的学术观点，虽多不认同，但一提到梁启超一律尊称"任公"或"任公先生"，不再直呼其名。

尽管我们说梁漱溟对梁启超多了些敬意，但在学术观点和思想主张上，他对梁启超仍然保持着较为激烈的批评态度。他对任公的批评主要集中在两个方面：一是反对梁启超的东西文化融合论，强调中国文化的固有特质不可能与西方文化融合；二是反对梁启超的"应用佛教"说，强调佛教的根本精神在出世。当然，这些可以说都是基于其文化三路向说所提出的。

在该书绪论中，介绍一般人对"东西文化"问题的浮泛看法时，论及梁启超，他说：

> 后来梁任公从欧洲回来，也很听到西洋人对于西洋文化反感的结果，对于中国文化有不知其所以然的一种羡慕。所以梁任公在他所作的《欧游心影录》里面也说到东西文化融合的话。于是大家都传染了一个意思，觉得东西文化一定会要调和的，而所期望的未来文化就是东西文化调和的产物。但又像是这种事业很大，总须俟诸将来，此刻我们是无从研究起的！①

从该书立论我们知道，梁漱溟反对"东西文化融合"的论调，他认为东西文化路向不同，没法融合，而世界最近的未来文化就是中国文化的复兴。

"一战"给欧洲带来的痛苦和灾难使不少西方学者看到了西方文化的严重缺陷，纷纷把目光投向古老的中国和印度文化，试图从东方文化中寻找新的生长智慧，以克服自己的不足。这引起了一些迷恋中国文化学者的狂喜，以为连先进的西方人都在开始关注、学习中国文化，殊不知当时很多西方学者对中国文化的认同与理解仍是带着西方文

---

① 梁漱溟:《东西文化及其哲学》,商务印书馆,1999 年,第 11 页。

化的有色眼镜，他们所能看到的中国文化往往并非中国文化真正的特质所在。这一点梁漱溟当时就有很深的警觉，基于此，他对梁启超也批评道：

> 梁任公先生到欧洲也受这种影响，在《欧游心影录》上面说，西洋人对他说"西方化已经破产，正要等到中国的文化来救我们，你何必又到我们欧洲来找药方呢！"他偶然对他们谈到中国古代的话，例如孔子的"不患寡而患不均""四海之内皆弟兄也"以及墨子的"兼爱"，西洋人都叹服钦佩以为中国文化可宝贵。梁先生又说柏格森、倭铿等人的哲学都为一种翻转的现象，是要走禅宗的路而尚未走通的。如此种种拉扬中国文明。其实任公所说，没有一句话是对的！他所说的中国古话，西洋人也会说，假使中国的东西仅只同西方化一样便算可贵，则仍是不及人家，毫无可贵！中国化如有可贵，必在其特别之点，必须有特别之点才能见长！他们总觉得旁人对我称赞的，我们与人家相同的，就是可宝贵的；这样的对于中国人文化的推尊，适见中国文明的不济，完全是糊涂的、不通的！我们断然不能这样糊糊涂涂的就算了事，非要真下一个比较解决不可！①

梁漱溟有时为了突出自己的思想主张，说话未免有些夸张绝对，如这里认为"任公所说，没有一句话是对的！"这也表明作为一位严肃的思想者，在他所认为的最为关键的大是大非问题上，梁漱溟哪怕是对最为尊敬的人，他也会毫不含糊、毫不留情。

强调积极入世是近代以来佛教复兴运动的重要特征，对此梁漱溟是持反对态度的，他认为佛教的根本精神在出世。在《东西文化及其哲学》第三章最后介绍印度佛教时，他批评梁启超说：

> 中国康长素、谭嗣同、梁任公一班人都只发挥佛教慈悲勇猛的精神而不谈出世，这实在不对。因为印度的人生态度既明明是出世一途，我们现在就不能替古人隐讳，因为自己不愿意，就不承认他！②

显然这里的观点与《谈佛》是一致的，但明显态度缓和太多了，不像《谈佛》中那样火药味十足。

梁启超曾以禅宗的精神来提倡"应用的佛教"，试图使佛教大众化、生活化，对此梁漱溟也是完全不赞成，他认为佛教的兴盛是未来很遥远的事情，现在亟须的是以儒家

---

① 梁漱溟：《东西文化及其哲学》，商务印书馆，1999年，第22页。
② 梁漱溟：《东西文化及其哲学》，商务印书馆，1999年，第74页。

精神为代表的中国文化的复兴，他批评梁启超说：

> 梁任公先生则因未曾认清佛教原来怎么一回事的缘故，就说出"禅宗可以称得起为世间的佛教、应用的佛教"的话（见《欧游想影录》）。他并因此而总想着拿佛教到世间来应用；以如何可以把贵族气味的佛教改造成平民化，让大家人人都可以受用的问题，访问于我。其实这个改造是作不到的事，如果作到也必非复佛教。①

以上梁漱溟对任公的这些批评多集中在中西印文化观上，从这些我们可以看到梁漱溟思想的冷峻、犀利而敏锐的一面，他的思想往往是别人所想不到的，而且他一旦觉得自己认准了、看清了，对自己的观点也非常地执着。我们很难评价其中孰是孰非，但梁漱溟的思考确实有其独到而深刻之处，一直到今天，他的这些思想仍然值得我们三思。

三、《中国文化要义》论梁启超

与《东西文化及其哲学》对梁启超的学术观点持基本批评立场相比，作于 1940 年代的《中国文化要义》一书对梁启超则多了很多赞许和肯定。

《中国文化要义》一书引述梁启超的著作及其学术论点达三十多处，这里对任公的学术多为肯定认同。如论及"民主""平等"精神非中国人所习惯，但中国对此不会感到生疏时，就指出这方面的证据很多，可参看任公的《先秦政治思想史》一书相关论述。论及道德教化在中国古代政治中的重要意义时，认为欲了解此，可参看任公所著《先秦政治思想史》中"德治主义""礼治主义"等相关论述。在关于中国人缺乏集团生活的讨论中，梁漱溟有四次引述了梁启超的著作和观点。梁漱溟认为集团生活主要体现在"公共观念""纪律习惯""组织能力"和"法治精神"四个方面，而这四点可总括以"公德"一词，在他看来，所谓"公德"就是"人类为营团体生活所必需的那些品德"②，而这正是中国人所缺的，以前不自觉这个问题，在与西方文化的碰撞中才意识到。梁漱溟紧接着就指出梁启超在这方面的贡献，他说："距今四十五年前梁任公先生倡'新民说'，以为改造社会，挽救中国之本，他第一即揭'公德'为论题。"③

在论及中国人缺乏组织能力（即政治能力）的时候，梁漱溟非常认同梁启超的分析，他说：

---

① 梁漱溟：《东西文化及其哲学》，商务印书馆，1999 年，第 212 页。
② 梁漱溟：《中国文化要义》，上海人民出版社，2011 年，第 64 页。
③ 梁漱溟：《中国文化要义》，上海人民出版社，2011 年，第 64 页。

　　四五十年前梁任公先生尝论中国人无政治能力，而辩其非困于专制政体。他反诘说：若谓为专制政体所困，则何以专制政体所不能及之时如鼎革之交，专制政体所不能及之事如工商业、如教育等，专制政体所不能及之地如殖民海外，特别是如百年前之旧金山者，均无所表见①。另在其《新大陆游记》中略点出其理由说，中国有"族民"而无西洋之"市民"，有族自治或乡自治而无西洋之市自治。西洋之市自治为其政治能力之滥觞，而中国之族自治、乡自治则其政治能力之炀灶②，虽于中西社会演进之两条路，尚未言之深切著明，而所见正自不差了。③

联想梁漱溟一直对梁启超学术主张的苛责态度，这里能肯定任公"所见正自不差了"是多么的不易④。当然梁启超所强调的"族自治""乡自治"，正是体现了梁漱溟下面所强调的"伦理本位"精神，所以梁漱溟才会说梁启超虽"尚未言之深切著明"，但"所见正自不差了"。在梁漱溟看来，无疑地，只有他提出的"伦理本位"才"深切著明"地揭示了中国人无组织能力的真正奥秘。在论及"中国何故无民主"时，梁漱溟又一次提到任公所指出的"中国有族民而无市民""有乡自治而无市自治"，认为这"乍看似不得其解者，真乃有确见"⑤；认为"任公先生说'西洋人之市自治为其政治能力之滥觞，而中国人之乡自治为其政治能力之炀灶'，其论精湛无比"。"其论精湛无比"，似乎是我们所能见到的梁漱溟著述中对梁启超学术观点的最高评价了，但在脚注中梁漱溟还是有所保留地说："由于中西历史事实所在，卒使任公先生觉察'中国有族民而无市民'，'有乡自治而无市自治'，并指出西人之市自治养成其政治能力，中国人之乡自治却断送其政治能力。但于家族生活偏胜与集团生活偏胜之两条脉路，先生犹辨之未明，虽为此言，不能深识其义。"也就是说，梁漱溟认为任公的认识虽精辟，但还不够深刻，他认为"中国不是缺乏民主，乃是缺乏集团生活，缺乏政治和法律。或者说：中国非因缺乏民主而缺乏其第四第五两点，其缺乏于此，实以缺乏集团生活之故"⑥。

　　在关于"中国是否一国家"的讨论中，梁漱溟说"中国人传统观念中极度缺乏国家观念，而总爱说'天下'，更见出其缺乏国际对抗性，见出其完全不像国家"，他认

---

① 见梁氏所著《新民说》。华人之移植旧金山系以帆船而往，远在1811—1874年间，距美国开国不过数十年耳——梁漱溟原注。

② 此梁氏原著词句，滥觞为导源之意，炀灶为前人掩蔽后人之意——梁漱溟原注。

③ 《中国文化要义》，上海人民出版社，2011年，第67页。

④ 在《中国文化要义》第十二章《人类文化之早熟》论"中国何故无民主"时又一次说："梁任公先生所指出，'中国有族民而无市民'，'有乡自治而无市自治'（见第四章），乍看似不得其解者，真乃有确见。中国乡党成于家族。乡自治即族自治，依人而不依他，原不是真的集团（见第四章）。"

⑤ 《中国文化要义》，上海人民出版社，2011年，第230页。

⑥ 《中国文化要义》，上海人民出版社，2011年，第232页。

为这一点"梁任公先生言之甚早"①，接着就征引了梁启超《中国之前途与责任》《先秦政治思想史》中的两大段相关论述。梁漱溟认为中国古人的天下观念既不是国家至上，也不是种族至上，而是文化至上。对此，他又征引了梁启超《先秦政治思想史》中的材料以表明先秦各家思想虽有不同，但无不以此种天下观念为宗旨，尤其是儒家的大同理想更是鲜明地体现了中华文化的世界主义倾向，这些都与西方文化中强烈的国家主义、种族主义以及阶级意识形成了鲜明对比。梁漱溟还认为秦以后中国的封建社会就已经解体，但并不是很彻底，主要原因就是这种解体是由文化和政治引导，而不是由经济所推进。文化与政治推动了封建的解体，其具体表现即在贵族阶级之融解和士人的出现。

在讨论中国历史"循环于一治一乱而无革命"时，梁漱溟大篇幅地征引了梁启超《中国历史上革命之研究》一文所列举的中国革命不同于西方的七个特点：1. 有私人革命而无团体革命，2. 有野心革命而无自卫革命，3. 无中等社会革命，4. 各地纷然并起而不单纯，5. 时间比较要拖长，6. 革命阵营内之争颇多，7. 外族势力之消长有异。② 梁漱溟认为这是中国因无阶级、失去伦理秩序后所表现出的特有的乱，而非所谓革命。此外，在讨论人权自由观念、民治制度之所以未能在中国出现时，也多处征引了梁启超的相关论述。在分析中华民族同化异族的特点时也采用了梁启超所提出的八个方面，但又说"任公先生所提第三、第五两点，算是说到人生态度及彼此情意间了，可惜尚嫌肤浅"③。

总体上看，在关于中国古代社会与政治思想的讨论中，梁漱溟与梁启超有很多思想共鸣，这是其《中国文化要义》一书引述梁启超的著作达几十处之多的重要原因。可是，梁漱溟虽然对梁启超的不少学术观点予以肯定和褒扬，但从"可惜尚嫌肤浅""先生犹辨之未明，虽为此言，不能深识其义""尚未言之深切著明"等来看，梁漱溟作为一位以深刻敏锐见长的思想家，是不会苟同于别人的，在很多方面他总是有自己独到的观察和思考。"伦理本位，职业分途"是梁漱溟对中国古代社会特点的最基本概括，以上他对梁启超学术论说的转引及检讨可以说都渗透了他的这种思考。

四、梁漱溟中晚期对梁启超的定论

梁启超非常喜欢、爱护梁漱溟，梁漱溟也很敬佩、感恩梁启超。两人结交后，梁启超经常给梁漱溟写信讨论切磋学术问题，一直到他去世的前些天，还在给梁漱溟写信。1929 年 1 月时在广州的梁漱溟惊闻梁启超在北京去世，没能赶上前去吊唁，心中特别难过。

---

① 《中国文化要义》，上海人民出版社，2011 年，第 155 页。
② 《中国文化要义》，上海人民出版社，2011 年，第 209—210 页。
③ 《中国文化要义》，上海人民出版社，2011 年，第 283 页。

1943 年，在梁启超逝世十四周年之际，梁漱溟专门撰写《纪念梁任公先生》一文，全文从"怎样认识任公先生的伟大""任公先生的生平得失""我个人对任公先生的感念"三个方面，对任公一生作了客观和全面的评价。

梁漱溟认为梁任公与蔡元培一样"于近五十年的中国，有最伟大之贡献"[1]，说"当任公先生全盛时代，广大社会俱感受他的启发，接受他的领导。其势力之普遍，为其前后同时任何人物——如康有为、严几道、章太炎、章行严、陈独秀、胡适之等等——所不及。我们简直没有看见过一个人可以发生像他那样广泛而有力的影响"[2]。认为"任公的特异处，在感应敏速，而能发皇于外，传达给人。他对各种不同的思想学术极能吸收，最善发挥。但缺乏含蓄深厚之致，因而亦不能绵历久远"，又说"任公为人富于热情，亦就不免多欲。有些时天真烂漫，不失其赤子之心。其可爱在此，其伟大亦在此。然而缺乏定力，不够沉着，一生遂多失败"[3]，应该说这些评论总体看都很中肯。但梁漱溟最后总结说："任公先生一生成就，不在学术，不在事功，独在他迎接新世运，开出新潮流，撼动全国人心，达成历史上中国社会应有之一段转变。"[4] 这里用"迎接新世运，开出新潮流"评价梁启超的历史贡献也很到位，但从现在来看说梁启超"一生成就不在学术"恐怕有些说不过去，作为近代百科全书的文化巨人梁启超在文学、史学、哲学等方面的影响也是不可磨灭的。

在《纪念梁任公》一文的最后，梁漱溟说：

> 十八年（1927）春上，我在广州闻任公先生逝世之讯，心中好大难过。念相交以来，过承奖爱，时时商量学问，虚心咨访（先生著作关于佛教者恒以初稿见示，征问意见），而我未有以报。第一，他奔走国事数十年，所以求中国问题之解决者甚切，而于民族出路何在，还认不清。第二，他自谓服膺儒家，亦好谈佛学，在人生问题上诚为一个热心有志之士，而实没有弄明白。我于此两大问题渐渐若有所窥，亟思以一点心得，当面请正。岂料先生竟作古人，更无从见而谈心，只有抱恨无穷而已。今为此文，虽时间又过去十多年，还是不胜其追怀与感念！[5]

梁漱溟这里所谓"两大问题"，即中国社会问题和人生问题。1920 年，梁漱溟由佛入儒，可以说此后他的人生问题得以解决和安顿。1927 年，他又觉悟到只有乡村建设才

---

① 《梁漱溟全集》第六卷，山东人民出版社，2005 年，第 443 页。
② 《梁漱溟全集》第六卷，山东人民出版社，2005 年，第 444 页。
③ 《梁漱溟全集》第六卷，山东人民出版社，2005 年，第 445 页。
④ 《梁漱溟全集》第六卷，山东人民出版社，2005 年，第 446 页。
⑤ 《梁漱溟全集》第六卷，山东人民出版社，2005 年，第 448 页。

能救中国，逐渐认清了中国的社会问题。梁漱溟认为梁启超并未解决这两大问题，他常把这两大问题看作是学术的根本，因此他也就不大承认梁启超的学术价值。

任公晚期（1921）曾痛悔自己不该从政，1976年梁漱溟读到任公的这些自我检讨的文字，于是在《纪念梁任公先生》一文之后他又写了一段后记，他说：

> "任公先生是有血性的热肠人，其引用庄子内热饮冰的话，以饮冰自号，很恰当。他只能写文章鼓舞人，不能负担政治任务，其供他人利用是决定的。其卒自悔悟是有良心不昧者，以视康有为、杨度辈悍然作恶者，自有可原恕"①，又说"情感浮动如任公者，亦是学问上不能深入的人。其一生所为学问除文学方面（此方面特重情感）外，都无大价值，不过于初学有启迪之用。我受先生知遇，终身铭感，右方言论质直，正是不敢有负先生垂爱之厚意"②。

我们说，梁漱溟对梁启超的学术思想评价不高，这是一贯的，但说梁启超"一生所为学问除文学方面都无多大价值"，显然是有些过激。梁漱溟也坦陈自己"右方言论质直"，话说得是有些太"冷"，但他坚持说此"正是不敢有负先生垂爱之厚意"，我们也只好说这正是梁漱溟的性格和风格。

梁启超生前也多次检讨自己学问不够"专""精""深"，坦陈自己这方面不如王国维、陈寅恪。但梁启超自有他的长处和风格，那就是"博"和"通"，在很多方面也发前人所未发，提出的很多问题也耐人深思寻味，而且其学问格局大，气象大，鸢飞鱼跃，生意盎然，善于感化人。同样，论思想的精深，梁启超可能不如梁漱溟，但论学问的广大，梁漱溟自然不如梁启超。实际上，两人的思想气质根本就不是同一个类型，我们今天也没必要为他们论短长，最重要的是看到他们各自的长处。但不管怎么说在当时新文化运动反传统的激流下，二梁在对待传统文化的态度上高度一致，都肯定儒学与传统文化中有着不可磨灭的永恒价值，绝不能全盘否定，两人都为弘扬儒学与中华文化的真精神而努力奋斗，都有"铁肩担道义"的精神。还有两人都非常喜欢佛学。这些都是二梁在心灵深处的高度默契，正是这些使他们能成为"忘年交"。至于他们对儒学与中国社会和历史文化的不同理解和主张，我们今天也许只好说是"仁者见仁，智者见智"了。至于梁漱溟对梁启超的苛责，我们后人也只好把这些看作是一位思想伟人向另一位思想伟人以独特的方式所进行的致敬，我们也不好以常人的眼光展开过多的妄论，也许诚如一句名言所说：思想家总是以批评的方式来相互致敬。

---

① 梁漱溟一生对康有为都深恶痛绝，非常反感。
② 夏晓红编：《追忆梁启超》，中国广播电视出版社，1997年，第265页。